49. DEUTSCHER GEOGRAPHENTAG BOCHUM

BAND 3
DIE DRITTE WELT IM RAHMEN WELTPOLITISCHER UND
WELTWIRTSCHAFTLICHER NEUORDNUNG

45. DEUTSCHER GEOGRAPHENTAG BOCHUM

4. bis 9. Oktober 1993

Tagungsbericht und wissenschaftliche Abhandlungen

im Auftrag
des Zentralverbandes der Deutschen Geographen
herausgegeben von
DIETRICH BARSCH und HEINZ KARRASCH

Band 3: Die Dritte Welt im Rahmen weltpolitischer
und weltwirtschaftlicher Neuordnung

Franz Steiner Verlag Stuttgart
1995

Die Dritte Welt im Rahmen weltpolitischer und weltwirtschaftlicher Neuordnung

koordiniert von

CHRISTOPH BEIER
und
JÜRGEN BLENCK

Franz Steiner Verlag Stuttgart
1995

Die Vorträge des 49. Deutschen Geographentages Bochum 1993 werden von Dietrich Barsch und Heinz Karrasch herausgegeben und erscheinen in vier Bänden:

1: Umbau alter Industrieregionen
   (Koordinator: Manfred Hommel)
2: Ökologie und Umwelt – Analyse, Vorsorge, Erziehung
   (Koordinator: Hans-Jürgen Klink)
3: Die Dritte Welt im Rahmen weltpolitischer und weltwirtschaftlicher Neuordnung
   (Koordinatoren: Christoph Beier und Jürgen Blenck)
4: Europa im Umbruch
   (Koordinator: Heiner Dürr)

Die Deutsche Bibliothek - CIP-Einheitsaufnahme
Deutscher Geographentag <49, 1993, Bochum>:
Tagungsbericht und wissenschaftliche Abhandlungen / 49. Deutscher Geographentag Bochum, 4. bis 9. Oktober 1993 / im Auftr. des Zentralverbandes der Deutschen Geographen hrsg. von Dietrich Barsch und Heinz Karrasch. - Stuttgart : Steiner.
   ISBN 3-515-06412-5
NE: Barsch, Dietrich [Hrsg.]; Tagungsbericht und wissenschaftliche
   Abhandlungen
Bd. 3. Die dritte Welt im Rahmen weltpolitischer und
   weltwirtschaftlicher Neuordnung. - 1995
Die dritte Welt im Rahmen weltpolitischer und weltwirtschaftlicher Neuordnung / koordiniert von Christoph Beier und Jürgen Blenck. [Im Auftr. des Zentralverbandes der Deutschen Geographen hrsg. von Dietrich Barsch und Heinz Karrasch]. - Stuttgart : Steiner, 1995
   (Tagungsbericht und wissenschaftliche Abhandlungen / 49. Deutscher Geographentag Bochum, 4. bis 9. Oktober 1993 ; Bd. 3)
   ISBN 3-515-06711-6
NE: Beier, Christoph [Hrsg.]

ISO 9706

Jede Verwertung des Werkes außerhalb der Grenzen des Urheberrechtsgesetzes ist unzulässig und strafbar. Dies gilt insbesondere für Übersetzung, Nachdruck, Mikroverfilmung oder vergleichbare Verfahren sowie für die Speicherung in Datenverarbeitungsanlagen. Gedruckt auf säurefreiem, alterungsbeständigem Papier. © 1995 by Franz Steiner Verlag Wiesbaden GmbH, Sitz Stuttgart. Druck: Druckerei Peter Proff, Eurasburg.
Printed in Germany

INHALT

Vorwort der Herausgeber (D. Barsch, H. Karrasch) 7

Einführung „Die Dritte Welt im Rahmen weltpolitischer und weltwirtschaftlicher Neuordnung" (Ch. Beier und J. Blenck) 11

Fachsitzung 1
(Leitung: D. Bronger, H. Nuhn und E. W. Schamp)
Weltwirtschaftliche Restrukturierung und Raumstrukturen in der Dritten Welt

Einführung (D. Bronger, H. Nuhn und E. W. Schamp) 17

Strukturanpassung in den 1980er Jahren und regionale Differenzierung im globalen Prozeß ungleicher Entwicklung (W. Hein) 21

Weltwirtschaftliche Transformationsprozesse und Regionalentwicklung in den marktwirtschaftlichen Entwicklungs- und Schwellenländern Ost-/Südostasiens (L. Schätzl) 35

Polarization-reversal in den Ländern der Semiperipherie – Eine Folge der neuen weltwirtschaftlichen Arbeitsteilung? (T. Reichart) 44

Strukturanpassungspolitiken in Entwicklungsländern – Perspektiven für die wirtschaftsräumliche Entwicklung (T. Altenburg) .. 53

Fachsitzung 2
(Leitung: H.-G. Bohle und K. Müller-Hohenstein)
Weltmarktintegration und Umweltprobleme

Einführung (H.-G. Bohle und K. Müller-Hohenstein) 61

Schritte zu einer globalen Umweltpolitik (U. E. Simonis) 65

Ökologische und sozio-ökonomische Implikationen des weltmarkt-orientierten Baumwollanbaus in der Sudanzone Westafrikas – am Beispiel der CMDT-Region in Mali (T. Krings) 76

Mobile Tierhaltung und Weltmarkt. Ein wirtschaftsgeographischer Beitrag zur Bedeutung von mobiler Tielhaltung und Lebendviehexporten in den Ländern des altweltlichen Trockengürtels (J. Janzen) 83

Garnelenkultur in Südostasien – Küstenzerstörung durch Exportproduktion (D. Uthoff) 105

Die problematische Produktion nicht-traditioneller Luxusgüter für den Export: Umweltkosten und Verantwortungszuschreibung. Das Beispiel der Schnittblumenproduktion in der Dritten Welt. (V. Meier) 116

Naturschutz in der Dritten Welt: Globale Interessen – lokale Verlierer. Das Beispiel des Royal Chitawan National Park / Nepal (U. Müller-Böker) .. 123

Ein Regionalentwicklungsplan für den Petén (Guatemala) – Ein wirksames Instrument zur Erhaltung des Regenwaldes? (E. Schmidt-Kallert) 132

Fachsitzung 3
(Leitung: Th. Rauch und R. Jätzold)
Internationale Entwicklungszusammenarbeit unter veränderten globalen Rahmenbedingungen: Was kann die Geographie beitragen?

Einführung (Th. Rauch) 137
Die Rolle internationaler Entwicklungszusammenarbeit unter veränderten
    wirtschaftlichen und gesellschaftsstrukturellen Rahmenbedingungen
    (H. Elsenhans) 140
Wissenschaft und Entwicklungspolitik (M. Bohnet) 157
Politisch-institutionelle Rahmenbedingungen als Hemmnisse der Entwicklungszusammenarbeit? – Beispiele aus Ägypten und Algerien
    (D. Müller-Mahn) 168
Getreidesicherheitsreserven in den Sahelländern – Krisenmanagement oder
    Sozialhilfe? Beispiele aus Mali (B. Lohnert) 176
Projekte der Stadt- und Regionalentwicklung in Entwicklungsländern:
    Herausforderungen an die Entwicklungszusammenarbeit und die Geographie (B. Müller) 184
Versuch eines Fazits (Th. Rauch) 195

Fachsitzung 4
(Leitung: E. Kroß, H. Haubrich und S. Tröger)
Die „Eine Welt" im Geographieunterricht

Einführung (S. Tröger) 201
Zusammenfassung der Diskussion zur Sitzung: Die „Eine Welt" im
    Geographieunterricht (H. Haubrich) 206
Vom Entwicklungsländer-Unterricht zum Eine-Welt-Unterricht (E. Kroß) ... 208
Zur globalen Dimension geographischer Erziehung (H. Haubrich) 219
Interkulturelles Lernen. Vom Umgang mit dem Fremden im Geographie-
    Unterricht (R. Nestvogel) 230
Von der Dritten Welt zur Einen Welt – Das Unterrichtsbeispiel Afrika
    (S. Tröger) 238
Eine Welt für alle – Erfahrungen mit einem Fernsehprojekt
    (R. Seelmann-Eggebert) 244

Autorenverzeichnis 252

VORWORT

Die zunehmende Differenzierung in allen Wissenschaften hat auch vor der Geographie nicht haltgemacht. Spiegelbild dieser Entwicklung ist auch der Deutsche Geographentag, der seit mehr als 100 Jahren – von kriegsbedingten Unterbrechungen abgesehen – die deutschen Geographen alle zwei Jahre zusammenführt. Die Fülle der Themen, die der zunehmenden Spezialisierung entspricht, hat dazu geführt, daß derjenige der sich einen Überblick über den Stand der mitteleuropäischen Geographie verschaffen möchte, in der Fülle der Details versinkt. Auf der anderen Seite haben sich die Spezialisten in vielen Fällen auf dem Geographentag auch nicht mehr wiedergefunden, da ihnen in der Regel die Differenzierung noch nicht weit genug gegangen ist. Der Zentralverband der Deutschen Geographen als Organisator des Deutschen Geographentages hat dieses Dilemma seit langem verfolgt und versucht, Abhilfe zu schaffen. Ausdruck des empfundenen Unbehagens ist u.a. die Einsetzung einer Kommission gewesen, die sich unter Führung von Günter Heinritz mit einer Erneuerung, einer Reorganisation des Deutschen Geographentages beschäftigt hat. Diese Kommission hat eine Reihe von Vorschlägen erarbeitet; und auf dem Geographentag in Bochum ist zum ersten Mal versucht worden, dieses Konzept umzusetzen. Es sieht u.a. vor, daß der Geographentag in Leitthemen und streng mottogebundene Fachsitzungen strukturiert wird. Entsprechend der vier Leitthemen des 49. Geographentages werden nun auch 4 Teilbände vorgelegt. Die damit verbundene Volumenzunahme ermöglicht eine umfassende Dokumentation der Referate, zwar nicht in einer Langfassung, jedoch in einem Umfang, der i.a. über das in der Sitzung Dargebotene hinausgeht. Dazu kommen die Einführungen der Sitzungsleiter, die die Einzelthemen in den größeren Zusammenhang einordnen. Insgesamt hat es in Bochum die folgenden vier Leitthemen gegeben:

I   Umbau alter Industrieregionen
II Ökologie und Umwelt-Analyse, Vorsorge, Erziehung
III Die Dritte Welt im Rahmen weltpolitischer und weltwirtschaftlicher
    Neuordnung
IV Europa im Umbruch

Bei der Programmplanung des Bochumer Geographentages gab es ausgiebige Diskussionen darüber, inwieweit auch Fachsitzungen zugelassen werden können, die nicht durch die ausgewählten Leitthemen und die Arbeitskreissitzungen abgedeckt werden, die aber wichtige Forschungsfronten anzeigen und „auf den Markt drängen". Um niemanden auszugrenzen, einigte man sich auf zusätzliche Variasitzungen. Auf ihre Aufnahme in die wissenschaftlichen Abhandlungen des Geographentages sollte jedoch verzichtet werden, um nicht die angestrebte Transparenz zu verwischen. Damit ist freilich eine eigenständige Publikation solcher Sitzungen nicht ausgeschlossen, sondern grundsätzlich sogar zu begrüßen. Daß tatsächlich ein Bedarf für diese zusätzlichen Sitzungen bestand, wird

durch die 6 Variasitzungen belegt, die auf dem Geographentag stattfanden. Sie waren den folgenden Rahmenthemen gewidmet:
1. Ausbildung von Geographen /Arbeitsmarkt für Geographen
2. Geomorphologische Prozesse und Bilanzierungen
3. Karakorum und Himalaya – Berichte aus laufenden Forschungsprogrammen
4. Neue Raumstrukturen globaler Politik. Herausforderungen für die Politische Geographie
5. Raumbewertung mit Geographischen Informationssystemen - Anwendungen in der Umweltplanung
6. Fernerkundung und Geographische Informationssysteme im Umweltmonitoring

Eine weitere Neuerung des 49. Geographentages war es, daß auf eine langatmige Begrüßungszeremonie verzichtet werden sollte. Konsequenterweise ist daher in die Verhandlungsbände nur die Schlußansprache des neuen Zentralverbandsvorsitzenden aufgenommen worden, die eine Schlußbilanz beinhaltet. Es wurde also auch in der Publikation bei den offiziellen Reden kräftig „abgespeckt", was letztlich der ausführlicheren Dokumentation der mottogebundenen Fachsitzungen zugute kommt. Man mag bedauern, daß dadurch auch einige Vorträge von eingeladenen prominenten Rednern fehlen, so etwa der Eröffnungsvortrag des Bundesumweltministers Prof. Dr. Klaus Töpfer, der allerdings im „Rundbrief Geographie" veröffentlich worden ist.

Das neue Konzept macht – wie bereits angedeutet – auch eine Änderung der Form des Verhandlungsbandes des Deutschen Geographentages notwendig. Traditionsgemäß sind bisher die Einzelreferate in gekürzter Form (auch Zusammenfassung) unter den Themen der Fachsitzung, in der sie gehalten worden sind, publiziert worden. Dafür geben die bisherigen Bände den Beleg. Damit ist eine beachtliche Dokumentation der deutschen Geographie, wie sie auf den Geographentagen dargeboten worden ist, geschaffen worden. Möchte man jedoch, daß diese Bände nicht nur als Archiv, etwa zum Studium der Entwicklung von Fragestellungen, benutzt werden, sondern als Nachschlagewerk, dann ist es notwendig, daß hier andere Formen der Publikation gefunden werden. Für den letzten Verhandlungsband, der den Geographentag in Basel wiedergibt, ist deshalb an die einzelnen Fachsitzungsleiter der Wunsch herangetragen worden, zusammen mit dem Referenten einen gemeinsamen Aufsatz zum Thema der Fachgruppensitzung zu erstellen. In den meisten Fällen ist das auch hervorragend gelungen, so daß der Verhandlungsband zum 48. Geographentag Basel neben dem dokumentarischen Charakter vor allen Dingen aber einen echten Nachschlagcharakter und einen hohen Informationswert besitzt, der über die Darstellung der bisherigen Zusammenfassung weit hinausgehen dürfte.

Selbstkritisch sollte gesehen werden, daß durch die Teilung der Verantwortlichkeiten in Koordinatoren und Herausgeber der Erscheinungstermin der Publikation merklich verzögert wurde. Um weitere zeitliche Verluste zu vermeiden, mußten am Ende auch einige Kompromisse akzeptiert werden, die sich in manchen Uneinheitlichkeiten ausdrücken. Die Herausgeber sind aber mit den

Koordinatoren der Überzeugung, daß es gelungen ist, die neue Konzeption des Geographentages auch in den Verhandlungsbänden sichtbar zu machen. Mit großem Interesse wird verfolgt werden, wie die Aufgliederung in Teilbände von den Lesern aufgenommen werden wird und ob die erhoffte Steigerung der Verkaufszahlen realisiert werden kann.

Die Herausgeber danken namens des Zentralverbandes der Deutschen Geographen dem Verlag herzlich für die stets gute und reibungslose Zusammenarbeit.

Dietrich Barsch					Heinz Karrasch

EINFÜHRUNG
„DIE DRITTE WELT IM RAHMEN WELTPOLITISCHER UND WELTWIRTSCHAFTLICHER NEUORDNUNG"

Christoph Beier und Jürgen Blenck, Bochum

„Die Dritte Welt im Rahmen weltpolitischer und weltwirtschaftlicher Neuordnung" hieß das Leitthema III, dem dieser Band gewidmet ist. Ziel der Koordinatoren für dieses Leitthema war es, eine isolierte Betrachtung der Dritten Welt zu vermeiden. Es galt, die weltpolitische und weltwirtschaftliche Verflechtung der Dritten Welt nach dem Zusammenbruch der Zweiten Welt und im Zuge der anhaltenden High-Tech-Revolution in den Mittelpunkt der Diskussion zu stellen. Daraus ergaben sich vier Fragenkomplexe, die in vier parallelen Fachsitzungen behandelt wurden:

Die Fachsitzung 1 „Weltwirtschaftliche Restrukturierung und Raumstrukturen in der Dritten Welt" beschäftigte sich im wesentlichen mit der Frage, welche Auswirkungen die weltweite Neuordnung von Produktionsstrukturen in den USA, in Japan und in der EU für die Gesellschafts- und Raumstrukturen in der Dritten Welt haben.

Die Fachsitzung 2 „Weltmarktintegration und Umweltprobleme" ging dem Zusammenhang zwischen Weltmarktintegration einerseits und Ressourcennutzung andererseits nach. Gefragt wurde unter anderem nach den Auswirkungen verringerter ökonomischer Chancen auf dem Weltmarkt auf die lokale Ressourcennutzung.

In Fachsitzung 3 „Internationale Entwicklungszusammenarbeit unter veränderten globalen Rahmenbedingungen: Was kann die Geographie beitragen?" standen Fragen der praktischen Entwicklungszusammenarbeit zur Diskussion. Neben einer generellen Neubestimmung der Funktion und der Handlungsspielräume internationaler Entwicklungszusammenarbeit ging es vor allem darum, die Anforderungen an und die Einsatzmöglichkeiten für die Geographie als angewandte, problemlösende Wissenschaft abzuleiten.

In Fachsitzung 4 „Die eine Welt im Geographieunterricht" wurden Chancen und Möglichkeiten diskutiert, wie der Geographieunterricht über die Dritte Welt vor allem Aufklärung über globale Zusammenhänge und politische Bildung in der Ersten Welt sein kann.

Der vorliegende Band hat, wenn man so will, eine 25-jährige Vorgeschichte. Sie begann 1968 auf dem Kieler Geographentag mit der studentischen Kritik an der theorielosen und unpolitischen Haltung vieler Geographen. Diese Kritik wurde später weiter spezifiziert vor allem auch gegenüber Geographen geäußert, die in Entwicklungsländern arbeiteten: Sie würden lediglich Allgemeine Geographie am Beispiel von Entwicklungsländern oder vermeintlich wertneutrale Regionale Geographie betreiben. Gefordert wurde von der studentischen Kritik eine Umorientierung der Geographie auf „Geographische Entwicklungsforschung" und auf „Politische Länderkunde", wobei das Problem der Entwicklung im Zentrum der Forschung stehen sollte.

Seit dieser Zeit - und das belegt auch dieser Band - „hat sich ... doch einiges getan! Anlaß zufrieden zu sein, besteht jedoch m. E. nicht" (SCHOLZ 1988, S. 10). Der von Fred Scholz 1976 initiierte „Geographische Arbeitskreis Entwicklungstheorien" hat einen wesentlichen Beitrag zur Neuorientierung und theoretischen Fundierung der deutschen geographischen Forschung in Ländern der Dritten Welt sowie zur Öffnung der Geographie zu den Nachbardisziplinen geleistet (zur Literatur vgl. BECKER/BLENCK 1992, S. 118f.). Geographische Untersuchungen in der Dritten Welt sind heute zunehmend problem- und theorieorientiert. Geographen arbeiten teilweise anwendungsorientiert oder angewandt, sind in der internationalen Entwicklungszusammenarbeit, in der Regional- und Stadtplanung in inter- und multidisziplinären Teams, also auch politisch tätig.

Im Laufe von 25 Jahren Diskussion ist in der deutschen Geographie aus der „Entwicklungsländerforschung" eine „Geographische Entwicklungsforschung" geworden. Entwicklungsländerforschung konzentrierte sich zwar auch schon auf Entwicklungsprobleme, analysierte diese aber überwiegend isoliert vom Rest der Welt. Geographische Entwicklungsforschung betont demgegenüber den globalen ökonomischen und ökologischen Gesamtzusammenhang von Entwicklung und Unterentwicklung und ist damit nicht auf die Analyse von Ländern der Dritten Welt beschränkt. Global ablaufende Prozesse der Modernisierung haben entsprechend der ungleichen ökonomischen Arbeitsteilung regional unterschiedliche Ergebnisse und fragmentieren die Erde, die Staaten, die Regionen und die Städte in Zentren, Semiperipherien und Peripherien. Bei der Analyse der Entwicklung einer Nation, einer Region oder einer Stadt muß deshalb die globale (Konkurrenz-) Situation mitgedacht werden.

Ein wichtiges Desiderat bleibt jedoch bestehen: das Publikationsfeld der „Politischen Länderkunde" hat die deutsche Geographie fast ganz den Nachbarwissenschaften überlassen bzw. wird von diesen bei der Herausgabe von Sammelwerken (z.B. „Handbuch der Dritten Welt") fast ganz übergangen...

Entwicklungstheorien sind heute allerdings ins Gerede gekommen. Manch einer spricht von der Krise, gar vom „Scheitern der großen Theorie" (vgl. MENZEL 1992). Gleichzeitig büßt auch die praktische Entwicklungspolitik wieder mehr und mehr an öffentlichem Interesse ein. Wie soll die Geographische Entwicklungsforschung darauf reagieren? Soll sie sich etwa wieder auf die „rein empirische" Grundlagenforschung zurückziehen?

Ohne Frage ist in den letzten Jahren weltpolitisch einiges in Bewegung geraten. Der Zusammenbruch der politischen Systeme Osteuropas und der ehemaligen Sowjetunion war dabei sicherlich die für die Länder der Dritten Welt folgenreichste Entwicklung. Mit dem Verschwinden der alles dominierenden Konfrontation der beiden Supermächte haben sich weltpolitische Interessensschwerpunkte verschoben, Handlungszwänge im internationalen System haben sich gewandelt. Die erwartete Entspannung oder eine Verminderung militärischer Konflikte ist allerdings nicht eingetreten, eher das Gegenteil. Weltweit läßt sich ein Aufflackern „regionalistischer" Konflikte beobachten, die sich schneller denn je zu kriegerischen Auseinandersetzungen steigern.

Daneben erwächst den klassischen Entwicklungsländern mit den neuen Staaten Osteuropas nicht nur Konkurrenz in Bezug auf die ohnehin spärlich fließenden Entwicklungshilfegelder, sondern vor allem hinsichtlich der Investitionen multinationaler Konzerne. Dabei lassen sich unter den Ländern der „Dritten Welt" immer deutlicher die wenigen Gewinner von der großen Gruppe hoffnungsloser Verlierer im internationalen Konkurrenzkampf unterscheiden. Für die letzteren wird in dem sich verschärfenden „Wettbewerb" eine erfolgreiche Weltmarktintegration immer unwahrscheinlicher.

Aus unserer Sicht gibt es für die Wissenschaft wenig Anlaß, vor diesem Hintergrund Bemühungen um die Entwicklung eines größeren theoretischen Rahmens aufzugeben. Weder diskreditiert der Zusammenbruch der ehemaligen Sowjetunion sämtliche Ansätze der Entwicklungsforschung, die in bewußter Absetzung von modernisierungstheoretischen oder neoklassischen Positionen erarbeitet wurden, noch stellen die aktuellen, vermeintlich kulturell motivierten kriegerischen Auseinandersetzungen ökonomische Erklärungsversuche generell in Frage.

Abseits von tagespolitischen Aufgeregtheiten und populistischer Meinungsmache scheint es deshalb angeraten, vorhandene Theorien und Theoriebausteine mit den zunehmend komplexer werdenden gesellschaftlichen Wirklichkeiten in den Ländern der Dritten Welt zu konfrontieren, um letztendlich zu differenzierteren Erklärungs- und ggf. auch Lösungsansätzen zu gelangen.

Insbesondere die Entwicklung von lokal angepaßten Lösungsansätzen erfordert neben der Kenntnis (welt-)systemspezifischer Handlungszwänge regionsspezifisches Wissen über die jeweiligen ökologischen, ökonomischen, institutionellen, sozialen, politischen und kulturellen Verhältnisse. Ein solches Wissen läßt sich umso zielgerichteter erarbeiten, je differenzierter der (entwicklungs-)theoretische Rahmen ist, an dem sich die empirischen Analysen orientieren können. Auch von daher ergibt sich also die Notwendigkeit, theoretische und empirische Überlegungen gleichermaßen voranzutreiben.

Neben dem regionsspezifischen Forschungsbedarf sehen wir Forschungslücken insbesondere hinsichtlich der institutionellen Rahmenbedingungen bestimmter ökologischer, ökonomischer und sozio-kultureller Entwicklungsprozesse. Für eine realistische Einschätzung der Bedeutung oder gar der bewußten und zielgerichteten Gestaltbarkeit dieser „Faktoren" fehlen uns bis heute die notwendigen Kenntnisse.

Ein Forschungsprogramm, das der Komplexität und den zunehmenden Differenzierungsprozessen in und zwischen den Ländern der „Dritten Welt" gerecht werden möchte, stellt erhebliche Anforderungen an die beteiligten Forscher. Hierzu gehört vor allem die Fähigkeit und die Bereitschaft zur interdisziplinären Zusammenarbeit. Immer seltener lassen sich die komplexen Problemzusammenhänge von einzelnen Forschern adäquat erfassen und analysieren, immer wichtiger wird deshalb die problemorientierte Zusammenführung von Ergebnissen der vielen hochspezialisierten Einzelwissenschaften, die sich mit Entwicklungsforschung beschäftigen.

Traditionellerweise erhebt die Geographie den Anspruch, genau solche Syntheseleistungen vollbringen zu können. Wie schwierig es ist, diesem Anspruch auch nur ansatzweise gerecht zu werden, läßt sich bereits an den zunehmenden Kommunikationsproblemen innerhalb des Gesamtfaches Geographie ablesen. Das Fach droht an den jeweiligen Spezialisierungen in der Physischen und der Humangeographie zu zerbrechen. Gleichzeitig gibt es zu diesen Spezialisierungs- und Differenzierungstendenzen angesichts der Komplexität der zu behandelnden Probleme einerseits und der hochspezialisierten Wissensbestände der Nachbardisziplinen andererseits keine Alternative. Die Geographie wird ihre selbst gesteckten Ansprüche nur dann einlösen können, wenn sie sich noch mehr als bisher zu nachbarwissenschaftlichen Ansätzen öffnet. Geschieht dies nicht, gerät sie in Gefahr, die Anschlußfähigkeit an die disziplin-spezifischen Fach-Diskurse der anderen Fächer zu verlieren. Die Chance, im Konzert der Einzeldisziplinen die dringend benötigte „Moderatorenrolle" zu übernehmen, wäre damit vertan.

Die Koordinatoren des Leitthemas „Dritte Welt" haben sich mit der Auswahl von Themenblöcken und Referenten bemüht, diesen wachsenden Ansprüchen an die Geographie gerecht zu werden. Dies spiegelt sich einerseits darin wieder, daß nicht nur Geographen zu Wort gekommen sind. Vielmehr wurde versucht, mit dem Vortrag von J. Galtung, aber auch mit den Beiträgen von U. E. Simonis, H. Elsenhans und W. Hein, zumindest ausschnitthaft den angesprochenen theoretischen Rahmen aufzuspannen, der uns sowohl für die Forschung als auch für die Praxis so wichtig erscheint. Daß dies notgedrungen im Rahmen eines Geographentages nur lückenhaft geschehen konnte, war uns dabei bewußt. Umso mehr freuen wir uns, daß es mit der Zusage der Referenten gelungen ist, in wichtigen Teilbereichen Geographischer Entwicklungsforschung die notwendigen Verbindungslinien zu den Nachbarwissenschaften aufzuzeigen.

Mit der Thematisierung sich verändernder Raumstrukturen einerseits und ökologischer Probleme andererseits wurden zwei Problembereiche der Entwicklungsforschung aufgegriffen, die nicht nur hochaktuell sind, sondern zu deren Lösung die Geographie als Fachdisziplin in ganz besonderem Maße aufgerufen ist. Beide Themenbereiche sind in der Tradition geographischen Forschens fest verankert, beide erfordern ein quer-sektorales, interdisziplinäres Denken.

Die geographischen Fachbeiträge haben gezeigt, wo die potentiellen Stärken der „geographischen Perspektive" im Rahmen der Entwicklungsforschung liegen. Anhand konkreter empirischer Fallbeispiele wurden globale Entwicklungstendenzen in ihren Auswirkungen bis auf die regionale und lokale Ebene verfolgt und plastisch vor Augen geführt. Erst die dadurch erreichte Differenzierung der Sichtweise macht eine realistische Beurteilung von regionsspezifischen Chancen und Risiken unterschiedlicher Entwicklungsstrategien möglich.

Regionsspezifisches Wissen einerseits und problemrelevantes Detailwissen andererseits machen Geographen potentiell auch zu begehrten Experten der entwicklungspolitischen Zusammenarbeit. Die Vorträge der Fachsitzung 3 haben gezeigt, daß generelle entwicklungspolitische Empfehlungen immer wieder der kritischen Beurteilung und Korrektur aus einer solchen „regionalen" Perspektive bedürfen.

Ein nicht weniger wichtiges Anwendungsgebiet geographischer Entwicklungsforschung ist der Geographieunterricht. Nur wenn eine Sensibilisierung der Schüler für den globalen Charakter der noch immer meist den Entwicklungsländern alleine zugeschriebenen (Welt-) Problemen gelingt, kann Gleichgültigkeit und Kirchturmdenken überwunden werden.

Das Einführungsreferat zum Thema „Umbrüche im Norden - Verschärfung räumlicher Probleme im Süden?" hatte der Friedens- und Konfliktforscher Johan Galtung übernommen. Aufgrund seiner Arbeitsüberlastung war es Johan Galtung leider nicht möglich, eine schriftliche Fassung seines viel diskutierten Vortrages in den Verhandlungsband miteinzubringen. Deshalb sei hier auf drei Publikationen verwiesen, die seine auf dem Geographentag vorgetragenen Thesen ansatzweise wiedergeben. Der erste Aufsatz „Kulturelle Gewalt" führt die von Galtung geschaffene Typologie der Gewalt (direkte vs. strukturelle Gewalt) weiter fort. Er definiert unter „kultureller Gewalt ... jene Aspekte von Kultur, die dazu benutzt werden können, direkte oder strukturelle Gewalt zu rechtfertigen oder zu legitimieren" (GALTUNG 1993a, S. 106). Beispiele kultureller Gewalt sieht er in Religionen, in staatlichen Ideologien, in Sprache und Kunst, auch in Wissenschaften, vor allem aber in den Kosmologien, den Tiefenstrukturen der Kulturen.

Im Abschlußkapitel seines Buches „Eurotopia" schreibt Galtung über „Konfliktformationen in der Welt von morgen" (GALTUNG 1993b, S. 153–176) eine politisch-geographische Analyse über die Herausbildung neuer Großräume (vgl. auch SANDNER 1993). Aus sieben „Bruchlinien der menschlichen Natur" (Mensch vs. Umwelt; Männer vs. Frauen; Mittleres Lebensalter vs. Junge und Alte; helle vs. dunkle Hautfarbe; Oberschicht vs. Unterschicht; Kultur vs. Kultur; Staat vs. Staat) leitet Galtung sein Bild einer konflikträchtigen Weltordnung ab, das sieben Zentren (USA, EU, Japan, Moskau, Beijing, Delhi, Islamischer Kern) mit jeweils zugeordneten Inneren und Äußeren Peripherien (zur EU zugeordnet: Ost-Europa bzw. Afrika südlich der Sahara) aufzeigt. Wir würden uns wünschen, daß sich geographische Entwicklungsforscher in Zukunft immer wieder auch von solchen Überlegungen in ihren eigenen Arbeiten anregen und leiten ließen und daß sie ihre reichhaltigen empirischen Erfahrungen in solche theoretischen und metatheoretischen Diskurse einzubringen versuchen.

Literatur

BECKER, F./ BLENCK, J. (1992): Entwicklungsforschung und Entwicklungspolitik. In: BLOTEVOGEL, H. H./ HEINEBERG, H. (Hrsg.) 1992: Kommentierte Bibliographie zur Geographie. Teil 3: Angewandte Geographie: Raumplanung, Entwicklungsforschung und Entwicklungspolitik. Paderborn. 2. Aufl. (= UTB 1677), S. 95–135

GALTUNG, J. (1993a): Kulturelle Gewalt. In: Der Bürger im Staat, 43. Jg., Heft 2, S. 106–112

ders. (1993b): Eurotopia. Die Zukunft eines Kontinents. Wien

ders. (1994): Coexistence in spite of Borders: On the Borders in the Mind. In: GALLUSSER, W. A., BÜRGIN, M., LEIMGRUBER, W. (Eds.): Political Boundaries and Coexistence. Proceedings of the IGU-Symposium Basle/Switzerland 24–27 May 1994. Berne, S. 5–14.

MENZEL, U. (1992): Das Ende der Dritten Welt und das Scheitern der großen Theorie. Frankfurt/Main (= edition Suhrkamp 1718)

SANDNER, G. (1993): Globale Trends zur Neustrukturierung des internationalen politischen und ökonomischen Systems aus europäischer Sicht: Die Herausbildung neuer Großräume. Vortrags-Manuskript ADLAF-Tagung 27.–30.10.1993 (im Druck)

SCHOLZ, F. (1988): Position und Perspektiven geographischer Entwicklungsforschung. Zehn Jahre „Geographischer Arbeitskreis Entwicklungstheorien". In: LENG, G./ TAUBMANN, W. 1988: Geographische Entwicklungsforschung im interdisziplinären Dialog. 10 Jahre „Geographischer Arbeitskreis Entwicklungstheorien". Bremen (= Bremer Beiträge zur Geographie und Raumplanung 14), S. 9–31

FACHSITZUNG 1:
WELTWIRTSCHAFTLICHE RESTRUKTURIERUNG UND RAUMSTRUKTUREN IN DER DRITTEN WELT

EINFÜHRUNG

Dirk Bronger, Helmut Nuhn, Eike W. Schamp

Das Weltwirtschaftssystem ist Anfang der 90er Jahre in eine neue historische Phase getreten, die mit dem Schlagwort ‚Globalisierung' beschrieben werden kann. Neue Übersichten machen deutlich, daß Globalisierung zunehmend alle Gesellschafts- und Wirtschaftsbereiche erfaßt (Stiftung Entwicklung und Frieden 1991). Während sich im vergangenen Jahrzehnt das Phänomen der globalen Finanzmärkte durchsetzte, wird in den 90er Jahren von der Herausbildung globaler Produktmärkte gesprochen (Messner/Meyer-Stamer 1993). In der Wirtschaftsgeographie wurden diese Prozesse erkannt und in einem bereits in zweiter Auflage erschienenen Lehrbuch gewürdigt (Dicken 1992). Es wächst das Bewußtsein, daß ökonomische Entwicklung zu einem immer enger verflochtenen, einzigen und unteilbaren Weltsystem tendiert.

Demgegenüber unterschieden die Entwicklungsforscher und -praktiker bis in die Mitte der 80er Jahre zwischen einer ‚ersten', ‚zweiten' und ‚dritten' Welt als jeweils spezifischen Einheiten des Weltsystems. Allgemeingültige Theorien sollten die Begründungszusammenhänge hierfür liefern. Allerdings haben hierbei weder die markwirtschaftlich-kapitalistischen noch die planwirtschaftlich-sozialistischen Konzeptionen bzw. die Optionen eines dritten Entwicklungsweges zwischen Kapitalismus und Sozialismus volle Akzeptanz gefunden. Weder außenorientiertes Wirtschaftswachstum und Modernisierung noch Abkoppelung und binnenmarktorientierte Restrukturierung in ihren unterschiedlichen Varianten haben zu rascher nachholender Entwicklung geführt. Beide Wege waren daher nicht geeignet, die theoretischen Überlegungen zu bestätigen. Einfache Erklärungsansätze mit globalem Anspruch sind deshalb einer neuen ‚Unübersichtlichkeit' gewichen (Menzel 1993). Nach dem Scheitern der Entwicklungsstrategien und wiederholtem Paradigmenwechsel in der Wissenschaft ist die Diskussion zur Weiterentwicklung globaler Theorie deshalb in den letzten Jahren zum Erliegen gekommen, ohne daß letzte Klärungen erreicht wurden.

Nach dem Ende der Zweiten Welt durch den Zusammenbruch des Sozialismus und der Optionen für einen Weg zwischen Kapitalismus und Sozialismus ist auch das Ende der Dritten Welt erreicht (Menzel 1992). Die Aufteilung in verschiedene Welten erweist sich auf diesem Hintergrund als nicht mehr angemessen. Vielmehr ist von einem einzigen Weltsystem auszugehen, in das Regionen und Staaten eingebettet sind, deren ökonomische Entwicklung weitgehend von der globalen Ebene mitbestimmt wird (Terlouw 1992). In dem neuen Weltsystem geht die wesentliche Dynamik allerdings von den hochindustrialisierten Ländern aus – nicht zwangsläufig von der Wirtschaftspolitik der Regierungen, sondern insbesondere von den Unternehmen, die sich in den vergangenen Jahrzehnten zu multinationalen bzw. transnationalen Akteuren entwickelt haben. Änderungen der gesellschaftlichen Produktionsverhältnisse in den Industrieländern bleiben deshalb weiterhin der wichtigste Motor des sozialen und ökonomischen Wandels in ärmeren und wenig industrialisierten Ländern.

Einen Anstoß dazu gab die ‚Krise des Fordismus' in den Industrieländern der 70er Jahre, wodurch die Organisation der großindustriellen Fertigung und des Massenkonsums in Frage gestellt wurden (Piore/Sabel 1985). Zunächst schien diese Krise durch eine Auslagerung von Arbeitsschritten der Massenproduktion in bestimmte Länder der damaligen Dritten Welt überwindbar; daraus entstand die sogenannte neue internationale Arbeitsteilung (Fröbel/Heinrichs/Kreye 1977). In den 80er Jahren wurde mit zunehmender Suche nach anderen, flexibleren Produktionsstrukturen in den Industrieländern die als ‚peripherer Fordismus' (Lipietz 1988) bezeichnete Verlagerung der Produktion in die Dritte Welt jedoch überflüssig (Castells 1988). Der Zusammenbruch des sozialistischen Systems zu Beginn der 90er Jahre hat die Auslagerung von Niedriglohn-Tätigkeiten in traditionelle Drittweltländer vollends obsolet werden lassen, da die post-sozialistischen Staaten Osteuropas heute multinationalen Unternehmen ähnliche, wenn nicht bessere Chancen bieten. Beides wirkt vermutlich dahin, daß solche Länder zunehmend für die Produktion im Sinne der Fröbel'schen neuen Arbeitsteilung abgekoppelt werden.

Andererseits hat sich der Handelsaustausch zwischen den großen Industrienationen wesentlich verstärkt, was als Zeichen der aufkommenden Globalisierung von Produktmärkten verstanden wird. Nicht mehr die traditionellen Rohstoffe und industriellen Billigwaren, die zwischen Entwicklungs- und Industrieländern getauscht werden, sondern die hochwertigen neuen Produkte und Dienstleistungen, welche die Industrieländer untereinander austauschen, bestimmen den Welthandel. Der technologische Wettbewerb zwischen den Industrienationen hat sich in den 80er Jahren verstärkt, weil sich die Akteure eine gute Ausgangsposition für die erwartete neu aufkommende Welle ökonomischer Entwicklung sichern wollen. Der wirtschaftliche Austausch von Gütern, Kapital und Wissen konzentriert sich zunehmend auf die sogenannte ‚Triade': Nordamerika (NAFTA), Europa (EWR) und Japan bzw. Ost- und Südostasien (Pacific Rim). Damit sinkt die Bedeutung von Produktionsstätten in Afrika und Südamerika für den Handelsaustausch mit den Industrieländern.

Diese Änderungen im Weltwirtschaftssystem haben sich in den 80er Jahren vor allem aufgrund von technologischen und organisatorischen Neuerungen im Kommunikations- und Transportwesen durchsetzen können. Der Aufbau eines satellitengestützten globalen Kommunikationsnetzes macht den schnellen Austausch von Informationen und damit die Steuerung von Finanz- und Güterströmen erst möglich. Hieraus erwächst eine verstärkte Einbettung lokaler und regionaler Wirtschaftsentwicklung in globale Zusammenhänge, die von den Betroffenen oft nicht mehr überschaubar sind.

Auf der anderen Seite gewinnen nach dem Wegfall der starken politisch-ökonomischen Klammern durch die Auflösung des Ost-West-Gegensatzes auch die historisch gewachsenen ethnischen und sozio-kulturellen Strukturen an Bedeutung. Für den ökonomischen Erfolg oder Mißerfolg ist die nicht-materielle Kultur zu einem wichtigen Faktor geworden, wie die konfuzianischen Triebfedern im Fernen Osten und fundamentalistischen Blockaden im Nahen Osten verdeutlichen.

Die Regierungen, die sich der neuen ökonomischen Logik durch Abbau von Protektionismus sowie Privatisierung und Weltmarktöffnung anpassen sollen, reagieren zwar unter dem Druck internationaler Politik und Kreditauflagen im Sinne eines Rückzuges aus der Wirtschaft, es bleibt jedoch abzuwarten, ob die Marktmechanismen mittelfristig die erhofften Wachstums- und Ausgleichseffekte auslösen können, oder zur weiteren Vertiefung der sozialen und räumlichen Disparitäten beitragen. In dieser weltwirtschaftlichen Situation stellt sich für die Staaten der ehemaligen Dritten Welt die Frage, welche Chancen bzw. Nachteile sie aus diesen Prozessen zu erwarten haben und inwieweit sie regulierend eingreifen können, um negative Rückwirkungen auf die inneren Strukturen zu dämpfen.

Hein stellt ein Erklärungsmodell über die ungleiche räumliche Entwicklung im kapitalistischen Weltsystem vor, das den Einfluß der dominanten Gesellschaften bzw. der globalen Unternehmen auf unabhängige Länder aufzeigt. Dabei sieht er die nationale Entwicklung in der Dritten Welt nicht einseitig als außengesteuerte kausale Wirkungskette, sondern billigt auch Entwicklungsgesellschaften aufgrund ihrer Anpassungsfähigkeit und soziokulturellen Ausstattung eigene Wachstumsmöglichkeiten zu. Diese Gesellschaften können tendenziell an den Entwicklungsstand der Industrieländer heranrücken (Schwellenländer). Damit haben die Staaten durchaus die Möglichkeit, ihre Rolle im Weltwirtschaftssystem durch Regierungspolitik im Sinne eines Wettbewerbs der Nationen (vgl. Porter 1991) selbst mitzubestimmen.

Nach Auffassung von Schätzl bieten marktwirtschaftliche Reformen in den Entwicklungsländern die Möglichkeit, die aus den Industrieländern kommenden technologischen Anstöße für die eigene Entwicklung zu nutzen. Belege hierfür finden sich in den Staaten Ost- und Südostasiens. Die Wirkung auf die internen Raumstrukturen bleibt allerdings ambivalent.

Bezüglich der seit langem kontrovers diskutierten Frage nach der Rolle der Megastädte im Entwicklungsprozeß unternimmt Reichart den Versuch, die Kasusalzusammenhänge zwischen Entwicklungsstand, Siedlungssystem und Außenwirtschaftspolitik im Zeitablauf zu diskutieren. Als Fallbeispiele für diese komplexen Interdependenzen werden Kolumbien und Südkorea gewählt. Er kommt zu dem Schluß, „daß die außenwirtschaftliche Öffnung eines Landes vermutlich einer der Schlüssel ist, das Wachstum der Drittweltmetropolen einzudämmen". Es bleibt das Problem, inwieweit mehr oder weniger kurz- und mittelfristige Politiken unmittelbar langfristig angelegte Raumstrukturen steuern können.

Damit sind Strukturanpassungspolitiken angesprochen, die in vielen Ländern von außen initiiert wurden. Stützt man sich auf neoklassische Theoreme der

Raumentwicklung, so läßt der Paradigmenwechsel vom ‚notwendigen' Staatseingriff zur deregulierten Marktökonomie eine Tendenz zum räumlichen Ausgleich erwarten. Altenburg macht aber deutlich, daß den Chancen zum räumlichen Ausgleich auch erhebliche polarisierende Wirkungen des neuen Paradigmas gegenüberstehen. Insofern wird der Politikwechsel möglicherweise überschätzt, wenn nicht gar das angestrebte Ausgleichsziel konterkariert: Im Lichte dieser Diskussion erscheint die Aufhebung des ‚urban bias' durch den Wechsel der Außenwirtschaftspolitik keineswegs als zwangsläufig.

Das Verständnis der – immer noch – ungleichen räumlichen Entwicklung in der globalen Arbeitsteilung macht nicht allein eine stärkere Auseianandersetzung mit den nationalen Wirtschaftspolitiken der Regierungen der zur ehemaligen Dritten Welt gehörenden Staaten notwendig, wie das in den vorliegenden Beiträgen geschehen ist. Nicht angesprochen wurde, wie die Anforderungen globaler Unternehmen an eine Produktion in der ‚Dritten Welt' sich konkret verändern und heute zu mehr Lohnfertigung, Lizenzen und Netzwerken als zu Direktinvestitionen führen – und was dies für die Raumstrukturen dieser Länder bedeutet. Ebensowenig diskutiert wurde die Frage nach den landesinternen gesellschaftlichen Strukturen, aus denen erst die langfristige wirtschaftspolitische Orientierung der nationalen Regierungen erwächst. Es sind also sehr umfangreiche Herausforderungen sowohl theoretischer wie auch empirischer Art, die sich der Geographie mit dem aufkommenden einzigen Weltsystem stellen.

Literatur

Castells, M. (1988): Hochtechnologie, Weltmarktentwicklung und strukturelle Transformation. In Prokla 71, 118–43.

Dicken. P. (1992): Global shift. The internalization of economic activity. Second edition. London.

Fröbel, F., J. Heinrichs & O. Kreye (1977): Die neue internationale Arbeitsteilung. Reinbek bei Hamburg (rororo aktuell).

Lipietz, A. (1985): Mirages et Miracles. Paris.

Menzel, U. (1992): Das Ende der Dritten Welt und das Scheitern der großen Theorien. Frankfurt/Main (edition suhrkamp NF 718).

Menzel, U. (1993): Geschichte der Entwicklungstheorie. Einführung und systematische Bibliographie. Zweite aktualisierte Auflage. Hamburg.

Piore, M. J. & Ch. Sabel (1985): Das Ende der Massenproduktion. Berlin.

Porter, M. E. (1991): Nationale Wettbewerbsvorteile. München.

Stiftung Entwicklung und Frieden (Hrsg.) (1991): Globale Trends. Daten zur Weltentwicklung. Bonn/Düsseldorf.

Terlouw, C. P. (1992): The regional growth of the world-system. Utrecht (Netherlands Geographical Studies 144).

STRUKTURANPASSUNG IN DEN 1980ER JAHREN UND REGIONALE DIFFERENZIERUNG IM GLOBALEN PROZESS UNGLEICHER ENTWICKLUNG

Wolfgang Hein, Hamburg

(1) Einleitung

Im Hinblick auf die Erfolgsbedingungen von Strukturanpassungsprozessen werden heute meist die politischen Rahmenbedingungen in den Vordergrund gerückt; *good governance* ist gerade von der Weltbank zu einem zentralen Faktor erklärt worden. „Politische Konditionalität" von Entwicklungszusammenarbeit soll die entsprechenden Länder unter Druck setzen, Demokratisierungsprozesse voranzutreiben und die zweifellos entwicklungshemmende extreme Selbstbereicherung von Eliten zumindest einzuschränken.

Wenn allerdings – wie diese Analysen meist nahelegen – Erfolg oder Mißerfolg von Strukturanpassungsprogrammen weitgehend von der unterschiedlichen Reformwilligkeit und der wirtschaftspolitischen Kompetenz von Regierungen abhängen, dann erscheint es doch erstaunlich, daß die erste Gruppe der *adjustment stars* (Originalton WORLD BANK 1992, S.23ff.) ausschließlich unter den Ländern Ost- und Südostasiens zu finden ist, die zweite Gruppe („which is now emerging") in Lateinamerika, während im Afrika südlich der Sahara überzeugende Erfolgsbeispiele nicht zu finden sind. Die Weltbankautoren kommen denn auch nicht darum herum, wenigstens einen kurzen Blick auf langfristigere Bedingungen zu werfen:

„The explanation for weaker policy change and greater fragility appears to lie in long-term conditions: a weaker human ressource base, inadequate and sometimes declining economic infrastructure, less diversified economic structures, and poorly functioning institutions." (ebda., S.25).

Warum dies aber nun in Afrika so ist (das Zitat bezieht sich auf noch vergleichsweise erfolgreiche afrikanische Länder wie Ghana und Kenia) und andererseits die meisten ost- und südostasiatischen Länder die politischen Rahmenbedingungen für einen raschen wirtschaftlichen Entwicklungsprozeß schaffen konnten, wird auch von der Weltbank nicht genauer ergründet.

Die enormen sozialen Probleme in Afrika und Lateinamerika, die in Afrika praktisch zum Zerfall ganzer Gesellschaften führen oder, aus ganz anderer Perspektive, auch die wachsende Konkurrenz für Westeuropa, die das pazifische Asien bedeutet, sind Probleme, die von viel zu großer Bedeutung für die weitere Entwicklung der Weltgesellschaft sind, als daß wir einfach auf Analysen ihrer langfristigen Entstehungszusammenhänge verzichten können. Diese wenigen Überlegungen deuten an, daß sich die entwicklungstheoretische Diskussion etwas zu übereilt von der „großen Theorie" verabschiedet hat (vgl. etwa BOECKH 1992, MENZEL 1992).

Ich werde in diesem Beitrag auf der Nützlichkeit eines Begriffes insistieren, der deshalb ein wenig in Verruf geraten ist, weil er von der sogenannte „großen Theorie" tatsächlich recht häufig in sehr allgemeiner und oberflächlicher Art und Weise gebraucht worden ist, nämlich den Begriff der „ungleichen Entwicklung". Nach einigen theoretischen Überlegungen zur Analyse ungleicher Entwicklung werde ich auf unterschiedliche Formen eingehen, die dieser Prozeß während der Phase der binnenmarktorientierten Industrialisierung einerseits, der gegenwärtigen Phase der Öffnung zum Weltmarkt andererseits angenommen hat. Dabei wird die Frage nach den Ursachen des so tiefgreifenden Differenzierungsprozesses während des Jahrzehnts der Strukturanpassung im Vordergrund stehen.

(2) Einige Daten zur regionalen Differenzierung

Ich möchte im folgenden mit ein paar Daten beginnen, um das Ausmaß dieses regionalen Differenzierungsprozesses zu verdeutlichen. Sie betreffen wesentliche Dimensionen der internationalen Wirtschaftsbeziehungen: die in Tab. 1 angegebene Auslandsverschuldung (Schuldendienstquote) und das in Tab. 2 angeführte Wachstum der Exporte.

Tabelle 1: Kennziffern zur Auslandsverschuldung

Region/Land	Gesamter Schuldendienst in % der Ausfuhr von Waren und Dienstleistungen						Auslandsschulden in % des BSP	
	1980	1982	1985	1987	1989	1991	1980	1991
Afrika südl.Sah.	10,9	20	28	23	22	20,8	28,6	107,9
– Uganda	17,4					70,0	55,1	109,2
– Cote d'Ivoire	28,3					43,4	58,8	222,6
Lat.amerika/Karibik	37,1	48	39	38	31	29,2	35,1	41,3
– Argentinien	37,3					48,4	48,4	49,2
– Brasilien	63,1					30,0	31,3	28,8
– Mexiko	49,5					30,9	30,5	36,9
Naher Osten/NAfr.	16,1	21	24	28	31	25,9	31,0	58,8
– Algerien	27,4					73,7	47,0	74,9
Südasien	11,9	15	23	28	25	26,0	17,0	35,6
Ostasien/Pazifik	13,5	18	24	24	16	13,3	16,9	28,2
– Philippine	26,6					23,2	53,8	70,2
– Thailand	18,9					13,1	26,0	39,0
– Südkorea	19,7					7,1	48,7	14,4

Quellen: Daten zu 1980 und 1991: WDR 1993, Tab. 24; Daten zu 1982-89: Nord-Süd aktuell, Nr.4/1990, S.612.

Beide Tabellen lassen ein klares Muster erkennen, das sich weitgehend mit Entwicklungen in vielen Bereichen (generelles Wirtschaftswachstum, Struktur der Industrieproduktion, soziale Indikatoren) deckt:
(1) eine tiefe Krise mit teilweise absoluter Verschlechterung der Indikatoren im tropischen Afrika; selbst in den relativ positiven „Fällen" unter den afrikani-

Tabelle 2: Zur Exportentwicklung in verschiedenen Regionen der Peripherie

Region (Land)	Exportwert in Mrd. laufenden US$ 1980	1990
Ost-/SO-Asien (Nur: Südkorea, China, Hongkong, Singapur, Malaysia, Thaild.; ohne Re-exporte)	81,4	309,5
nur: Taiwan/Hongkong		96,3
Afrika (einschl. Nordafrika)	118,8	93,7
Lateinamerika	111,6	148,0
(Tiefststand 1986: 94,5 Mrd.)		
nur: Mexiko	18,1	41,1
Chile	4,7	8,6
(Tiefststand 1984: 3,4 Mrd.)		

Quelle: GATT, International Trade 1990-91, S.83-85

schen Ländern verschärft sich die Krise im Verlaufe der 1980er Jahre (Elfenbeinküste, Kenia, Kamerun).
(2) eine gemischte Entwicklung in Lateinamerika; als Tendenz läßt sich folgendes feststellen: Verschlechterung der Lage bis Mitte der 1980er Jahre, dann leichte Tendenz zur Verbesserung; zumindest in einigen Ländern glückt eine Neuorientierung der Industrie.
(3) eine extrem dynamische Entwicklung mit durchschnittlichen Wachstumsraten zwischen 7 und 10% in O- und SO-Asien, z.T. wie jetzt in der VR China sogar deutlich darüber. Positive Indikatoren finden sich auf allen Ebenen (auch im sozialen Bereich). Außenwirtschaftliches Wachstum unter Einschluß technologisch hochentwickelter Produkte beginnt zu einer echten Herausforderung für die „alten" Industrieländer zu werden.

Dieser Prozeß ist eigentlich noch erstaunlicher, wenn man die aktuellen Tendenzen mit Entwicklungsindikatoren aus den frühen 1960er Jahren vergleicht: Von den genannten Kontinenten stand damals eindeutig Lateinamerika an der Spitze und Afrika eher vor den asiatischen Ländern. In US$ des Jahres 1960 lag das durchschnittliche Pro-Kopf-Einkommen 1950 in Lateinamerika bei 467, in Afrika bei 183, in Asien (ohne China) bei 178 und in China bei 166 US$; noch 1970 lag Afrika vor Asien (mit 268 zu 246$; vgl. Bairoch 1975, S.14). Zweifellos drückten die armen Länder Südasiens den Gesamtdurchschnitt nach unten, doch lagen auch die Durchschnittswerte der südost- und ostasiatischen Flächenstaaten nicht sehr hoch (1970, jetzt allerdings in Dollars zu laufenden Preisen: Thailand: 175; Malaysia: 355; Südkorea: 260 $/Kopf; BAIROCH 1975, S.246f.).

(3) Grundzüge einer Theorie ungleicher Entwicklung

Eine Theorie ungleicher Entwicklung, die nicht eine Theorie der Polarisierung zwischen Zentrum und Peripherie sein will – als die sie zur Erklärung der skizzierten Strukturverschiebungen sehr wenig beitragen könnte –, muß grund-

Skizze 1

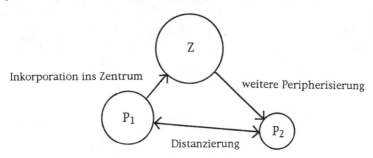

sätzlich idealtypisch von den Beziehungen zwischen drei unterschiedlichen Typen von Regionen ausgehen, wie sie Skizze 1 verdeutlicht: Zu erklären sind nicht die sich historisch immer wieder veränderten, aber doch im Grundmuster gleichbleibenden Beziehungen von Ausbeutung und Abhängigkeit zwischen Zentrum und Peripherie, sondern konkret die Frage, wieso in einer spezifischen Situation die „Peripherie 1" es schafft, näher ans Zentrum heranzurücken, während die „Peripherie 2" weiter an Bedeutung verliert.

Diese Differenzierung liegt offenbar sowohl an unterschiedlichen internen Potentialen der beiden peripheren Regionen, als auch an Ressourcenströmen in den Beziehungen zwischen allen drei Regionen, wobei darüber hinaus zu beachten ist, daß sich die Bedeutung unterschiedlicher Potentiale wie auch der Charakter der Ressourcenströme in verschiedenen historischen Phasen weltgesellschaftlicher Entwicklung durchaus erheblich ändern. So bildete etwa die Kaufkraft aus Rohstoffexporten eine Zeitlang ein wichtiges Entwicklungspotential für ein Land (bzw. eine Region), während das heute immer weniger der Fall zu sein scheint.

Während viele der alten Zentrum-Peripherie-Ansätze primär ökonomisch argumentieren und eine mehr oder weniger direkte Korrelation politischer Stärke mit den entsprechenden ökonomischen Kräfteverhältnissen annehmen, geht es mir zunächst um eine klare Trennung von Ökonomie und Politik und zwar in zweierlei Hinsicht: Einerseits gilt es, die Ökonomie als die Sphäre der Einkommensmaximierung individueller Akteure zu unterscheiden von der Politik als der Sphäre verbindlicher gesellschaftlicher Regelungen. Zum anderen gilt es zu berücksichtigen, daß die Orientierung ökonomischer Akteure grundsätzlich grenzenlos ist, daß aber andererseits die Sphäre des Politischen eindeutig auf die Grenzen nationalstaatlicher Souveränität bezogen sind. Wie im Verlaufe des letzten Jahrzehnts immer deutlicher geworden ist, spielt darüber hinaus der kulturelle Aspekt als Voraussetzung auch von wirtschaftlicher Entwicklung eine zentrale Rolle.

Ich versuche also, das Phänomen „Ungleiche Entwicklung" von drei verschiedenen Dimensionen her anzugehen:
(1) der ökonomischen Dimension von räumlichen Konzentrations- und Ausbreitungseffekten;
(2) den politischen Ordnungsstrukturen und wirtschaftspolitischen Strategien im wesentlichen auf der Ebene von Nationalstaaten (z.T. koordiniert im Rahmen

regionaler Zusammenarbeit, z.T. differenziert durch föderale Strukturen und kommunale Selbstverwaltungsrechte);
(3) der Entwicklung von Kulturräumen und deren gegenseitigen Verschränkungen, die wiederum bestimmte ökonomische und politische Verhaltensweisen stark beeinflussen.

Wesentlich zum Verständnis der ungleichen Entwicklung im weltgesellschaftlichen Zusammenhang ist nun aber – wie schon angedeutet – die Tatsache, daß die Bedeutung, die den einzelnen Dimensionen im Entwicklungsprozeß zukommt, im Zusammenhang mit den sich ständig verändernden Grundlagen kapitalistischer Akkumulation selbst einem Prozeß ständigen Wandels unterworfen sind. Technologische Entwicklungen, Formen der betrieblichen und internationalen Arbeitsteilung, sich verändernde Beziehungen zwischen Politik und Ökonomie usw. weisen den jeweils einzelnen ökonomisch-politisch-kulturellen Bedingungen an einem bestimmten Standort jeweils ein unterschiedliche Bedeutung zu.

Wie können diese einzelnen Dimensionen nun aber miteinander integriert werden, so daß es gelingen kann, zu einer in sich geschlossenen Einschätzung des aktuellen Potentials einer Region zu gelangen? Trotz der Beschäftigung mit den „industrial districts" und der „Wettbewerbsfähigkeit der Nationen" in den im Verlaufe der letzten Jahre erschienenen Texten von Porter (1991), Scott (1988), und Storper (1992) halte ich die Konzepte der Kapitalverwertungsbedingungen und der Kapitalverwertungserfordernisse, mit denen ich im Rahmen einer Analyse der historischen Entwicklung der Konstanzer Region im 19.Jahrhundert vor etwa 20 Jahren gearbeitet habe (vgl. HEIN 1976), weiterhin für durchaus fruchtbar.

Hier kurz die wichtigsten Definitionen meines Ansatzes:

In jedem bestimmten historischen Augenblick ergeben sich aus dem Stand der Produktivkräfte in den einzelnen Branchen bestimmte Anforderungen an die äußeren Produktionsbedingungen, etwa hinsichtlich eines bestimmten Angebots an qualifizierten und unqualifizierten Arbeitskräften, hinsichtlich niedriger Bodenpreise, günstiger Möglichkeiten der Beschaffung bestimmter Rohstoffe, der günstigen Lage zu Absatzmärkten, der Verkehrsbedingungen usw. Art und Gewichtung der einzelnen Anforderungen ändern sich mit der technologischen Entwicklung und der Entwicklung immer neuer Produkte. Diese Anforderungen an die äußeren Bedingungen, unter denen ein Betrieb bei gegebener Technologie und Organisation der Produktion seinen Profit maximieren kann, werden im folgenden als *Kapitalverwertungserfordernisse (Kve.)* bezeichnet.

Dem gegenüber stehen diejenigen Produktionsbedingungen, die ein bestimmter Standort tatsächlich zu bieten hat, die also den Verwertungserfordernissen einer bestimmten Branche (bzw. spezifischer Produktionsbereiche) besser oder schlechter entsprechen können. Die Gesamtheit derjenigen Faktoren, die das Niveau der an einem Ort in einem bestimmten historischen Augenblick erzielbaren Rentabilität bestimmen, stellt die *Kapitalverwertungsbedingungen (Kvb.)* eines Standorts dar.

Skizze 2: Dimensionen ungleicher Entwicklung als Determinanten der Kvb. an einem Standort

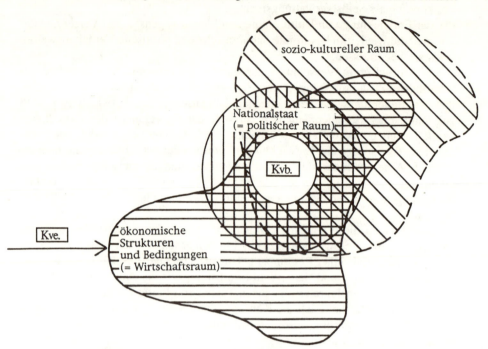

Als wesentlich erscheint mir, daß dieses Begriffspaar in der Lage ist, eine Vielzahl von Elementen zusammenzufassen, die letztlich in die Produktionsbedingungen eines Standortes eingehen, indem sie die „Bedingungen der Kapitalverwertung" an diesem Standort in diesem bestimmten historischen Moment charakterisieren. Diese einzelnen Elemente bleiben im Rahmen des Ansatzes als ökonomische, politische und kulturelle Eigenarten analysierbar. Wirtschaftliche Wachstumsprozesse in einer Region hängen also von komplexen Faktorenkonstellationen ab, deren Wirkungsweise sich bündelt in ihrer Funktion als Bedingungen der Kapitalverwertung.

Skizze 2 versucht – zugegebenermaßen in noch nicht ganz zufriedenstellender Weise – den Zusammenhang zwischen verschiedenen Dimensionen ungleicher Entwicklung einerseits, den resultierenden Kvb. eines Standortes und den Kve. der einzelnen Branchen andererseits zu verdeutlichen. Die Kvb. eines Standortes sind geprägt durch die politischen Bedingungen innerhalb des entsprechenden nationalstaatlichen Territoriums, durch wirtschaftsräumliche Strukturen und Bedingungen sowie die Implikationen sozio-kultureller Charakteristika der Region (etwa: Aspekte der Arbeitsethik, Formen des Verhältnisses zwischen Kapital und Arbeit bzw. von Klientelbeziehungen), wobei die Grenzen wirtschaftlicher und sozio-kultureller Räume meist nicht mit politischen Grenzen übereinstimmen. Die einzelnen Wirtschaftssubjekte, aber auch staatliche Politiken agieren und reagieren in diesem Kräftefeld; dabei ist es das typische Kennzeichen einer dominanten Gesellschaft, daß sie in der Lage ist, durch Technologieentwicklung die Kve. strategischer Branchen entsprechend den Kvb. eigener Standorte weiterzuentwickeln, während aktive periphere Gesellschaften immerhin in der Lage sind, die Kvb. im Innern an extern bestimmte Kve. in einigen wichtigen Branchen anzupassen.

Im einzelnen gibt es hier recht enge Beziehungen zu Konzepten der Wettbewerbstheorie („best practice"/Wettbewerbsfähigkeit von Standorten usw.); eine Theorie ungleicher Entwicklung wird allerdings vor allem die langfristige Dynamik des globalen Standortsystems in den Mittelpunkt der Analyse stellen. In diesem Sinne wären die ständigen Wechselwirkungen zwischen historischem Hintergrund, aktuellen Veränderungen, Beziehungen mit anderen Regionen und Perspektiven zukünftiger Entwicklung in den Mittelpunkt einer Theorie ungleicher Entwicklung zu stellen. Theorien zur Wettbewerbsfähigkeit von Standorten liefern einen wesentlichen Beitrag zu diesem Gesamtkomplex, aber eben nur einen Ausschnitt.

Von hier ausgehend könnte man im Prinzip beginnen, die Geschichte der räumlichen Expansion des kapitalistischen Weltsystems neu darzustellen. Ausgehend von der ersten Entstehung eines kapitalistischen Akkumulationszentrums in England und in den Niederlanden könnte die Frage nach der Eingliederung neuer Regionen als Teile des expandierenden Zentrums oder als Peripherien immer neu gestellt werden. Dabei allerdings wird es nötig sein, die spezifische Form der Weltmarktintegration der jeweiligen Region mit ihren sich entwickelnden Kapitalverwertungsbedingungen in enger Wechselbeziehung mit den sich verschiebenden globalen Verwertungserfordernissen im Blickfeld zu behalten. In diesem Sinne etwa ist es möglich, zu verstehen, daß ein und derselbe Aspekt von Tradition (etwa die bürokratische Tradition ostasiatischer Gesellschaften) einmal als beharrendes Element, das jede gesellschaftliche Modernisierung ohne grundlegende Umwälzungsprozesse unmöglich macht, interpretiert wird, zum anderen als langfristige historische Erfahrung staatlicher Organisation, die die Voraussetzung für eine selbstbewußte, zielgerichtete Förderung weltmarktorientierter Industrialisierung schafft.

Hier muß ich mich notgedrungenermaßen auf einige Anmerkungen zur Entwicklung der vergangenen Jahrzehnte beschränken. „Strukturanpassung" versteht sich primär als eine Strategie zur Behebung der strukturellen Verzerrungen, die gegen Ende der Periode der binnenmarktorientierten Industrialisierung in sehr vielen Ländern deutlich wurden: relativ geringe Konkurrenzfähigkeit vieler Industrien trotz Einsatz moderner arbeitssparender Technologien, verbreiteter „urban bias", strukturelle Defizite der Zahlungsbilanz usw. Die erste Periode raschen industriellen Wachstums in der Dritten Welt zwischen den 1950er und den 1970er Jahren bildet also sozusagen die Folie, auf dessen Hintergrund die Veränderung der globalen Raumstrukturen des vergangenen Jahrzehnts zu sehen sind. Ich werde daher kurz versuchen, diese Periode zu charakterisieren.

(4) Fordismus und binnenmarktorientierte Industrialisierung

Die Phase der binnenmarktorientierten Industrialisierung (oder: Industrialisierung durch Substitution von Importen/ISI) ist weltweit stärker als häufig angenommen wird, von den in den Industrieländern dominanten Strukturen des Fordismus geprägt – charakterisiert durch die Verbindung der standardisierten Massenproduktion mit der Verallgemeinerung der Lohnarbeit, ergänzt durch Formen der sozialen Absicherung und damit der Verstetigung von Einkommen.

Sowohl die abhängige Weltmarktintegration als auch das niedrige interne Produktivitätsniveau verhinderten in praktisch allen Entwicklungsländern eine volle Ausprägung des fordistischen Akkumulationsmodells (vgl. zum „peripheren Fordismus" LIPIETZ 1986, HURTIENNE 1986). Der Industrialisierungsprozeß blieb abhängig von den Deviseneinerlösen landwirtschaftlicher Rohstoffe. Darüber hinaus blieb die industrielle Entwicklung abhängig vom Import von Kapital, Technologie und Zwischenprodukten durch Transnationale Konzerne, die bereit waren, angesichts abgeschotteter Märkte in den EL zu produzieren.

Es war vor allem das niedrige interne Produktivitätsniveau, das eine Verallgemeinerung fordistischer Strukturen unmöglich machte; die Gesellschaften insgesamt (technische Kapazitäten, Ausbildungsniveau, soziale und physische Infrastruktur) waren auf die aktive Integration in fordistische Produktionsprozesse, deren Produktionsnormen von den Bedingungen der Industrieländer vorgegeben waren, im allgemeinen nicht vorbereitet. Vielen traditionellen Unternehmen bzw. Handwerkern fehlten die Voraussetzungen, um Anschluß an diesen Modernisierungsprozeß zu halten. So konnte zwar aus der Interaktion zwischen nationaler Industrialisierungspolitik und den Interessen transnationaler Konzerne ein fordistischer Nukleus entstehen, der jedoch von der Konzentration der Ressourcen auf den Ausbau einer entsprechenden Infrastruktur und der Nachfrage auf ein entsprechendes Konsummodell einerseits, einer gezielten Protektion andererseits abhängig war. Die gleichzeitige Ausgrenzung, Marginalisierung großer Teile der Bevölkerung mit einem Einkommensniveau, das weit davon entfernt war, für ein fordistisches Warenangebot von größerer Bedeutung zu sein, war somit die notwendige Kehrseite dieser Politik; der entstehende Strukturbruch verhinderte andererseits wiederum eine langfristige dynamische Expansion abhängiger fordistischer Akkumulation – jedenfalls soweit diese ihre Basis in der internen Nachfrage suchte. Die Frage der Enge des Binnenmarktes spielte nicht von ungefähr eine zentrale Rolle in der entwicklungsstrategischen Diskussion der 1960er und 70er Jahre.

Im Hinblick auf die Entwicklung von raumwirtschaftlichen Strukturen erscheinen mir folgende Anmerkungen relevant:
- Die vielfache staatliche Förderung des Industrialisierungsprozesses garantierte zunächst weitgehend zumindest an einem Standort innerhalb des nationalen Territoriums die Kapitalverwertung der hier investierenden Unternehmen (Kredite, Infrastruktur, hoher Außenschutz, z.T. Binnenmarkterweiterung durch eine entsprechende Einkommenspolitik usw.); das Ergebnis war zunächst – relativ unabhängig von der relativen internationalen Konkurrenz-

fähigkeit – ein sehr breiter Prozeß industriellen Wachstums in praktisch allen Regionen der Dritten Welt. Dieses Wachstum war aus den genannten Gründen jedoch nicht selbsttragend.
- So „egalitär" dieser Prozeß aufgrund seiner Absicherung durch nationalstaatliche Politik auch im Hinblick auf die globale Verteilung der neu entstandenen Industriegebiete war, so polarisierend wirkte er nach innen, wo die Politik des „Urban Bias" praktisch die Grundlage für eine mittelfristige Viabilität dieses Entwicklungsmodells schuf: Zum einen schuf die Einkommenskonzentration in der Hand der oberen Mittelklassen – je nach relativem Wohlstand etwas mehr oder weniger nach unten reichend – die Voraussetzung für einen einigermaßen ausreichenden Binnenmarkt für fordistische Produkte, zum anderen ermöglichte die industrielle Konzentration in einer Region gewisse Agglomerationsvorteile. Zumindest in einigen Ländern mit großen Binnenmärkten entstanden so industrielle Agglomerationen, die zweifellos auch die Aufhebung protektionistischer Barrieren überstehen werden, wie die Entwicklung in Brasilien und Argentinien zeigt.
- Ökonomisch war die angestrebte Aufholjagd gegenüber den Industrieländern nicht zu gewinnen, da selbst die Länder mit großen Binnenmärkten immer noch in vieler Hinsicht (Marktgröße, Organisation der Arbeitsteilung, Humanressourcen in den Bereichen Forschung und Technologie usw.) unterlegen waren.
- Schließlich mußte diese Form der Industrieförderung auch auf sozio-kulturelle Schranken stoßen: Es war (im wesentlichen) der Versuch einer in den westlichen Industrieländern ausgebildeten technisch-ökonomischen Elite, das dort dominante Industrialisierungsmodell in das eigene Land zu verpflanzen. Dies schuf ein zentrales Dilemma: Angesichts des erreichten Entwicklungsniveaus war es nicht möglich, auch ein entsprechendes Konsummodell zu generalisieren (wie es fast überall von den urbanen Massen mehr oder weniger gefordert wurde); auf der Basis eines solchen importierten, als Modell der Reichen angreifbaren Entwicklungsmodells, war es jedoch auch schwer, die Bevölkerungsmehrheit in eine zunächst eher durch Verzicht und verlängerte Arbeitszeiten gekennzeichnete Akkumulationsphase zu integrieren.

(5) Kapitalverwertung und ungleiche Entwicklung
im Strukturanpassungsprozeß

Es ist grundsätzlich nicht erstaunlich, daß die Wirtschaftsliberalisierung der Strukturanpassung Schranken öffnete für die rasche Durchsetzung von Tendenzen räumlicher Differenzierung, indem eben die sehr ungleichen Voraussetzungen für industrielle Konkurrenzfähigkeit sich in verstärktem Maße unter Weltmarktbedingungen bewähren mußten.

Bei der Frage nach den Ursachen, warum in diesem globalen Differenzierungsprozeß ganze Großregionen durch relativ ähnliche Tendenzen gekennzeichnet sind, kommt man nicht darum herum, tiefer in die Geschichte zurückreichende Aspekte in Betracht zu ziehen, die vor allem die Entwicklung von Kulturräumen betreffen. Angesichts anderer Tendenzen, die etwa im Sinne des *global sourcing* eher auf eine Globalisierung der Produktionszusammenhänge hinweisen, war es nicht unbedingt zu erwarten, daß die Expansion kapitalistischer Zentren entsprechend historischer Muster – idealtypisch – in der Form konzentrischer Kreise um die alten Zentren herum fortschreitet und gelegentlich ein neues Zentrum entstehen läßt. Zwar verweist die These der verstärkten Bedeutung vielfältiger Verknüpfungen in industrial districts oder überhaupt im regionalen Rahmen auf einen gewissen Gegentrend zum „global sourcing", doch wird kaum jemand die Existenz eines „industrial district" von Seoul bis Singapur behaupten. Die rasche Konsolidierung und Expansion der ostasiatischen Industrieraums muß also andere Ursachen haben, wobei die Zugehörigkeit zu einem gemeinsamen Kulturraum ins Auge fällt. Bei dem Versuch, diese Ursachen der unterschiedlichen sozioökonomischen Entwicklung in den im Abschnitt (2) genannten Weltregionen im Rahmen dieses globalen räumlichen Differenzierungsprozesses zu bestimmen, kann ich mich auf eine vor kurzem abgeschlossene vergleichende Studie über sozioökonomische Transformationsprozesse in den 1980er Jahren in Costa Rica, Thailand, Malaysia, den Philippinen, Kenia und der Elfenbeinküste stützen (vgl. HEIN 1993).

Allein die unterschiedliche Entwicklung der genannten südostasiatischen Länder verweist auf die große Bedeutung historisch gewachsener sozio-politischer Strukturen. Während Malaysia und Thailand ähnlich wie Korea und Taiwan auf einen langen, wenn auch in unterschiedlicher Form gebrochenen, historischen Prozeß der lokalen Staatsbildung zurückblicken können, ähnelt die Entwicklung der sozio-politischen Strukturen auf den Philippinen derjenigen Lateinamerikas: Vorkoloniale politische Strukturen wurden weitgehend zerstört, das nachkoloniale System entstand – in beiden Fällen beeinflußt durch die USA – auf der Grundlage einer sehr stark vom iberischen Kolonialismus geprägten Sozialstruktur. In den meisten Ländern des tropischen Afrika dagegen finden wir wiederum eine andere Konstellation: Auch hier wurden vorkoloniale, sehr verschieden stark ausgeprägte Ansätze der Staatsbildung zerstört, jedoch nicht vor fünf Jahrhunderten, sondern vor etwa einem Jahrhundert. Die Kolonialzeit wiederum war weitgehend geprägt durch eine fast ausschließlich weiße Kontrolle von Politik und Wirtschaft, wobei die lokale Bevölkerung primär unter dem Gesichtspunkt von Arbeitskraftlieferanten betrachtet wurde.

Die Entkolonialisierung bedeutete somit in viel extremerem Maße einen Neuanfang im Prozeß der Konstitution gesellschaftlicher und sozio-politischer Strukturen, als dies sowohl in den genannten südostasiatischen Ländern als auch in den iberisch kolonialisierten Ländern der Fall war. Auch wenn die afrikanischen Länder auf den durch den Kolonialismus geschaffenen wirtschaftlichen Strukturen aufbauen konnten bzw. mußten, waren die Prozesse des Entstehens einer „modernen" Elite zum Zeitpunkt der politischen Unabhängigkeit noch in einer sehr rudimentären Phase; die Weißen, die die politischen und ökonomischen Machtstrukturen der Kolonialzeit aufgebaut und praktisch zu 100% ausgefüllt hatten, verschwanden zumindest als Träger politischer Macht innerhalb kürzester Zeit. Führt man sich anhand der obigen theoretischen Überlegungen vor Augen, wie umfassend die Voraussetzungen für Konzipierung und Erfolg einer eigenständigen, innovativen Industriepolitik sind, denkt man an die zentrale Bedeutung des gesamten standortabhängigen *environment* für industrielle Konkurrenzfähigkeit (vgl. etwa: KAMPPETER 1993/PORTER 1991), dann wird schon a priori deutlich, wie schwierig es für die afrikanischen Länder südlich der Sahara sein mußte, den Schritt zu einer konkurrenzfähigen industriellen Entwicklung zu schaffen.

Im Hinblick auf Afrika führt kein Weg an der Feststellung vorbei, daß gewisse Aspekte nachholender Entwicklung unabdingbar sind. Kenia und die Elfenbeinküste können im Vergleich zu anderen afrikanischen Ländern auf zwei sehr wichtigen Aktivposten aufbauen: auf relativ gut entwickelten zentralen ländlichen Regionen mit einer vergleichsweise breiten Verteilung der Einkünfte aus der traditionellen Agrarexportwirtschaft sowie auf ein beträchtliches Niveau an politischer Stabilität. Ihre wirtschaftlichen und politischen Krisen verweisen jedoch auf die Bedeutung der Autozentriertheit von Entwicklungsprozessen im Sinne der Fähigkeit zu eigenständiger Problemlösung. Der industrielle Teil der in beiden Ländern existierenden Agroindustrien ist weitestgehend entweder durch transnationale Konzerne oder durch den Staat mit Hilfe ausländischer Techniker und Experten entwickelt worden. Trotz gewisser Erfolge bei der „Afrikanisierung" von Führungs- und Technikerpositionen, ist – durch die Daten zur Entwicklung von Alphabetisierung und weiterführenden Bildungseinrichtungen dokumentiert – kaum zu bezweifeln, daß erhebliche Verbesserungen im Bildungssystem (und zwar auf allen Ebenen) eine wesentliche Voraussetzung für sozioökonomische Integration und für die Behauptung nicht-traditioneller Exportzweige auf dem Weltmarkt darstellen, aber daß insgesamt eine Konsolidierung politisch-administrativer und soziokultureller Strukturen nötig ist, um die Konkurrenzfähigkeit afrikanischer Standorte zumindest in einigen Branchen zu sichern (einschließlich des nötigen Konsenses für eine Durchsetzung effektiver Erziehungszölle).

Trotz der gemeinsamen kolonialen Erfahrung stellt sich heute die Situation in Lateinamerika erheblich anders dar als in Afrika: Die Staatsgründungen liegen immerhin etwa 180 Jahre zurück; die Entwicklung der politischen und ökonomischen Strukturen basiert darüber hinaus auf weitgehend komplett eingewanderten europäischen Eliten. Im Unterschied zu Nordamerika und Australien sind mit den herrschenden Klassen iberischen Ursprungs allerdings noch sehr weitgehend feudale Konzepte von Herrschaft transplantiert worden, was wiederum durch ein zweites sehr wichtiges Charakteristikum lateinamerikanischer Gesellschaften erleichtert wurde: Die große Mehrheit der Bevölkerung in den meisten Ländern – Indianer und schwarze Sklaven bzw. deren Nachfahren – unterscheidet sich bereits ethnisch von den herrschenden Klassen und wurde von vornherein zu abhängiger Arbeit gezwungen. So entstanden Gesellschaften mit einer großen Kluft zwischen arm und reich, die nicht durch eine jahrhundertealte soziokulturelle Integration überbrückt werden konnte; typischerweise ist diese Kluft in denjenigen lateinamerikanischen Gesellschaften, in denen auch die Unterschichten weitgehend europäischen Ursprungs sind, nicht ganz so groß (etwa: Argentinien, Chile, Uruguay, der Süden Brasiliens, Costa Rica). Die traditionelle Weltmarktintegration als Rohstoffexportökonomien korrespondierte in einem solchen Ausmaß mit diesen sozialen Strukturen, daß die Frage nach den externen oder internen Ursachen dieser Prozesse der Unterentwicklung nicht beantwortbar ist – abgesehen natürlich davon, daß sie insgesamt im Rahmen des Prozesses der europäischen Welteroberung entstanden sind. Die oben skizzierten Charakteristika der binnenmarktorientierten Industrialisierung machen es verständlich, daß die ISI-Strategie in Lateinamerika soweit erfolgreich sein konnte, wie sie durch die Einkommenskonzentration im Bereich sich langsam ausweitender Mittelschichten die Nachfrage nach den modernen fordistischen Standardprodukten ausweiten konnte.

In Ost- und Südostasien verweisen andererseits gerade die Aspekte der sozialen Kohäsion, der offenbar nicht primär repressiv erzwungenen, sondern in kulturellen Traditionen verankerten Arbeitsdisziplin, der ausgeprägt unternehmerischen Orientierung der sich in weiten Teilen Südostasiens niedergelassenen (Süd-) Chinesen darauf, daß auch die Ursachen des wirtschaftlichen Erfolges historisch sehr weit zurückreichen: Kein Zweifel besteht daran, daß es nirgendwo sonst außerhalb Europas Gesellschaften gibt, die von so langen, relativ ungebrochenen kulturellen Traditionen geprägt sind und auf so lange Erfahrungen staatlicher Organisation zurückblicken können; es ist eine Region, in der – trotz des starken Gewichts bäuerlicher Subsistenzwirtschaft – der Handel seit langem eine wesentliche Rolle spielt. Gleichzeitig hat die lange Erfahrung mit der landwirtschaftlichen Produktion auf demselben Land eine Intensität der traditionellen Bodennutzung erlaubt, wie sie in kaum einer anderen *Groß*region der Welt zu finden ist, und die wiederum eine erstaunlich hohe Bevölkerungsdichte in ländlichen Regionen ermöglicht. Damit sind, selbst bei geringem Einkommen, relativ bedeutende, homogene lokale Märkte entstanden.

Es ist einleuchtend, daß konfuzianische Traditionen und Verhaltensweisen in China (und in modifizierten Formen in Japan) mit der hohen Bedeutung von Familie und Klan (was weitgehend auf den Unternehmenszusammenhang übertragen wird), Erziehung, Ordnung, aber auch Pragmatismus durchaus günstige Voraussetzungen für nachholende kapitalistische Akkumulation schaffen können, indem niedrige Löhne und Arbeitsdisziplin auf Seiten der Arbeiter verbunden werden mit Pragmatismus, Innovationsfähigkeit, aber eben auch Disziplin und Normgebundenheit, sozialem Verantwortungsbewußtsein auf seiten der Unternehmer – vorausgesetzt, die feudalen Herrschaftsverhältnisse sind erst einmal überwunden (vgl. WEGGEL 1989, 1992, MACHETZKI 1992).

Der weit in die Geschichte zurückreichende gemeinsame kulturelle Hintergrund dürfte auch eine wesentliche Ursache dafür sein, daß trotz einer Veränderung der Verwertungserfordernisse, in denen räumliche Produktionszusammenhänge eher an Bedeutung verlieren, die erfolgreiche Entwicklung Japans eine so eindeutig regional orientierte Ausstrahlung besaß: Ähnliche kulturelle Voraussetzungen – zumindest soweit sie für die Verwertungsbedingungen relevant sind – finden sich aufgrund historischer Zusammenhänge eben auch in Korea und

China sowie in den von der chinesischen Kultur beeinflußten Gesellschaften Südostasiens.

Es dürfte zweifellos interessant sein, die gesamte Entwicklung der Struktur des ost- und südostasiatischen Raumes genauer auf dem Hintergrund des hier vorgeschlagenen Analysekonzeptes zu untersuchen: Wie verbindet sich die skizzierte sozio-kulturelle Erbschaft mit den durchaus sehr unterschiedlichen Erfahrungen mit der Dominanz fremder Mächte (europäischer, japanischer Kolonialismus, halbkoloniale Abhängigkeiten in verschiedenen Formen, Hongkong als weiterhin bestehende Kolonie), mit den sehr unterschiedlichen politisch-ideologischen Entwicklungen, mit den wiederum unterschiedlichen naturräumlichen Strukturen (gemeinsam ist den erfolgreichen Regionen eigentlich nur die Nähe zum Meer) zu ganz spezifischen Bedingungen für kapitalistische Akkumulation? Wie haben sich diese Gesellschaften gegen die jeweils dominanten Ökonomien durchgesetzt bzw. behauptet – was zum einen das Verhältnis zu Europa und Nordamerika betrifft (einschließlich deren Versuche der „Selbstverteidigung" durch Protektionismus), zum anderen aber auch das Verhältnis zu Japan? Hat hier nicht doch die Kombination aus räumlicher und kultureller Entfernung eine gewisse Schutzfunktion gegenüber der zunächst überlegenen Konkurrenz bedeutet (wobei „kulturelle Entfernung" nicht ganz von der räumlichen zu trennen ist)? Wie haben sich die internen Zentrum-Peripherie-Beziehungen in den einzelnen Gesellschaften entwickelt – hat die Entwicklung der internen Raumstruktur den nationalen Entwicklungsprozeß eher unterstützt oder eher noch zurückgehalten?

An dieser Stelle müssen diese Überlegungen ausreichen, um mein Plädoyer für eine umfassende Perspektive ungleicher Entwicklung zu unterstützen. Mein Beitrag hatte noch häufig den Charakter einer vergleichenden Betrachtung von Gesellschaften unterschiedlicher Kontinente – andererseits habe ich jedoch betont, daß dieser Differenzierungsprozeß selbst eben nicht einfach das Resultat unterschiedlicher Entwicklung ist, sondern in der konkreten historischen Form, in der er entstanden ist, nur durch die sehr massive Wechselbeziehung zwischen den einzelnen Regionen zu verstehen ist. Wirtschaftliche Liberalisierung bedeutet, daß die lokalen und regionalen Verwertungsbedingungen im Rahmen der Konkurrenz von Standorten um die Verwertung suchenden Kapitale unmittelbarer (also ohne größere wirtschaftpolitische Interventionen) zueinander in Beziehung gesetzt werden. Diese Verwertungsbedingungen werden eben auch in hohem Maße durch politische Strukturen, soziale Verhaltensweisen und Legitimationsmuster beeinflußt die das Ergebnis langfristiger sozio-kultureller Traditionen darstellen – oder auch der traumatischen Folgen ihrer Zerstörung.

Literatur

Bairoch, Paul 1975: The Economic Development of the Third World since 1900, engl. London
Boeckh, Andreas 1992: „Entwicklungstheorien: Eine Rückschau", in: Dieter Nohlen/Franz Nuscheler (Hg.), Handbuch der Dritten Welt, 3.Aufl., Bonn, S.110–130
GATT 1991: International Trade 1990–91, Genf

Hein, Wolfgang 1978: „Zur Theorie der regionalen Differenzierung kapitalistischer Gesellschaften in der industriellen Revolution", in: Gert Zang (Hg.), Provinzialisierung einer Region. Zur Entstehung der bürgerlichen Gesellschaft in der Provinz, Frankfurt/M., S.31–133

Hein, Wolfgang 1993: Autozentrierte agroindustrielle Entwicklung: Eine Strategie zur Überwindung der gegenwärtigen Entwicklungskrise? Ansätze sozioökonomischer Transformation in Costa Rica im Vergleich zu südostasiatischen und afrikanischen Gesellschaften, Hamburg

Hurtienne, Thomas 1986: „Fordismus, Entwicklungstheorie und Dritte Welt", in: Peripherie, Nr.22/23, S.60–110

Kamppeter, Werner 1993: „Fertility Rents, the Nation-State and the World Economic System", in: Nord-Süd aktuell, Nr.1/Jg. VII, S.85–97

Lipietz, Alain 1986: Mirages et miracles. Problèmes de l'industrialisation dans le tiers monde, Paris

Machetzki, Rüdiger 1992: Modernisierungsprozesse in Ostasien: Von der Bedeutung des Kulturellen für das Wirtschaftliche, unveröffentl. Manuskript

Menzel, Ulrich 1992: Das Ende der Dritten Welt und das Scheitern der Großen Theorie, Frankfurt/M.

Porter, Michael E. 1991: Nationale Wettbewerbsvorteile: erfolgreich konkurrieren auf dem Weltmarkt, dt., München

Scott, A.J. 1988: New Industrial Spaces: Flexible Production Organization and Regional Development in North America and Western Europa, London

Storper, Michael 1992: „The Limits to Globalization: Technology Districts and International Trade", in: Economic Geography, 68.Jg., S.60–93

Weggel, Oskar 1989: Die Asiaten, München

Weggel, Oskar 1992: Regionalkonflikte in China. Süd gegen Nord, Hamburg

World Bank 1992: Adjustment Lending Policies for Sustainable Growth (Country Economics Department; Policy and Research Series, No.14), Washington, D.C.

World Development Report (WDR) 1993, hg. World Bank, Washington, D.C.

WELTWIRTSCHAFTLICHE TRANSFORMATIONSPROZESSE UND REGIONALENTWICKLUNG IN DEN MARKTWIRTSCHAFTLICHEN ENTWICKLUNGS- UND SCHWELLENLÄNDERN OST-/SÜDOSTASIENS

Ludwig Schätzl, Hannover

Der Zusammenhang zwischen dem weltwirtschaftlichen Strukturwandel und der Regionalentwicklung innerhalb der marktwirtschaftlichen Entwicklungs- und Schwellenländer Ost- und Südostasiens ist von komplexer Natur. In der zur Verfügung stehenden Zeit ist es nur möglich, Grundzüge des globalen und regionalwirtschaftlichen Strukturwandels zu behandeln und in einigen Thesen zur Diskussion zu stellen.

1. Was die globale Wirtschaftsentwicklung anbetrifft, so lassen sich drei Entwicklungstendenzen, drei „Megatrends", identifizieren, die aus wirtschaftsgeographischer Sicht von herausragender Bedeutung sind.

Erstens, der zunehmende Wettbewerb zwischen den drei ökonomischen Supermächten, der Europäischen Gemeinschaft, den Vereinigten Staaten von Amerika und Japan („Kampf der Triade"). Diese drei weltwirtschaftlichen Kernregionen, in denen nur 13 Prozent der Weltbevölkerung leben, erwirtschaften annähernd zwei Drittel des Bruttoinlandsprodukts der Erde.

Zweitens, der Zusammenbruch der sozialistischen Planwirtschaften. Die sich am Leitbild des Kommunismus orientierenden Systeme zentral gelenkter Wirtschaftsplanung haben weltweit versagt; dies gilt für Entwicklungsländer ebenso wie für Industrieländer. Fast alle Zentralverwaltungswirtschaften bemühen sich zur Zeit, mit verschiedenen Strategien und mit unterschiedlichem Erfolg, um eine Systemtransformation von der Plan- zur Marktwirtschaft.

Drittens, die erneute Verschärfung der bereits extremen Einkommensdisparitäten zwischen den marktwirtschafltichen Industrieländern und den Entwicklungsländern.

Zwischen diesen drei globalen Entwicklungstendenzen bestehen interdependente Beziehungen. Beispielsweise würde der Ausbau der „Festung Europa" nicht nur die Wirtschaftsbeziehungen der EG mit den USA und Japan belasten, sondern auch die Systemtransformationen in den osteuropäischen Ländern behindern und die Wohlstandskluft zu den Entwicklungsländern weiter vertiefen. Ein weiteres Beispiel; die westlichen Industrieländer müssen den realwirtschaftlichen Anpassungsprozeß in den ehemaligen Zentralverwaltungswirtschaften finanziell unterstützen. Es ist davon auszugehen, daß diese „West-Ost-Transfers" die Höhe der Entwicklungshilfe beeinflussen. Während zum Beispiel die öffentliche Entwicklungshilfe der Bundesrepublik Deutschland bei 8,4 Mrd. DM pro Jahr stagniert, betragen die öffentlichen Nettotransfers von Westdeutschland nach Ostdeutschalnd jährlich etwa 150 Mrd. DM. Die Leistungen der westdeutschen öffentlichen Haushalte für Ostdeutschland übersteigen die öffentliche Entwicklungshilfe aller Geberländer der Erde an alle Entwicklungsländer um mehr als das 1,5 fache. Es ist zu befürchten, daß angesichts des sich verschärfenden Wettbewerbs der ökonomischen Supermächte und der enormen Kosten der Systemtransformation von der Plan- zur Marktwirtschaft, die Bereitschaft der westlichen Industrieländer eher gering sein dürfte, einen erhöhten Beitrag zur Verringerung des „Nord-Süd-Entwicklungsgefälles" zu leisten.

2. Als globaler Trend läßt sich eine Öffnung der Wohlstandskluft zwischen den Industrie- und den Entwicklungsländern empirisch belegen. Allerdings verlief die wirtschaftliche Entwicklung der Länder der Erde sehr unterschiedlich. Während eine Reihe von Entwicklungsländern vornehmlich in Afrika und Lateinamerika einen Rückgang ihres Pro-Kopf-Einkommens hinnehmen müssen, erzielen vor allem einige marktwirtschaftlich ausgerichteten Entwicklungs- und Schwellenländer in Ost- und Südostasien beeindruckende wirtschaftliche Erfolge. Im Zeitraum von 1965–1990 betrug die durchschnittliche jährliche Zuwachsrate des Pro-Kopf-Bruttosozialprodukts in Singapur, Hongkong, Taiwan und Südkorea sechs bis acht Prozent und in Malaysia, Thailand und Indonesien vier bis fünf Prozent. Diesen Ländern der südostasiatischen Wachstumsregion ist es also gelungen, den Einkommensrückstand gegenüber den OECD-Mitgliedern, deren Pro-Kopf-Einkommen im Durchschnitt um lediglich 2,4 Prozent wuchs, zu verringern. Singapur, Hongkong, Taiwan, Südkorea und Malaysia sind zu „Schwellenländern" aufgestiegen.

Die Hauptantriebskraft des wirtschaftlichen Wachstums stellt die Verarbeitende Industrie dar. Alle Wachstumsökonomien Südostasiens realisierten beeindruckende industrielle Zuwachsraten. In den heutigen Schwellenländern der Region läßt sich ein industrieller Transformationsprozeß von einer arbeitsintensiven über eine sachkaptialintensive zu einer humankapital- und technologieintensiven Produktion empirisch nachweisen. In jeder dieser Phasen ist es gelungen, eine international wettbewerbsfähige Industrie aufzubauen.

Den Zusammenhang zwischen dem industriellen Transformationsprozeß und der Struktur des Außenhandels hat Alvstam (1993) am Beispiel von Taiwan empirisch untersucht und für vier Zeiträume von Mitte der 60er Jahre bis Anfang der 90er Jahre Exportprofile erstellt. Dabei ist zu berücksichtigen, daß in Taiwan der Anteil der Industriegüterexporte an den Gesamtexporten bei über 90 Prozent liegt und der Anteil der Exporte am Bruttoinlandsprodukt von ca. 20 Prozent Mitte der 60er Jahre auf etwa 50 Prozent Mitte der 70er Jahre und danach anstieg. Mitte der 60er Jahre dominierten arbeitsintensiv und ressourcenintensiv hergestellte Industriegüter den Außenhandel (z.B. Textilindustrie, Nahrungsmittelindustrie). Bis Mitte der 70er Jahre kam es zu einer Verschiebung der Außenhandelsstruktur von ressourcenintensiv zu sachkapitalintensiv hergestellten Produkten. Mitte der 80er Jahre prägten dann sachkapital- und humankapitalintensive Industriegüter den Außenhandel (z.B. elektrische und elektronische Maschinen). Dieser Trend in Richtung auf forschungs- und entwicklungsintensiv hergestellte Exportgüter setzte sich bis Anfang der 90er Jahre fort.

Im Zuge des industriellen Transformationsprozesses haben sich mit der Außenhandelsstruktur auch das Gewicht der ausländischen Direktinvestitionen und des ausländischen Managements verändert. In den 60er Jahren, in der Phase arbeits- und ressourcenintensiver Produktion, kontrollierten ausländische Unternehmen und ausländische Manager die Exportindustrie Taiwans. Hingegen befindet sich die heute vorherrschende sachkapital- und humankapitalintensive Exportwirtschaft weitgehend in der Hand taiwanesischer Unternehmen mit einheimischem Management. Seit dem Ende der 80er Jahre kommt es verstärkt zu Verlagerungen arbeitsintensiver Produktion in Nachbarländer und zu umfangreichen ausländischen Direktinvestitionen Taiwans in Thailand, Malaysia, den Philippinen, Indonesien sowie neuerdings auch in China und Vietnam. Erste für Malaysia und Thailand durchgeführte Untersuchungen der Außenhandelsstruktur lassen vergleichbare Entwicklungsmuster erwarten.

In den Wachstumsökonomien Ost- und Südostasiens wurden Wachstum und sektoraler Strukturwandel der Wirtschaft durch eine langfristig konzipierte und konsequent betriebene Wirtschaftspolitik gefördert. Staat und öffentliche Verwaltung besitzen in den konfuzianisch geprägten Gesellschaften ein größeres Gewicht als in den europäischen und nordamerikanischen Industrieländern. Trotz länderspezifischer Unterschiede lassen sich einige allgemeingültigen Charakteristika der Wirtschaftspolitik identifizieren. Dies sind:
– langfristig angelegter Aufbau einer an den Erfordernissen einer Marktwirtschaft orientierten institutionellen Infrastruktur, d.h. eines ordnungspolitischen Rahmens
– seit den 60er Jahren konsequente Verfolgung einer exportorientierten Industrialisierungsstrategie
– staatliche Förderung des wirtschaftlichen Strukturwandels von der arbeitsintensiven zur sachkapitalintensiven und humankapitalintensiven Produktion durch Außenwirtschafts- und Binnenwirtschaftspolitik
– staatliche Förderung der Weltmarktintegration der Wirtschaft (z.B. Subventionierung von Güterexporten und ausländischen Direktinvestitionen aber auch Zollschutz der inländischen Industrie vor ausländischer Konkurrenz)
– staatliche Förderung der Umstrukturierung der Binnenwirtschaft (vergleichsweise hohe öffentliche Investitionen in den Bereichen Forschung und Entwicklung, Erziehung und Ausbildung, Infrastruktur und Kommunikation).

3. Im Verlauf des industriellen Transformationsprozesses hat sich, wie dargestellt, die Exportstruktur der Industrie grundlegend verändert. Als Folge des begrenzten Binnenmarktes wird ein substantieller Teil der arbeits-, sachkapital- und humankapitalintensiv hergestellten Industriegüter am Weltmarkt abgesetzt. Es ist nun der Frage nachzugehen, welche Auswirkungen der industrielle Strukturwandel auf die regionale Wirtschaftsentwicklung hat. Mit der Erforschung des Zusammenhangs zwischen der Wirtschaftsentwicklung und der Regionalentwicklung in den marktwirtschaftlichen Entwicklungs- und Schwellenländern Ost- und Südostasiens befaßt sich die Abteilung Wirtschaftsgeographie der Universität Hannover seit mehreren Jahren. Untersuchungen über die Länder Südkorea, Malaysia, Thailand und die Philippinen sind abgeschlossen und publiziert1); die

Länder Taiwan und Vietnam, das sich zur Zeit um eine Systemtransformation von der Plan- zur Marktwirtschaft bemüht, befinden sich in Bearbeitung. Im folgenden werden einige Forschungsergebnisse in der gebotenen Kürze vorgestellt.

Südkorea gehörte noch Ende der 50er Jahre zu den ärmsten Staaten der Erde. In den folgenden drei Jahrzehnten erreichte das Land einen beeindruckenden Aufstieg vom Entwicklungs- zum Schwellenland. Motor des Wirtschaftswachstums war die Verarbeitende Industrie, wobei sich die Wachstumsdynamik von der arbeitsintensiven über die kapitalintensive zur humankapital- und technologieintensiven Produktion verlagerte. Dieser industrielle Transformationsprozeß veränderte die Regionalentwicklung nachhaltig. In den 60er Jahren bot das im Nordwesten des Landes gelegene Seoul die günstigsten Standortbedingungen für die arbeitsintensive Leichtindustrie; das industrielle Wachstum konzentrierte sich auf die Landeshauptstadt. In den 70er Jahren vollzog sich in Südkorea ein Prozeß intraregionaler und interregionaler Dezentralisierung. Die beschäftigungsintensive Textil- und Bekleidungsindustrie nutzte die Standortvorteile im Hinterland von Seoul und die neue entstehende Schwerindustrie besaß in den im Südosten gelegenen Küstenstädten optimale Standortvoraussetzungen. In der Region um Pusan entstand durch die Ansiedlung kapitalintensiver Großbetriebe (Chemische Industrie, Eisen- und Stahlindustrie, Schiffbau) ein industrieller Gegenpol zur Hauptstadtregion. In den 80er Jahren profitierten von der Wachstumsdynamik der sach- und humankapitalintensiven Investitionsgüter- und gehobenen Gebrauchsgüterindustrie das Umland von Pusan, wo sich die großen Montagebetriebe des Straßenfahrzeugbaus ansiedelten, vor allem aber die Hauptstadtregion, auf die sich die humankapital- und forschungsintensive Elektroindustrie konzentriert. Nach der räumlichen Polarisierung in der ersten Industrialisierungsphase, der intra- und interregionalen Dezentralisierung in der zweiten Phase, zeichnet sich in der dritten Phase eine erneute, auf die Hauptstadtregion gerichtete räumliche Polarisierung ab. Der industrielle Strukturwandel hat nicht nur das Standortsystem der Verarbeitenden Industrie, sondern auch das Städtesystem des Landes verändert. Die südkoreanische Regierung unterstützte den sektoralen und regionalen Strukturwandel der Wirtschaft durch eine wachstumsorientierte Raumwirtschaftspolitik; gefördert wurde die industrielle Entwicklung an den jeweils ökonomisch optimalen Standorten.

Malaysia mußte nach Erlangung der Unabhängigkeit (1957) koloniale Wirtschaftsstrukturen überwinden. Die Wirtschaft war wenig diversifiziert und einseitig auf die Gewinnung von zwei für den Export bestimmten Rohstoffe (Zinn, Kautschuk) ausgerichtet; zudem bestanden tiefgreifende regionale und interethnische Einkommensdisparitäten. Mit einer Strategie der Weltmarktintegration ist es dem Land gelungen, die Rohstoffexporte zu verbreitern und eine wettbewerbsfähige Exportindustrie aufzubauen. Im Zeitraum von 1960 bis 1990 sank der Anteil der Rohstoffexporte an den Gesamtausfuhren von 94 Prozent auf 56 Prozent, der Anteil der Industriegüterexporte hingegen stieg von 6 Prozent auf 44 Prozent. Was die regionale Wirtschaftsentwicklung anbetrifft, verfolgte Malaysia, im Unterschied zu Südkorea, eine stärker ausgleichsorientierte Politik. Zentrales Anliegen der für den Zeitraum 1970–1990 konzipierten „New Economic Policy" war neben Wirtschaftswachstum auch die Verwirklichung des gesellschaftspolitischen Anliegens, die interethnischen Einkommensdisparitäten zwischen den Malayen und den Chinesen abzubauen. Da vor allem Malayen in den weniger entwickelten, agrarisch strukturierten Landesteilen lebten, war die staatliche Förderung dieser Gebiete zentrales Ziel der Raumwirtschaftspolitik. Mit einem breitgefächerten Instrumentarium unterstützte der Staat strukturelle Verbesserungen in traditionellen Agrargebieten, die großflächige Erschließung von Neuland und die Dezentralisierung der Verarbeitenden Industrie. Diese ausgleichsorientierte Raumwirtschaftspolitik hat dazu beigetragen, die Lebensbedingungen in den dichtbesiedelten Reisanbaugebieten und den Neulandregionen zu verbessern sowie eine extreme Konzentration ökonomischer Aktivitäten auf die Hauptstadtregion zu vermeiden. Die erreichte intra- und interregionale Dezentralisierung der Verarbeitenden Industrie blieb allerdings weitgehend auf die Westküste Peninsular Malaysias beschränkt. Seit Mitte der 80er Jahre verfolgt Malaysia allerdings wieder eine stärker wachstumsorientierte Raumwirtschaftspolitik; ausgleichspolitische Maßnahmen werden nur dann durchgeführt, wenn sie nicht in Antinomie zum Wachstumsziel stehen. Da sich, ähnlich wie in Südkorea, die an Bedeutung gewinnende humankapital- und forschungsintensive Investitionsgüter- und gehobene Gebrauchsgüterindustrie auf die Hauptstadtregion konzentriert, ist nach einer Phase intra- und interregionaler Dezentralisierung wieder mit einer Zunahme der räumlichen Konzentration der Verarbeitenden Industrie zu rechnen.

Thailand ist heute noch in großen Teilen ländlich und agrarwirtschaftlich strukturiert. Im ländlichen Raum leben etwa drei Viertel der Bevölkerung und der Agrarsektor beschäftigt drei Fünftel der Erwerbstätigen. Die modernen urbanindustriellen Aktivitäten konzentrieren sich in Thailand, stärker als in den meisten anderen Entwicklungsländern der Erde, auf ein Zentrum. Etwa 70 Prozent der städtischen Bevölkerung des Landes leben in der Hauptstadt Bangkok. Auf die Bangkok Metropolitan Region entfallen etwa 70 Prozent der Beschäftigten und 80 Prozent der Wertschöpfung der Verarbeitenden Industrie. Bangkok ist Sitz aller wichtigen öffentlichen Institutionen und der Hauptverwaltungen der Privatwirtschaft. Diese extreme räumliche Konzentration des modernen Sektors hatte zur Folge, daß sich einerseits die Agglomerationsnachteile in der Hauptstadtregion dramatisch verschärften und sich andererseits das Entwicklungsgefälle zum Rest des Landes vergrößerte. Auch in Zukunft ist mit einer Fortsetzung des Polarisationsprozesses auf die Hauptstadtregion zu rechnen. Die Bangkok Metropolitan Region einschließlich der angrenzenden Eastern Seabord Region ist nicht nur der einzelwirtschaftlich optimale Standort für die arbeitsintensive Leichtindustrie und die kapitalintensive Schwerindustrie, sondern auch für die noch aufzubauende humankapital- und technologieintensive Industrie. Es ist also nicht davon auszugehen, daß sich im Verlauf des Strukturwandels der Verarbeitenden Industrie ein industrieller Gegenpol fernab von der Hauptstadtregion herausbildet, wie dies in Südkorea mit Pusan und in Malaysia mit Penang der Fall war. Auch von der Raumwirtschaftspolitik sind keine signifikanten Impulse zur Überwindung des Metropolisierungsprozesses zu erwarten. Die interregionalen Dezentralisierungsbemühungen in den 70er und 80er Jahren, d.h. die Verarbeitende Industrie in Wachstumszentren bzw. Regionalstädten zu fördern, waren wenig erfolgreich. Die heute praktizierte Raumwirtschaftspolitik orientiert sich wieder stärker am gesamtwirtschaftlichen Wachstumsziel. Sie strebt eine intraregionale Dezentralisierung innerhalb des Agglomerationsraums Bangkok an. Mittels der Strategie einer polyzentrischen Entwicklung soll in der Bangkok Metropolitan Region deren Funktionsfähigkeit wiedererlangt und die urbane Effizienz gesteigert werden. Mittels der Strategie der Erschließung von neuen urban-industriellen Entwicklungsregionen wird sehr erfolgreich ein Teil des Investitionsstroms in die an die Bangkok Metropolitan Region angrenzende Eastern Seaboard Region gelenkt.

Die Sozialistische Republik Vietnam gehört mit einem Pro-Kopf-Bruttosozialprodukt von 200 US-Dollar zu den ärmsten Ländern der Erde. Über 70 Prozent der Erwerbstätigen sind noch in der Landwirtschaft beschäftigt. Die Verarbeitende Industrie konzentriert sich auf zwei Zentren. Im Süden die Region um Ho Chi Minh City (dem früheren Saigon) mit überwiegend arbeitsintensiver Leichtindustrie und im Norden die Region Hanoi, die stärker von der kapitalintensiven Schwerindustrie geprägt wird. Vietnam besitzt sehr leidvolle Erfahrungen mit Transformationen des Gesellschafts- und Wirtschaftssystems. Nach einem Jahrhundert kolonialer Abhängigkeit wurde nach der Teilung des Landes im Jahr 1954 zunächst in Nordvietnam das koloniale, kapitalistische Wirtschaftssystem in ein sozialistisches, planwirtschaftliches System umgewandelt. Nach der Wiedervereinigung im Jahre 1976 führte Nordvietnam die Zentralverwaltungswirtschaft auch im Süden des Landes ein. Der graduelle Verfall der Wirtschaft – selbst die Versorgung der Bevölkerung mit dem Grundnahrungsmittel Reis geriet in Gefahr – zwang die vietnamesischen Führungskader ab der zweiten Hälfte der 80er Jahre zu einer erneuten Systemtransformation, diesmal von der Planwirtschaft in Richtung auf eine Marktwirtschaft. Ziel der schrittweisen Einführung marktwirtschaftlicher Elemente ist es, neben der besseren Versorgung des Binnenmarktes vorrangig auch am Weltmarkt wettbewerbsfähige Rohstoffe und Industriegüter herzustellen. Empirische Analysen der regionalen Auswirkungen der Systemtransformation belegen, daß in Vietnam der realwirtschaftliche Transformationsprozeß regional unterschiedlich verläuft. Die Reformmaßnahmen lassen sich im Süden, insbesondere in der Hafenstadt Ho Chi Minh City rascher verwirklichen als im Norden des Landes. Ho Chi Minh City entwickelt sich zum Motor des Transformationsprozesses. In der Stadt konzentrieren sich Industrieansiedlungen, ausländische Direktinvestitionen sowie unternehmensorientierte Dienstleistungen und Infrastruktureinrichtungen. Der Aufbau einer exportorientierten Wirtschaft macht zügige Fortschritte. Im Norden hingegen behindern die realwirtschaftliche Anpassung nicht nur die altindustriellen Strukturen (große Staatsbetriebe der Schwerindustrie mit international nicht wettbewerbsfähigen Produkten sowie veralterten Produktionsanlagen und Fertigungsverfahren) sondern auch die noch zögernde Bereitschaft der Führungskader zum Strukturwandel. Hanoi, die Hauptstadt und das politische Machtzentrum Vietnams, verliert in Relation zu Ho Chi Minh City immer mehr an ökonomischer Bedeutung.

Abschließend läßt sich festhalten, daß die Weltmarktintegration rohstoffarmen Ländern (z.B. Südkorea) aber auch rohstoffreichen Ländern (z.B. Malaysia) gelungen ist. Den Aufbau einer international wettbewerbsfähigen Wirtschaft erreichten Länder mit einem hohen Anteil ausländischer Direktinvestitionen (z.B. Singapur) aber auch Länder mit einem relativ geringen Engagement multinationaler Unternehmen (z.B. Südkorea). Im Zuge des sektorealen Strukturwandels der Industrie vollzieht sich auch ein regionaler Strukturwandel. In Südkorea, wie auch in anderen Ländern, hat sich beim Übergang von der arbeitsintensiven zur sachkapital- und humankapitalintensiven Produktion der optimale Produktionsstandort verändert. Phasen der regionalen Konzentration, der intra- und interregionalen Dezentralisierung und der erneuten Konzentration folgen aufeinander. In Thailand läßt sich bislang allerdings nur eine Polarisierung ökonomischer Aktivitäten auf die Hauptstadtregion mit Ansätzen einer intraregionalen Dezentralisierung nachweisen. Ungünstige Standortbedingungen erschweren eine interregionale Dezentralisierung der Industrie. Was die staatliche Steuerung der Regionalentwicklung anbetrifft, verfolgen die Länder unterschiedliche Strategien. Sie verfügen über Handlungsspielräume, um eine wachstumsorientierte oder eine eher ausgleichsorientierte Raumwirtschaftspolitik zu betreiben.

4. Der wirtschaftliche Erfolg der Wachstumsregion Ost-/Südostasien läßt sich zufriedenstellend mittels dynamischer Raumwirtschaftstheorien erklären. Aus makroökonomischer Sicht mit der Theorie der langen Wellen und aus mikroökonomischer Sicht mit der Produktzyklus-Hypothese.

Nach heute vorherrschender Meinung entwickelt sich die Weltwirtschaft in sog. „langen Wellen". Den Motor des Wirtschaftsaufschwungs stellen Basisinnovationen dar. Diese Basisinnovationen lösen lange Wellen aus; sie treten in zyklischen Abständen gehäuft auf und konzentrieren sich räumlich. Der Abschwung tritt ein, wenn sich die Innovationskraft der neuen Technologie erschöpft. In der Vergangenheit hatten alle Basisinnovationen ihren Ursprung in den drei weltwirtschaftlichen Kernregionen; allerdings läßt sich eine Schwerpunktverschiebung ökonomischer Aktivitäten von Europa in die USA und nach Japan erkennen. In der vierten langen Welle, mit dem Einsatz der Elektronik im Produktionsprozeß sowie den Erfindungen in der Petrochemie als herausragende Neuerungen, war erstmals Japan Ausgangspunkt von Basisinnovationen. Als grundlegende Innovationen einer fünften langen Welle werden die Mikroelektronik sowie die Bio- und Gentechnologie angesehen; es gibt Gründe zur Annahme, daß sich diese Basisinnovationen im pazifischen Raum konzentrieren und sich dieser Raum zu einer führenden Industrieregion der Welt entwickeln könnte. Im Verlauf eines einzelnen Kondratieff-Zyklus' entsteht weltweit eine zyklenspezifische industrielle Standortstruktur sowie eine charakteristische Vernetzung der Standorte über die Güter- und Faktormobilität. Es ist den marktwirtschaftlichen Schwellenländern im pazifischen Raum gelungen sich in dieses globale Interaktionsnetz, mit Japan als wichtigsten Wirtschaftspartner, zu integrieren.

Die Produktzyklus-Hypothese leistet aus mikroökonomischer Sicht einen Beitrag zur Erklärung intraregionaler, interregionaler, aber auch internationaler

Verlagerungen wirtschaftlicher Aktivitäten. Die Kernaussage lautet, daß Produkte nur eine begrenzte Lebensdauer besitzen und einen mehrphasigen Lebenszyklus durchlaufen, wobei sich beim Übergang von der Entwicklungs- und Einführungsphase, über die Wachstums-, die Reife- bis zur Schrumpfungsphase die Produktions- und Absatzbedingungen verändern. Daraus läßt sich folgern, daß phasenspezifische Standortanforderungen der Güterherstellung bestehen und sich demnach im Laufe des Lebenszyklus eines Produkts der betriebswirtschaftlich optimale Produktionsstandort verschiebt und zwar in der Regel von den urban-industriellen Zentren in Richtung auf die Peripherie, d.h. es besteht die Tendenz zur intraregionalen, interregionalen und internationalen Dezentralisierung der Produktion. Wie wir wissen, hat sich bei einer Reihe von Produkten, die diesem „regionalen" Produktzyklus unterliegen, der optimale Produktionsstandort in den pazifischen Raum verlagert. Beispiele sind Produkte der Branchen Textil- und Bekleidung, Stahl, Schiffbau, Straßenfahrzeugbau, Branchen also die Basisinnovationen früherer langer Wellen waren und in Europa bzw. den USA ihren Ausgangspunkt hatten. Innerhalb des pazifischen Raums kam es zunächst zu einer Standortverlagerung der Produktion von Japan in die Schwellenländer Singapur, Hongkong, Südkorea, Taiwan und Malaysia. Neuerdings läßt sich eine Verlagerung arbeitsintensiver Produktion von diesen Schwellenländern der ersten Generation nach Thailand, den Philippinen, Indonesien, China und Vietnam feststellen.

5. Nach Joseph Schumpeter sind Märkte chaotische Veranstaltungen, ihre Ergebnisse kaum vorhersehbar. Vor diesem Hintergrund sind Wirtschaftsprognosen und wirtschaftspolitische Empfehlungen, wenn überhaupt, dann nur im Geiste größter Bescheidenheit möglich. Trotzdem soll der Vortrag nicht ohne eine kurze Anmerkung zur Zukunft der Wachstumsökonomien Südostasiens und zur Übertragbarkeit des südostasiatischen Wachstumsmodells auf andere Regionen der Erde schließen.

In der Vergangenheit erlangten die marktwirtschaftlichen Entwicklungs- und Schwellenländer Ost-/Südostasiens vornehmlich bei Industriegütern, die sich in der Reifephase befinden, internationale Wettbewerbsfähigkeit. Dies gilt sowohl für arbeitsintensiv als auch für sachkapital- und humankapitalintensiv hergestellte Güter. In der Zukunft dürfte sich dieser internationale Wettbewerb verschärfen; für die arbeitsintensive Produktion durch die auf den Weltmarkt drängenden neuen Billiglohnländer Osteuropas, für die sachkapital- und humankapitalintensive Produktion als Folge der tiefgreifenden Rationalisierungsanstrengungen der Industrie in Westeuropa, Nordamerika und Japan. Die wirtschaftliche Entwicklung der Wachstumsökonomien Südostasiens wird davon abhängen, ob es gelingt, durch Prozeßinnovationen die Wettbewerbsfähigkeit zumindest bei einem Teil der sog. „alten" („reifen") Produkte zu erhalten. Wichtiger für die langfristige Wirtschaftsentwicklung dürfte es aber sein, „neue" Produkte zu entwickeln, die erst am Anfang ihres Lebenszyklus stehen. Die Bedingungen für Produktinnovationen sind in den Schwellenländern Südostasiens nicht ungünstig. Sie verfügen bereits über ein beachtliches Potential an technologieorientierten Unternehmen. Von den Industriebeschäftigten waren 1990 in Singapur 50 % und in Hongkong, Südkorea und Taiwan 20 bis 25 % in der technologieintensiven Industrie beschäftigt. Auch der sich abzeichnende politische Reformprozeß verbessert die Rahmenbedingungen für mehr Kreativität und Flexibilität.

Die Frage nach der Übertragbarkeit des südostasiatischen Wachstumsmodells auf andere Regionen in Asien, Afrika und Lateinamerika ist noch schwieriger zu beantworten. Die Wachstumsökonomien Südostasiens liefern den empirischen Beleg dafür, daß es Entwicklungsländern möglich ist, eine international wettbewerbsfähige Wirtschaft aufzubauen, das Wohlstandsgefälle zu den Industrieländern zu verringern und einen substantiellen eigenen Beitrag zur Überwindung der Unterentwicklung zu leisten. Es ist allerdings zu befürchten, daß bei realistischer Einschätzung der politischen, gesellschaftlichen und ökonomischen Bedingungen vieler Entwicklungsländer, diese weder die Fähigkeit, zum Teil auch nicht die Bereitschaft besitzen, eine langfristige, marktwirtschaftlich orientierte, den Strukturwandel fördernde Wirtschaftspolitik zu betreiben, sowie die für eine funktionsfähige Marktwirtschaft unverzichtbare institutionelle Infrastruktur aufzubauen. Noch viele Geographentage werden sich daher mit Fragen der Unterentwicklung und der globalen Wohlstandskluft zu beschäftigen haben.

1) Nachfolgende Dissertationen liegen bislang publiziert vor:

Koschatzky, K.: Trendwende im sozioökonomischen Entwicklungsprozeß West-Malaysias? Hannover 1987.
Kulke, E.: Hemmnisse und Möglichkeiten der Industrialisierung peripherer Regionen von Entwicklungsländern. Das Fallbeispiel Kelantan/West-Malaysia. Hannover 1986.
Krämer, M.: Raumwirtschaftliche Konzentration und regionalpolitische Steuerung. Eine empirische Analyse der Philippinen. Saarbrücken 1992
Schlörke, S.: Regionalentwicklung und Dezentralisierungspolitik in Thailand. Eine regionalökonomische Analyse. Hannover 1991.
Wessel, K.: Raumstrukturelle Veränderungen im Entwicklungsprozeß Südkoreas. Eine Analyse zur Regionalentwicklung und Dezentralisierungspolitik. Hannover 1990.

Literatur:

Alvstam, C.G.: Foreign Trade, Foreign Direct Investment and the Organisation of Industrial Space. Paper presented at the International Conference of the IGU Commission on the Organisation of Industrial Space. Tokyo, Japan, July 1993.
Park, Sam Ock; Kim, Won Bae: Industrial Restructuring and the Role of the Asian NIES in the Asian Pacific Rim Area. Paper presented at the International Conference of the IGU Commission on the Organisation of Industrial Space. Tokyo, Japan, July 1993.
Revilla Diez, J.; Schätzl, L.: Industrieller Transformationsprozeß in Vietnam. Geographische Rundschau 45 (1993). H. 9, S. 538–545.
Schätzl, L.: Wachstumsregion Ost-/Südostasien. Wirtschaftliche Erfolge mit einer Strategie der „angepaßten Integration" in die Weltwirtschaft. Geographische Rundschau 38 (1986) H. 10, S. 490–494.
Schätzl, L.: Wirtschaftsgeographie 3. Politik. Paderborn. UTB 1383. 1991. (2. Aufl.).
Schätzl, L.: Raumwirtschaftspolitische Ansätze in den Wachstumsländern Ost-/Südostasiens. Geographische Rundschau 44 (1992). H. 1, S. 18-24.
Schätzl, L.: Wirtschaftsgeographie 1. Theorie. Paderborn. UTB 782. 1993. (5. Aufl.).
Schätzl, L. (Hrsg): Growth and Spatial Equity in West Malaysia. ISEAS. Singapore 1988.

POLARIZATION-REVERSAL IN DEN LÄNDERN DER SEMIPERIPHERIE – EINE FOLGE DER NEUEN WELTWIRTSCHAFTLICHEN ARBEITSTEILUNG?

Thomas Reichart, Nürnberg

Die Metropolen der Drittweltländer sprengen inzwischen alle Grenzen eines vertretbaren Städtewachstums. Das eigentlich Beunruhigende ist aber nicht nur deren absolute Größe. Es ist vielmehr der Tatbestand, daß sich ein Großteil der gesamten Wirtschaft und Bevölkerung lediglich in einer einzigen Region des Landes zusammenballt, während das übrige Städtenetz ausdünnt. Für diese Polarisierung hat die Geographie inzwischen eine ganze Reihe von Erklärungsansätzen hervorgebracht. Vielfach wird dabei die Ansicht vertreten, daß die vor allem in den Schwellenländern beobachtbare Polarisierung ein notwendiges Durchgangsstadium im wirtschaftlichen Entwicklungsprozeß darstellt. Das bedeutet natürlich auch, daß jede Polarisierung potentiell umkehrbar oder eben reversibel sei. Nachdem die Städtenetze in den meisten Industrieländern so gleichgewichtige Strukturen zeigen, daß sie sogar durch die zentralörtliche Theorie erklärbar scheinen, liegt dieser Gedanke eigentlich nahe.

Harry Ward Richardson, der vielen als Autor einer solchen Polarization-reversal-Hypothese gilt, war sich dieser Sache so sicher, daß er sich in den 70er Jahren zu einer konkreten Vorhersage hinreißen ließ. Er benannte Brasilien, Südkorea und Kolumbien und behauptete, daß dort eine Ballungsumkehr nur mehr eine Sache der Zeit sei und sich dann seine Hypothese verifizieren ließe.

Bislang ist zwar bei keinem der angegebenen Kandidaten eine Reversibilität der Metropolisierung direkt so nachweisbar, doch lassen sich verschiedene Entwicklungsmuster ausmachen. Während sich die brasilianische Ökonomie weiterhin auf die Industrieregion von São Paulo konzentriert, ist eine solche Polarisierung in Südkorea und in Kolumbien zumindest zum Stillstand gekommen. Über einen Zeitraum von 20 Jahren hinweg betrachtet finden wir nunmehr in beiden Ländern eine weitgehende Stabilität der Städtenetze. Das soll nun nicht heißen, daß diese Städte nicht mehr wachsen, sondern es bedeutet, daß sich die Wachstumsdynamik der Metropolen nur mehr im Rahmen des übrigen Städtenetzes bewegt.

Die ursprüngliche Konzeption der Polarization-reversal-Hypothese, die davon ausgeht, daß ein steigender wirtschaftlicher Entwicklungsstand irgendwann von selbst zur Ballungsumkehr führt, wird schon durch die drei angegebenen Beispiele in Frage gestellt. Folgt man den gängigen Wohlstandsindikatoren, so ist Brasilien höher entwickelt als Kolumbien und selbst Südkorea hat Brasilien erst vor wenigen Jahren auf die Plätze verwiesen. Eigentlich hätte die Ballungsumkehr dementsprechend zunächst in Brasilien stattfinden müssen. Auf der Suche nach einem statistisch besseren Erklärungszusammenhang gelangt man zu einem Aspekt, der in der Diskussion um Polarisierung und Reversibilität bislang wenig beachtet wurde, nämlich zu dem Einfluß der Außenhandelspolitik auf die Strukturmuster der Städtenetze.

Die derzeit angewandte Außenhandelspolitik unterscheidet sich zwischen Brasilien auf der einen Seite und Korea und Kolumbien andererseits stark. So wird in Brasilien die Politik der Importsubstitution angewandt. Dort schließt die Regierung die Binnenmärkte nach außen ab, um Devisen zu sparen und die heimische Industrie durch Zollschranken vor der ausländischen Konkurrenz zu schützen. Demgegenüber gehören Südkorea und Kolumbien zu jenen Ländern, welche schon Mitte der 60er Jahre auf eine Politik der Exportförderung umgestiegen sind. Inzwischen wird ihr Beispiel von so vielen Entwicklungsländern nachgeahmt, daß sich eine weltpolitische und weltwirtschaftliche Neuordnung abzeichnet, eben die „neue weltwirtschaftliche Arbeitsteilung".

In meinen weiteren Ausführungen geht es mir darum, Wirkursachen aufzuzeigen, wie sie sich durch die Änderung des außenhandelspolitischen Datenkranzes ergeben. Obgleich Kolumbien und Südkorea es kurzfristig in den 70er Jahren nochmals mit der Importsubstitution versucht haben, ist die Politik der Exportförderung inzwischen so verwurzelt, daß sie sich in beiden Ländern in entsprechenden Veränderungen der Raumstrukturen niedergeschlagen hat. Dabei überlagern sich gegenläufige Effekte und führen zu einer Pattsituation. Zunächst werde ich auf solche Effekte zu sprechen kommen, die den Druck von den Metropolen nehmen und zu einem Aufholen der nachrangigen Städte führen. Im zweiten Teil komme ich dann auf den dirigistischen Charakter der Politik der Exportförderung zu sprechen. Er begünstigt nach wie vor Konzentrationseffekte und verhindert damit die erhoffte Ballungsumkehr.

Zunächst zur wirtschaftspolitischen Vorgehensweise. Im Zuge der außenhandelspolitischen Öffnung hat man in Südkorea und in Kolumbien zunächst die Importzölle soweit unschädlich gemacht, daß zumindest die Exporteure ihre Vorprodukte und Maschinen zollfrei importieren können. Darüberhinaus erhalten sie sogar Prämien und Steuervorteile. Dabei kam man nicht umhin, die importsubstituierende Industrie sukzessive ihrer Privilegien zu entkleiden, weshalb diese sich bald ernsten Schwierigkeiten gegenübersah, während die exportorientierten Betriebe ein boomhaftes Wachstum erlebten. Insofern die exportorientierten Branchen andere Produktionsstandorte bevorzugten, als die ausschließlich auf den Binnenmarkt orientierte importsubstitutive Industrie, führte das zu einer Entlastung des jeweils dominierenden Ballungsraums.

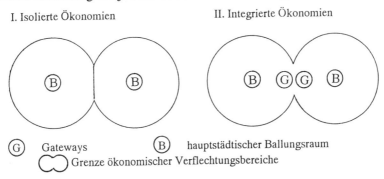

Abbildung 1: Gateways als Folgen einer außenwirtschaftlichen Öffnung

Dazu ein logistisches Modell: Jeweils zwei voneinander isolierte Thünenökonomien besitzen jeweils nur eine einzige Stadt, wo sich Handel und Gewerbe akkumulieren. Öffnen wir nun die Zollgrenzen, konkurrieren alle Betriebe auf einem gemeinsamen Markt. Dabei wandert dann der absatzwirtschaftlich optimale Produktionsstandort in die neue Mittellage, d.h. an jene ausgewählten Grenzübergänge, die nunmehr für den internationalen Handel freigegeben sind. Solchen Gateways erwächst damit eine besondere Lagegunst. Dies kann man so in Südkorea nachvollziehen. Während 1965 noch die Befürchtung im Raum stand, daß sich Südkorea monoregional entwickeln würde, bahnte sich durch den damals unterzeichneten Normalisierungsvertrag mit Japan eine außenhandelspolitische Öffnung nach Süden an. Dadurch schloß die Hafenstadt Pusan neben Seoul wieder zum zweiten Wachstumspol Südkoreas auf.

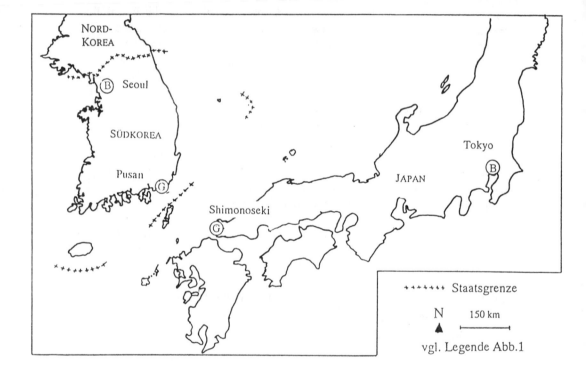

Abbildung 2: Südkorea und Japan

In Kolumbien ist ein solcher Effekt durch den aufkommenden Düsenflugverkehr konterkariert worden. Seit den 60er Jahren haben die Hafenstädte ihre Bedeutung als Gateways für den interkontinentalen Personenverkehr an Bogotá verloren. Dagegen haben die Grenzstädte zu den Nachbarn, darunter Cúcuta und Pasto von der Öffnung der Zollgrenzen im Rahmen des Andenpaktes profitiert.

Abbildung 3: Kolumbien und Nachbarländer

Nun zu einer davon unabhängigen produktionstheoretischen Betrachtung: Zunächst gehen wir davon aus, daß ein Unternehmer, der vorrangig Arbeit und Boden zur Produktion seiner Erzeugnisse braucht, einen Standort suchen muß, wo diese Produktionsfaktoren reichlich verfügbar und deshalb billig sind. Agglomerationskosten schlagen bei der arbeits- bzw. bodenintensiven Produktionsweise sehr stark ins Kalkül, was tendenziell zu Spread-Effekten und damit zum Rückbau von Bevölkerungsballungen führt. In einer vollautomatisierten Fabrik, wo vorrangig unter Verwendung von Know-how und Kapital produziert wird, ist man dagegen relativ unempfindlich gegenüber den Agglomerationskosten. Man kann sich als Standort sogar am absatzwirtschaftlichen Optimalpunkt niederlassen und damit seine logistischen Kosten minimieren. Ceteris paribus gilt also, daß Produzenten, die sehr kapitalintensiv arbeiten, eine vorgegebene Polarisierung der Ökonomie verstärken können. Dies ist bei der staatlich geförderten importsubstituierenden Industrie häufig der Fall.

Jetzt zu Kolumbien, wo die Regierung durch eine Überbewertung des Pesos und die Vergabe billiger Industriekredite bis 1966 dafür gesorgt hat, daß die in der importsubstitutiven Industrie engagierten Unternehmer ihre Maschinen sehr billig in den Kernländern kaufen konnten. Für den Betrieb dieser kapitalintensiv produzierenden Anlagen genügen in aller Regel wenige, aber dafür qualifizierte Arbeitskräfte. Diese müssen gut entlohnt werden, weshalb sie sich die hohen

Lebenshaltungskosten in der Metropole auch leisten können. Weitreichende Spread-Effekte lassen sich deshalb für die importsubstitutive Periode bis 1966 selten nachweisen.

Die vorzügliche Kapitalausstattung der binnenmarktorientierten importsubstitutiven Industrie fiel freilich nicht vom Himmel. Die dazu nötigen Devisen hatte man den Exporteuren weggenommen, die in Kolumbien vor allem in der Landwirtschaft und im Bergbau verdient wurden. So wurden im Jahre 1966 die Exporteure von Kaffee mit einem Wechselkurs bedient, der ihnen gerade halbsoviel Pesos für ihre Kaffeedollar zugestand wie im „mercado libre". Diese Diskriminierung wirkte also wie ein Exportzoll in Höhe von 100 Prozent.

Als 1967 im Zuge der Einführung einer Politik der Exportförderung in Kolumbien ein einheitlicher Wechselkurs durchgesetzt wurde, verhalf diese Maßnahme vorrangig den bodenintensiv wirtschaftenden Exportbranchen zu einem Boom. Der Aufschwung des primären Sektors dämpfte sogar die bis dahin grassierende Landflucht und begünstigte die Beschäftigungsdynamik in den kleineren Landstädten und an den Stapelplätzen.

Abbildung 4: Industriestandorte in Kolumbien

Aber auch Städte mit einer stärkeren Ausrichtung des industriellen Branchenbildes auf die exportstarke Nahrungsmittelindustrie, wie Cali und Bucaramanga, konnten ihre Exportbasis verbreitern. In den Jahren zwischen 1967 und 1974 hat es in Kolumbien der schwache Peso sogar erlaubt, daß auch lohnkostenintensiv produzierende Branchen wie die Textilindustrie und die Lederverarbeitung Exporterfolge verzeichnen konnten. Davon hat vor allem Medellín profitiert. Der Mitte der 70er Jahre einsetzende Boom im Bergbau, im Agrarsektor und im Kokaingeschäft führte dann aber zu einer zu starken Aufwertung des Pesos. Dies hatte zur Folge, daß mit der arbeitsintensiven Exportindustrie ein zukunftsträchtiger Ansatz wieder verschüttet wurde.

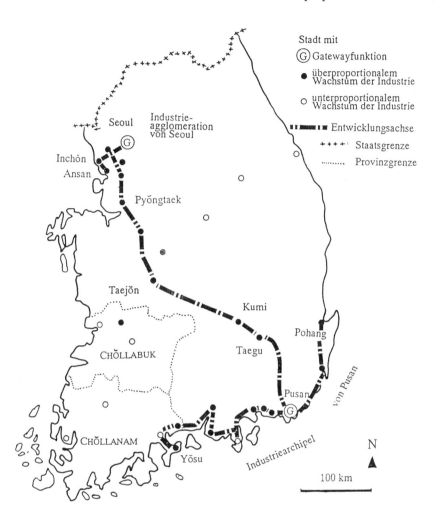

Abbildung 5: Industriestandorte in Südkorea

In Südkorea hingegen ist die Nährfläche pro Einwohner knapp bemessen und der Bergbau nicht international konkurrenzfähig. Die Exportwirtschaft war so von Anfang an gezwungen, ihren komparativen Kostenvorteil in arbeitsintensiven Produktionszweigen zu suchen. Vielfach handelt es sich dabei um Fertigungszweige, die wegen ihres hohen Lohnkostenanteils aus den Kernländern, d.h. vor allem von Japan ausgelagert werden. Diese, in der koreanischen Ökonomie neuen Branchen, fassen zunächst in den beiden Gateways Pusan und Seoul Fuß, um später von weiteren, aus den Kernländern nachrückenden Branchen irgendwann ins Hinterland verdrängt zu werden. Soweit die Betriebe japanische Vorprodukte verwenden und deshalb auf die Hafennähe angewiesen sind, bleibt die Endmontage dort aufrechterhalten. Lediglich der „local content", der vorrangig in besonders lohnkostenintensiven Einzelverrichtungen produziert wird, muß in kostengünstigere Industriesatelliten verlegt werden. Das letzte Glied einer solchen Kette von Spread-Effekten sind kleine Hinterhofwerkstätten, wo dann mit geringer Kapitalausstattung nur mehr ein ganz kleines Sortiment produziert wird. Angeliefert wird just in time, was die potentielle Reichweite der Auslagerungen räumlich beschränkt.

Dazu bitte ich Sie, ihre Aufmerksamkeit auf die beiden Wachstumspole Seoul und Pusan zu lenken. 30 Kilometer westlich von Seoul liegt der Hafen Inchön. Ausgehend von Inchön, über Seoul nach Pusan verläuft die von der ersten Bahnverbindung des Landes vorgezeichnete Entwicklungsachse. Dieser Leitlinie folgen die Auslagerungen der Industrie von Seoul. Und zwar einmal nach Inchön und zum anderen in Richtung Süden, wobei dieser Strang freilich nicht über 50 Kilometer hinausreicht. Ausgehend von ihrer Bedeutung als Schnellzugstationen auf der Strecke nach Pusan haben sich auch Taejön und Taegu zu bedeutenden Industriestädten entwickeln können. Und von dort greift die Entwicklung auch schon auf Nachbarstädte wie Kumi über.

Pusan, der zweite Wachstumspol Südkoreas, ist mehr auf die Wasserwege orientiert. Sowohl der internationale Containerverkehr als auch die Küstenschiffahrt längs der Archipelküste im Süden von Korea haben in Pusan ihren zentralen Umschlagplatz gefunden. Im Umfeld dieser Drehscheibe konnte zwischen Pohang und Yösu eine ganze Kette von Häfen als Industrieansiedlungen ausgebaut werden. In Inchön hat die Hafenindustrie dagegen nur einen Ausleger in Richtung Süden vorangetrieben, da im Norden militärisches Sperrgebiet ist.

Angesichts gestiegener Lohnkosten seit Mitte der 80er Jahre versuchen die südkoreanischen Unternehmer vermehrt Sachkapital und Know-how im Produktionsprozeß einzusetzen, was derzeit die Dringlichkeit einer räumlichen Auslagerung von Gewerbebetrieben stagnieren läßt. Wie eng der beschriebene Spread-Effekt streut, erkennen Sie daran, daß jene Provinzen, die abseits von den geschilderten Aktivräumen liegen, vom Entwicklungsprozeß der Exportindustrie nach wie vor so gut wie abgeschnitten sind. Trotz großangelegter regionalplanerischer Entwicklungsprogramme ist es bislang mißlungen, den Industrialisierungsprozeß in Chollanamdo und Chollabukdo voranzubringen. Der in unseren Medien derzeit vielbeachtete Ausbau der Hochgeschwindigkeitsbahn zwischen Seoul und Pusan wird die südwestlichen Landesteile sogar weiter ins Abseits rücken.

Diese verzögerte Umstellung hat aber auch damit zu tun, daß die Politik der Exportförderung noch keine liberal zu nennende außenwirtschaftliche Ordnungspolitik darstellt und deshalb lediglich Teilbereiche der koreanischen Ökonomie erfaßt. Dies gilt natürlich auch für Kolumbien. Bei der Politik der Exportförderung handelt es sich genauso wie bei der Politik der Importsubstitution um eine sehr dirigistische Ordnung, bei der die Unternehmer stark gegängelt werden. Es sieht in der Praxis so aus, daß der an sich schon enorme Regelungsbedarf, der mit dem Aufbau der importsubstitutiven Industrie verbunden war, in der Koordination der Exportwirtschaft seine Fortsetzung fand. Aus Angst vor Überfremdung erwuchs in beiden Ländern eine Tendenz zur Steuerung und Kontrolle des Außenhandels, die über Auflagen und Kontingentierungen die internationalen Verflechtungen bis ins Detail zu erfassen sucht. Selbst den internationalen Flugverkehr lenken die Regierungen auf ihre Hauptstädte. Verwaltungsaufgaben, die eigentlich auf Provinz- oder gar Kreisebene geregelt hätten werden können, wurden in die hauptstädtischen Ballungsräume gezogen, so daß dort schon jede zweite Staatsstelle eingerichtet wird. Sowohl in Bogotá als auch in Seoul haben sich diese in den letzten beiden Jahrzehnten etwa verdreifacht und übersteigen mit den im übrigen quartärem Sektor Beschäftigten die Zahl der Industriearbeiter.

Um diesen enormen Aufwand überhaupt noch organisieren zu können, wurden für alle denkbaren Spezialgebiete besondere Behörden eingerichtet. Als Gegenstück hat dann jede Branche ihren eigenen Verband aufgebaut. Und was besonders problematisch ist, selbst die Banken und Großunternehmen verlegen ihr Management in die Hauptstädte. Während in Kolumbien immerhin noch 44 Prozent der 500 größten Wirtschaftsunternehmen außerhalb von Bogotá residieren, tut man sich in Südkorea schwer, überhaupt einen bekannten Konzern zu finden, der nicht im Ballungsraum von Seoul sitzt. So hat selbst der koreanische Hyundaikonzern, dessen Interessen sich eigentlich in der Stadt Ulsan konzentrieren, sein Hauptquartier im fernen Seoul aufgeschlagen.

Abbildung 6: Südkorea: Zur geographischen Lage von Ulsan

Obgleich die südkoreanische Gegenmetropole Pusan vergleichsweise die günstigsten geographischen Standortvoraussetzungen als Sitzort für japanische Unternehmen aufweist, hat Seoul eine solche Entwicklung bislang verhindert. Und in Kolumbien sind die Gegenmetropolen Cali und Medellín nur deshalb „Sitzort" international tätiger Kokainkartelle, weil ihre Branche sowieso nicht auf Exportprämien und Steuervorteile hoffen kann.

Die aufgeworfene Frage, ob die „neue weltwirtschaftliche Arbeitsteilung" nun in den betroffenen Ländern ein Polarization-reversal bewirkt, kann nur tendenziell, aber noch nicht abschließend beurteilt werden. Die Einführung der Politik der Exportorientierung bedeutet ja gewissermaßen nur den ersten Schritt auf dem Weg zu einer weltwirtschaftlichen Öffnung. Aber der nun notwendige Folgeschritt wird schon getan. So hat sich Präsident Gavira bei seinem Amtsantritt 1990 zum Ziel gesetzt, die kolumbianische Wirtschaft zu deregulieren, und nicht zuletzt unter dem sanften Druck der Weltbank wird seit Anfang der 90er Jahre auch in anderen Ländern der Semiperipherie damit begonnen, den Wasserkopf der öffentlichen Verwaltung schrumpfen zu lassen. Nachdem ein solcher Abbau von Staatsstellen erst politisch durchgesetzt werden muß, kann man aber derzeit nur über die Erfolgswahrscheinlichkeit der Deregulation spekulieren.

Als abschließendes Fazit bleibt, daß die außenwirtschaftliche Öffnung eines Landes vermutlich einer der Schlüssel ist, das Wachstum der Drittweltmetropolen einzudämmen. Die „neue weltwirtschaftliche Arbeitsteilung" bedeutet zwar prinzipiell eine Öffnung der Ökonomien der semiperipheren Länder. Diese Öffnung leidet jedoch unter einer zu strengen bürokratischen Aufsicht. Für einen vollständigen Polarization-reversal wäre über den Abbau von Zöllen hinaus auch eine weitgehende Deregulation des Außenhandels vonnöten.

Literatur:

Reichart, Thomas (1993): Städte ohne Wettbewerb. Eine Untersuchung über die Ursachen der Ballung von Wirtschaft und Bevölkerung in Südkorea und in Kolumbien. Verlag Paul Haupt: Beiträge zur Wirtschaftspolitik. Bern.
Richardson, Harry Ward (1977): City Size and National Spatial Strategies in Developing Countries. The World Bank.: Staff Working Paper No. 252. Washington D.C.

STRUKTURANPASSUNGSPOLITIKEN IN ENTWICKLUNGSLÄNDERN – PERSPEKTIVEN FÜR DIE WIRTSCHAFTSRÄUMLICHE ENTWICKLUNG

Tilman Altenburg, Marburg

Paradigmenwechsel:
von der strukturalistischen zur neoklassischen Wirtschaftspolitik

In fast allen Entwicklungsländern fand in den 70er und 80er Jahren ein grundlegendes Umdenken über den wirtschaftspolitischen Kurs statt. Bis dahin hatte die sog. strukturalistische Sichtweise dominiert, wie sie etwa von der dependenztheoretisch inspirierten CEPAL (UN-Wirtschaftskommission für Lateinamerika) vertreten wurde. Die strukturalistische Schule der Ökonomie ging davon aus, daß in Entwicklungsländern bestimmte strukturelle Barrieren gegeben seien, aufgrund derer eine umfassende Modernisierung allein durch die Steuerungskräfte des Marktes unmöglich sei. Der Staat müsse daher in stärkerem Maße wirtschaftspolitisch aktiv werden als in den Industrieländern. Als spezifische Strukturprobleme wurden v.a. die Abhängigkeit von Primärgüterexporten bei sich verschlechternden terms of trade, der Kapitalmangel, die zu kleinen Binnenmärkte, das fehlende Unternehmertum, die strukturelle Heterogenität der Wirtschaft und die Marginalisierung beträchtlicher Bevölkerungsgruppen identifiziert.

Der Staat wurde als Entwicklungsagentur gesehen, die die vorhandenen Ressourcen in strategische Bereiche zu lenken hatte. Diese Sichtweise führte dazu, daß in den meisten Entwicklungsländern, am konsequentesten in Lateinamerika, eine differenzierte Wirtschaftspolitik mit vielfältigen Abweichungen von der freien Preisbildung konzipiert wurde, die in erster Linie auf Industrialisierung und Kapitalbildung zielte. Diese wurde als Entwicklungsmodell importsubstituierender Industrialisierung bezeichnet. Ihre typischen Elemente werden im folgenden kurz dargestellt.

Im Rahmen der Importsubstitutionspolitik wurden die nationalen Währungen überbewertet. Dadurch konnten die für die Industrialisierung notwendigen Kapital- und Zwischengüter verbilligt importiert werden. Gleichzeitig wurden auf die Einfuhr von Konsumgütern hohe Zölle erhoben, um die heimische Produktion in diesem Bereich zu schützen. Diese Zölle wurden so hoch angesetzt, daß sie die importfördernde Wirkung der überbewerteten Währung überkompensierten. Die Kombination von Wechselkurs- und Zollpolitik lief also darauf hinaus, daß Importe von Vorprodukten subventioniert, von Konsumgütern dagegen verteuert wurden. Diese Politik wurde durch eine ganze Reihe weiterer wirtschaftspolitischer Maßnahmen ergänzt, deren direktes oder indirektes Ziel die Industrialisierung war. Dazu zählten die Verstaatlichung von Banken, die Subventionierung von Krediten, Investitionslenkung, der Aufbau und die Kontrolle „strategischer" Industrien, die Kontrolle landwirtschaftlicher Erzeugerpreise, u.v.a.m. Das Selbstverständnis des Staates als Motor der Entwicklung ließ den Verwaltungsapparat erheblich expandieren.

Die Importsubstitutionspolitik war zunächst außerordentlich erfolgreich, insbesondere was die Wachstumsraten der Industrie anbelangte (CEPAL, versch. Jahrgänge). Wenn in den 70er und 80er Jahren dennoch ein entwicklungspolitischer Paradigmenwechsel fällig wurde, so hat das verschiedene Ursachen:
1. In dieser Zeit eskalierte die Schuldenkrise, die zwar durch externe Ursachen (Erdölpreise, Hochzinspolitik) beschleunigt wurde, aber zugleich grundlegende Fehlentwicklungen der Entwicklungsstrategie offenlegte, insbesondere die chronischen Defizite in den Haushalts- und Außenhandelsbilanzen.
2. Der anfangs sinnvolle Zollschutz pervertierte dahingehend, daß ineffiziente Unternehmen hinter überhöhten Zollmauern einen Dornröschenschlaf schlafen konnten; auch der Staat erwies sich als extrem ineffizient in der Steuerung der Ressourcenallokation.
3. Während die binnenorientierte Strategie der Importsubstitution scheiterte, waren die „vier Tiger" Südostasiens mit ihrer Exportstrategie außerordentlich erfolgreich. Sie widerlegten damit die zentrale Aussage der Dependenztheorie, nach der nachholende Entwicklung durch Weltmarktintegration nicht möglich sei, und sie zeigten, daß im wesentlichen marktwirtschaftliche Prozesse diese erfolgreiche Entwicklung ermöglicht haben (wenn auch der Staat gewisse Weichen gestellt hat und die südostasiatischen Entwicklungserfolge insofern keineswegs erfolgreiche Beispiele neoklassischer Wirtschaftspolitik darstellen).

Heute werden entwicklungstheoretische Diskussion und entwicklungspolitische Praxis von der neoklassischen Doktrin dominiert, nach der das freie Spiel der Marktkräfte nachholende Entwicklung ermöglicht. Der neue, als Strukturanpassungspolitik bezeichnete wirtschaftspolitische Kurs wird weitgehend von den Internationalen Finanzinstitutionen (insbesondere Weltbank und Internationaler Währungsfonds) vorgegeben, so daß kaum noch Spielräume für abweichende nationale Strategien bestehen. Dennoch ist festzuhalten, daß die Reformen nicht allein auf einem Diktat der Finanzinstitutionen beruhen, denn auch bei den nationalen Entscheidungsträgern herrscht weitgehend Konsens über die Untauglichkeit der alten Entwicklungsstrategie.

Die Strukturanpassungspolitiken zielen im wesentlichen auf den Abbau des Staatsapparates, die Wiederherstellung marktkonformer Preise und die weltwirtschaftliche Integration auf der Basis komparativer Kostenvorteile: die Zollmauern werden abgebaut, Restzölle für Kapital-, Zwischen- und Konsumgüter weitgehend nivelliert, der Devisenhandel liberalisiert, die nationalen Währungen auf ihren Marktwert abgewertet. All diese Maßnahmen zielen darauf ab, die internen Preise an die internationalen anzugleichen, um realistische Wettbewerbsverhältnisse zu schaffen. Davon verspricht man sich auch eine stärkere Exportorientierung der Wirtschaft. Die Kapitalmärkte werden dereguliert und Banken privatisiert, denn das Kapital soll nach Angebot und Nachfrage alloziiert werden. Preiskontrollen aller Art werden beseitigt. Parallel zur Deregulierung der Märkte wird die Beschäftigung im öffentlichen Sektor abgebaut, Staatsunternehmen werden verkauft.

Über den dargestellten Paradigmenwechsel wird sowohl in der Wissenschaft als auch in der Öffentlichkeit der betroffenen Länder seit Jahren kontrovers diskutiert. Leider erhielt diese Diskussion bislang kaum Impulse aus der Wirtschaftsgeographie, obgleich der Übergang von der strukturalistischen zur neoklassischen Entwicklungspolitik außerordentlich raumrelevant ist. Im folgenden stelle ich dar, warum die Strukturanpassungspolitiken sowohl Chancen für eine ausgeglichenere Raumentwicklung als auch regional polarisierende Elemente beinhalten.

Chancen für eine räumlich ausgeglichenere Entwicklung

Die Neoklassiker nehmen für sich in Anspruch, eine regional ausgeglichenere Entwicklung zu fördern. Dafür können sie einige durchaus plausible Begründungen anführen. Die alte, importsubstituierende Entwicklungsstrategie hatte sich am Leitbild einer städtischen Konsumgüterindustrialisierung orientiert und dabei die ländlichen Regionen ausbluten lassen. Über verschiedene Mechanismen wurde Kapital in die urban-industriellen Zentren transferiert:
- durch die künstlich überhöhten Wechselkurse wurde eine Wettbewerbsverzerrung zuungunsten des Exports geschaffen. Exportproduktion aber ist in Entwicklungsländern in der Regel agrarischer oder mineralischer Natur und findet in der Peripherie statt. Umgekehrt profitierten die importabhängige städtische Industrie und der urbane Konsum von der Wechselkurspolitik. Dieses wird unter Ökonomen als anti-export bias bezeichnet.
- Die Produktpalette der neuen Konsumgüterindustrien orientierte sich an der Nachfrage der städtischen Mittelschichten, die ihrerseits durch die Expansion der staatlichen Verwaltung überdimensional wuchs. Für Mexiko z.B. wurde festgestellt, daß die ärmeren 50 % der Bevölkerung nur 4 % der langlebigen Konsumgüter verbrauchten (VUSKOVIC BRAVO/ MENJIVAR LARIN 1991, S. 112). Große Teile der Bevölkerung – v.a. der ländlichen – blieben de facto vom Entwicklungsmodell ausgeschlossen.
- In vielen Ländern wurden die landwirtschaftlichen Erzeugerpreise auf einem niedrigen Niveau gehalten, um die städtischen Lebenshaltungskosten und damit das Lohnniveau zu stabilisieren.

Die Verzerrung der Preisrelationen zugunsten der Städte, die als urban bias bezeichnet wird (LIPTON 1977), wird nun durch die neue Wirtschaftspolitik weitgehend abgebaut. Die freie Preisbildung favorisiert die (weitgehend agrarische) Exportwirtschaft und in den meisten Fällen auch die Grundnahrungsmittelproduzenten. Neue Arbeitsplätze und höhere Einkommen in der Landwirtschaft lassen ihrerseits die nichtlandwirtschaftlichen Beschäftigungsmöglichkeiten im ländlichen Raum ansteigen und bremsen die Landflucht.

Auch die von der Weltbank sog. „Reform" des öffentlichen Sektors (die im wesentlichen Abbau beinhaltet), kann dazu beitragen, regionale Ungleichgewichte zu vermindern. Die Beschäftigung in den i.a. sehr zentralistischen öffentlichen Sektoren wird reduziert, und die restriktive Reallohnpolitik trifft urbane Berufsgruppen überproportional. In Lateinamerika wuchs die Armutsquote in den letzten Jahren in den Städten stärker als im ländlichen Raum (NOHLEN/ THIBAUT 1992, S. 47).[1] Grundbedürfnisorientierte Hilfsprogramme sind mittlerweile fester Bestandteil der Strukturanpassungspolitik. In fast allen betroffenen Ländern wurden Soziale Ausgleichsfonds geschaffen, mittels derer die sozialen Härten der wirtschaftspolitischen Reformen abgefedert werden sollen. Hinter diesen Fonds steht die Philosophie, daß die Armen und die Landbevölkerung besser durch zielgruppenorientierte Programme zu erreichen seien als durch bürokratische und städtisch orientierte zentralstaatliche Sozialprogramme. So würden in Guatemala 75 % des Gesundheitsbudgets für Krankenhäuser ausgegeben, deren Benutzer zu 93 % Städter seien.[2] Daher wird eine Umorientierung auf ländliche Basisprogramme (Grundschulen und Basisgesundheitsdienste anstatt Universitäten und Krankenhäuser) angestrebt. Im Rahmen der Reform des öffentlichen Sektors fordert die Weltbank überdies die Dezentralisierung von Entscheidungskompetenzen, insbesondere vom Zentralstaat auf die Gemeindeebene.

Räumlich polarisierende Auswirkungen der Strukturanpassung

Obgleich sie einige makroökonomische Preisrelationen zugunsten der Landwirtschaft zurechtrücken, stellen die Strukturanpassungspolitiken keineswegs ein Allheilmittel für die ländliche Peripherie der Entwicklungsländer dar. Nur wenige Entwicklungsländer werden in der Lage sein, die verbesserten Absatzchancen, insbesondere im Exportsektor, tatsächlich zu nutzen. Auf den Weltmärkten für agrarische und mineralische Rohstoffe herrscht bereits ein Überangebot, die Märkte der Industrieländer sind teilweise abgeschottet, und die Preisentwicklung ist bei vielen Rohstoffen rückläufig. Unter diesen Umständen haben nur jene Anbieter eine Chance, die über eine besondere Ressourcenbasis oder eine überdurchschnittlich wettbewerbsfähige Wirtschafts- und Agrarstruktur verfügen. Den meisten Ländern Schwarzafrikas etwa wird auch der Abbau des wirtschaftspolitischen anti-export bias kaum zu Exporterfolgen verhelfen.

In der Tat haben nur wenige Länder (z.B. Chile und Costa Rica) ihre landwirtschaftlichen Exporte infolge der Strukturanpassungspolitiken deutlich steigern können. Wie am Beispiel Costa Ricas gezeigt werden konnte, beruhten diese Exporterfolge zu einem erheblichen Teil auf Faktoren, die keineswegs zum Repertoire einer liberalisierten Ökonomie gehören, nämlich Exportsubventionen,

---

1 Strukturanpassungspolitiken bewirken zumindest kurzfristig eine drastische Verarmung, insbesondere in den Städten. Dieses beruht auf der inflationären Wirkung der Liberalisierungsmaßnahmen. Die Kosten der Inflation werden überproportional von den armen Bevölkerungsgruppen getragen. Die Verfechter der Strukturanpassungspolitik argumentieren allerdings, die Anpassung sei unvermeidlich, entweder in einem geordneten Prozeß (Strukturanpassungsprogramme) oder durch den Zusammenbruch der Volkswirtschaften mit Hyperinflation.
2 Vortrag des Abteilungsdirektors der Regionalabteilung Zentralamerika bei der Weltbank, Edilberto L. Segura, am 22.10.93 in Hamburg

institutionelle Unterstützung von Bauern und Exporteuren, Kleinbauernförderung u.a. Maßnahmen der öffentlichen Hand (STAMM 1993, S. 267 ff.).

Selbst in den wenigen erfolgreichen Ländern führten die neuen Exportaktivitäten nicht zu umfassenden regionalen Entwicklungsprozessen, sondern zur Enklavenbildung (ALTENBURG 1992, S. 102 ff.). Nur in sehr wenigen Fällen gelang es, traditionelle Kleinbauern in die expandierenden Exportbranchen einzubeziehen. Mehr noch: jene wirtschaftspolitischen Maßnahmen, die hierzu geeignet wären (Bodenreformen, Kleinbauernkredite, Beratungsdienste, Regulierung von Vertragsbeziehungen usf.; siehe hierzu ALTENBURG/ WELLER 1991) werden durch die neue Deregulierungspolitik zunehmend ausgehöhlt. Die strukturelle Heterogenität der Landwirtschaft bleibt daher nicht nur bestehen, sondern sie wird sich weiter vertiefen.

In der Regel profitiert die traditionelle Bauernschaft von der Freigabe der Erzeugerpreise für Grundnahrungsmittel (RAUCH 1991, S. 399). Allerdings kann auch das Gegenteil der Fall sein, wenn die Erzeugerpreise vor der Strukturanpassung oberhalb des Weltmarktniveaus fixiert waren, wie es in Costa Rica der Fall war (STAMM 1993, S. 273).

Trotz der Aufgabe des urban-industriellen Entwicklungsleitbildes findet auch innerhalb des sekundären Sektors keine Dezentralisierung statt. In vielen Ländern ist folgender Strukturwandel zu beobachten: während die binnenmarktorientierte, städtische Konsumgüterindustrie stagniert oder schrumpft, treten weltmarktorientierte Freie Produktionszonen an ihre Stelle. Diese sind – mit sehr wenigen Ausnahmen, z.B. Mexiko und Mauritius – stets am Rande der großen Agglomerationsräume angesiedelt, wo Arbeitsangebot und Infrastrukturausstattung locken. Zudem konnte festgestellt werden, daß Betriebe des verarbeitenden Kleingewerbes, die auch im ländlichen Raum stark vertreten sind (z.B. Schuster und Schneider), in wesentlich stärkerem Maße durch die Öffnung der Grenzen gefährdet sind als die großen urbanen Industriebetriebe (ALTENBURG 1993, S. 240 ff.).

Auch im Hinblick auf die Reform des öffentlichen Sektors hat die neue Wirtschaftspolitik vielerlei negative Auswirkungen auf periphere Regionen. Eines der ersten Politikfelder, das der Deregulierung zum Opfer fiel, war die Regionalpolitik. In den Ministerien zahlreicher Länder wurden die Regionalplanungsabteilungen abgeschafft. Auch die Einsparungen in den Sozialetats höhlen nicht nur die urban-zentrierten Dienstleistungen aus, sondern auch die Grundversorgung im ländlichen Raum. Strukturanpassung beinhaltet vor allem eine Verkleinerung des sozialpolitischen „Kuchens". Auch wenn die ländlichen Armen an den verbleibenden Sozialmaßnahmen relativ stärker partizipieren, kommen sie unter dem Strich vermutlich in den Genuß von weniger Dienstleistungen. Eine vergleichende Evaluierung von zentralstaatlich gesteuerten Programmen und solchen der Sozialen Ausgleichsfonds liegt m.E. nicht vor; ich vermute allerdings, daß diese zu einer negativen Bilanz für die Strukturanpassungspolitik kommen würde, zumal berücksichtigt werden muß, daß die Sozialfonds nur als vorübergehende Instrumente konzipiert sind.

Die Dezentralisierung der Entscheidungskompetenzen zugunsten der Gemeindeebene wird zwar von der Weltbank und anderen Apologeten der Strukturanpassung gefordert, aber entsprechende Reformen sind weitgehend ausgeblieben. Da sich die zentralstaatlichen Institutionen in vielen Fällen ihrer Auflösung zu widersetzen suchen, ist es durchaus möglich, daß hinter der Forderung nach Dezentralisierung weniger das Interesse an demokratischen Entscheidungsstrukturen als vielmehr jenes an einer Schwächung der „bremsenden" Zentralstaaten steht.

Forschungsperspektiven

Abschließen möchte ich mit einigen Überlegungen, warum eine interdisziplinäre, in Raum und Zeit differenzierende Perspektive erforderlich ist, um die wirtschaftsräumlichen Veränderungen im Rahmen der Strukturanpassungspolitiken adäquat zu erfassen.

Erstens ist eine stärkere Verknüpfung räumlicher Maßstabsebenen notwendig. Die ökonomische Diskussion um Strukturanpassungspolitiken hat die weltwirtschaftliche (z.B. Aufnahmefähigkeit der Weltagrarmärkte) und vor allem die regionale und lokale Dimension (Ressourcenausstattung, agrarsoziale Spezifika etc.) bislang weitgehend ausgeblendet. Wettbewerbsfähigkeit ist jedoch nur aus der Interdependenz dieser Ebenen heraus erklärbar. Angesichts der Komplexität dieser Interdependenz ist davon auszugehen, daß die wirtschaftliche Öffnung von Nationen (und damit auch Regionen) und die wirtschaftspolitische Deregulierung zu einer zunehmenden regionalen Differenzierung zwischen Entwicklungsländern und innerhalb derselben führen werden. Die Analyse der zugrundeliegenden Prozesse und regionalen Spezifika stellt gerade für Geographen eine große Herausforderung dar.

Zweitens ist die historische Dimension in der entwicklungspolitischen Diskussion vernachlässigt worden. Die gängigen Entwicklungstheorien argumentieren vielfach ahistorisch: die der strukturalistischen Schule zugrundeliegende Dependenztheorie insofern, als sie negierte, daß viele der vermeintlichen Spezifika des peripheren Kapitalismus in ganz ähnlicher Form in der historischen Entwicklung der heutigen Industrienationen nachzuweisen sind; die Neoklassik insofern, als sie ignoriert, daß die Industriestaaten wie auch die Schwellenländer Südostasiens zumindest in ihren Anfangsstadien vielfältige zollpolitische und sonstige wirtschaftspolitische Regulierungen vorgenommen haben.

Drittens wird die soziokulturelle Dimension der Reformen zu sehr vernachlässigt. Wenn im Rahmen der Strukturanpassung kommunales Land privatisiert wird, so mag das für das Wirtschaftswachstum förderlich sein, aber eine solche Politik opfert unter Umständen die letzten vorkolonialen Strukturen, die für ethnische Minderheiten identitätstiftende Bedeutung haben können. In ähnlicher Weise ist es nicht nur ein ökonomisches Problem, wenn etwa der Maisanbau in Zentralamerika durch subventionierte Billigimporte verdrängt wird. Für viele Bauern ist Mais kein austauschbares cash crop. Besonders deutlich wird dieses im Falle der guatemaltekischen Indianer, die sich in ihrer heiligen Schrift, dem Popul Vuh, als „hombres del maíz" bezeichnen.

Literatur:

Altenburg, T. (1993): Strukturanpassung im Industriesektor: Neue, exportgetriebene Dynamik oder Deindustrialisierung ?, in: Bendel, P. (Hg.), Zentralamerika. Frieden – Demokratie - Entwicklung, Frankfurt/Main 1993, S. 233–253

Altenburg, T. (1992): Wirtschaftlich eigenständige Regionalentwicklung. Fallstudien aus Peripherieregionen Costa Ricas, Hamburg

Altenburg, T./ Weller, J. (1991): Kontraktproduktion – ein Instrument zur Verbesserung der Lage von Kleinbauern ? in: Nord-Süd-aktuell, Jg. 5 (3), S. 387–397

CEPAL (versch. Jahrgänge): Anuario estadístico de la CEPAL, Santiago de Chile

Lipton, M. (1977): Why Poor People Stay Poor – A Study of Urban Bias in World Development, London

Nohlen, D./ Thibaut, B. (1992): Struktur- und Entwicklungsprobleme Lateinamerikas, in: Nohlen, D. (Hg.), Handbuch der Dritten Welt, Bd. 2, Südamerika, Bonn, S. 13–142

Rauch, T. (1991): Strukturanpassungspolitik und Agrarentwicklungsstrategie: gibt es für die Masse der afrikanischen Kleinbauern noch eine Option oberhalb der Sicherung der Selbstversorgung ?, in: Nord-Süd-aktuell, Jg. 5 (3), S. 398–404

Stamm, A. (1993): Strukturanpassung im zentralamerikanischen Agrarsektor. Chancen und Risiken weltmarktorientierter Reformen, in: Bendel, P. (Hg.), Zentralamerika. Frieden - Demokratie – Entwicklung, Frankfurt/Main 1993, S. 255–276

Vuskovic Bravo, P./ Menjívar Larín, R. (1991): Políticas industriales en América Latina, San José

FACHSITZUNG 2:
WELTMARKTINTEGRATION UND UMWELTPROBLEME

EINFÜHRUNG

Hans-Georg Bohle, Freiburg und Klaus Müller-Hohenstein, Bayreuth

Wenn diese Sitzung von einem Biogeographen und einem Wirtschaftsgeographen geleitet wird, so ist dies ein Versuch, die häufig beschworene, aber noch immer wenig praktizierte intradisziplinäre Zusammenarbeit innerhalb der Geographie tatsächlich einmal zu realisieren. Das Thema der Fachsitzung – „Weltmarktintegration und Umweltprobleme" – bietet sich für eine solche Kooperation allerdings auch zwingend an. Biogeographen versuchen nämlich, die räumliche Verbreitung einzelner oder auch miteinander vergesellschafteter Organismen zu erkunden, darzustellen und zu erklären, wobei die Organismen nicht isoliert, sondern als Bestandteile von Ökosystemen gesehen werden. Wirtschaftsgeographen setzen sich zum Ziel, die räumlichen Dimensionen des menschlichen Wirtschaftens in ihren Strukturen, Funktionen, Verflechtungen und in ihrer Dynamik zu analysieren. Beide Fachrichtungen überlagern sich zwangsläufig dann, wenn sie sich in anwendungsorientierter Weise der Erhaltung und Bewertung des ökologischen Potentials von Räumen, ihrer Tragfähigkeit, ihrer Belastbarkeit zuwenden, um daraus die Möglichkeiten und Grenzen einer nachhaltigen wirtschaftlichen Nutzung dieser Räume abzuleiten. Eine sich rasch intensivierende Weltmarktintegration hat jedoch für ökologisch gefährdete Räume oftmals die Folge, daß sich eine auf kurzfristige Wirtschaftsinteressen ausgerichtete oder von purer Not getriebene Übernutzung der natürlichen Ressourcen ergibt, die letztlich zur Degradierung oder Destabilisierung ganzer Ökosysteme führen kann.

Dies ist, auf einen kurzen Nenner gebracht, die Thematik dieser Fachsitzung. Sie ordnet sich damit in das von BLAIKIE und BROOKFIELD (1987) entwickelte Paradigma einer „Politischen Ökologie" ein. In der beigefügten Abbildung werden die wesentlichen Elemente dieses Ansatzes benannt, um so zu einer Art Analyserahmen für die Vorträge dieser Fachsitzung zu gelangen (Abb. 1).

Wissenschaftlicher Gegenstand der „Politischen Ökologie" ist die (problematische) Beziehung zwischen menschlicher Gesellschaft einerseits und natürlichen Ressourcen andererseits, wobei die gesellschaftlichen Akteure (Staat, Klassen, soziale Gruppen) benannt und die natürlichen Ressourcen nach erneuerbaren und nicht-erneuerbaren unterschieden werden. Die entwicklungstheoretischen Grundlagen der politisch-ökologischen Analyse reichen von Staatstheorien (z. B. über „Entwicklungsdiktaturen") bis hin zu Ökosystemtheorien. Die gängigen Untersuchungsperspektiven der „Politischen Ökologie" richten sich auf die jeweiligen Rollen von Staat und Wirtschaft, die immer vor dem Hintergrund der Problematik von Nachhaltigkeit und Tragfähigkeit von Entwicklungsprozessen gesehen werden. Hier geht es um die Verknüpfung von hierarchisch gestaffelten Ebenen der Analyse, die von der globalen Ebene (z. B. Rolle der internationalen

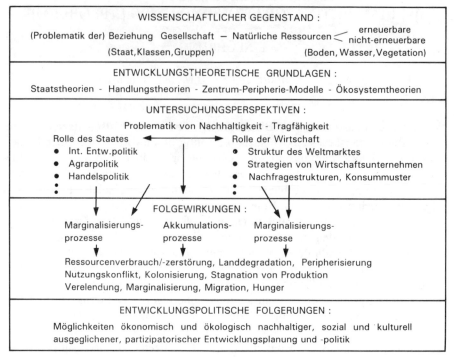

Abb. 1

Entwicklungspolitik; der Struktur des Weltmarktes) über die nationale Ebene (z. B. nationale Agrarpolitik) bis hin zur lokalen oder individuellen Ebene (z. B. Allokation von Ressourcen innerhalb einer Gemeinschaft/eines Haushaltes; kulturspezifische Konsummuster) reichen.

Als (problematische) Folgewirkungen des gesellschaftlichen Umgangs mit natürlichen Ressourcen werden (soziale und wirtschaftliche) Marginalisierungsprozesse auf der einen, Akkumulationsprozesse auf der anderen Seite gesehen. Beide führen zu gesellschaftlichen und ökologischen Problemstellungen, die in den Beiträgen zu dieser Fachsitzung anhand empirischer Fallstudien exemplifiziert werden. Probleme wie Ressourcenzerstörung, Nutzungskonflikte und Marginalisierungsprozesse stehen beispielsweise in den Beiträgen von UTHOFF über weltmarktorientierte Garnelenproduktion in Südostasien oder MÜLLER-BÖKER über Naturschutz in Nepal im Vordergrund. Die Studie von KRINGS über Baumwollanbau in Mali und Burkina Faso konzentriert sich darüber hinaus auf Prozesse von Landdegradation, Stagnation der Produktion und Fragen der Ernährungssicherung.

Die Referate von JANZEN über mobile Viehwirtschaft im altweltlichen Trockengürtel und SCHMIDT-KALLERT über Regenwaldzerstörung in Guatemala thematisieren dagegen Möglichkeiten einer ökonomisch und ökologisch nachhaltigen Regionalentwicklung. Die Studie von MEIER über Schnittblumenanbau in Kolumbien richtet sich schließlich auf Möglichkeiten und Grenzen von sozial und kulturell ausgeglicheneren Entwicklungswegen und auf die Frage nach der gesellschaftlichen Verantwortung für eine ressourcenverbrauchende, sozial diskriminierende Entwicklungspolitik. Das Einführungsreferat von SIMONIS benennt die zentralen ökologischen Problembereiche auf globaler Ebene, diskutiert die bisherigen Lösungsansätze und fragt kritisch nach den Möglichkeiten einer globalen Umweltpolitik, um den Kriterien von „Zukunftssicherung" (sustainability) entsprechen zu können.

Da die hier genannten Beiträge anschließend in voller Länge abgedruckt sind, können wir auf weitere diesbezügliche Ausführungen verzichten. In Kenntnis dieser Beiträge und der sich anschließenden Diskussionen sollen aber noch einige Aspekte einer politischen Ökologie aufgegriffen und daraus Empfehlungen abgeleitet werden.

Eine erste Empfehlung resultiert nicht nur, aber auch aus der Zusammenarbeit der beiden Berichterstatter bei der Vorbereitung des Symposiums. Jeder von uns hat erneut erfahren, daß es ohne den anderen nicht oder jedenfalls nicht ausreichend erfolgreich geht, wenn man so komplexe Themen behandeln will, wie in diesem Symposium. Der grundlegende Sachverstand kann in der erforderlichen Breite von einem einzelnen nicht erwartet werden. Ökonomen und Ökologen (und auch Politiker als Entscheidungsträger) sollten sich also viel häufiger zusammen- und auseinandersetzen. Ganz unerläßlich ist dies bei so konfliktträchtigen Themen wie z. B. der Nationalpark-Problematik, bei der Verpflichtung gleichermaßen zu schützen und zu nützen. Und hierbei müssen sich gerade auch die Ökologen fragen, ob sie immer das richtige Verständnis von „Schutz" gefunden haben.

Die zweite Empfehlung bezieht sich auf eher technische Aspekte. Natürlich sind auch wir für phantasievolle neue Ansätze, und solche sind vor allem in der Zusammenarbeit und interdisziplinär zu entwickeln. Die Chancen hierfür erscheinen uns als außerordentlich gut. Und selbstverständlich sollen dabei auch alle neuen technischen Errungenschaften der Datengewinnung, -darstellung und -auswertung genutzt werden, wenn sie helfen, Probleme zu lösen. Zu diesen Errungenschaften gehören, neben anderen ständig wachsenden Möglichkeiten, EDV-gestützt zu arbeiten, die GIS und auch die Entwicklungen der Fernerkundung. Allerdings sind diese wichtigen Hilfen für uns Werkzeuge bzw. Daten, die wir nutzen aber nicht unbedingt auch entwickeln oder gewinnen. Und die problembezogene Nutzung dieser Werkzeuge ist keineswegs automatisch mit Gewinn an Qualität der Antwort verbunden.

Bei der dritten Empfehlung denken wir in erster Linie an Beispiele aus dem fachwissenschaftlichen Vokabular, welches heute in zunehmendem Maße auch außerhalb unserer Disziplinen benutzt wird, nicht zuletzt auch in der Politik. Deshalb ist es auch besonders wichtig, daß die benutzten Begriffe eindeutig und unmißverständlich definiert sind. In den folgenden Beiträgen finden sich ebenfalls Beispiele dieses Vokabulars, Beispiele, welche zu Modeworten wurden und gerade deshalb Gefahr laufen, zu „Worthülsen" zu verkommen. Degradierung, Nachhaltigkeit, ökologische Anpassung und viele mehr, vor allem aus dem naturwissenschaftlich-ökologischen Bereich, sind hier anzuführen. Greifen wir nur ein Beispiel heraus.

Wie ist eigentlich Degradierung definiert? Sind es quantitative Bodenverluste, sind es Nährelementkarenzen, ist es beschleunigter Humusabbau, wenn wir an den Boden denken? Sind es Artenverluste, sind es Veränderungen in der Arten- oder Lebensformenzusanmmensetzung, ist es der Abundanzrückgang bei der Vegetation? Oder betrifft Degradierung den Wasserhaushalt, das Mikroklima, die Biozönosen und wenn ja wie? Ist nicht eventuell auch der Verlust sprachlicher Präzisierung eine Form von Degradierung? Und wie wird gemessen (überprüfbar, wiederholbar), wie wird belegt und nachgewiesen?

In jedem Fall sind wir, die Wissenschaftler, ganz gleich ob wir natur- oder sozialwissenschaftlichen Disziplinen nahestehen, mehr denn je gefordert, „Worthülsen" durch „Hülsenfrüchte" zu ersetzen.

Die Vorträge dieses Symposiums leisten hierzu Beiträge und berechtigen zu der Hoffnung, daß der Dialog zwischen Politikern und Ökologen im Sinne einer „politischen Ökologie" präziser und damit fruchtbarer betrieben werden kann.

Literatur

BLAIKIE, P. and H. BROOKFIELD (1987): Land Degradation and Society. London.

SCHRITTE ZU EINER GLOBALEN UMWELTPOLITIK

Udo E. Simonis, Berlin

> „In einer Welt der globalen Erwärmung zu sagen, ‚wir sind besser als die anderen‘, ist vollkommen unerheblich."
>
> Paul Kennedy

Einführung

Globale Umweltprobleme sind ein relativ neues politisches Thema und dementsprechend wenig transparent. Das gilt zunächst für die Ursachen und die Auswirkungen der Probleme; es gilt aber auch für deren Behandlung, insbesondere für die Anerkennung bestimmter Prinzipien, die Formulierung von Zielen, den Einsatz von Instrumenten und die Einrichtung von Institutionen einer globalen Umweltpolitik. Es mag daher sinnvoll sein, mit der Frage zu beginnen, was globale Umweltprobleme von lokalen und nationalen Umweltproblemen unterscheidet. Zur Beantwortung dieser Frage kann die Definition gelten, die der 1992 von der Bundesregierung berufene Wissenschaftliche Beirat „Globale Umweltveränderungen" (WBGU) seiner Arbeit zugrunde gelegt hat:

> „Globale Umweltprobleme sind Veränderungen in der Atmosphäre, in den Ozeanen und an Land, die dadurch gekennzeichnet sind, daß ihre Ursachen direkt oder indirekt menschlichen Aktivitäten zuzuschreiben sind und daß hierdurch Auswirkungen auf die natürlichen Stoffwechselkreisläufe, die aquatischen und terrestrischen Lebensgemeinschaften und auf Wirtschaft und Gesellschaft entstehen, die zu ihrer Bewältigung der internationalen Vereinbarungen (Kooperation) bedürfen."

Angesichts der erreichten und weiter zunehmenden räumlichen Mobilität der Menschen, der physischen Vielfalt von Schadstoffen und des Niveaus der Produktion wie auch der vielseitigen Interaktion der verschiedenen Umweltmedien (Luft, Wasser, Böden) können lokale Ursachen globale Effekte auslösen und die Zahl der Umweltprobleme, die wir heute als „global" bezeichnen, kann sich mit verbesserter Analytik in Zukunft auch weiter erhöhen; ihre Auswirkungen werden sich auf jeden Fall deutlicher darstellen und beschreiben lassen. Was die internationale Kooperation bei globalen Umweltproblemen angeht, so ist diese wiederum in vielfältiger Weise möglich. Grundsätzlich denkbar sind Vereinbarungen über Negativlisten, technische Vorschriften, Nutzungsrechte, Preispolitik, Steuern und Abgaben, Zertifikate, Reduzierungsraten, Produktionsstop (SIMONIS 1993). Es ist eine offene Frage, welche Vereinbarungen bei welchem globalen Umweltproblem am sinnvollsten sind bzw. in welcher Kombination angestrebt werden sollten. Offen aber bleibt auch die Frage, ob bei der Bewältigung globaler Umweltprobleme Präventivstrategien oder Anpassungsstrategien überwiegen werden, d. h., ob wir (die gegenwärtige Generation) zur Vorsorge bereit und fähig sind oder uns (und die zukünftigen Generationen) zur Nachsorge verurteilen. Die anschließend beschriebenen globalen Umweltprobleme lassen beides zu, machen letzteres aber eher wahrscheinlich.

Globale Umweltprobleme: Beispiel Klimaveränderung

Das bisher meistdiskutierte globale Umweltproblem ist die Klimaveränderung. Die steigende Konzentration bestimmter Spurengase in der Atmosphäre wird in den nächsten Jahrzehnten zu einer signifikanten Erhöhung der durchschnittlichen Erdtemperatur führen, woraus weitreichende ökologische, ökonomische, soziale und politische Konsequenzen entstehen werden. Die Wirkung der Gase im Klimasystem wird jedoch wegen langsam ablaufender Akkumulationsprozesse nicht sofort sichtbar. Wenn die künstliche Erwärmung aber große Ausmaße angenommen hat, ist es für Reduzierungsmaßnahmen zu spät. Hier zeigt sich ein Dilemma globaler Umweltprobleme besonders deutlich: teure aber späte Nachsorge (Anpassung), mögliche aber verzögerte Vorsorge (Prävention).

Die klimawirksamen Spurengase – wie insbesondere Kohlendioxid, Methan, Fluorchlorkohlenwasserstoffe, Methylbromid und Stickoxide –, die sich in der Atmosphäre anreichern, stören den Wärmehaushalt der Erde, indem sie die Wärmeabstrahlung in den Weltraum zum Teil blockieren (daher: zusätzlicher Treibhauseffekt). Den größten Anteil (ca. 50 Prozent) an diesem Erwärmungsprozeß hat das Kohlendioxid (CO_2). Durch (ineffiziente) Verbrennung fossiler Brennstoffe in Industrie, Verkehr und Haushalten, durch Brandrodung von Wäldern usw. werden derzeit pro Sekunde rund 1000 Tonnen zusätzlichen Kohlendioxids in die Atmosphäre eingeleitet. Stickoxide, die vor allem bei ungeregelter Verbrennung in Motoren und Kraftwerken frei werden, bewirken eine Anreicherung von Ozon in den unteren Atmosphäreschichten. Fluorchlorkohlenwasserstoffe, die in Sprays und Kühlaggregaten eingesetzt oder bei der Aufschäumung von Kunststoffen und beim Einsatz als Reinigungsmittel frei werden, tragen mit ca. 14 Prozent zur Erwärmung der Atmosphäre bei. Beim Verdauungsprozeß in den Mägen der Rinderherden, beim Reisanbau, bei der Öl- und Gasgewinnung, aus Mülldeponien usw. entstehen große Mengen an Methan, das mit ca. 18 Prozent zur künstlichen Erwärmung der Atmosphäre beiträgt. Damit sind die wesentlichen Verursachungsfaktoren des Treibhauseffektes benannt. Was aber macht ihre Eindämmung schwierig oder gar unwahrscheinlich?

Idealiter müßten alle Treibhausgase von einer internationalen Reduzierungsvereinbarung erfaßt werden. Das aber ist eher unwahrscheinlich. Zu unterschiedlich sind die technischen, ökonomischen, sozialen und politischen Aspekte der Emissionsreduzierung bei den einzelnen Gasen. Während bei einigen die Quellen und die Senken gut bekannt sind, ist bei anderen nur das eine oder das andere der Fall. Während beim Kohlendioxid die Industrieländer (mit ca. 80 Prozent) Hauptverursacher sind, sind es beim Methan die Entwicklungsländer (Reisfelder, Rinderherden). Während bei einigen Gasen die Emission gut kontrolliert werden kann, ist es bei anderen nur die Produktion. Während bei einigen ein schneller und kompletter Ausstieg (z.B. FCKW) notwendig erscheint, ist bei anderen bestenfalls eine stufenweise Reduzierung (z.B. CO_2) möglich.

Entsprechend wurde eine Rahmenvereinbarung zum Treibhauseffekt vorbereitet, mit der die Probleme beschrieben, die Handlungsnotwendigkeit anerkannt, die erforderlichen Forschungs- und Monitoringprogramme auf den Weg gebracht werden sollen. Diese „Klimakonvention" wurde auf der UNO-Konferenz über Umwelt und Entwicklung 1992 in Rio de Janeiro verabschiedet; sie muß nun durch mehrere Protokolle aufgefüllt werden, die konkrete Zielvorgaben und Maßnahmen zur Reduzierung der Emissionen (Quellen) bzw. zur Erhöhung der Absorptionskapazität der Natur (Senken) enthalten.

Von seiten der Wissenschaft sind mehrere Vorschläge entwickelt worden, vor allem zum Kohlendioxid, die von der Einführung nationaler und globaler Ressourcensteuern (bzw. Emissionsabgaben) über internationale Quotensysteme bis zu transnational handelbaren Emissionszertifikaten reichen. Das „Princeton-Protokoll" beispielsweise, ein Musterprotokoll, enthält progressive Zielvorgaben, die über einen Zeitraum von 80 Jahren zu weltweit gleichen (!) Pro-Kopf-Emissionen an CO_2 führen. Dieser Vorschlag hat, wie andere Vorschläge auch, drastische Änderungen im Wachstumspfad der Industrie- und auch der Entwicklungsländer (ökologischer Strukturwandel der Wirtschaft bzw. Energieeffizienz-Revolution) zur Voraussetzung bzw. zur Folge.

Zur praktischen Umsetzung solch dynamisch angelegter Emissionsminderungen kommen – neben der im Gespräch befindlichen Energiesteuer und CO_2-Abgabe – eine Reihe von technischen und sozialen Maßnahmen in Betracht, wie vor allem:
– Reduzierung des Verbrauchs fossiler Brennstoffe durch Erhöhung der Effizienz der Energienutzung, bei Transportenergie, Elektrizität, Heizenergie;
– Installation neuer Energiegewinnungstechnik, wie Blockheizkraftwerke, Fernwärme, Fernkühlung, Gasturbinen;
– Substitution fossiler Brennstoffe durch erneuerbare Energien, wie Biomasse, Windenergie, Photovoltaik, Wasserstoff;
– Vergrößerung der CO_2-Senken, insbesondere durch Stop der Regenwaldvernichtung und ein Welt-Aufforstungsprogramm, usw.

Die Durchführung solcher Maßnahmen würde eine erhebliche Abschwächung des in Gang befindlichen Treibhauseffektes bewirken; sie müßten jedoch möglichst rasch ergriffen werden. (Nach neueren Studien (Bach/Jain 1991) müßten innerhalb der nächsten zehn Jahre die CO_2-Emissionen weltweit um 37 Prozent gesenkt werden, wenn die globale Erwärmung der Erdatmosphäre im Jahre 2100 (!) nicht über 1 bis 2 Grad Celsius steigen soll).

Während die Ursachen der künstlichen Erwärmung der Atmosphäre relativ gut bekannt sind, besteht über deren Auswirkungen noch erhebliche Unsicherheit. Der bisher erwartete Temperaturanstieg von 3 Grad Celsius im globalen Mittel brächte wahrscheinlich gravierende Folgen mit sich (vgl. IPCC). Die Winter in den gemäßigten Zonen würden kürzer und wärmer, die Sommer länger und heißer. Die Verdunstungsraten würden zunehmen und im Gefolge davon die Regenfälle. Die Tropen und die gemäßigten Zonen können feuchter, die Subtropen trockener werden. In Tundragebieten könnte der gefrorene Boden auftauen, was zu organischer Verrottung und einer weiteren Vermehrung von Treibhausgasen führen würde.

Die Klimaänderung wird somit schon bestehende, regional gravierende Probleme wie Trockenheit, Desertifikation und Bodenerosion verschärfen und die nachhaltige ökonomische Entwicklung in vielen Ländern der Welt gefährden.

Weitere schwerwiegende Konsequenzen globaler Erwärmung ergäben sich beim Schmelzen des Eises (Gletscher und Polkappen) und der thermischen Ausdehnung des Ozeanwassers. Nach den derzeit vorliegenden Berechnungen könnte ein Temperaturanstieg von 3 Grad Celsius den Wasserspiegel der Ozeane um bis zu 60 Zentimeter anheben (im Falle des Abrutschens großer Stücke polaren Eises ins Meer auch noch höher). Da etwa ein Drittel der Weltbevölkerung in nur 60 Kilometer Entfernung von der Küstenlinie lebt, wären deren Wohn- und Arbeitsverhältnisse betroffen, für einzelne Länder – wie etwa die Seychellen und Teile von Bangladesh – würde sich die Existenzfrage stellen.

Angesichts großer weltweiter Forschungsanstrengungen dürfte sich die noch vorhandene Unsicherheit über die Effekte der anstehenden Klimaveränderung rasch verringern. In Abhängigkeit vom Erfolg oder Mißerfolg der möglichen Präventivmaßnahmen, die weiter oben genannt wurden, werden mehr oder weniger umfangreiche Anpassungsmaßnahmen erforderlich. Diese Maßnahmen, die technischer, ökonomischer, sozialer und politischer Art sind, haben aller Wahrscheinlichkeit nach eine regional erheblich differenziertere Ausprägung und führen damit zu neuen internationalen Verteilungskonflikten.

Beispiel: Schädigung der Ozonschicht

Die stratosphärische Ozonschicht fungiert als Filter für die von der Sonne ausgehende ultraviolette Strahlung; sie trägt auch zu Regulierung der Temperatur in der Atmosphäre bei. Dieser „Ozonschutzschild" wird von langsam aufsteigenden ozonschädigenden Gasen angegriffen, insbesondere von Fluorchlorkohlenwasserstoffen (FCKW) und Methylbromid, die von der chemischen Industrie für verschiedenartige Zwecke produziert worden sind und weiter produziert werden.

Von der Schädigung der stratosphärischen Ozonschicht sind vielfältige Auswirkungen zu erwarten, die weltweit auftreten können: Zunahme von Sonnenbrand, Schädigung des Sehvermögens, vorzeitige Alterung der Haut, Schwächung des Immunsystems bei Mensch und Tier, steigende Häufigkeit und Ernsthaftigkeit von Hautkrebs usw. Auf die Pflanzen- und Tierwelt hat erhöhte ultraviolette Strahlung eine Fülle von Auswirkungen (vgl. IPCC).

Im Rahmen von nunmehr zehn Jahren währenden Verhandlungen wurden zwei internationale Verträge, die „Wiener Konvention" (1985) und das „Montrealer Protokoll zum Schutz der Ozonschicht" (1987) abgeschlossen sowie eine weitreichende Revision dieses Protokolls vorgenommen („Helsinki-Erklärung" [1989], „London Konferenz" [1990], „Kopenhagen Konferenz" [1992]). Im Jahre 1981 hatte eine Gruppe kleinerer Industrieländer Vorschläge zu einer Konvention vorgelegt, die den Gedanken eines dynamischen globalen Umweltregimes beinhaltete. Es entstand das Konzept einer Zweiteilung des rechtlichen Instrumentariums in einen stabilen, institutionellen Teil (Rahmenkonvention) und einen flexiblen, technischen Teil (Protokoll). Das im September 1987 angenommene „Montrealer Protokoll" forderte die Unterzeichnerstaaten auf, den Verbrauch von FCKW bis zum Jahre 1999 um 50 Prozent gegenüber 1986 zu reduzieren, ließ jedoch zugleich die Übertragung von Produktionen auf andere Staaten zu. Die Konferenz der Protokollstaaten in Helsinki leitete 1989 die geplante Revision ein und verabschiedete die „Helsinki-Erklärung", die für FCKW einen vollständigen Ausstieg sowie eine schrittweise Regelung für die Reduzierung anderer ozonschädigender Stoffe vorsah; auf den Nachfolgekonferenzen in London (1990) und in Kopenhagen (1992) wurden weitere Verkürzungen der Ausstiegszeit beschlossen.

Neben verschärften Reduzierungsmaßnahmen war jedoch eine Ausweitung der Vereinbarungen geboten, weil sich bisher vorwiegend nur Industrieländer den Regeln unterworfen hatten, nicht aber die Entwicklungsländer, darunter Brasilien, China und Indien, die über einen potentiell großen Binnenmarkt (für Autos, Kühlschränke, Klimaanlagen) verfügen, für die nach herkömmlicher Technik FCKW verwendet werden. Um diesen Ländern den Beitritt zu erleichtern, beschlossen die Vertragsstaaten, einen Mechanismus zur Finanzierung und zum Zugang zu moderner Technologie zu entwickeln. Auf der Konferenz von London 1990, an der bereits 60 Vertragsstaaten teilnahmen, wurde ein multilateraler Fonds eingerichtet, der durch Beiträge der Industrieländer sowie einiger Entwicklungsländer finanziert wird. Der Fonds hat die Aufgabe, die erhöhten Kosten zu decken, die Entwicklungsländern bei der Umstellung ihrer Produktion auf ozonverträgliche Stoffe und Verfahren entstehen; nach der Konferenz von Kopenhagen, an der 81 Staaten teilnahmen, soll der Fonds diese Umstrukturierung beschleunigen helfen. So beschloß Indien im September 1993 den Ausstieg aus der FCKW-Produktion und -Verwendung.

Die Schädigung der stratosphärischen Ozonschicht bleibt dennoch ein globales Umweltthema – nicht nur, weil von den Ersatzstoffen ebenfalls Schäden ausgehen, sondern auch wegen der zu erwartenden Implementationsdefizite internationaler Vereinbarungen. Möglicherweise stellt sich also der traditionelle Konflikt zwischen Vereinbarung und Einhaltung gemeinsamer Umweltstandards, wie wir ihn aus der Diskussion um den Abgaskatalysator für Pkw, die Sicherheit von Atomkraftwerken oder die Reinhaltung der Weltmeere kennen, in anderer Form erneut.

Beispiel: Wälder und biologische Vielfalt

Die tropischen Wälder umfassen eine Fläche von rund 1,9 Milliarden Hektar, wovon etwa 1,2 Milliarden Hektar als geschlossene und 700 Millionen Hektar als offene Wälder gelten. Weltweit betrachtet gehen derzeit jährlich 20,4 Millionen Hektar tropische Wälder verloren, ein großer Teil davon in Amazonien (vgl. World Resources 1990-91, S. 101–120); das sind 79 Prozent mehr als die jahrelang zitierte Studie der FAO von 1989 (11,4 Millionen Hektar) besagte. Das Verhältnis von Abholzung bzw. Brandrodung zu Wiederaufforstung liegt weltweit gesehen noch immer bei nur etwa 5:1.

Die Verluste an tropischen Wäldern entstehen aus einer Vielzahl von Gründen: Neben der Abholzung zu Exportzwecken, die auf unzureichenden Konzessionsverträgen oder auf staatlichen Subventionen für Landnutzung beruhen, sind es vor allem die Brandrodung zur Anlage von Plantagen, für Weideland und Ackerbau, aber auch die Errichtung von Industrie- und Energiegewinnungsanlagen (Stauseen) und von Siedlungen – und vielfach auch die Markierung privater Besitzansprüche bzw. die Bodenspekulation. Hinter diesen Nutzungsansprüchen stehen ein allgemein großer Bevölkerungsdruck und ein im Gefolge von Verschuldungskrisen auftretender diffuser Exportdruck: Der Drang, Deviseneinnahmen zu erzielen, treibt viele Entwicklungsländer zu einer Übernutzung ihrer Ressourcenbestände. Wenn Maßnahmen zur Regeneration dieser Ressourcen aus ökonomischen Gründen (mangelhafte Nutzungsrechte) nicht ergriffen werden oder aus ökologischen Gründen nicht ergriffen werden können (mangelnde Regenerationsfähigkeit), führt dies zum Verlust der Nachhaltigkeit der Ressourcennutzung, d. h. zu bleibenden Verlusten am „natürlichen Kapitalstock". Da in den tropischen Regenwäldern 40 Prozent oder mehr aller Arten der Welt (Tiere und Pflanzen) beheimatet sind, verursacht dieser Raubbau auch ungeahnte, bisher nicht verläßlich schätzbare Verluste an genetischer Vielfalt.

Der Raubbau an den tropischen Wäldern hat oft auch die Vertreibung oder Vernichtung waldbezogener Lebensgemeinschaften zur Folge – wie insbesondere durch die tragische Geschichte der Indianer Amazoniens belegt ist.

Aufgrund der in den Entwicklungsländern weiterhin rasch anwachsenden Bevölkerung wird die zusätzliche Nachfrage nach landwirtschaftlich genutztem Boden, so ist zu befürchten, zum größten Teil in der Rodung („Konversion") jetziger Waldflächen bestehen. Da die tropischen Böden wegen der in der Regel nur dünnen Humusschicht für kontinuierlichen Anbau oder intensive Viehbewirtschaftung nicht oder nur unter bestimmten Bedingungen geeignet sind, wird Waldkonversion zu großen ökologischen Schäden oder Produktivitätsrückgängen führen – es sei denn, es werden tragfähige Alternativen zu den derzeit vorherrschenden Anbautechniken entwickelt.

Diese und andere Probleme der Waldnutzung und Waldzerstörung sind in dem Sinne globaler Art, als ihre Ursachen in der globalen ökonomisch-ökologischen Interdependenz liegen oder aber ihre Wirkungen global sind und nur durch internationale Kooperation eingedämmt werden können. Die in Rio de Janeiro 1992 verabschiedete „Wald-Erklärung" ist hierzu nur ein erster Schritt, dem rasch weitere folgen müßten, insbesondere eine „Waldkonvention", die zu einem weltweiten Aufforstungsprogramm führt. Die ebenfalls verabschiedete „Konvention über Biologische Vielfalt" hat inzwischen die erforderliche Zahl der staatlichen Ratifizierung (30 Länder) erfahren und tritt damit im Dezember 1993 in Kraft. Ihrer praktischen Umsetzung stehen viele Hindernisse entgegen, doch kann dieser verbindliche Vertrag seine eigene Dynamik entfalten.

Beispiel: Böden und Wasser

Nach vorliegenden Schätzungen dehnen sich die Wüstengebiete der Welt jährlich um ca. 6 Millionen Hektar aus; bis zu zwei Fünftel der Nicht-Wüstengebiete

Afrikas und zwei Drittel in Asien und ein Fünftel in Lateinamerika könnten sich in Zukunft in Wüsten verwandeln. Die Zunahme der Bevölkerung, aber auch der Viehbestände hat die Vegetation beeinträchtigt und damit wiederum die Bodenerosion beschleunigt. Mitte der achtziger Jahre lebten etwa 850 Millionen Menschen in Trockengebieten, 230 Millionen davon waren von der Wüstenausdehnung direkt oder indirekt betroffen.

Die damit einhergehende Störung der ökologischen Systeme beeinträchtigt die ohnehin schwache Wasseraufnahme der Böden zusätzlich, beschleunigt den Wasserabfluß, senkt den Grundwasserspiegel und reduziert die Qualität und den Nährstoffgehalt der Böden. Unter solchen Bedingungen verstärken sich die Effekte längerer Trockenheit, temporärer Nahrungsmangel kann sich in akute Hungersnot verwandeln.

Die Erforschung dieser Prozesse hat gezeigt, daß hierbei politische, ökonomische und soziale Faktoren weit bedeutsamer sind als früher angenommen (vgl. z.B. World Resources 1990-91). Daher sind nicht nur technische Lösungen erforderlich, sondern auch institutionelle Lösungen wie vor allem geeignete Landnutzungsrechte, wenn die Wüstenausdehnung, von der gerade die ärmsten Gebiete der Welt betroffen sind, gestoppt werden soll. Diesen Fragen wird sich eine „Konvention gegen Wüstenausdehnung" widmen, die auf Drängen afrikanischer Länder zur Zeit ausgearbeitet wird und 1994 unterzeichnet werden soll.

Neben dem quantitativen Verlust gibt es die qualitative Verschlechterung ehemals ertragreicher Böden. In Afrika nördlich des Äquators gelten rund 11 Prozent des gesamten Landes als von Wassererosion und 22 Prozent von Winderosion substantiell geschädigt, im Nahen Osten liegen die entsprechenden Werte sogar bei 17 bzw. 35 Prozent; in den Industrieländern gibt es teils gravierende Belastungen der Böden mit Schwermetallen und anderen Stoffen, die tendenziell die Bodenproduktivität zerstören. Diese Probleme des mangelnden Bodenschutzes sind durch ungeeignete Landbewirtschaftung verstärkt worden, insbesondere durch die Substitution von Mischkulturen durch Monokulturen, die Mechanisierung der Landwirtschaft sowie die Vernachlässigung eines geeigneten Wassermanagements.

Zahlreiche Länder der Welt haben inzwischen ernste, wenn auch sehr verschiedenartige Wasserprobleme (vgl. WBGU 1993). In vielen Fällen wird das quantitative Wasserangebot zunehmend kritisch, verursacht durch Dürre, Übernutzung von Wasservorräten und Entwaldung, während die Wassernachfrage aufgrund von künstlicher Bewässerung, Urbanisierung und Industrialisierung sowie rasch anwachsenden individuellen Wasserverbrauchs weiter ansteigt. Weltweit gesehen werden derzeit etwa 1 300 Milliarden Kubikmeter Wasser pro Jahr für künstliche Bewässerung verwendet; wegen der damit einhergehenden Verdunstungs- und Transportverluste wird den vorhandenen Wasservorräten jedoch mehr als das Doppelte (nämlich rund 3 000 Milliarden Kubikmeter) entzogen.

Die Wasserqualität verschlechtert sich weltweit und teils auf dramatische Weise. Oberflächengewässer und Grundwasser sind in vielen Ländern mit Nitrat und Pestiziden aus der Landwirtschaft, durch Leckagen aus städtischen und industriellen Wasser- und Abwassersystemen, aus Kläranlagen und Mülldeponien belastet. Die von der Weltgesundheitsorganisation (WHO) empfohlenen Grenzwerte werden immer häufiger überschritten, die von der EG-Kommission gesetzten Grenzwerte werden von Tausenden von Wasserbrunnen in Europa nicht eingehalten – die folglich geschlossen werden müßten. Auch und gerade bei der Wasserproblematik zeigt sich, daß Vorsorge besser ist als Nachsorge, zumal die Reinigung einmal verschmutzter Grundwasservorräte selbst in den reichsten Ländern der Welt kaum finanzierbar sein dürfte.

Wassermanagement hat auch insofern eine besondere internationale Dimension, als es mehr als 200 grenzüberschreitende Flußeinzugsgebiete und eine große Zahl von Seen und Gewässern mit regionalem Einzugsbereich gibt und weil die Ozeane, in die sich alle Schmutzfrachten ergießen, als „globale Gemeinschaftsgüter" gelten.

Die künstliche Bewässerung hat die landwirtschaftliche Produktivität in Gebieten mit unsicheren oder unzureichenden Regenfällen erheblich erhöht und den Anbau hochertragreicher Sorten möglich gemacht; sie wird in Ländern und Gebieten mit niedrigen Einkommen und Nahrungsmitteldefiziten auch weiter ausgedehnt werden müssen. Auf das Konto unsachgemäßer Bewässerung gehen aber auch Wasserverschwendung, Grundwasserverseuchung und Produktivitätsverluste großen Umfangs.

Neben den Anforderungen an geeignete technische Maßnahmen zur quantitativen und qualitativen Sicherung der Wasservorräte für eine weiter zunehmende Weltbevölkerung – wie Erschließung neuer Quellen, Schaffung integrierter Wasserkreisläufe bei der industriellen Produktion, Verhinderung der Wasserverschmutzung durch Schadstoffe vielfältiger Art – wird es in Zukunft deshalb auch um eine systematische Reduzierung des spezifischen Wasserverbrauchs in Landwirtschaft, Industrie und Haushalten gehen müssen. Hierzu sind durchgreifende institutionelle Innovationen erforderlich – insbesondere eine aktive Wasserpreispolitik, eine Neudefinition der Wassernutzungsrechte, und die Initiierung des Transfers von Wasserspartechniken, die in der Formulierung und Umsetzung einer globalen Wasserkonvention münden könnten. Die Alternative zu solchen Innovationen heißt Wasserrationierung und Wasserverseuchung – mit allen daraus wiederum entstehenden Konsequenzen.

Beispiel: Gefährliche Abfälle

Viele Industrieprodukte und chemische Abfallstoffe sind nicht oder nur schwer abbaubar oder aber nicht dauerhaft lagerungsfähig. Nicht alle Einrichtungen zur Behandlung solcher Stoffe sind technisch sicher und risikofrei. Aus alten Lagerstätten entweichen toxische Substanzen aufgrund von Leckagen und belasten Böden, Grund- und Oberflächenwasser. Das Mischen von toxischem Müll und Hausmüll hat zu zahllosen Unfällen und zu Krankheiten geführt, eine getrennte Sammlung und Behandlung der verschiedenen Abfallarten wird erst in wenigen Ländern praktiziert. Zahlreiche gefährliche Stoffe, deren Verwendung in Industrieländern selbst verboten wurde, werden weiterhin in die Entwicklungsländer exportiert. Die zunehmend zum Einsatz kommende Verbrennungstechnik (Müllverbrennungsanlagen) kann das Abfallvolumen zwar quantitativ reduzieren, erzeugt ihrerseits aber konzentrierte toxische Abfälle und bei unsachgemäßer Handhabung gefährliche Luftschadstoffe; Quantität schlägt in eine neue Qualität um.

Die Entwicklungsländer produzieren, importieren und deponieren toxische Abfälle in immer größerem Umfang. In den meisten dieser Länder fehlt es jedoch nicht nur an Bewußtsein und Information über die Toxizität solcher Stoffe, sondern auch und vor allem an Wissen und Technik zu deren sicherer Handhabung.

Nach Jahrzehnten der mehr oder weniger unkontrollierten (wilden) Deponierung gefährlicher Abfälle haben die meisten Industrieländer, aber erst einige Entwicklungsländer, die Kosten solcher Ignoranz erkannt. Eine Reduzierung der gefährlichen Abfälle an der Quelle ihrer Entstehung, d. h. Abfallvermeidung, ist der einzig verläßliche Weg aus dieser Situation. Trotz einiger Beispiele der erfolgreichen Einführung relativ sauberer Technologien, ist Abfallvermeidung aber weder in den Industrie- noch in den Entwicklungsländern zu einem echten gesellschaftlichen Projekt avanciert – im Gegenteil: Müllexport und -import wurde zu einem Multimillionen-Geschäft.

Eine wirksame Kontrolle des Transports gefährlicher Abfälle gilt generell als schwierig; nach erfolgtem Grenzübertritt unterliegen sie oft ganz unterschiedlichen und gelegentlich sich widersprechenden Regulierungen. Die bestehenden Exportmöglichkeiten reduzieren zugleich die (zu schwachen) ökonomischen Anreize zur Abfallvermeidung; sie transferieren das Risiko, ohne auch das Wissen und die Technik zu dessen Behandlung zu transferieren.

Angesichts dieser Problematik und der weltweit expandierenden Chemieproduktion ist die Verabschiedung der „Baseler Konvention" von 1989 sicherlich ein Fortschritt; die Schwierigkeit liegt aber in der Durchsetzung des Abkommens auf lokaler und nationaler Ebene. Hierzu müßten effektivere technische und institutionelle Vorkehrungen ergriffen werden, um die latent vorhandene Bereitschaft zur Umgehung von Transportkontrollen zu verringern und eine für Mensch und Umwelt möglichst risikofreie Behandlung weiterhin anfallender Abfälle zu gewährleisten. Der grenzüberschreitende Transport gefährlicher Abfälle und deren Behandlung bleibt, so scheint es, auch für die nähere Zukunft ein ungelöstes und insofern potentiell ein globales Umweltproblem.

Theoretische Verknüpfung: Ökonomische Lösungsstrategien

Implizit war in den vorangehenden Abschnitten bereits von Lösungsstrategien die Rede, von partiellen oder integrierten, von technischen und gesellschaftlichen Lösungen. Dies steht jeweils für sich. Zum Abschluß soll eine theoretische Verknüpfung der verschiedenen Vorschläge vorgenommen werden, wobei hier eine ökonomische Sichtweise gewählt wird.

Auch für eine globale Umweltpolitik sind, was die denkbaren ökonomischen Anreiz- und Sanktionsmechanismen angeht, grundsätzlich Preis- oder Mengenlösungen die beiden „idealen" Ausprägungen (Bonus 1991). Am Beginn jeder Umweltpolitik steht ein Markteingriff: Entweder werden die Preise bestimmter Umweltnutzungen fixiert, und es wird dem Markt überlassen, wieviele Emissionen sich bei solchen Festpreisen noch rechnen (= Preislösung). Oder es werden die insgesamt zulässigen Emissionsmengen kontingentiert, und es wird dem Markt überlassen, welche Preise von Umweltnutzungen sich unter diesen Umständen herausbilden (= Mengenlösung).

Beide Lösungen sind symmetrisch, jedoch nicht äquivalent. Ein Parameter, Preis oder Menge, wird jeweils fixiert, der andere dem Markt überlassen. Welcher dieser beiden Parameter aber soll bei welchem Umweltproblem zweckmäßigerweise fixiert werden? Die Kernfrage bei einer Preislösung ist die richtige Höhe des zu fixierenden Preises (= Umweltabgaben). Die Kernfrage bei einer Mengenlösung ist, daß mit der Festlegung von Höchstmengen (= Kontingentierung) Emissionen in bestimmter Höhe erlaubt werden, und diese können höher liegen als die Absorptionskapazität des ökologischen Systems (beispielsweise des Klimasystems). Preis- wie Mengenlösung können ihr eigentliches Ziel, d. h. Erhalt, Stabilisierung oder Wiederherstellung der Funktionsweise des betreffenden ökologischen Systems, also verfehlen.

Weil das so sein kann, werden im Laufe der anstehenden (langjährigen) Verhandlungen über die oben beschriebenen globalen Umweltprobleme vermutlich sowohl Preis- als auch Mengenlösungen eingebracht werden. Was beispielsweise die Klimaveränderungen angeht, stehen bisher Mengenlösungen (bestimmte Emissionsreduzierungen) im Vordergrund, während die Diskussion um konkrete Preislösungen (wie globale Ressourcensteuern, nationale CO_2-Abgaben) erst begonnen hat. Zudem ist festzustellen, daß bei den Mengenlösungen ordnungspolitische Vorstellungen (d.h. Reduzierungspflichten) überwiegen; marktwirtschaftliche Vorstellungen (= Zertifikate) sind aber zunehmend ins Gespräch gekommen, wonach ökologische Rahmendaten (Beispiel: bestimmter Temperaturanstieg) in regional oder national differenzierte Emissionskontingente umgesetzt würden. Diese Kontingente könnten sodann in Zertifikate gestückelt werden, die den Inhaber (hier: ein Land, eine Ländergruppe) jeweils zur (jährlichen) Emission einer bestimmten Menge eines bestimmten Schadstoffes (z.B. CO_2) berechtigten. Diese Zertifikate könnten regional oder global übertragbar gemacht werden (= Börse); sie würden dann ausgetauscht und erreichten am Markt entsprechende Knappheitspreise (d.h. Einnahmen, die für die Substitution von emissionsreichen gegen emissionsarme Produkte und Techniken verwendet werden könnten). Die zertifizierten Mengen addierten sich gerade zu den ökologischen Rahmendaten (= globales Emissionslimit), so daß diese eingehalten werden könnten. Die gehandelten Zertifikate entsprächen im konkreten Fall also einer Kompensation für (partiellen oder vollständigen) Produktions- bzw. Nutzungsverzicht. Sie würden einen Markt etablieren (für Umweltqualität), wo bisher kein funktionierender Markt besteht.

Hier galt es darauf hinzuweisen, daß bei den oben beschriebenen globalen Umweltproblemen neben den vornehmlich vorgeschlagenen Reduzierungspflichten auch andere Lösungen, Mengen- wie Preislösungen, in Betracht kommen. Es bleibt aber eine offene Frage, welche der grundsätzlich möglichen Lösungen bei welchem Problem in welcher Form und von welchen Partnern in Zukunft tatsächlich vereinbart werden.

Literatur

Ayres, R.U./Simonis, U.E. (Hg.) (1993): Industrial Metabolism. Restructuring for Sustainable Development. Tokyo, New York

Bach, W./Jain, A.K. (1991): Von der Klimakrise zum Klimaschutz. Institut für Geographie. Ms. Münster

Benedick, R.E. (1991): Ozone Diplomacy. New Directions in Safeguarding the Planet. Cambridge, MA, London

Bonus, H. (1991): „Umweltpolitik in der Sozialen Marktwirtschaft." Aus Politik und Zeitgeschichte, 1. März, S. 37–46

Dietz, F.J./Simonis, U.E./van der Straaten, J. (Hg.) (1992): Sustainability and Environmental Policy. Restraints and Advances. Berlin

Enquête-Kommission „Vorsorge zum Schutz der Erdatmosphäre" des Deutschen Bundestages (Hg.) (1990): Schutz der Tropenwälder. Eine Internationale Schwerpunktaufgabe. Bonn, Karlsruhe

Grubb, M. (1989): The Greenhouse Effect. Negotiating Targets. London

Hardin, G. (1968): „The Tragedy of the Commons". Science, 162, S. 1243–1248

Intergovernmental Panel on Climate Change (IPCC) (1991): Climate Change. The IPCC Scientific Assessment. Cambridge

Oberndörfer, D. (1989): Schutz der tropischen Wälder durch Entschuldung. München

Pearman, G.I. (Hg.) (1992): Limiting Greenhouse Effects. Controlling Carbon Dioxide Emissions. Chichester

Princeton Protocol on Factors that Contribute to Global Warming (1988): Princeton University, Ms. Princeton, N.J.

Simonis, U.E. (1993): Globale Umweltprobleme. Eine Einführung. Wissenschaftszentrum Berlin. Ms. Berlin: WZB-Paper

Simonis, U.E. (Hg.) (1994): Ökonomie und Ökologie. Auswege aus einem Konflikt, 7. Aufl. Karlsruhe

Stiftung Entwicklung und Frieden (Hg.) (1989): Die Umwelt bewahren. Bonn; darin Baseler Konvention, S. 143–172, Montrealer Protokoll, S. 111–129

Wissenschaftlicher Beirat Globale Umweltveränderungen (WBGU) (1993): Welt im Wandel. Grundstruktur globaler Mensch-Umwelt-Beziehungen. Bonn, Karlsruhe

World Commission on Environment and Development (1987): Our Common Future. Oxford

World Resources Institute (1986 ff.): World Resources. New York, Oxford

Young, O.R. (1989): International Cooperation. Building Regimes for Natural Resources and the Environment. Ithaca, N.Y., London

ÖKOLOGISCHE UND SOZIO-ÖKONOMISCHE IMPLIKATIONEN DES WELTMARKT-ORIENTIERTEN BAUMWOLLANBAUS IN DER SUDANZONE WESTAFRIKAS – AM BEISPIEL DER CMDT-REGION IN MALI

Thomas Krings, Freiburg i. Brsg.

1. Einleitung

Die Einführung des Baumwollanbaus im Sahel-Sudan erklärt sich aus der kolonialen Wirtschaftsgeschichte Französisch-Westafrikas. Seit den zwanziger Jahren dieses Jahrhunderts wurde die Baumwolle in den Teilkolonien Soudan und Haute-Volta in Form des Zwangsanbaus in die kleinbäuerlichen Agrarsysteme integriert. Aufgrund der Schwierigkeiten bei der Einführung neuer Anbaumethoden wie z.B. der Ochsenanspannung und einer verbreiteten Verweigerungshaltung der Bauern, Baumwolle anzubauen, blieb die Produktion im Westsudan relativ unbedeutend. Erst seit den fünfziger Jahren und insbesondere seit der Unabhängigkeit Malis ist eine kontinuierliche Produktionssteigerung festzustellen. Nicht nur der Staat hat ein vitales Interesse an der Baumwollproduktion, die der Erwirtschaftung von Devisen zur Finanzierung des Staatsapparates dient, auch von der Weltbank und dem IWF wird im Rahmen der Strukturanpassung eine stärkere Integration der Kleinbauern in den Weltmarkt gefordert.

Weitgehend unbeachtet blieben die negativen ökologischen Folgen des Baumwollbooms in einer Zone, die in unregelmäßigen Abständen von Nahrungskrisen und von einer zunehmenden Erschöpfung der natürlichen Ressourcen bedroht ist.

2. Entwicklung des Baumwollanbaus in Mali

Mali ist seit 1990 der führende Baumwollproduzent in Westafrika. Gegenwärtig werden rd. 60 % der Deviseneinnahmen aus dem Baumwollexport erwirtschaftet, der den Eckpfeiler der Ökonomie bildet. Zwischen 1960 und 1992 expandierte der Baumwollanbau ständig. Zum Zeitpunkt der Unabhängigkeit (1960) belief sich die Erzeugung auf 11.900 t, bis zum Jahr 1992/93 wurde die Produktion auf 304.000 t Rohbaumwolle gesteigert (vgl. Abb. 1). Im gleichen Zeitraum nahm die Anbaufläche um das 7,2-fache von 28.360 ha auf 205 331 ha zu. Anfang der neunziger Jahre waren 10 % der landwirtschaftlich genutzten Fläche (2.093 000 ha) mit dieser Faserpflanze bestellt (vgl. LE DOSSIER MALI 1992, S.1332 f.; FAO PRODUCTION YEARBOOK 1989).

Seit den siebziger Jahren kann der Baumwollanbau als „Motor" der ländlichen Entwicklung gelten, der im Rahmen der „Opération Mali Sud" von der CMDT (Compagnie Malienne pour le développement des textiles), einer parastaatlichen Agrobusiness-Organisation, betreut wird.

Ökologische und sozio-ökonomische Implikationen des Baumwollanbaus

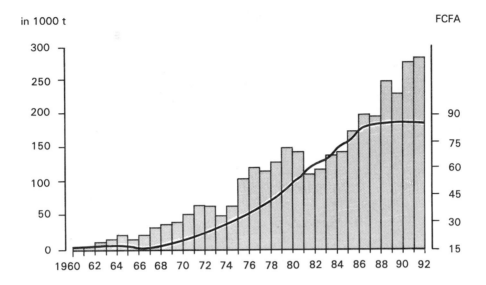

QUELLE : Schmoch (1983): Zeitraum 1960 - 1981 ;
Marchés tropicaux, 48, Nr.2428 (1992) : Zeitraum 1981 - 1991

Abb. 1 Entwicklung der Baumwollproduktion in der Republik Mali (1960–1992) in 1000 t und Entwicklung der Produzentenpreise in FCFA pro Kg

Die CMDT hatte 1992 einen Umsatz von 60 Milliarden FCFA, sie beschäftigt rd. 5300 Angestellte, von denen 2300 Dauerbeschäftigte sind. D.h. sie ist einer der wichtigsten Arbeitgeber in Mali. Die CMDT leitet 13 Baumwollentkernungsfabriken und verfügt über das Mehrheitskapital an der HUICOMA-Fabrik (Huilerie Cotonière du Mali), der größten Ölmühle und Seifenfabrik des Landes, die sich in Koutiala befindet (vgl. LE DOSSIER MALI 1992, S. 1332).

Das Interventionsgebiet dieser Organisation liegt in den Verwaltungsregionen Sikasso, Ségou und Koulikoro (vgl. Abb.2) und hat eine Fläche von 106.000 km^2. Die Bevölkerungszahl im CMDT-Gebiet lag 1990 bei 2,32 Mio. Menschen. Die Zahl der landwirtschaftlichen Betriebe betrug rd. 140.000, die sich auf 4 240 Dörfer verteilten (vgl. v.d.POEL et al. 1992, S.15).

Die effiziente flächendeckende Organisationsstruktur der CMDT erleichtert die Vergabe und Verbreitung von Krediten und landwirtschaftlichen Produktionsmitteln sowie Inputs. Die Bauern erhalten für die Baumwolle einen festgesetzen Kilo-Erzeugerpreis und Absatzgarantie. Unleugbar sind die Entwicklungsimpulse durch den Baumwollanbau. Das ländliche Banken -und Kreditwesen ist gut entwickelt, ebenso die Straßeninfrastruktur und die Dichte der Basisgesundheitsversorgung. Nirgendwo in Mali ist die Zahl der Zugochsen, Pflüge und Sämaschinen größer als im CMDT-Gebiet (vgl. KRINGS 1986).

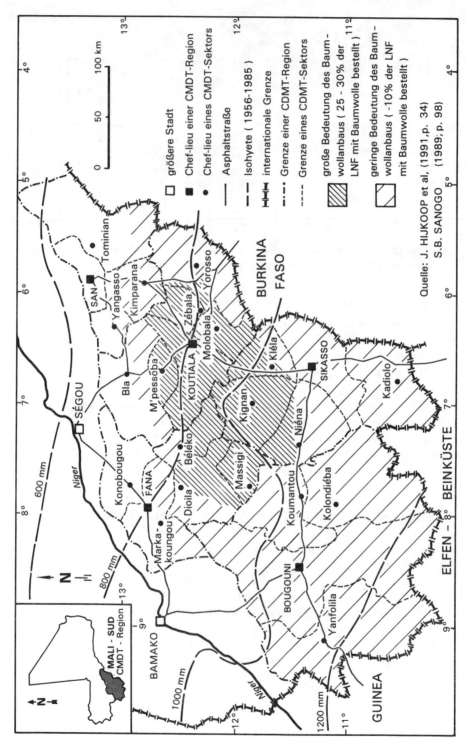

Abb. 2 Entwicklungsregion „Mali-Sud" - Interventionsgebiet der CMDT (Compagnie Malienne pour le Développement des textiles fibres)

3. Verschlechterung der terms of trade, stagnierende Erzeugerpreise für Baumwolle und Auswirkungen auf die Landnutzung

Die grundsätzliche Problematik des Baumwollanbaus in Mali liegt in der dramatisch negativen Entwicklung der Commodity terms of trade seit 1985, die sich bedrohlich auf die kleinbäuerlichen Produzenten aber auch auf die betriebswirtschaftliche Lage der CMDT auswirkt. Im Jahr 1986/87 betrug der Weltmarktpreis für Baumwolle 686 FCFA/kg; 1991/92 lag er nur noch bei 430 FCFA/kg. Konsequenterweise stagnieren die von der CMDT festgesetzten Produzentenpreise seit 1985 auf einem Niveau von 85 FCFA /kg Rohbaumwolle (vgl. Abb.1). Gleichzeitig erhöhten sich die Preise für agrarische Inputs (Mineraldünger, Pestizide vor allem Endrin-DDT , Pflüge und Zugochsen) ständig.

Hieraus ergibt sich das scheinbar paradoxe Faktum der enormen Ausweitung der Baumwollproduktion in Süd-Mali. Die Bauern sind gezwungen, durch Flächenerweiterungen mehr Baumwolle zu produzieren, um die Einkommensverluste wettzumachen. Die Voraussetzung für die Flächenerweiterungen bildet die Ochsenanspannung. Können im Handhackbau von einer aktiven Arbeitskraft durchschnittlich 35 ar pro Jahr beackert werden, sind es im Pflugbau mindestens 55 ar pro Arbeitskraft. Der sich immer weiter ausbreitende Pflugbau führte in der Kernzone des Baumwollanbaus im Umkreis von Koutiala seit 1980 zu einem fast völligen Verschwinden der Bracheflächen. Aus dem System der sudanischen Landwechselwirtschaft, deren Merkmal die Anbau-Brache-Rotation (4 Jahre Anbau, ca. 10 Jahre Brache) ist, um die Bodenfruchtbarkeit zu regenerieren, entwickelte sich ein an das Savannenökosystem nicht angepaßter Dauerfeldbau (vgl. BOSC 1992, S. 203). Im Verlauf der letzten 15 Jahre wurden die landwirtschaftliche genutzten Flächen im Bereich der Kernzone des Baumwollanbaus von Koutiala um jährlich ca. 20 % vergrößert (SANOGO 1989, S. 231)! Durch die Inanspruchnahme der letzten verbliebenen Bracheflächen für die Exportproduktion werden der Subsistenzproduktion Reserveflächen entzogen.

4. Die ökologischen Folgen der Expansion des Baumwollanbaus

In bestimmten Teilräumen des CMDT-Gebietes, wie etwa in den Kreisen Koutiala und Sikasso, wo bereits seit über zwei Jahrzehnten die Baumwolle immer größere Flächen beansprucht, zeigen sich gravierende ökologische Schäden. JANSEN / DIARRA (1990) haben die Entwicklung der degradierten Landnutzungsareale von zwei Dörfern anhand vergleichender Luftbildinterpretationen aus den Jahren 1952 und 1987 untersucht. In dieser Periode nahm der Anteil der „stark" bzw. „sehr stark" degradierten Flächen von 16 % auf 43 % im Bereich von Fonsebougou und von 18% auf 94 % im Bereich von Kaniko zu (HIJKOOP et al. 1991, S. 70 f.).

Ursache hierfür ist in erster Linie der unsachgemäß betriebene Pflugbau bzw. in einkommensstarken Betrieben die Traktormechanisierung. Im Gegensatz zum Handhackbau werden bei mechanischer Pflügung sämtliche Gräser, Kräuter, Sträucher und Bäume mitsamt den Wurzeln aus den Feldern entfernt, werden

Termitenhügel eingeebnet, um das Gerät sinnvoll einzusetzen. Teilweise wird sogar der seit Generationen durch selektive Rodung entstandene, in die Felder integrierte Nutzbaumbestand beseitigt. Nun haben gerade diese „Landwirtschaftsparks", die eine Form autochthoner Agroforstwirtschaft darstellen, sowohl in ökologischer Hinsicht als auch für das Nahrungssystem große Bedeutung. Durch das Pflügen findet keine Naturverjüngung dieser Baumarten mehr statt. Die Schößlinge werden bei Einsatz von Pflügen und Traktoren zerstört. Die definitive Ausräumung des Baum-"Stockwerks" in den Feldern verändert das Mikroklima. Die Bodenerhitzung und Bodenaustrocknung nimmt zu, die Albedowerte steigen an (vgl. MENSCHING 1993). In der langen ariden Jahreszeit kommt es auf den Rodungsinseln zu einer verstärkten Auswehung der fruchtbaren Bodenpartikel.

Während der Regenzeit besteht auf den in Reinkultur bestellten Feldern die Gefahr der flächenhaften Erosion mit hohem Oberbodenabtrag vor allem zu Beginn der Baumwollpflanzperiode. Auf der Grundlage von Berechnungen von WISCHMEIER /SMITH (1978) muß von einem Bodenabtrag durch Flächenspülung auf Kulturland in der Größenordnung von 5–10 t/ha/ Jahr ausgegangen werden. Dies bedeutet eine jährliche Reduzierung des Oberbodens um 0,3–0,7 mm, bzw. 3–7 cm in 100 Jahren. Dies übersteigt bei weitem die Geschwindigkeit der Bodenneubildung, die lediglich mit 1 cm/ 100 Jahre beziffert wird (vgl. HIJKOOP et al., 1991,S.28).

5. Zunehmende sozioökonomische Differenzierungsprozesse

Die zunehmende Weltmarktintegration der südmalischen Bauern führte seit Mitte der 70er Jahre nicht nur zu einer Änderung der Agrarsozialsysteme, sondern auch zu wachsenden sozioökonomischen Disparitäten .

Nach einer vom Institut d'Economie Rurale (Bamako) 1986 veröffentlichen Studie existieren im CMDT-Gebiet 4 Kategorien von Betrieben mit jeweils spezifischen Merkmalen in der Geräteausstattung, der Ertragsziffern und der innerbetrieblichen Engpässe.

Tab.1 Soziöokomie der Betriebstypen im CMDT-Gebiet (Mali)

Typ A (29% aller Betriebe)
Mechanisierungsgrad: Traktor, mehrere Ochsengespanne
10–20 Rinder
6–12 ha Baumwollfläche
Getreideüberschüsse sind die Regel
Engpässe: Mangel an Ackerland

Typ B (43 % aller Betriebe)
Mechanisierungsgrad: 1–2 Ochsengespanne
4 Rinder
2–3 ha Baumwollfläche
Engpässe: Geringes Ertragsniveau im Baumwollanbau aufgrund unzureichender Betriebsmittel und fehlender Inputs

---

Typ C (5 % aller Betriebe)
Mechanisierungsgrad: ein oder kein Ochsengespann; Pflügen erfolgt durch Ausleihen von Ochsengespannen
1 Rind
0,5–2 ha Baumwollfläche
Engpässe: Fehlende Arbeitskräfte; Mangel an Ackerland; Notwendigkeit der Erzielung außerbetrieblicher Einkommen (Wanderarbeit); geringe Nahrungssicherheit

Typ D (20% der Betriebe)
Keine Erfahrungen im Pflugbau; keine oder geringe Bedeutung des Baumwollanbaus; Rentabilität negativ; keine Nahrungssicherheit

Diese sozioökonomische Differenzierung der Betriebe in der CMDT-Region bedingt eine Einkommenskonzentration bei wenigen Großproduzenten, die als „dynamische und innovative" Betriebsinhaber ihre Anbausysteme ständig verbessern können. Fast ein Viertel der Bauern ist von diesem Fortschritt ausgeschlossen. Sie zählen zu der Schicht der Ungesicherten, die häufig verschuldet und nicht in der Lage sind, ihre Subsistenzbedürfnisse zu befriedigen.

Neben den alten Eliten (Dorfchefs, religiöse Führer, Kriegeradel bei den Bambara und Miniyanka) profitieren in erster Linie die „neuen Eliten", ehemalige Soldaten der Kolonialarmee („anciens combattants"), Funktionäre, Lehrer, Chefs der lokalen Verwaltung) von der Agrarmodernisierung, da diese Gruppen, als Angehörige der Staatspartei in der Ära Moussa Traore's einen erleichterten Zugang zu Krediten oder eine Förderung als „Pilot-Bauern" erhielten (vgl. HAIDARA 1992, S. 155f.).

6. Schlußfolgerungen für eine nachhaltige Agrarentwicklung

Die Ausführungen machten deutlich, daß der Baumwollanbau in Süd-Mali für den Staat und die Bauern einen hohen Stellenwert hat und auch in der Zukunft behalten wird. Eine nachhaltige Agrarentwicklung muß dem zunehmenden Bargeldbedarf der Bauern Beachtung schenken und gleichzeitig für einen schonenden Umgang mit den knapper werdenden Bodenressourcen sorgen. In der CMDT-Kernzone ist eine Ausweitung der Baumwollproduktion nicht mehr möglich. Aus Gründen der Nachhaltigkeit wäre eine Reduzierung der Baumwollflächen und die Einführung längerer Brachezeiten (mit Intensivbrache) wünschenswert. In den übrigen Baumwollanbaugebieten (Sikasso, Bougouni) sind bislang noch genügend Bracheflächen vorhanden, um eine nachhaltige Agrarentwicklung zu gewährleisten.

Stärker als bisher sollten alternative Formen der Bargelderwirtschaftung gefördert werden. Untersuchungen von GNÄGI (1991) im Gebiet von Ouélessébougou zeigen, daß in jedem Dorf ganz spezifische Formen bäuerlicher Bargelderwirtschaftung bestehen. Entlang permanent befahrbarer Straßen könnten nach dem Prinzip des „road-side development" Obst- und Gemüsekulturen sowie eine gezielte Brennholzproduktion für die städtischen Absatzzentren gefördert werden. Versuche als „neues Cash-crop", die Anpflanzung von Jatropha curcas einzuführen, aus deren Früchten ein Substitut für teuren Diesel-Kraftstoff gewonnen werden kann, befinden sich noch in den Anfängen. Hierzu müßten der Staat und externe Geldgeber allerdings Anreize schaffen.

Ein Grundwiderspruch in der Agrarentwicklungspolitik im südlichen Mali besteht darin, daß einerseits seit 1960 mit ausländischer „Hilfe" eine massive Förderung einer langfristig umweltunverträglichen Anbaumethode stattfindet, andererseits seit 1980 kostspielige, aber räumlich nur eng begrenzte agroökologische Projekte zur Rehabilitierung degradierter Dorfgemarkungen durchgeführt werden. Eine Umorientierung der Agrarpolitik, die stärker auf kleinräumig-dezentrale, dorfbezogene Ansätze setzt, könnte zur Erhaltung der Savannenökosysteme beitragen und bedürfte keiner Projekte zur Umweltsanierung.

Literatur

BOSC,P.-M. (1992): Culture attelée et environnement: réflexions à partir d'expériences ouest-africaines. – In: Afrique contemporaine,161 (spécial), S.197–209.
FAO (1989): Production Yearbook, Rom.
GNÄGI, A. (1991): Prozesse des sozialen Wandels und soziokulturelle Heterogenität im Arrondissement Ouélessébougou (Mali). Unveröffentl. Manuskript. Bern.
HAIDARA, A.K.Y. (1992): Ländliche Entwicklung und die „Ton"-Strategie in Mali. Arb. aus dem Inst. für Afrikakunde, 87. Hamburg. 319 S.
HIJKOOP,J.,POEL v.d.,P., KAYA,B. (1991): Une lutte de longue haleine. Aménagements anti-érosifs et gestion de terroir. Systêmes de production rurale au Mali.2. Bamako, Amsterdam. 154 S.
JANSEN,L.,DIARRA,S. (1990): Le Mali-Sud vu „superficiellement"-quantification des superficies agricoles et de la dégradation pour quatre terroirs villageois entre 1952 et 1987. Universität Wageningen (NL) 120 S.
KLEENE, P., SANOGO, B., VIERSTA, G. (1989): A partir de Fonsebougou. Présentation objectifs et méthodologie du volet Fonsebougou (1977-1987). Systêmes de production rurale au Mali.1. Bamako, Amsterdam. 160 S.
KRINGS, Th. (1986): Die Vorteile und Risiken von Pflugbau und Monokultur in den zentralen und südlichen Savannen der Republik Mali. In: Die Erde,117. S.201–216.
LE DOSSIER MALI (1992) : Marchés tropicaux.48, N.2428. S. 1332–1345.
MENSCHING, H.G. (1993): Die globale Desertifikation als Umweltproblem.- In: Geogr. Rundschau, 45. S.360–365.
POEL v.d.P.,KAMATE, Ch.,WIBBE-ROGG,B. (1992): Rapport d'évaluation sur les projets Agro-Ecologiques dans les secteurs Bla et Tominian du Mali. Leiden (NL).
SANOGO, B. (1989): Le rôle des cultures commerciales dans l'Évolution de la société Senoufo (Sud du Mali). Centre de Recherches sur les éspaces tropicaux. Bordeaux, 278 S.
WISCHMEIER, W.H., SMITH, D.O. (1978): Predicting rainfall erosion losses: A guide to conservation planning. Agr. Handbook 537 U.S. Department of Agr. Washington D.C.

MOBILE TIERHALTUNG UND WELTMARKT
Ein wirtschaftsgeographischer Beitrag zur Bedeutung von mobiler Tierhaltung und Lebendviehexporten in den Ländern des altweltlichen Trockengürtels[1]

Jörg Janzen, Berlin

1. Zur Situation mobiler Tierhaltung im altweltlichen Trockengürtel
– Einführung und Fragestellung –

Zum Thema mobile Tierhaltung/Nomadismus und den Problemen und Chancen dieser Lebens- und Wirtschaftsweise existiert eine umfangreiche wissenschaftliche Literatur. Einen umfassenden Überblick über die Literaturlage vermittelt die von SCHOLZ (1992) herausgegebene Bibliographie. Für den deutschsprachigen Bereich sei lediglich auf einige jüngere, interdisziplinäre Sammelbände verwiesen (vgl. u.a. BAUM 1989; BAUMANN/JANZEN/SCHWARTZ 1993; DSE 1986; MVL 1981; SCHOLZ 1981 u. 1991 und SCHOLZ/JANZEN 1982).

Auch in Entwicklungsorganisationen, wie der Deutschen Gesellschaft für Technische Zusammenarbeit (GTZ) und der Food and Agriculture Organization of the United Nations (FAO), beschäftigt man sich in den letzten Jahren wieder intensiver mit Fragen der mobilen Tierhaltung in Trockengebieten. Ein Schwerpunkt der GTZ ist z.B. die Erarbeitung von Konzepten zur Verbesserung der Rahmenbedingungen für eine standortgerechte Weidenutzung in Afrika, die der Förderung nachhaltiger Entwicklungsmöglichkeiten in der mobilen Tierhaltung dienen sollen (GTZ 1991). In diesem Zusammenhang werden auch Überlegungen für eine Verbesserung der Vermarktungsbedingungen für das Vieh der mobilen Tierhalter diskutiert.

Einige Nichtregierungsorganisationen haben sich in jüngster Zeit besonders kritisch mit den hoch subventionierten Rindfleischausfuhren der Europäischen Union und den daraus resultierenden negativen Konsequenzen für die mobile Tierhaltung in Westafrika auseinandergesetzt (GW/FIAN/WFD/ABL 1993, S.1–4).

Obwohl bei der Darstellung des jüngeren Wandels in der mobilen Tierhaltung auch Fragen der Viehvermarktung behandelt werden, fehlt bisher jedoch

---

1 Aus Platzgründen mußte der Beitrag um die Darstellung des quantitativen Umfangs des Viehbestandes in den einzelnen Ländern gekürzt werden. Die entsprechenden Zahlen können den Tabellen 1 und 2 sowie der Karte 1 entnommen werden. Bei den verwendeten Statistiken kann es sich nur um Anhaltswerte handeln, da die offiziellen Zahlen meist nur recht grobe Schätzungen darstellen. Außerdem sind Viehzählungen bei mobilen Tierhaltern grundsätzlich nur mit größter Vorsicht zu genießen. Die Viehzüchter geben verständlicherweise nur sehr ungern den exakten Umfang ihrer Viehbestände preis, da sie sich z.B. einer genauen Besteuerung von seiten des Staates entziehen wollen.
Die nicht mit Quellenangaben versehenen Aussagen basieren auf langjährigen Erfahrungen des Autors mit Fragen der mobilen Tierhaltung und der Vermarktung von Lebendvieh in Ländern des altweltlichen Trockengürtels im Rahmen wissenschaftlicher Forschungen sowie als Gutachter für Entwicklungsorganisationen.

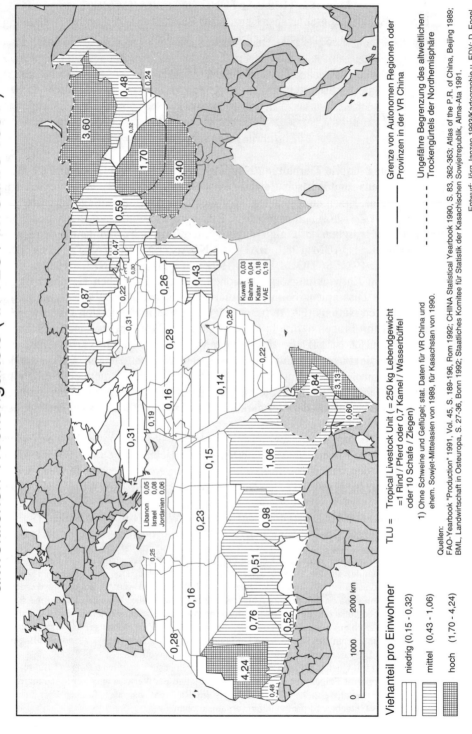

Karte 1: Anzahl von Vieheinheiten pro Einwohner in den Staaten des altweltlichen Trockengürtels (in TLU / im Jahre 1991)[1]

eine zusammenfassende wirtschaftsgeographische Analyse und Bewertung des exportorientierten Lebendviehhandels im altweltlichen Trockengürtel.

Einleitend sei eine Definition der verwendeten Begriffe „Mobile Tierhaltung" und „Altweltlicher Trockengürtel" vorgenommen. Unter mobiler Tierhaltung werden alle Betriebsformen verstanden, die nicht durch einen ganzjährigen stationären Aufenthalt des Produktionsmittels Vieh an einem Standort gekennzeichnet sind. Für diesen Sektor ist typisch, daß mit dem Vieh meist in regel-, aber auch in unregelmäßigen zeitlichen Abständen mehr oder weniger große räumliche Distanzen horizontal wie vertikal von Hirten mit eigenen oder ihnen anvertrauten Viehherden zurückgelegt werden.

Zur mobilen Tierhaltung gehört in erster Linie die Lebens-und Wirtschaftsform des Nomadismus in all ihren regional unterschiedlichen Ausprägungen und Übergangsformen von früher meist hochmobilen zu heute weniger mobilen Varianten. Zur mobilen Tierhaltung müssen aber auch die unterschiedlichen Ausprägungen der Transhumanz und der Almwirtschaft sowie die kollektiven Formen mobiler Tierhaltung sozialistischer Prägung gerechnet werden.

Der Großraum, in dem die angesprochenen Formen mobiler Tierhaltung in erster Linie vorkommen, ist der altweltliche Trockengürtel der Nordhemisphäre. SCHMIEDER (1965, S.54) hat diesen Großraum prägnant definiert:

> „Im nordhemisphärischen Teil der Alten Welt liegt das größte zusammenhängende Trockengebiet der Erde mit einer Gesamtfläche von rund 28 Mio. qkm. Ein breiter Gürtel von Wüstenkernen, umrahmt von Steppen, dehnt sich von der West-Küste Afrikas her über Tiefländer und Gebirge nach Süd-Rußland, zum Indusbecken und Tibet bis zur Mongolei hin aus. Allen diesen Landschaften prägen zu geringe und sehr unregelmäßige Niederschläge den Stempel auf... ."

Aufgrund der herrschenden physischen Rahmenbedingungen konzentriert sich die Landwirtschaft dieses Großraumes im Bereich der Pflanzenproduktion überwiegend punkt- und linienhaft auf flächenmäßig vergleichsweise eng begrenzte Gunsträume. Der Tierproduktion hingegen steht ein enormes Potential an weiträumigen Weidegebieten zur Verfügung, deren ackerbauliche Nutzung nur sehr begrenzt möglich ist. Die mobile Tierhaltung bildet daher die ökologisch und ökonomisch angepaßteste Nutzungsform. SCHOLZ (1986,S.11) hat sie treffend als eine „optimale aktive Anpassungsform des Menschen an die physische Umwelt arider/semi-arider Räume und als wohl die einzige Möglichkeit, die kargen Weiden dieser Region, ohne immensen Kapitalaufwand, ökonomisch und volkswirtschaftlich in Wert zu setzen," charakterisiert. Besonders für ökonomisch schwach entwickelte und kapitalarme Länder stellt die mobile Tierhaltung daher aufgrund ihrer extensiven, kostensparenden Landnutzungform eine wirtschaftliche Alternative zu kostspieligen Entwicklungsmaßnahmen im Rahmen des Ausbaus der Bewässerungslandwirtschaft und der Industrie sowie im Zusammenhang mit Seßhaftmachungsprogrammen dar.

Der in den vergangenen Jahrzehnten im Nomadismus abgelaufene Wandel hat gezeigt, daß diese traditionelle Lebens- und Wirtschaftsform in den meisten Ländern des altweltlichen Trockengürtels mehr oder weniger stark im Rückgang begriffen, ja in einigen Gebieten fast nicht mehr existent ist. Unterstützung von staatlicher Seite in Form von Entwicklungsprojekten erhalten die Nomaden nur wenig. Das liegt darin begründet, daß von der Mehrheit der Vertreter der städtischen Eliten die überwiegend in peripheren Gebieten lebenden mobilen Tierhalter häufig als nicht mehr zeitgemäßes Relikt aus der Vergangenheit angesehen werden. Hinzu kommt, daß sie aufgrund ihrer mobilen Lebens- und Wirtschaftsweise nur schwer kontrollierbar sind und oft in aktiver Opposition zur Regierung stehen. Die Folge ist, daß i.d.R. im nomadischen Lebens- und Wirtschaftsraum kaum Entwicklungsprojekte oder zumindest Maßnahmen in Angriff genommen werden, die auf die tatsächlichen Bedürfnisse der Viehhalter, d.h. eine nachhaltige Entwicklung in den Weidegebieten, zugeschnitten sind. Ausnahmen bildeten in der Vergangenheit insbesondere Projekte zur Wasserversorgung, die sich in ökologischer Hinsicht jedoch häufig negativ ausgewirkt haben. Andere Regierungsvorhaben zielten vor allem auf die Seßhaftmachung der Nomaden, woraus ebenfalls zahlreiche negative sozio-kulturelle, ökonomische und ökologische Folgen resultierten.

Die entwicklungspolitischen Benachteiligungen der nomadischen Bevölkerungsgruppen, die deren volkswirtschaftlicher Bedeutung meist nicht gerecht werden, haben jedoch keineswegs – wie man meinen könnte – dazu geführt, daß die mobile Tierhaltung verschwunden sei. Es sind vielmehr zahlreiche modifizierte regionalspezifische, auf mobiler Weidenutzung basierende Landnutzungssysteme entstanden. Trotz des Verlustes oft der besten traditionellen Weidegebiete durch die großflächige Ausweitung des Ackerbaus existieren die Viehzüchter auf immer kleineren und unergiebigeren Flächen bei häufig steigenden Viehzahlen mehr oder weniger erfolgreich weiter. Die zwangsläufige Zunahme ökologisch nicht mehr ausreichend angepaßter Landnutzungsformen ist eine der negativsten Erscheinungen dieser Entwicklung.

Ein weitverbreitetes Kennzeichen des jungen Wandels in der mobilen Tierhaltung ist eine Verlagerung der wirtschaftlichen Zielsetzung von der Subsistenz- zur Marktproduktion. Sich verändernde Konsumgewohnheiten und damit ein gestiegener Bedarf an Bargeld sowie die für die Nomaden oft ungünstige Entwicklung der „internen terms of trade" können als Hauptgründe dafür angeführt werden, daß nicht nur eine zunehmende Bereitschaft, sondern häufig sogar ein ökonomischer Zwang zu verstärktem Viehverkauf besteht. Das wirtschaftliche Wachstum in einem Teil der Staaten des altweltlichen Trockengürtels selbst - sowie in deren ökonomisch entwickelteren Nachbarregionen- hat den Fleischbedarf in den letzten Jahrzehnten v.a. in den städtischen Ballungszentren sprunghaft ansteigen lassen. Obwohl der größte Teil des Schlachtviehs i.d.R. auf den Binnenmärkten der Erzeugerländer abgesetzt wird, konnte in den vergangenen zwei bis drei Jahrzehnten eine beachtliche Anzahl von viehreichen Staaten des altweltlichen Trockengürtels zu bedeutenden Lebendvieh-Exportländern aufsteigen.

Vor dem Hintergrund der dargestellten Situation in der mobilen Tierhaltung in den Trockenräumen der Alten Welt nördlich des Äquators ist die Erörterung folgenden Fragenkomplexes von besonderem Interesse:

"In welchen Größenordnungen bewegen sich die Viehbestände und die Lebendviehexporte der Staaten des altweltlichen Trockengürtels der Nordhemisphäre, welches sind die wichtigsten Herkunfts- und Zielgebiete des Handels mit lebenden Tieren, welchen ökonomischen Stellenwert besitzt er für die Ausfuhrländer, welche Probleme und Chancen resultieren sowohl für die Tierhalter selbst als auch für die Exportnationen aus der Weltmarktorientierung, welche Zukunftsperspektiven zeichnen sich ab und welche entwicklungspolitischen Maßnahmen könnten die Nachhaltigkeit exportorientierter mobiler Tierhaltung unterstützen?"

2. Ökonomische Bedeutung und räumliche Struktur der Lebendviehexporte

Im folgenden Abschnitt wird ein Überblick über den wirtschaftlichen Stellenwert der Lebendviehexporte und die räumliche Ausrichtung der Vermarktungsrouten vermittelt. Obwohl ausschließlich eine Behandlung der Lebendviehausfuhren erfolgt, wird die ökonomische Bedeutung solch wichtiger Handelsgüter, wie tiefgefrorenes Fleisch, Fleischkonserven und weitere tierische Erzeugnisse, wie Häute, Felle, Wolle, Horn, Butterfett etc. keineswegs übersehen.

Der Export von lebendem Schlachtvieh, bei dem es sich fast ausschließlich um männliche Tiere handelt, stellt für die devisenarmen Agrarländer des altweltlichen Trockengürtels eine wichtige Einnahmequelle dar. Die Mongolei und Somalia, die als besondere Beispiele für Länder mit einer herausragenden Bedeutung der mobilen Viehwirtschaft genannt werden können, sind in erheblichem Maße von Viehausfuhren abhängig. So lagen z.B. in den vergangenen zwei Jahrzehnten in Somalia der Anteil der mobilen Tierhaltung an der Erwirtschaftung des BIP durchschnittlich bei knapp 50% und der Beitrag der Lebendviehexporte zum gesamten Devisenaufkommen des Landes stets bei etwa 80 % (JANZEN 1993, S. 18).

Aber auch in einigen westafrikanischen Staaten besitzen die Lebendviehausfuhren seit Jahrzehnten einen erheblichen Anteil an den Exporteinnahmen, so z.B. in Niger 14%, in Burkina Faso 26,3% und in Mali sogar über 30% (GW/FIAN/WFD/ABL 1993, S. 3).

Den größten Anteil an den Lebendviehausfuhren der Staaten des altweltlichen Trockengürtels besitzen Schafe und Ziegen sowie Rinder (vgl. Abb.1 u.2). Diese drei Tierarten sollen daher auch im Vordergrund der Betrachtung stehen.

Abb.1 verdeutlicht, daß im afrikanischen Teil des altweltlichen Trockengürtels die wichtigsten Herkunftsgebiete für Rinder in den Staaten der Sudan-Zone und des Horns von Afrika liegen. Diese elf Länder erreichten im Jahre 1991 ein Gesamtexportaufkommen von 673.855 Tieren, was 76% der Gesamtzahl der aus allen afrikanischen Ländern ausgeführten Rinder entspricht. An der Spitze lag Mali mit ca. 190.000, am unteren Ende der Liste Äthiopien mit ca. 10.000 exportierten Tieren. Aus dem Viehhandel konnten im Beispieljahr Einnahmen in Höhe von gut 267 Mio.$-US erzielt werden.

Im asiatischen Teil des altweltlichen Trockengürtels lag im selben Jahr die Summe der ausgeführten Rinder mit 183.850 Tieren deutlich niedriger, erreichte mit einem Anteil von ca. 71% an der Gesamtexportzahl aller asiatischen Länder

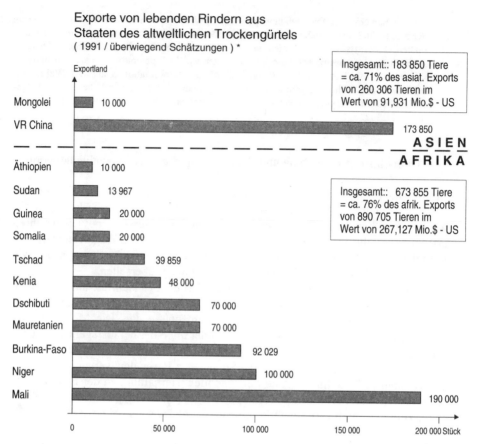

Abb. 1

jedoch fast einen ähnlich hohen Prozentsatz wie im afrikanischen Teil. Hauptherkunftsgebiete der Rinder waren die VR China und die Mongolei. Während aus der Mongolei aufgrund der schwierigen Umbruchsituation lediglich 10.000 Tiere exportiert wurden, konnte die VR China einen Anteil von fast 174.000 Stück Vieh auf sich vereinigen, die jedoch nicht nur aus den chinesischen Trockengebieten stammten. Vielmehr sind in dieser Zahl auch die Rinderexporte aus dem bäuerlichen chinesischen Kernland, vor allem der Verkauf von jungen Mastbullen nach Hong Kong, Taiwan und Japan, enthalten (n. Ausk. v. Herrn Wu Ning, Berlin 1994). Der Handelswert der im Jahre 1991 aus beiden asiatischen Ländern ausgeführten Rinder belief sich auf knapp 92 Mio.$-US (vgl. Abb. 1).

Bei den Exportnationen für Schafe und Ziegen ist eindeutig ein Übergewicht der asiatischen Staaten feststellbar (vgl. Abb. 2), wobei im Jahre 1991 die Türkei

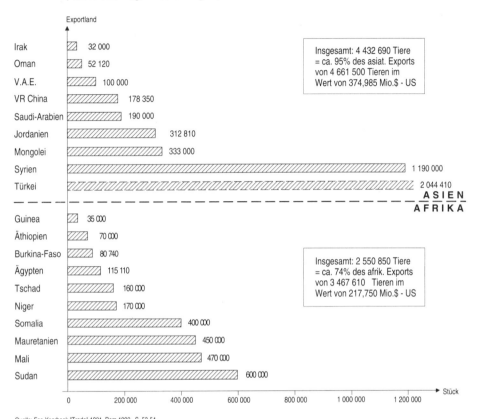

Abb. 2

mit über 2 Mio. und Syrien mit fast 1,2 Mio. ausgeführten Tieren an der Spitze lagen. Mit knapp 4,433 Mio. Schafen und Ziegen vereinigten die in Abb.2 aufgeführten neun asiatischen Exportländer ca. 95% der gesamtasiatischen Ausfuhr an kleinen Wiederkäuern auf sich. Der Gesamtwert aller im Jahre 1991 von asiatischen Staaten exportierten Schafe und Ziegen belief sich immerhin auf fast 375 Mio.$-US.

In Afrika waren es im selben Zeitraum auch bei den kleinen Wiederkäuern wieder in erster Linie die Staaten der Sudan-Zone sowie Somalia, in geringerem Umfang auch Ägypten, die mit etwa 2,55 Mio. ausgeführten Tieren im Wert von fast 218 Mio. $-US ca. 74% des gesamtafrikanischen Exports erbrachten (vgl. Abb. 2).

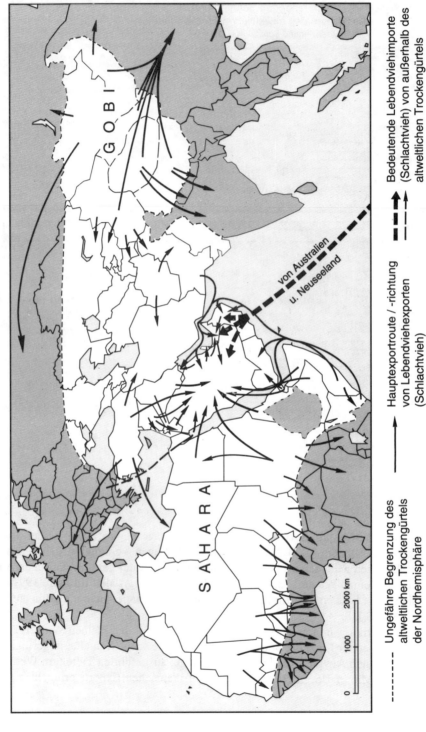

Karte 2: Wichtige Herkunfts- und Zielgebiete von Lebendviehexporten aus Staaten des altweltlichen Trockengürtels

Außer den statistischen Größen des Lebendviehhandels[2] ist vor allem das ihm zugrundeliegende räumliche Netz der Handelsbeziehungen von besonderem wirtschaftsgeographischen Interesse. Karte 2 verdeutlicht die räumliche Struktur dieser Vermarktungsrouten, die überwiegend aus wirtschaftlich schwächeren Agrarländern in ökonomisch entwickeltere, stärker industrialisierte und urbanisierte Nachbarstaaten führen. Diesem räumlichen Muster liegt somit auf regionaler Ebene eine typische peripher-zentrale Ausrichtung zugrunde.

Innerhalb des altweltlichen Trockengürtels und seiner angrenzenden Räume lassen sich drei Handelsregionen für Lebendvieh erkennen: eine zentral- und ostasiatische, eine west- und zentralafrikanische und eine vorderasiatisch-nordostafrikanische Handelsregion.

Für den vorderasiatisch-nordostafrikanischen Raum ist kennzeichnend, daß Herkunfts- und Zielgebiete des Lebendviehhandels innerhalb des altweltlichen Trockengürtels liegen, was für die beiden anderen Handelsregionen nicht zutrifft. Die Viehexporte aus Australien und Neuseeland in die arabischen Golfstaaten bilden in diesem Zusammenhang eine Besonderheit, auf die später noch eingegangen wird. Wichtigstes Lebendviehimportland des Vorderen Orients ist Saudi-Arabien. Der größte Teil des von den erdölreichen Golfstaaten aus Ländern des altweltlichen Trockengürtels eingeführten Schlachtviehs stammte im Jahre 1991 aus den nördlichen arabischen Nachbarstaaten und vor allem aus der Türkei. Zweitwichtigstes Herkunftsgebiet war Nordostafrika mit Sudan und Somalia an der Spitze (vgl. dazu auch JANZEN 1984 u. 1986; REUSSE 1982 u. STERN 1988). Kleine Wiederkäuer machten den weitaus größten Teil des Exportviehs aus. Rinder, die vor allem aus dem nordostafrikanischen Raum stammten, waren deutlich in der Minderzahl (vgl. Abb. 1 u. 2). Kamele, für die keine genauen Ausfuhrstatistiken vorliegen, werden nur in vergleichsweise geringem Umfang

---

2 Statistische Ungenauigkeiten enthalten auch die Viehexportzahlen insbesondere der afrikanischen und vorderasiatischen Länder, für die i.d.R. deutlich höhere Werte angesetzt werden müßten, da Lebendvieh von Händlern und Produzenten in bedeutendem Umfang geschmuggelt wird. Der Schmuggel ist v.a. deshalb ein lukratives Geschäft, weil nicht nur die Zahlung von Zöllen umgangen wird, sondern auch private Deviseneinnahmen erwirtschaftet werden können. Lange, schwer kontrollierbare Grenzen sowie die Tatsache, daß v.a. Großvieh häufig „auf dem Huf" abseits der Hauptverkehrsverbindungen in die benachbarten Empfängerländer getrieben wird, begünstigen den illegalen Lebendviehhandel.

Weiterhin kann ein schiefes Bild von den tatsächlichen Verhältnissen entstehen, wenn – wie im Falle der VR China – nur Ausfuhrzahlen für den gesamten Staat, nicht aber spezielle Exportstatistiken für deren viehreiche nördliche und nordöstliche Autonome Regionen und Provinzen zur Verfügung stehen.

Ungenau sind auch die Ausfuhrstatistiken jener Länder, von denen in bedeutendem Umfang Reexporte, d.h. Transithandel mit Lebendvieh, durchgeführt werden, wie das im Falle Jordaniens, Saudi-Arabiens, der V.A.E., Dschibutis, aber auch Burkina-Fasos und Malis der Fall ist.

Auch vermitteln z.B. die Exportzahlen des Jahres 1991 für die Mongolei und für Somalia kein repräsentatives Bild, da sie vor 1990 erheblich höher lagen. Waren im Falle Somalias die negativen wirtschaftlichen Folgen des Bürgerkrieges für den Rückgang des offiziellen Viehhandels verantwortlich, so führte im Falle der Mongolei der Verlust der Sowjetunion als Hauptabsatzmarkt zu einem starken Einbruch bei den Viehexporten.

von Somalia und dem Sudan nach Arabien und v.a. nach Ägypten mit Kairo als Hauptkamelmarkt verkauft (nach Ermittl. d. Verf.).

Die Viehtransporte zur arabischen Halbinsel erfolgen auf dem Land- und Wasserwege. Während das afrikanische Schlachtvieh zwangsläufig über See mit speziellen, zehntausende von Tieren fassenden Transportschiffen, aber auch immer noch mit kleinen Dhaus, nach Arabien gelangt, wird der Schaf- und Ziegentransport aus den nördlichen Nachbarländern mit großen Speziallastwagen durchgeführt. Diese Art des Viehhandels beinhaltet einen erheblichen materiellen und organisatorischen Aufwand. Er wird daher fast ausschließlich von international agierenden, kapitalkräftigen Händlerfamilien geplant und durchgeführt.

Eine Besonderheit des Lebendviehhandels mit Saudi-Arabien ist der enorme Bedarf an lebenden Tieren für die rituellen Schlachtungen v.a. während der Hadsch-Zeit. Allein für die Erfüllung des islamischen Opfergebotes während der Pilgerreise nach Mekka werden alljährlich Millionen von Tieren benötigt. Die große Nachfrage nach Lebendvieh wurde früher ausschließlich durch die islamischen Nachbarländer gedeckt, woraus eine gewisse Monopolstellung dieser Staaten resultierte.

Im Laufe der achtziger Jahre erwuchs den bisherigen Viehexporteuren jedoch eine starke Konkurrenz durch preisgünstige australische und neuseeländische Schaf- und Ziegenausfuhren in die Erdölförderländer der arabischen Halbinsel (vgl. Karte 2). Auf modernen, hunderttausende von lebenden Tieren fassenden Transportschiffen, die den gestiegenen hygienischen Anforderungen der Saudis i.d.R. besser genügen als die von afrikanischen und arabischen Händlern benutzten Schiffe, werden mit steigender Tendenz Schafe und in kleinerem Umfang auch Ziegen zur arabischen Halbinsel verfrachtet. Einflußreichen saudischen Geschäftsleuten ist es in den achtziger Jahren gelungen, in Australien große Schafzuchtbetriebe zu übernehmen und z.T. sogar die Beförderung des Viehs mit eigenen Transportschiffen durchzuführen. Sie sind somit direkt an dem lukrativen und -nicht zuletzt auch wegen des Opfergebotes für die Pilger- relativ krisenfesten Lebendviehhandel beteiligt (nach Ermittl.d.Verf., MUQDISHO 1989 u. MUSCAT/SALALAH 1990). Im Jahre 1991 wurden allein aus Australien ca. 3,38 Mio. und aus Neuseeland ca. 1,7 Mio. Schafe und Ziegen. Das vom fünften Kontinent exportierte Vieh stellte den weitaus größten Teil der von Saudi-Arabien importierten Schafe und Ziegen. Insgesamt wurden im Jahre 1991 von den Saudis ca. 5,5 Mio. Schafe und Ziegen im Wert von etwa 376 Mio.$-US eingeführt (FAO 1992, S. 54).

Saudi-Arabien wird wohl auch in absehbarer Zukunft das wichtigste Lebendviehimportland des altweltlichen Trockengürtels bleiben. Wollen die Anbieterstaaten von Lebendvieh aus dem altweltlichen Trockengürtel ihre geschrumpften Marktanteile erhalten oder sogar wieder erhöhen, müssen sie jedoch der Konkurrenz vom fünften Kontinent mit neuen Vermarktungsstrategien massiv entgegentreten.

Der zweite Raum, in dem in bedeutendem Umfang Lebendviehhandel betrieben wird, ist die west- und zentralafrikanische Region. Gehandelt werden außer kleinen Wiederkäuern vor allem Rinder. Hauptherkunftsgebiete des Schlachtviehs sind die Tse-Tse-freien Dorn- und Trockensavannen der Sudan-Zone, Hauptabsatzmärkte die Bevölkerungsagglomerationen in den feucht-heißen, für die Tierhaltung ungünstigen Länder der Guinea-Küste (vgl. z.B. DOMDEY 1983; GW/FIAN/WFD/ABL 1993, S. 1–4; JOSSERAND/SULLIVAN 1979).

Die Viehhändler organisieren die Beförderung des Viehs meist per Lastkraftwagen und Eisenbahn. Eine andere verbreitete Form des Transportes ist der Viehtrieb, wobei unter Aufsicht bezahlter Treiber weite, auch grenzüberschreitende Wanderungen durchgeführt werden.

Trotz direkter Nachbarschaft der Handelspartner und damit günstiger Voraussetzungen für die Vermarktung, gestaltet sich der Lebendviehhandel zunehmend schwieriger. Ähnlich wie für die Viehexportstaaten im vorderasiatisch-nordostafrikanischen Raum ist auch für die Viehausfuhrländer der zentral- und westafrikanischen Handelsregion eine starke Konkurrenz, hier jedoch nicht etwa durch Lebendviehimporte von außerhalb Afrikas, sondern vor allem durch Rindfleischeinfuhren aus der früheren Europäischen Gemeinschaft (EG) bzw. der jetzigen Europäischen Union (EU) erwachsen. Um die enormen Rindfleischbestände in den westeuropäischen Industrieländern abzubauen, werden große Mengen an tiefgefrorenem Rindfleisch zu Dumpingpreisen auf den Weltmarkt gebracht. Diesem ruinösen Wettbewerb unterliegt Westafrika bereits seit den achtziger Jahren, in denen die EG-Staaten ihre Rindfleischausfuhren versiebenfachten und zum weltweit größten Rindfleischexporteur aufstiegen. Im Jahre 1992 z.B. wurde der Rindfleischmarkt der EU mit 9,2 Milliarden DM an Steuergeldern reguliert. Das bedeutet, daß jedes Kilogramm Rindfleisch mit ca. 4 DM subventioniert wurde. Da infolge dieser Preispolitik der EG das europäische Rindfleisch auf den Märkten der westafrikanischen Küstenländer deutlich preiswerter angeboten werden konnte, als das aus den Lebendviehimporten aus den Staaten der Sudan-Zone stammende Fleisch, verringerte sich die Nachfrage nach westafrikanischen Tieren erheblich, was zu einem weiteren Einbruch im grenzüberschreitenden westafrikanischen Rindviehhandel führte. Der drastische Rückgang der Ausfuhrzahlen wird deutlich, wenn man sich vor Augen führt, daß noch in den siebziger Jahren jährlich im Durchschnitt über 700.000 Tiere gehandelt wurden, sich diese Anzahl bereits Mitte der achtziger Jahre um etwa 100.000 Rinder verringert hatte und sich bis Anfang der neunziger Jahre noch weiter reduziert hat. Am Beispiel einiger westafrikanischer Staaten wird dieser Einbruch im regionalen Viehhandel besonders deutlich. Allein Mali und Burkina-Faso haben im letzten Jahrzehnt einen Rückgang ihrer Rindviehexporte in die Elfenbeinküste von ca. 100.000 Tieren zu verzeichnen. In den Städten Benins ist zwischen 1980 und 1991 ein Anstieg des Konsums von Fleisch nichtafrikanischer Herkunft von 8 auf 71% erfolgt, und in Ghana ist im Jahre 1992 infolge der billigen europäischen Importe ein Preisverfall von etwa 50% für frisches westafrikanisches Rindfleisch eingetreten (vgl. GW/FIAN/WFD/ABL 1993, S. 2–3 und Abb.1).

Diese Fehlentwicklung sollte daher schnellstens unterbunden werden, will man aufgrund schwindender Vermarktungschancen eine weitere Marginalisierung vieler mobiler Tierhalterfamilien Westafrikas verhindern und auch möglichen ökologischen Konsequenzen, die sich aufgrund zu großer Viehbestände, die wegen fehlenden Absatzes tendenziell weiter zunehmen, vorbeugen.

Die dritte Handelsregion für Lebendvieh umfaßt den zentral- und ostasiatischen Raum. Während die Tierproduktion in den ehemaligen mittelasiatischen Sowjetrepubliken überwiegend der Deckung der Binnenmarktnachfrage diente, bildete der Bereich der heutigen Russischen Föderation den Hauptabsatzmarkt für Lebendvieh aus der Mongolei. In kleinerem Umfang erfolgte ebenfalls der Verkauf lebender Tiere in andere Ostblockstaaten, so z.B. die Lieferung von Schafen in die ehemalige DDR. Außer Schafen, Ziegen und Rindern wurden auch in erheblichem Umfang Pferde (v.a. für die Rote Armee) als Schlachtvieh geliefert. Die Vermarktung erfolgte ausschließlich über staatliche Handelsorganisationen. Als Transportmittel diente die Transsibirische Eisenbahn.

Infolge der staatlichen Auflösung der Sowjetunion, dem damit zusammenhängenden Wertverfall des Rubels als international akzeptiertem Zahlungsmittel und der daraus resultierenden Praxis, Handelsgüter ausschließlich in US-Dollar zu verrechnen, ist der mongolische Viehexport nach Rußland immer mehr eingeschränkt worden und inzwischen fast zum Erliegen gekommen. Für den Lebendviehabsatz konnten von mongolischer Seite bisher noch keine neuen offiziellen Marktbeziehungen zu anderen Staaten aufgebaut werden. Die fehlenden Absatzmöglichkeiten könnten schon bald zu erheblichen sozio-ökonomischen und ökologischen Problemen führen.

Eine Aufnahme des Lebendviehhandels zwischen der Mongolei und der VR China erscheint derzeit schwer vorstellbar, da er in direkte Konkurrenz zum innerchinesischen Lebendviehhandel zwischen den nordwestchinesischen Trokkengebieten und dem chinesischen Kernland treten würde[3].

Der Lebendviehhandel der nordwestchinesischen Provinzen und Autonomen Regionen besaß aufgrund der geschlossenen Grenzen zu ihren Nachbarstaaten bis Ende der achtziger Jahre keine überragende Bedeutung und war fast ausschließlich auf das chinesische Kernland ausgerichtet. Eine Ausnahme bildeten lediglich Ausfuhren von lebenden Schafen und Yaks, die etwa seit den sechziger Jahren in beschränktem Umfang vor allem von der Provinz Qinghai und der Autonomen Region Tibet aus nach Nepal und sogar nach Indien erfolgten. Die Öffnung der Westgrenzen der VR China hat jedoch seit 1990 – wenn auch noch in bescheidenem Umfang – zu einer Aufnahme von Lebendviehexporten in die inzwischen unabhängig gewordenen ehemaligen Sowjetrepubliken Tadschikistan, Kirgistan und Kasachstan geführt. Auch Pakistan ist in jüngerer Vergangenheit vermehrt Ziel von Lebendviehausfuhren aus der Autonomen Region Xinjiang (n. Ausk. v. Herrn Wu Ning, Berlin 1994).

Aufgrund des weltpolitischen Wandels in Zentralasien und der daraus resultierenden wirtschaftlichen und handelspolitischen Veränderungen ist davon auszugehen, daß sich für die dortigen viehproduzierenden Staaten noch weitere neue Märke, z.B. in der Golf-Region und potentiell auch in Südostasien, erschließen lassen.

---

3   Nach Auskunft mongolischer, kasachischer und kirgisischer Gewährsleute in Ulaanbaatar, Alma-Ata und Karakol im Sommer 1993.

3. Möglichkeiten und Grenzen des weltmarktorientierten Lebendviehhandels der Staaten des altweltlichen Trockengürtels

Die Analyse des Lebendviehhandels zwischen den Ländern des altweltlichen Trockengürtels und mit dessen Nachbargebieten hat ergeben, daß dieser Handel auf bestimmte Regionen und damit lediglich auf einen Teil des Weltmarktes beschränkt ist. Handelspartner der Viehexportstaaten sind überwiegend benachbarte, wirtschaftlich potentere Entwicklungsländer und v.a. rohstoffreiche Staaten, wie z.B. die der arabischen Halbinsel. Exporte in Industrieländer werden so gut wie nicht durchgeführt, sieht man einmal von den früheren mongolischen Viehlieferungen in die ehemalige Sowjetunion und den türkischen Ausfuhren nach Westeuropa ab. Die Tatsache, daß die Industrieländer kein oder nur relativ wenig Lebendvieh aus Entwicklungsländern importieren, hat verschiedene Gründe. Zum einen entsprechen – wie oft unberechtigterweise behauptet wird – der Gesundheitszustand der Tiere, die hygienischen Bedingungen während des Transportes sowie unwürdige Verhältnisse bei der Ver- und Entladung des Viehs häufig nicht den strengen Qualitätsansprüchen und tiermedizinischen Richtlinien der Industrieländer. Zum anderen bestehen jedoch auch Einfuhrrestriktionen der Industrieländer zum Schutze ihrer eigenen Viehproduktion, und -was für die Entwicklungsländer viel problematischer ist- die reichen Staaten des Nordens treten, wie in Kapitel 3 am Beispiel der subventionierten Rindfleischexporte der EU gezeigt wurde, sogar ganz massiv als Konkurrenten der lebendviehexportierenden Entwicklungsländer auf. Diese Konkurrenz durch die europäischen Industrieländer muß als eklatantes Beispiel für eine verfehlte Handels- und Entwicklungspolitik des reichen Nordens gegenüber dem armen Süden angesehen werden.

Obwohl der Handel mit subventionierten Agrarprodukten aller entwicklungspolitischen Vernunft zuwider läuft, ist aufgrund der politischen und sozio-ökonomischen Interessenlage in den Industrieländern leider keine rasche Veränderung zugunsten der betroffenen Entwicklungsländer zu erwarten.

Ein anderes Problem für die Exportländer ist die besondere Krisenanfälligkeit des Lebendviehhandels. Plötzlich auftretende Dürren und Viehseuchen im Ausfuhrland, aber auch Veränderungen der ökonomischen und politischen Rahmenbedingungen in den Herkunfts- und Zielländern können sich innerhalb kürzester Zeit negativ auf den Lebendviehhandel auswirken. Dies gilt insbesondere für solche Staaten, in denen dem Viehexport eine dominante ökonomische Rolle zufällt, wie das z.B. in Somalia der Fall ist.

Anhand der Schwankungen im Viehexportaufkommen Somalias zwischen 1958 und 1989 können die Auswirkungen derartiger interner und externer Einflüsse beispielhaft nachvollzogen werden (vgl. Abb.3). Deutlich erkennbar ist der steile Anstieg der Lebendviehexporte zu Beginn der sechziger Jahre, als in den wirtschaftlich aufstrebenden Erdölförderländern der arabischen Halbinsel ein rascher Anstieg der Nachfrage nach Fleisch zu verzeichnen war. Tiefe Einbrüche bei den Viehverkäufen erfolgten stets nach großen Dürren, wie sie am Horn von Afrika u.a. Mitte der sechziger, v.a. aber Mitte der siebziger und Anfang der achtziger Jahre aufgetreten sind.

Abb. 3 : Somalische Lebendviehexporte 1958-1989

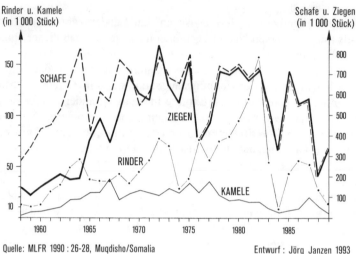

Quelle: MLFR 1990 : 26-28, Muqdisho/Somalia   Entwurf : Jörg Janzen 1993

Auch die Folgen gewaltsamer politischer Veränderungen können den Handel erheblich beeinträchtigen. So führte z.B. die Eskalation des Bürgerkrieges in Nordsomalia im Jahre 1988, infolge derer es zur Blockade des somalischen Hauptviehausfuhrhafens Berbera kam, sofort zu einer Verringerung der offiziellen Ausfuhren. Auch das von Saudi-Arabien im Jahre 1983 vorwiegend aus politischen Gründen v.a. gegen Somalia verhängte Einfuhrverbot von Rindern hatte für das afrikanische Land erhebliche Einkommensverluste zur Folge (vgl.Abb.3). Die große ökonomische und damit auch politische Abhängigkeit Somalias von Saudi-Arabien wird weiterhin dadurch unterstrichen, daß mit einem durchschnittlichen Prozentsatz von jährlich etwa 80–90% an den somalischen Gesamtviehausfuhren im Zeitraum von 1970–84 der überwiegende Teil der Viehexporte Somalias in das Erdölland geliefert wurde (JANZEN 1986, S. 43). Wenn dieses Beispiel auch nicht für alle Lebendviehexportländer des altweltlichen Trockengürtels als repräsentativ angesehen werden kann, so wird doch eine strukturelle Abhängigkeit dieser Länder nicht nur von ungünstigen klimatischen Gegebenheiten, sondern v.a. auch von negativen politischen Veränderungen deutlich.

Für die beteiligten Staaten besitzt der Handel mit lebendem Schlachtvieh gegenüber dem Handel mit frischem oder tiefgefrorenem Fleisch einige handfeste Vorteile. Da in den kapitalarmen Herkunftsländern, in denen größtenteils ganzjährig hohe Temperaturen herrschen, häufig entsprechende Betriebe zur Fleischverarbeitung sowie Kühlhäuser und Transportmittel mit Tiefkühleinrichtungen fehlen, wären das Schlachten und die Verarbeitung des Fleisches im eigenen Land in ausreichenden Mengen, zum richtigen Zeitpunkt und in guter Qualität nicht oder nur unzureichend möglich.

Da es sich bei den meisten Lebendviehimportländern um Staaten mit ausschließlich bzw. überwiegend muslimischer Bevölkerung handelt, besitzt der Handel mit Lebendvieh noch eine andere, kulturspezifische Komponente. Dem traditionellen Brauch entsprechend, wird in diesen klimatisch heißen Ländern Fleisch von frisch geschlachteten Tieren tiefgefrorener Ware vorgezogen. Hinzu kommt, daß man durch die einheimische Schlachtung sicherstellen möchte, daß sie auf jeden Fall den religiösen Geboten des Islam gemäß durch Schächtung der Tiere erfolgt ist.

Der Handel mit Lebendvieh beinhaltet zumindest potentiell auch noch einen anderen Vorteil. Da es sich bei den Tieren um ein lebendes, bewegliches Gut handelt, kann das Vieh z.B. im Falle von Absatzengpässen oder extremem Preisverfall weiterhin in den Weidegebieten quasi im Warteposition gehalten werden, ohne daß hohe Kosten für Lagerhaltung und Kühlung entstehen, wie es bei bereits geschlachteten Tieren der Fall wäre.

Ein weiterer Vorteil der mobilen Tierhaltung liegt auch darin, daß die Viehzüchter ihr bewegliches Produktionsmittel Vieh im Falle von kriegerischen Auseinandersetzungen, wie sie in den afrikanischen Staaten des altweltlichen Trockengürtels in der jüngeren Vergangenheit häufig vorkamen, in entlegene, schwer zugängliche Gebiete vor fremdem Zugriff in Sicherheit bringen können. Auf diese Weise war es z.B. möglich, daß der somalische Lebendviehexport trotz des langjährigen Bürgerkrieges als eine von wenigen wirtschaftlichen Aktivitäten fortgeführt werden konnte, wenn auch nur in beschränktem Umfang und größtenteils von kleinen, abseits gelegenen Küstenplätzen aus.

Die angeführten Beispiele haben verdeutlicht, daß die Lebendviehexporte der Länder des altweltlichen Trockengürtels als eine der mobilen Tierhaltung und den herrschenden sozio-ökonomischen, politischen und kulturellen Rahmenbedingungen angepaßte Form der Vermarktung angesehen werden können.

4. Negative Folgen der Exportorientierung für die mobile Tierhaltung in den Staaten des altweltlichen Trockengürtels

Die dargestellten ökonomischen und regionalspezifischen Vorteile des Lebendviehhandels für die Herkunfts- und Zielländer dürfen nicht darüber hinwegtäuschen, daß die Veränderungen in der mobilen, weltmarktorientierten Tierhaltung auch erhebliche negative Begleiterscheinungen beinhalten, die einer kritischen Reflexion bedürfen.

Grundsätzlich kann davon ausgegangen werden – und langjährige empirische Beobachtungen d. Verf. bestätigen dies –, daß bei einer weltmarktorientierten Tierproduktion häufig kurzfristige Profitinteressen großer Viehproduzenten und Viehhändler sowie Devisenmangel der Regierungen Prozesse begünstigen, die den Prinzipien einer ökologisch, ökonomisch und sozial nachhaltigen Entwicklung zuwiderlaufen.

Am Beispiel Somalias sei eine kleine Auswahl negativer Begleiterscheinungen der Exportorientierung dargestellt. Zuerst einige sozio-ökonomische und rechtliche Aspekte.

Die unterschiedliche Beteiligung der Viehzüchter am Viehexporthandel hat dazu geführt, daß bestimmte Viehhaltergruppen – dabei kann es sich um Angehörige bestimmter Clans bzw. Stämme, die z.B. durch eine entsprechende Lobby in der Hauptstadt oder den wichtigen Viehvermarktungszentren vertreten sind – mehr als andere an dem Handel partizipieren. Das Ergebnis ist eine sich rasch herausbildende, früher nicht bekannte soziale Stratifizierung in wohlhabende und ärmere/verarmende Viehhalterfamilien.

Es kann weiterhin beobachtet werden, daß zunehmend eine illegale Aneignung von Gemeinschafts- bzw. Stammesland für privatwirtschaftliche Zwecke durch einflußreiche Tierhalter und Viehhändler, oft städtischer Herkunft, stattfindet. Hierbei handelt es sich um bedeutende Flächen guten Weidelandes, die i.d.R. eingezäunt werden, um dort die von Viehhändlern für den Export aufgekauften Tiere zu mästen, damit ein möglichst hoher Verkaufspreis erzielt werden kann. Obwohl diese Vorgehensweise aus der Sicht der Viehhändler ökonomisch sinnvoll und damit verständlich ist, muß eine derartige Entwicklung als bedenklich angesehen werden, da auf diese Weise anderen, weniger einflußreichen Tierhaltern fruchtbares Weideland für die Nutzung entzogen wird und diese Viehzüchter folglich einem sich verstärkenden Verdrängungsprozeß auf marginale Standorte unterliegen.

Als weiterer negativer Punkt ist zu verzeichnen, daß die Viehhändler aus dem Exporthandel hohe Gewinne – in erheblichem Umfang in Devisen – erwirtschaften, wovon nur ein relativ kleiner Teil – jedoch i.d.R. ausschließlich in Landeswährung – an die Produzenten weitergegeben wird. Auch diese Praxis verstärkt den Prozeß der Marginalisierung der ärmeren Tierhalter.

Als Folge exportorientierter Tierhaltung können auch zahlreiche negative Auswirkungen für den Landschaftshaushalt festgestellt werden. Eine wichtige Beobachtung ist die Tatsache, daß Exportorientierung auch den Prozeß der Seßhaftwerdung beschleunigt, was i.d.R. das Entstehen neuer, fester Siedlungen der mobilen Tierhalter an Verkehrswegen, an Wasserstellen und in der Nähe von Vermarktungszentren bedeutet. Eine Konsequenz dieses Wandels sind oft ökologisch nicht angepaßte Landnutzungsmuster. Diese räumliche Konzentration führt i.d.R. zu einer geringeren zeitlichen und räumlichen Mobilität und damit lokal zu längerfristig höheren Viehbesatzdichten pro Flächeneinheit. Aus der Überstockung resultiert oft Überweidung, und aus der größeren Konzentration von Mensch und Tier ergibt sich zwangsläufig ein stärkerer Holzeinschlag. Die Degradation der Vegetation, die Erosion der Böden und Grundwasserabsenkungen durch zu hohe Wasserentnahmen können im Extremfall zu irreparablen Störungen des ökologischen Gleichgewichts führen.

Auch im außenpolitischen Bereich kann sich eine zu starke Exportorientierung negativ auswirken. Sofern ein Exportland zu einseitig auf Lebendviehausfuhren baut und möglicherweise nur einen Haupthandelspartner besitzt, wie das bei Somalia mit Saudi-Arabien der Fall ist, beinhaltet das die große Gefahr, sich aufgrund der begrenzten ökonomischen Ausrichtung starker politischer Einflußnahme von außen auszusetzen und damit den Verlust eines Teils der staatlichen Unabhängigkeit zu riskieren.

5. Einige Empfehlungen für eine nachhaltige Entwicklung in der mobilen Tierhaltung der Staaten des altweltlichen Trockengürtels

Trotz der dargestellten negativen Aspekte, die eine exportorientierte mobile Tierhaltung mit sich bringen kann, darf nicht übersehen werden, welche ökonomische Bedeutung eine partielle Marktintegration für viele mobile Tierhalter inzwischen hat. Weiterhin werden die aus dem Verkauf der Tiere erzielten Deviseneinnahmen in den meist rohstoffarmen Agrarstaaten des altweltlichen Trockengürtels dringend zur Finanzierung der Landesentwicklung benötigt. Die Lebendviehausfuhrländer haben daher verständlicherweise ein vitales Interesse an der Erhaltung und Intensivierung der exportorientierten Tierhaltung.

Umso wichtiger ist es daher, von staatlicher Seite die negativen Begleiterscheinungen exportorientierter Tierhaltung ernst zu nehmen und entwicklungspolitisch angemessen darauf zu reagieren.

Von den Regierungen der Exportländer sollten dabei einige Aspekte unbedingt beachtet werden.

Als grundsätzliche Forderung kann formuliert werden, daß in Zukunft die Aktionsräume der mobilen Tierhalter mehr als bisher in die Landesentwicklungsplanung einbezogen werden müssen und daß die Erhaltung der Weideressourcen oberstes Ziel sein sollte. Das bedeutet, daß isolierte Maßnahmen zur Exportförderung nicht ausreichen, wie z.B. der Bau von Wasserstellen und die Durchführung von Impfkampagnen. Die mobile Tierhaltung muß vielmehr als integrierter Bestandteil eines umfassenden Landesentwicklungskonzeptes angesehen werden.

In einem derartigen Konzept müßten zwei Aspekte besonders berücksichtigt werden, will man der mobilen Tierhaltung auch langfristig eine Chance einräumen. Erstens stellt die Gewährleistung einer größtmöglichen räumlichen Mobilität für die Viehherden eine Grundvoraussetzung dar. Zweitens gilt es in den Weidegebieten streng darauf zu achten, daß eine weitere Degradation von Vegetation und Böden verhindert wird.

Ein Beitrag hierzu könnte vor allem dadurch geleistet werden, daß die mobilen Tierhalter bei der Erhaltung bewährter, einen hohen Grad an viehwirtschaftlicher Mobilität beinhaltender Raumnutzungsmuster unterstützt werden. Weiterhin sollten die Aktionsräume der mobilen Tierhalter mit angepaßten Infrastruktureinrichtungen ausgestattet werden, die den Bedürfnissen der Menschen und ihrer Herden in ökologischer, ökonomischer und sozialer Hinsicht gerecht werden. Die Anlage von Reserveweidegebieten für Zeiten von Futterknappheit gehört ebenso dazu, wie der Ausbau der Wasserversorgung für die Trocken- und für Dürreperioden. In all diese Maßnahmen sollten die Tierhalter aktiv eingebunden werden, d.h. ihr auf langjähriger Erfahrung beruhender Rat und ihre tatkräftige Mitarbeit in Rahmen von Selbsthilfeaktivitäten sollten integraler Bestandteil der ländlichen Regionalentwicklungsplanung sein.

Obwohl die aus der Marktorientierung resultierenden Bargeldeinnahmen den Zukauf von nicht selbst erzeugten Grundnahrungsmitteln ermöglichen, sollte die Erhaltung eines möglichst hohen Selbstversorgungsgrades angestrebt werden, um generell eine zu starke Marktabhängigkeit der mobilen Tierhalter zu verhindern. Exportorientierung darf also nicht soweit gehen, daß mit ihr eine starke Vernachlässigung der Subsistenzproduktion einhergeht. Es wäre daher sinnvoll darauf hinzuwirken, daß nach Möglichkeit nur die nicht zur Sicherung der Eigenversorgung benötigten männlichen Tiere für den Verkauf zur Verfügung stehen.

Grundsätzlich sollte der Staat möglichst wenig in die meist gut funktionierende private Viehvermarktung eingreifen. Die Hauptaufgabe der Regierungen müßte in erster Linie darin bestehen, zur Verbesserung der allgemeinen Rahmenbedingungen für die mobile Tierhaltung beizutragen. Möglichkeiten gäbe es hierzu z.B. im Bereich der Preisstabilisierung, damit die Viehzüchter weniger unter der oft hohen inflationären Geldentwertung zu leiden hätten. Von staatlicher Seite könnte auch daraufhin gewirkt werden, daß die in den entlegenen Weidegebieten zu entrichtenden, i.d.R. deutlich höheren Preise für einfache Handelsgüter des täglichen Bedarfs, wie Grundnahrungsmittel, Textilien, Kraftstoffe etc. auf ein sozial verträgliches Maß begrenzt werden. Weiterhin sollte ein Teil der staatlichen Einnahmen aus dem Viehexport gezielt in ländliche Infrastrukturmaßnahmen fließen. Dazu gehören nicht nur in erster Linie Bildungs- und Gesundheitseinrichtungen, sondern auch Maßnahmen im Bereich des Ausbaus von Verkehrsverbindungen sowie einer ökologisch verträglichen Wasserversorgung. Die Bildung von Rücklagen, aus denen in Notzeiten, wie z.B. im Falle großer Viehverluste durch Seuchen und Dürren, betroffene Familien materielle Unterstützung erwarten könnten, würde eine wichtige vertrauensbildende Maßnahme des Staates gegenüber den mobilen Tierhaltern darstellen.

Wollen die Staaten des altweltlichen Trockengürtels auch in Zukunft auf dem Weltmarkt konkurrenzfähig sein und sich neue Märkte erschließen können, dann ist dieses Ziel nicht nur über ein verbessertes Marketing, sondern in erster Linie über eine Erhöhung der Vieh- bzw. Fleischqualität zu erreichen. Daher sollten in der Entwicklungsplanung auch veterinärmedizinische Komponenten einen großen Stellenwert besitzen.

Bei allen Maßnahmen stellt jedoch die enge Einbeziehung der Viehhalter in die Entwicklungsplanung, wozu auch die Verwertung ihrer traditionellen Kenntnisse gehört, eine unabdingbare Vorraussetzung für den Erfolg einer ökonomisch, sozial und ökologisch nachhaltigen Entwicklung dar.

Es bleibt zu hoffen, daß die mobile Tierhaltung der Länder des altweltlichen Trockengürtels auch in Zukunft die Chance erhält, ihren Beitrag zur Fleischversorgung von Teilen des Weltmarktes zu leisten. Dies ist jedoch ohne entwicklungs- und handelspolitische Unterstützung der reichen Industrieländer nur bedingt möglich.

Eine angemessene Beteiligung der mobilen Tierhalter an der binnen- wie weltmarktmarktorientierten Viehproduktion wird in Zukunft mit darüber entscheiden, ob diese den Rahmenbedingungen des altweltlichen Trockengürtels so optimal angepaßte Wirtschaftsweise in ihren zahlreichen regionalspezifischen Formen auch weiterhin Bestand haben wird.

Literatur

ABDULLAHI, A.M. 1993: Somalia's Livestock Economy: Export and Domestic Markets and Prices. In: BAUMANN, M.P.O./JANZEN, J./ SCHWARTZ, H.J. (eds.): Pastoral Production in Central Somalia. (=Schriftenreihe der GTZ, No.237:265–287). Eschborn.

ATLAS OF THE PEOPLE'S REPUBLIC OF CHINA 1989: Beijing.

BAUM, E. (Hrsg.) 1989: Nomaden und ihre Umwelt im Wandel. In: Der Tropenlandwirt. Journal of Agriculture in the Tropics and Subtropics. Beiheft Nr.38. Vorträge der 17.Witzenhäuser Hochschulwoche 1988. Witzenhausen.

BAUMANN, M.P.O./JANZEN, J./SCHWARTZ, H.J. (eds.) 1993: Pastoral Production in Central Somalia. (=Schriftenreihe der GTZ, No.237). Eschborn.

BML (Bundesministerium für Landwirtschaft) (Hrsg.) 1992: Landwirtschaft in Osteuropa. Bonn.

CHINA STATISTICAL YEARBOOK 1990: New York 1991.

DOMDEY, S. 1983: Fleisch aus Ferké. Ein Feedlot am tropischen Standort (Elfenbeinküste). (=Schriftenreihe der GTZ, Nr.123). Eschborn.

DSE (Deutsche Stiftung für Entwicklungspolitik) (Hrsg.) 1986: Interaktion Tier und Umwelt. Expertengespräch, 11.–14. Dezember 1985 in Feldafing. Feldafing.

FAO (Food and Agriculture Organization of the United Nations) (ed.) 1992: FAO-Yearbook, PRODUCTION, 1991, Vol.45, Rome.

FAO (Food and Agriculture Organization of the United Nations) (ed.) 1992: FAO-Yearbook, TRADE, 1991, Vol.45, Rome.

GW/FIAN/WFD/ABL (German Watch:Nord-Süd-Initiative/Internationale Menschenrechtsorganisation für das Recht, sich zu ernähren/Weltfriedensdienst/Arbeitsgemeinschaft bäuerliche Landwirtschaft) (Hrsg.) 1993: Rindfleisch macht Hunger. In: Unter der Lupe:1–4.

GTZ (Deutsche Gesellschaft für Technische Zusammenarbeit) 1991: Förderung der Rahmenbedingungen für eine standortgerechte Weidenutzung in Trockengebieten Afrikas. Unveröffentlichtes Projektpapier. Eschborn.

JANZEN, J. 1984: Nomadismus in Somalia. In: Afrika-Spektrum 19(2):149–171.

JANZEN, J. 1986: Economic relations between Somalia and Saudi Arabia: livestock exports, labour migration, and the consequences for Somalia's development. In: Northeast African Studies, 8(2–3):41–51.

JANZEN, J. 1988: Mobile Viehwirtschaft – Überlebensstrategie für die Sahelländer? – Somalia als Beispiel –. In: FIEGE,K./RAMALHO,L. (Hrsg.): Agrarkrisen. Fallstudien zur ländlichen Entwicklung in der Dritten Welt. (=ASA-Studien 14:171–192). Saarbrücken/Fort Lauderdale.

JANZEN, J. 1993: Mobile Livestock Keeping in Somalia: General Situation and Prospects of a Way of Life Undergoing Fundamental Change. In: BAUMANN, M.P.O./JANZEN, J./ SCHWARTZ, H.J. (eds.): Pastoral Production in Central Somalia. (=Schriftenreihe der GTZ, No.237:17–32). Eschborn.

JANZEN, J./SCHWARTZ, H.J./BAUMANN, M.P.O. 1993: Perspectives and Recommendations for Pastoral Development in Somalia. In: BAUMANN, M.P.O./JANZEN, J./SCHWARTZ, H.J. (eds.): Pastoral Production in Central Somalia. (=Schriftenreihe der GTZ, No.237:343–351). Eschborn.

JOSSERAND, H./SULLIVAN, G. 1979: Livestock and Meat Marketing in West Africa. Vol.2. Ann Arbor: University of Michigan, Center for Research on Economic Development.

MLFR/GTZ (Ministry of Livestock, Forestry and Range/Deutsche Gesellschaft für Technische Zusammenarbeit) 1990: Somali Livestock Statistics 1989/90. Mogadishu.

MVL (Museum für Völkerkunde zu Leipzig) (Hrsg.) 1981: Die Nomaden in Geschichte und Gegenwart. Beiträge zu einem internationalen Nomadismus-Symposium am 11. und 12. Dezember 1975. (=Veröffentlichungen des Museums für Völkerkunde zu Leipzig, Heft 33). Berlin.

SCHMIEDER, O. 1965: Die Alte Welt. I.Der Orient. Die Steppen und Wüsten der Nordhemisphäre mit ihren Randgebieten. Wiesbaden.

SCHOLZ, F. (Hrsg.) 1981: Beduinen im Zeichen des Erdöls. (=Beihefte zum Tübinger Atlas des Vorderen Orients. Reihe B (Geisteswissenschaften) Nr.45). Wiesbaden.

SCHOLZ, F. 1986: Ressourcennutzung und Ressourcenerhaltung. In: DSE (Hrsg.)1986: Interaktion Tier und Umwelt. Expertengespräch, 11.–14. Dezember 1985 in Feldafing:113–122. Feldafing.

SCHOLZ, F.(Hrsg.) 1991: Nomaden. Mobile Tierhaltung. Zur gegenwärtigen Lage von Nomaden und zu den Problemen und Chancen mobiler Tierhaltung. Das Arabische Buch. Berlin.

SCHOLZ, F. 1991: Von der Notwendigkeit, gerade heute über Nomaden und Nomadismus nachzudenken. In: SCHOLZ, F.(Hrsg.): Nomaden. Mobile Tierhaltung. Zur gegenwärtigen Lage von Nomaden und zu den Problemen und Chancen mobiler Tierhaltung:7–37. Das Arabische Buch. Berlin.

SCHOLZ, F. (Hrsg.) 1992: Nomadismus. Bibliographie. Das Arabische Buch. Berlin.

SCHOLZ, F./JANZEN, J. (Hrsg.) 1982: Nomadismus – Ein Entwicklungsproblem? (=Abhandlungen/Anthropogeographie 33). Berlin.

STAATLICHES KOMITEE FÜR STATISTIK DER KASACHISCHEN SOWJETREPUBLIK 1991: Alma-Ata

STERN, W. 1988: Livestock Trade in North Somalia: Its Organization, Implementation and Problems. In: Proceedings of the Third International Congress of Somali Studies. University of Rome „La Sapienza", 26–31 May 1986:544–550. Rome.

Tab. 1: Viehbestand nach Tierarten in den Staaten des altweltlichen Trockengürtels

AFRIKA
(1991, in 1.000 Tieren)[1]

Staat	Pferde	Maultiere	Esel	Rinder	Kamele	Schafe	Ziegen
Ägypten	10	1	2.000	3.500	200	4.900	4.500
				W 2.550*			
Algerien	202	107	340	1.443	130	13.350	3.800
Äthiopien	2.700	610	5.100	30.000	1.060	23.000	18.000
Burkina Faso	70	–	476	2.900	5	3.339	6.137
Kenia	2	–	–	13.700	820	6.550	8.100
Libyen	25	–	62	150	150	5.500	1.200
Mali	62	–	550	5.000	241	5.850	5.850
Marokko	190	531	942	3.500	43	14.000	5.300
Mauretanien	18	–	153	1.360	920	4.200	3.310
Niger	305	–	415	2.200	360	2.970	4.800
Senegal	400	–	325	2.813	15	4.000	1.200
Somalia	1	24	25	4.900	6.860	13.800	20.500
Sudan	22	1	680	21.028	2.757	20.700	15.277
Tschad	182	–	269	4.400	565	1.983	2.923
Tunesien	56	79	229	631	230	6.290	1.313
INSGESAMT	4.245	1.353	11.566	100.075	14.356	130.432	102.210

1 überwiegend Schätzungen / ohne Schweine und Geflügel
* W = Wasserbüffel
Quelle: FAO-Yearbook „Production" 1991, vol. 45, S. 189-196, Rom 1992.

Tabelle 2: Viehbestand nach Tierarten in den Staaten des altweltlichen Trockengürtels

ASIEN
(1991, in .000 Tieren)[1]

Staat	Pferde	Mault.	Esel	Rinder	Wasserb.	Kamele	Schafe	+ Ziegen
Afghanistan	400	30	1.300	1.650	–	266	13.500	2.150
Bahrain	–	–	–	15	–	1	9	16
VR China (nach ausgewählten Provinzen und Autonomen Regionen)								
Provinz Gansu	441	540	1.424	3.330	–	43	2.266	9.021
A.R. In. Mongolei	1.627	531	860	3.934	–	234	9.250	20.845
A.R. Ningxia	29	162	269	271	–	4	967	2.540
Prov. Qinghai	432	146	131	5.210	–	24	1.865	13.472
A.R. Tibet	330	11	135	5.305	–	–	5.719	11.345
A.R. Xinjiang	1.049	26	1.119	3.370	–	170	4.294	23.537
Irak	48	21	350	1.400	110	40	7.800	1.350
Iran	270	134	1.937	6.800	300	130	45.000	23.500
Israel (incl. Gaza)	4	2	5	331	–	10	375	115
Jemen	3	–	690	1.180	–	180	3.800	3.400
Jordanien	3	3	19	29	–	18	1.400	500
Kasachstan	1.627	–	–	9.729	–	145	35.586	
Katar	1	–	–	10	–	238	23	80
Kirgistan	–	–	–	1.200	–	–	10.400	
Kuwait	3	–	–	25	–	6	200	25
Libanon	2	5	12	57	–	–	205	400
Mongolei	2.255	–	–	2.849	–	562	15.083	5.126
Oman	–	–	26	138	–	90	280	725
Pakistan	461	66	3.279	17.785	15.031	1.005	30.160	36.673
Saudi-Arabien	3	6	103	176	–	390	5.692	3.350
Syrien	45	30	175	786	1	5	15.321	1.018
Tadschikistan	–	–	–	1.400	–	–	3.300	
Türkei	513	202	985	11.377	371	2	40.553	10.977
Turkmenistan	–	–	–	800	–	–	4.900	
Usbekistan	–	–	–	4.100	–	–	8.700	
V.A.E.	–	–	–	–	–	118	270	590
INSGESAMT	9.546	1.915	11.519	81.588	15.813	3.199	424.273	

1 überwiegend Schätzungen / ohne Schweine und Geflügel
Quellen: FAO-Yearbook „Production" 1991, vol. 45, S. 189–196, Rom 1992; China Statistical Yearbook 1990, S. 83/S.362-363, New York 1991; BML, Landwirtschaft in Osteuropa, S. 27–36, Bonn 1992; Staatliches Komitee f. Statistik d. Kasachischen Sowjetrepublik, Alma-Ata 1991.

GARNELENKULTUR IN SÜDOSTASIEN
KÜSTENZERSTÖRUNG DURCH EXPORTPRODUKTION

Dieter Uthoff, Mainz

Garnelen waren 1991 mengenmäßig zu 2,4 % am Außenhandel mit Nahrungs- und Futtermitteln marinen Ursprungs beteiligt, wertmäßig jedoch zu 16,2 %. Allein gefrostete Garnelen brachten den Exportländern Bruttodeviseneinnahmen von 6,3 Mrd. US $. Dank eines mittleren Exporterlöses von 7,4 US $/kg für gefrostete Ware und Weltanlandungen von 2,6 Mill. t sind Garnelen unter monetärem Aspekt die bedeutendste Produktgruppe unter den lebenden marinen Ressourcen. Hochwertige große Garnelenarten sind Luxusprodukte, weit teurer als Austern oder Lachs.

Die Weltanlandungen an Garnelen konnten 1980 bis 1991 um 57 % gesteigert werden. Dieser Anstieg geht vor allem auf den Ausbau der Aquakultur großer Arten der Gattung *Penaeus* in immer- und wechselfeuchten tropischen Küstengebieten zurück. Aquakultur ist die kontrollierte Produktion aquatischer Organismen, die als Vollkultur den gesamten Lebenszyklus einer Art umfaßt und damit die Produktion vom Ablaichen bis zur Konsumware. 1980 stammten erst 90 000 t oder 5,3 % der Weltanlandungen an Garnelen aus der Aquakultur. 1991 waren es bereits 26,1 % oder 690 000 t. Im gleichen Zeitraum stieg der Export gefrosteter Garnelen um 525 000 t oder 148 % an. Die Zunahme des Exportvolumens erweist sich als Funktion der wachsenden Aquakulturproduktion. Kontrollierte Produktion von Garnelen für den Weltmarkt gewinnt seit 1980 zunehmend an Bedeutung. Unter zeitlichem Aspekt kann die Analyse daher auf die Entwicklung ab 1980 konzentriert werden.

Innerhalb dieses Zeitraumes hat sich SO-Asien zum weltweit bedeutendsten Produktions- und Exportzentrum für Garnelen entwickelt. 1980 stammten in dieser Region 32 000 t aus der Aquakultur, das waren 36 % der Weltproduktion. 1991 kam SO-Asien mit 372 000 t bereits auf 51 % der Weltproduktion an Kulturgarnelen. 1980 betrug das Verhältnis von Kultur zu Fischfang dort noch 1 : 14. 1991 war die Relation 1 : 0,9. Damit dominiert heute die Aquakulturproduktion den expandierenden Markt. Unter räumlichem Aspekt ist SO-Asien das Zentrum der Aquakultur von Garnelen.

Auf einer Fläche von 502 500 ha wurden 1992 in der Gezeitenzone und im Supralitoral in Meer- und Brackwasser im Regionsmittel 684 kg Garnelen pro ha erzeugt. Die Golfküste Thailands ist der bedeutendste Produktionsraum gefolgt von Indonesien, wo die Kulturflächen in Nordsumatra, im südlichen Sulawesi und an der Nordküste Javas konzentriert sind (s. Abb. 1). Aus der Ausdehnung der Produktionsflächen ist jedoch kein Rückschluß auf die Produktionsmenge möglich. Die Produktivität wird durch die Bewirtschaftungsintensität gesteuert. Das zeigt auf Länderebene ein Vergleich von Vietnam und Thailand. Vietnam produzierte 1992 35 000 t Garnelen auf 200 000 ha Fläche. Das entspricht einem Flächenertrag von 175 kg/ha. Auf nur 60 000 ha erzeugten die Thais dagegen

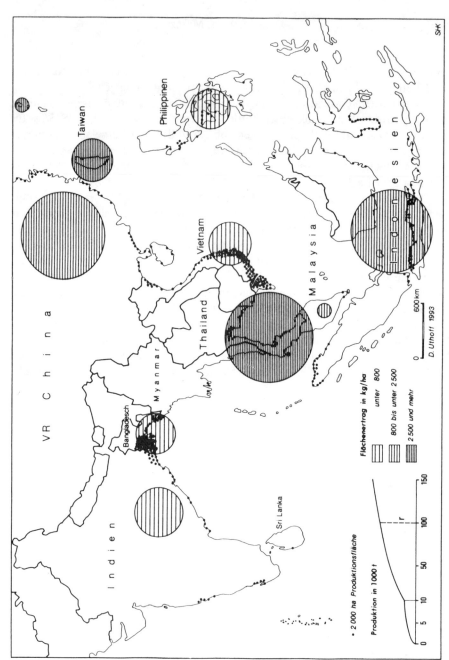

Abb.1: Garnelenkultur in Südostasien, Verbreitung, Produktion und Kulturflächen 1992
Quellen: ROSENBERRY, B. (1992): World shrimp farming. Diverse nationale Quellen

163 000 t, im Mittel also 2720 kg/ha. In Thailand werden inzwischen rund 80 % der Kulturflächen intensiv bewirtschaftet. In Vietnam nehmen extensive Kulturen noch 90 % der Produktionsfläche ein. Seit der Öffnung Vietnams beginnen thailändische Branchenführer auch dort, die Bewirtschaftungsintensität zu steigern. Gleiches praktizieren thailändische Unternehmen derzeit in Indien, Indonesien und Malaysia.

Auf regionaler Ebene werden die Produktivitätsunterschiede noch deutlicher sichtbar (s. Abb. 2). Umgerechnet auf die Küstenlänge nehmen Garnelenkulturen in Thailand einen Küstenstreifen von 230 m Tiefe landesweit ein. In den ältesten Kulturgebieten am Nordende des Golfes greifen die Beckensysteme im Provinzmittel drei bis sieben km landwärts ein. Hier treten die niedrigsten Flächenerträge auf, 367 kg/ha/Jahr. Einzelne Unternehmen im Süden Thailands erzeugen rund 15 000 kg hochwertiger Garnelen pro ha und Jahr.

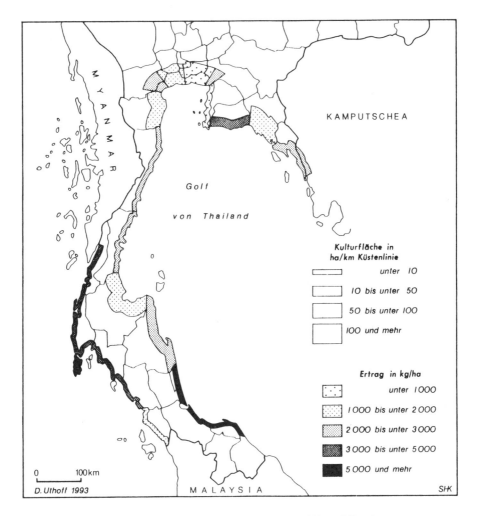

Abb.2: Garnelenkultur in Thailand, Kulturfläche und Ertrag 1990 nach Provinzen
Quelle: Department of Fisheries (1992): Statistics of shrimp culture 1990.

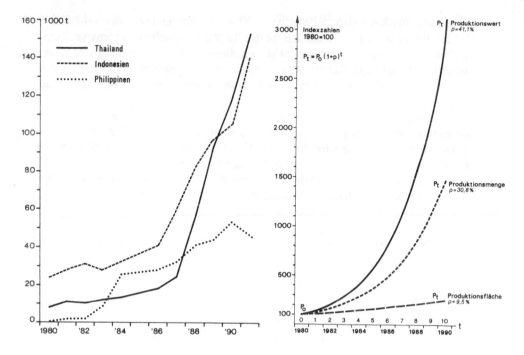

Abb.3: Entwicklung der Aquakulturproduktion von Garnelen in Südostasien 1980 bis 1991
Quellen: SEAFDEC (1993): Fishery Statistical Bulletin for the South China Sea Area 1991. ROSENBERRY, B. (1992): World shrimp farming. ADB/INFOFISH (1991): Shrimp – global industry update.

Abb.4: Entwicklung der Garnelenkultur in Thailand 1980–1990
Quelle: Department of Fisheries (1992): Statistics of shrimp culture 1990.

Produktivitätszuwächse durch Intensivierung und Arbeitsteilung sowie ein ausreichendes Angebot an Besatzmaterial sind der Schlüssel für die boomartige Entwicklung der Garnelenkultur in SO-Asien, die sich jedoch nur vor dem Hintergrund eines aufnahmefähigen und wachsenden Exportmarktes für marine Luxusprodukte vollziehen konnte, denn der Inlandsabsatz für die hochwertigen Kulturgarnelen ist auf die wachsende Oberschicht und die ebenfalls steigende touristische Nachfrage begrenzt. Die großen Arten sind für die Masse der Bevölkerung unerschwinglich. Sie greift auf die kleinen Arten aus dem Fischfang zurück.

Thailand, Indonesien und die Philippinen zeigen seit 1980 ein exponentielles Wachstum der Aquakulturproduktion von Garnelen, das um die Mitte der 80er Jahre eine Versteilung erfährt (s. Abb. 3). Grund dafür waren die Erbrütungserfolge bei *Penaeus monodon*, der Riesengarnele (giant tiger prawn, black tiger prawn), der Schlüsselspezies für die Garnelenkultur in SO-Asien. International geförderte und nationale Forschungsinstitute entwickelten Vermehrungs- und

Aufzuchttechniken, Futtermittel für die verschiedenen Phasen des Lebenszyklus und verbesserte Masttechniken. Brut und Besatzexemplare wurden massenhaft verfügbar. Die Privatindustrie kommerzialisierte die neue Biotechnologie außerordentlich schnell und entwickelte sie weiter. Die Erträge stiegen sprunghaft. Das Beispiel Thailand (s. Abb. 4) zeigt, daß die Produktionssteigerung nur in geringem Maße eine Folge der Kulturflächenausweitung war, sondern in erster Linie auf eine Erhöhung der Bewirtschaftungsintensität zurückzuführen ist. Der Übergang von kleineren Garnelenarten auf die Mast von Riesengarnelen, die in Thailand 1992 schon einen Marktanteil von 85 % erreichten, ließ den Durchschnittspreis pro kg rasch ansteigen. Dadurch nahm der Produktionswert stärker zu als die Produktionsmenge. 1987, zu Beginn der Boomphase, erzielten kleine Garnelen in Thailand einen mittleren Erzeugerpreis von 4,81 DM/kg, mittlere Größen 9,39 DM/kg und große Exemplare wurden dank der guten Exportchancen im Durchschnitt mit 15,70 DM/kg ab Farm aufgekauft.

In der Initialphase erreichten die ersten intensiv wirtschaftenden Betriebe Renditen von 40 bis 45 % jährlich. Das löste bis dahin ungekannte Kapitalströme in die Flachküstenbereiche Thailands, Indonesiens und der Philippinen aus. Sie wurden regierungsseitig begrüßt und durch Steuervergünstigungen und die Erleichterung von Auslandsinvestitionen gefördert. Angesichts der in diesen Ländern üblichen Verwaltungspraxis vor Ort war der ausschließlich auf kurzzeitige private Gewinnmaximierung ausgerichtete Entwicklungsdruck räumlich nicht steuerbar. Binnen kürzester Zeit wurden ausgedehnte Mangrovewälder, Aufzuchtbecken für Milchfische, küstennahe Naßreisflächen und Kokoshaine unabhängig von ihrer Eignung in Beckensysteme für die Aufzucht und Mast von Garnelen umgewandelt. 1970 gab es in Thailand 945 Betriebe, 1990 16 385 Garnelenfarmen und etwa 1000 Brutanstalten. Für ganz SO-Asien wird die Zahl der Mastbetriebe auf 35 350 und die der Brutanstalten auf 1520 geschätzt (ROSENBERRY 1992). Es herrschte Goldrauschstimmung. Wilde Landnahme in Mangrovewäldern, selbst in Forstreservaten, und in Gebieten mit unsicheren Landtiteln griff um sich. Bis letztinstanzliche Gerichtsbeschlüsse gegen illegale Landnahme vorlagen und durchgesetzt waren, befanden sich die Betriebe längst in der Gewinnzone. Anfangs brachten zwei Betriebsjahre den Rückfluß der überwiegend nicht rekapitalisierbaren Investitionen, bereits im dritten Jahr flossen hohe Gewinne.

Die Garnelenaufzucht wurde aufgenommen von lokalen Landbesitzern, örtlichen Bauern- und Fischer-Kooperativen, die vom Staat mit Produktionsflächen ausgestattet wurden, von absenten inländischen Kapitalanlegern und Kapitalgesellschaften, von Gesellschaften mit internationaler Kapitalbeteiligung und in Vietnam auch von Staatsbetrieben. Die größten Betriebe werden von nationalen Tochtergesellschaften transnationaler Unternehmen geführt. Sie nehmen jedoch nicht einmal 5 % der Produktionsfläche ein. Mutterkonzerne thailändischer Großbetriebe sind BP (British Petrol), Mitsubishi und Charoen Pokphand, ein an der Börse von Hongkong registrierter multinationaler Konzern mit Schwerpunkten im Agrar-, Industrie- und Handelssektor. Auf den Philippinen sind es die Nahrungsmittel- und Getränkegiganten Dole und San Miguel. Die Großbetriebe sind vertikal integriert, d.h. sie umfassen neben den zentralen Aufzuchtanlagen Brutanstalt, Futtermittelwerk, Verarbeitungsbetriebe, Frostanlagen sowie eigene Exportabteilungen. Über die einfache Blockfrostung und die Einzelfrostung hinaus werden zunehmend tafelfertige Produkte hergestellt. Das erlaubt höhere Wertschöpfung im Lande und schafft weitere Arbeitsplätze im ohnehin schon arbeitsintensiven Verarbeitungssektor. Zur Sicherung der Rohwarenversorgung und zur Absatzförderung für ihre Futtermittelwerke und Brutanstalten betreiben einzelne Großunternehmen in Thailand und auf den Philippinen 'Contract-Farming', bei dem der einzelne Aquakulturist nur noch Boden und Arbeit stellt. Aber das sind Sonderfälle. In der Regel arbeiten die vielen Klein-und Mittelbetriebe in einem komplexen, arbeitsteiligen vertikalen Verbund vor- und nachgeordneter Produktions-, Absatz-und Dienstleistungsunternehmen. Die semiintensive und die intensive Garnelenkultur haben sich zu einem eigenständigen Wirtschaftszweig agroindustriellen Zuschnitts entwickelt, allerdings differenzierter als in der Landwirtschaft allgemein üblich.

Das wird verständlich angesichts der Produktionsparameter für die Intensivkultur. In eulitoralen oder supralitoralen Becken von 0,1 bis 1 ha Größe, deren Wasserversorgung bei kompletter Steuerung der Wasserqualität nach Salinität, Ph, Temperatur und Sauerstoffgehalt durch Pumpen und Brunnen erfolgt, werden bis zu 300 000 Jungtiere pro ha ausgesetzt. Sie stammen aus Brutanstalten, sind mit Lebendfutter aufgezogen und werden mit vorgefertigten Futtermitteln in 4 bis 5 Monaten auf ein Stückgewicht von 40 bis 100 g gemästet. Die Erntemenge beträgt etwa 6 t oder 90 000 bis 150 000 Exemplare pro ha. Zweieinhalb Ernten pro Jahr sind möglich. Das entspricht einer Jahresproduktion von 15 t/ha. Diese Leistungen lassen sich langfristig nur bei optimalem Wasser- und Bodenmanagement, ständiger Analytik, Bekämpfung von Schädlingen, Konkurrenten und Krankheiten sowie hohem Energie- und Futtermittel-Input und koorrekter Entsorgung erbringen

Der Absatz erfolgt über Verarbeitungsbetriebe, deren Exportquote für gefrostete Ware 1991 in Indonesien bei 94,7 % und in Thailand bei 96,4 % lag. Eine Übersicht über die wichtigsten Export- und Importländer (s. Abb. 5) zeigt, daß Kulturgarnelen in tropischen Drittweltländern erzeugt und in Industriestaaten verzehrt werden. Thailand und Indonesien sind die dominanten Exporteure mit 28 % des Exportvolumens. Darüber hinaus streut der Export breit über viele Länder. Der Import ist weit stärker konzentriert. Japan mit 38 %, die USA mit 26 % und die EG mit 25 % sind die Hauptabnehmer. Auf sie konzentrieren sich rund 90 % des Außenhandels mit gefrosteten Garnelen, der 1991 insgesamt ein Volumen von 6,9 Mrd. US $ erreichte.

Aquakultur von Garnelen ist in erster Linie Exportproduktion. Am Wert aller Warenexporte waren gefrostete Garnelen in Thailand zu 3,6 % beteiligt, in Vietnam zu 3,5 %, auf den Philippinen zu 3,2 und in Indonesien zu 2,5 %. Faßt man alle Produktgruppen zusammen, die auf der Garnelenkultur basieren, so trägt dieser Wirtschaftszweig in den genannten Ländern zwischen 3 und 5 % zum Wert der Warenexporte bei. Die Devisenabflüsse aus der Garnelenwirtschaft sind insgesamt gering. Der Ausbau der Aquakultur hat sich auf die Handelsbilanzen

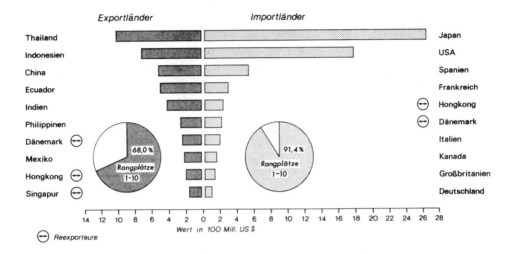

Abb.5: Rangfolge der wichtigsten Export- und Importländer von gefrosteten Garnelen, Stand 1991
Quelle: FAO (1993): FAO Yearbook Fishery Statistics-Commodities 1991.

der Produktionsländer positiv ausgewirkt. Das erklärt die nachhaltige Förderung durch die nationalen Regierungen, internationale Organisationen wie ADB, UNDP oder SEAFDEC und bilaterale Entwicklungszusammenarbeit.

Läßt man zunächst die Umweltkosten und die sozialen Kosten außer acht, so sind die ökonomischen Effekte der Garnelenkultur aus Sicht der Privatwirtschaft und der Regierungen positiv zu bewerten. Der hohe Futtermittelbedarf hat allerdings über die Verknappung von Fischmehl, dem wichtigsten Grundstoff für Garnelenfutter, zu Preissteigerungen geführt und die Betriebskosten erhöht. Die schnell gewachsenen Produktionsmengen verursachten ein Überangebot an Garnelen und ließen die Erzeugerpreise von 1987 bis 1990 um 15 % bis 18 % sinken. Die hohen Gewinne der Anfangsphase sind durch steigende Produktionskosten und sinkende Erlöse auf ein normales Maß geschrumpft, gute Betriebsführung vorausgesetzt. Ungeeignete Standorte wurden aufgelassen. Produzenten ohne ausreichende Kenntnisse der Umwelt- und Aufzuchtbedingungen sowie der ökologischen Probleme mariner Massentierhaltung sind aus dem Markt geschieden. Die Aquakultur von Garnelen ist heute in Thailand, Indonesien und auf den Philippinen in einer Konsolidierungs- und Selbstreinigungsphase. Die Erhaltung der Produktionsgrundlagen wird neben der Gewinnerzielung zum Betriebsziel. Die Fehler aus der Boomperiode werden jedoch in anderen Ländern wiederholt, in denen sich intensive Garnelenkultur phasenverzögert entwickelt.

Unter Umweltgesichtspunkten kann die positive ökonomische Wertung nicht aufrecht erhalten werden. 5025 km² Küstentiefland, überwiegend natürliche Mangrovestandorte, wurden in mehr oder weniger regelmäßige Beckenanlagen umgewandelt, mit dem Meer und untereinander verbunden durch Zu- und Ableitungskanäle oder Rohrleitungen. In Thailand war die Garnelenkultur von 1980 bis 1986 zu 64 % an der Mangrovevernichtung beteiligt (AKSORNKOAE 1987), auf den Philippinen gingen zwischen 1982 und 1990 95 % der Mangroveverluste auf Aquakultur zurück, auf die Garnelenkultur schätzungsweise 40 %. Die Verluste an Mangrovewäldern betrugen in Thailand zwischen 1975 und 1991 87 km^2 jährlich (berechnet nach CHARUPPAT 1993) und auf den Philippinen im gleichen Zeitraum 76 km^2 pro Jahr (FOREST MANAGEMENT BUREAU 1992). Garnelenkulturbedingte Mangroveverluste erreichten danach in diesen beiden Ländern seit 1980 etwa 86 km^2 jährlich.

Mangrovevernichtung bedeutet Zerstörung des dynamischen, tief gestaffelten, biogenen Küstenschutzes. Über zunehmende Substratmobilisierung tritt eine Labilisierung der Küstenlinie ein. Die Abrasionsgefahr nimmt zu. Das hat vereinzelt schon den Bau technischer Küstenschutzwerke notwendig gemacht. Die Seewasserzuleitungen und vor allem die tiefer liegenden Ableitungsrinnen und -kanäle schlitzen geschlossene Küstenlinien auf und schaffen an Stränden mit negativer Materialbilanz Gefahrenpunkte, an denen die Abrasion verstärkt ansetzen kann. Durchstiche und Erniedrigungen von Dünen und Strandwällen schaffen Breschen, durch die bei extremen Sturmfluten das niedrigere Küstenhinterland überflutet werden kann. Werden die Beckensysteme bei vollständiger Vernichtung des Mangrovepuffers an die aktuelle Küstenlinie vorgeschoben, so erweisen sich die meist in Beton gefaßten Schleusenelemente als Gefahrenquellen. Durch Unterspülung oder Lee-Erosion an diesen stabilen Bauelementen innerhalb eines dynamischen Systems brechen die Umfassungsdeiche. Die Küstenrückverlegung schreitet dann in den künstlich vertieften Becken weit schneller fort als an ungestörten Küstenabschnitten.

Über die Zuleitungskanäle wird das für die Kulturen benötigte Salzwasser weit ins Binnenland geleitet und flächig verteilt. Im Gegenzug wird Grundwasser abgepumpt, um in den Mastbecken einen optimalen Salzgehalt von etwa 25 ‰ zu erreichen. Für die Produktion einer Tonne Garnelen in Intensivhaltung sind 29 000 bis 43 000 m^3 Wasser nötig (PHILLIPS, LIN & BEVERIDGE 1993), maximal nachgewiesen sogar 71 800 m^3 (MACINTOSH & PHILLIPS 1992). Der Grundwasseranteil muß bei einer angestrebten Salinität von 25 ‰ bei rund 25 % liegen. PRIMAVERA (1991) gibt den Süßwasserbedarf für Becken von 1 ha Größe mit 6 600 m^3 für eine Aufzuchtperiode von 4 Monaten an. In vielen Gebieten liegt die Entnahme höher. Der Grundwasserspiegel ist in vielen Kulturgebieten nachweislich stark gesunken. Salzwasser sickert nach. Aquifere versalzen, vielfach auch das Oberflächenwasser. Berichte über die Austrocknung oder Versalzung von Brunnen liegen aus Südthailand, Negros, Cebu (Philippinen) und Java vor. Reisfelder und Gärten wurden durch die Salzwasserintrusion beeinträchtigt oder mußten aufgegeben werden.

Die Grundwasserentnahme führt auch zur Bodenabsenkung im unmittelbaren Küstenhinterland. Aus Taiwan wird über Sackungsbeträge von mehr als 2 m berichtet (MACINTOSH & PHILLIPS 1992). Wo keine wirksamen Entwässerungsmöglichkeiten bestehen, sind in Thailand in einstigen Reisfeldern flache, schwach saline Seen entstanden. Die Möglichkeit zum Fischfang bietet den

Reisbauern keinen Ersatz für den Verlust ihrer Produktionsflächen. Durch die Bodenabsenkung im Küstenhinterland multipliziert sich zudem das von der Küstenaufschlitzung ausgehende Gefährdungspotential.

Nutzungskonflikte gibt es nicht nur zwischen Reisbauern und Garnelenzüchtern sondern auch zwischen Fischern und den Teichwirten. Die Vernichtung der Mangrovewälder bedeutet zugleich die Vernichtung von Aufwachsarealen für Garnelen, Fische und Krebse. Gerade juvenile Garnelen leben bevorzugt in der Mangrove. Werden die natürlichen Küstenlebensräume durch Umwandlung in Kulturanlagen zerstört, fehlen Aufwachsflächen und der Wildbestand muß abnehmen. Tatsächlich korrelieren die Fangmengen der Garnelenfischerei in Thailand negativ mit den Produktionsmengen aus der Garnelenkultur, gesteuert über die Kulturflächen auf ehemaligen Mangrovestandorten (s.Tab.1).

Tab.1: Entwicklung der Seefischerei und Aquakultur von Garnelen in Thailand 1982–1990

Jahr	Fangmenge Seefischerei 1 000 t	Produktion Aquakultur 1 000 t	Kulturfläche Aquakultur 1 000 t
1982	178,5	10,1	308
1983	149,4	11,6	355
1984	123,7	13,0	368
1985	111,8	15,9	408
1986	123,3	17,9	454
1987	128,1	23,5	521
1988	110,2	55,7	548
1989	110,8	93,5	712
1990	107,4	118,2	646

Quelle: Department of Fisheries (1992): Fishery Statistics of Thailand 1990. Department of Fisheries (1992): Statistics of shrimp culture 1990.

Für die Philippinen haben CAMACHO und BAGARINAO 1987 den Zusammenhang zwischen Mangroveflächen und Fischereiertrag aufgezeigt. Für die 60 Küstenprovinzen wurden die Fangmengen der Küstenfischerei zur noch vorhandenen Mangrovefläche in Relation gesetzt. Mit einem Korrelationskoeffizienten von $r = 0,72$ besteht ein vergleichsweise enger positiver Zusammenhang zwischen der Größe der Mangroveareale und der Fangmenge. Die Umkehrung dieser Aussage kennzeichnet den Sachverhalt schärfer: Mit abnehmender Mangrovefläche sinken die Fangerträge in den vorgelagerten Fischereigewässern. Die Anlage von Garnelenkulturen in Mangrovewäldern beeinflußt damit die Ertragslage in den angrenzenden Gewässern negativ.

Gefahren für die seewärts an Garnelenkulturen anschließenden Lebensräume gehen vom dauernden Wasseraustausch und vor allem von den bei Beckenentleerungen freigesetzten Nährstoffen, Stoffwechselproduktion und Chemikalien aus. Stichproben bei Beckenreinigungen ergaben 7 bis 14 % organische Feststoffe (unverbrauchte Futtermittel, Fäkalien, Phytoplankton), 1900 bis 2600 mg Gesamtstickstoff pro l und 40 bis 110 mg/l Gesamtphosphor (PHILLIPS, LIN &

BEVERIDGE 1993). Unbehandelte häusliche Abwässer liegen dagegen bei etwa 75 mg/l Gesamtstickstoff und rund 20 mg/l Gesamtphosphor (MACINTOSH & PHILLIPS 1992). Zu den wichtigsten Metaboliten zählen das für Garnelen und Fische toxische Ammoniak sowie Kohlendioxyd. Die Chemikalien umfassen Düngemittelreste, Giftstoffe zur Vernichtung von Fischen und Muscheln, wobei chlorierte Kohlenwasserstoffe wie DDT, Endrin und Aldrin zunehmend durch abbaubare Pflanzenextrakte verdrängt werden, dann Chemotherapeutika gegen Pilze, Bakterien und Mikroben (Kupfersulfat, Malachitgrün, Formalin) und Antibiotika gegen bakterielle Erkrankungen z.B. Streptomycin oder Tetracyclin und schließlich Chemikalien zur Desinfektion, Wasser- und Bodenbehandlung wie Calziumkarbonat, Calziumhydroxyd, Zeolithe, Calziumkarbid und Kaliumpermanganat. Dieser Mix aus festen und gelösten Nährstoffen, Giften und Medikamenten wird bislang in großen Mengen ungeklärt in die Küstengewässer eingeleitet. Das führt zur Aufschlickung der natürlichen und künstlichen Vorfluter und damit zur Verminderung des Wasseraustausch, zur Überdüngung und Eutrophierung in den aufnehmenden Wasserkörpern mit der Gefahr von Planktonblüten, zur Sauerstoffverzehrung und zur Veränderung der benthischen Lebensgemeinschaften, schlimmstenfalls zur Vergiftung von Fischen und anderen marinen Lebewesen sowie zur Anreicherung toxischer Substanzen in der Nahrungskette.

Die Auswirkungen der Garnelenkultur betreffen somit einerseits die Küsten in ihrem morphologischen Bestand und andererseits die küstennahen Lebensräume in ihrer ökologischen Qualität und das land- wie seewärts. Die ökologischen Beeinträchtigungen gefährden die traditionellen Formen der Küstennutzung wie Reisanbau, Küstenfischerei und Mangrovenutzung. Die durch die Garnelenkulturen ausgelösten ökologischen Veränderungen münden zugleich in soziale Konflikte und machen die ökonomischen Erfolge fragwürdig. Die von einer Garnelenkultur, die allein auf privatwirtschaftliche Gewinne und staatliche Devisenzuflüsse ausgelegt ist, ausgehenden Schäden und Zerstörungen im Küstenraum sind inzwischen auch vor Ort im Ansatz erkannt. Erste Gegenmaßnahmen stehen auf dem Papier, in Thailand zum Beispiel schon im jüngsten Fünfjahresplan für den Zeitraum von 1991 bis 1996. Bis sie verwirklicht werden nimmt die Küstenzerstörung weiter zu und viele Schäden werden irreversibel. Langfristig wird die Aquakultur von Garnelen nur Bestand haben, wenn die ökonomischen Interessen auf die ökologischen Möglichkeiten abgestimmt werden. In den fortgeschrittenen Aquakulturländern beginnt sich diese Einsicht langsam bei den Produzenten durchzusetzen.

Literatur

ADB/INFOFISH (1991): Shrimp – global industry update. Kuala Lumpur.
AKSORNKOAE, A.S. (1987): Mangrove resources. – In: National Environment Board (Ed.): Thailand natural resources profile. p. 145–163, Bangkok.
CAMACHO, A.S. and BAGARINAO, T. (1987): Impact of fishpond development on the mangrove ecosystems. – In: UMALI, R.M. (Ed.): Mangroves of Asia and the Pacific: Status and management. = Technical Report of the UNDP/UNESCO Research and Training Pilot

Programme on Mangrove Ecosystems in Asia and the Pacific, p.383–405. Quezon City, Metro Manila.

CHARUPPAT,T. (1993): Mangrove forest situation in 30 years (1961–1991). – In: The 8.National Seminar on Mangrove Ecology 'Sustainable Mangrove Resources Management'. p.1–14. Bangkok. (in Thai)

CSAVAS,I. (1990): Shrimp aquaculture developments in Asia. – In: NEW,M.B., DE SARAM,H. and SINGH,T. (Eds.): Technical and economic aspects of shrimp farming. Proceedings of the Aquatech '90 Conference Kuala Lumpur, p.207–222. Kuala Lumpur.

CSAVAS,I. (1992): Impact of aquaculture on the shrimp industry. – In: DE SARAM,H. and SINGH,T. (Eds.): Proceedings of the 3rd Global Conference on the Shrimp Industry Hongkong 1992, p.6–18, Kuala Lumpur.

CSAVAS,I. (1993): Aquaculture development and environmental issues in the developing countries of Asia. – In: PULLIN,R.S.V., ROSENTHAL,H. and MACLEAN,J.L. (Eds.): Environment and aquaculture in developing countries. p.74–101. Manila.

Department of Fisheries (1992): Fisheries Statistics of Thailand 1990. Bangkok.

Department of Fisheries (1992): Statistics of Shrimp Culture 1990. Bangkok.

FAO (1993): Aquaculture production (1985-1991). FAO Fisheries Circular No.815, Revision 5. Rome.

FAO (1993): FAO YEARBOOK Fishery Statistics – Catches and Landings 1991, Vol.72. Rome.

FAO (1993): FAO Yearbook Fishery Statistics – Commodities 1991, Vol.73. Rome.

FORESTRY MANAGEMENT BUREAU 1992: Philippine Forestry Statistics

KIKUCHI,A. (1993): The development and associated problems of intensive shrimp culture in Thailand. = SEAFDEC Training Department Research Paper No.33. Bangkok.

MACINTOSH,D.J. and PHILLIPS,M.J. (1992): Environmental issues in shrimp farming. – In: DE SARAM,H. and SINGH,T. (Eds.): Proceedings of the 3rd Global Conference on the Shrimp Industry Hongkong 1992, p.118–145. Kuala Lumpur.

MOTOH,H. (1985): Biology and ecology of Penaeus monodon. -In: TAKI,Y., PRIMAVERA,J.H. and LLOBRERA,J.A. (Eds.): Proceedings of the First International Conference on the Culture of Penaeid Prawns/Shrimps, p.27–36. Iloilo.

PHILLIPS,M.J., LIN,C.K. and BEVERIDGE,M.C.M. (1993): Shrimp culture and the environment: Lessons from the world's most rapidly expanding warmwater aquaculture sector. – In: PULLIN,R.S.V., ROSENTHAL,H. and MACLEAN,J.L. (Eds.): Environment and aquaculture in developing countries. p.171–197. Manila.

PRIMAVERA,J.H. (1991): Intensive prawn farming in the Philippines: Ecological, social and economic implications. -Ambio, Vol.20, No.1, p.28–33.

ROSENBERRY,B. (1992): World shrimp farming 1992. San Diego.

SEAFDEC (1988): Biology and culture of Penaeus monodon. Tigbauan, Iloilo.

SEAFDEC (1993): Fishery Statistical Bulletin for the South China Sea Area 1990. Bangkok.

WAHYONO,U. (1990): Status of shrimp production in Indonesia. In: Proceedings of the Shrimp Culture Industry Workshop Jepara/Indonesia 1989, p.39–45.

DIE PROBLEMATISCHE PRODUKTION NICHT-TRADITIONELLER LUXUSGÜTER FÜR DEN EXPORT: UMWELTKOSTEN UND VERANTWORTUNGSZUSCHREIBUNG
Das Beispiel der Schnittblumenproduktion in der Dritten Welt

Verena Meier, Basel

Schnittblumen aus aller Welt[1]

Frische Schnittblumen – Rosen, Chrysanthemen, Nelken und andere – sind bei uns in den letzten zwanzig Jahren zum Massenkonsumgut geworden. Das kurzlebige Luxusgut mit seinen vielen Farben, Formen und Düften stößt auf eine große Nachfrage. Die Werbung legt uns nahe, daß ein Strauß blühende Natur für die Wohnstube „eine Botschaft der Liebe" sei. Schnittblumen werden auch immer billiger. Dies hat vor allem damit zu tun, daß zusätzliche Länder in die Produktion eingestiegen sind, Länder mit billigeren Arbeitskräften und höherer Klimagunst, aber auch weniger strengen Umweltschutzvorschriften.

Italien, Frankreich, die Niederlande sowie andere westeuropäische Staaten sind traditionelle Blumenanbauländer. Die französisch-italienische Riviera belieferte schon vor hundert Jahren die Pariser Noblesse mit frischen Veilchen. In den letzten 25 Jahren hat sich die Schnittblumenproduktion auf Länder ausgebreitet, die über die ganze Welt verstreut sind. Die neue Transporttechnologie hat dies ermöglicht: werden Blumen aus Kenia eingeflogen, so dauert das nicht mehr viel länger, als wenn sie per Lastwagen aus Italien kommen. Lohnend ist die Produktion an den neuen Standorten wegen der relativ tiefen Luftfrachtkosten und der Möglichkeit, in Dritt-Welt-Ländern viel billiger zu produzieren.

Kolumbien ist dasjenige Dritt-Welt-Land, das in sehr kurzer Zeit – nach den Niederlanden – zum zweitwichtigsten Blumenlieferanten für den Weltmarkt geworden ist. Seit den späten 60er Jahren werden im Hochland der Hauptstadt Bogotá Blumen hauptsächlich für den nordamerikanischen und den europäischen Markt angebaut. Die „Sabana de Bogotá" liegt auf 2600 m.ü.M. und eignet sich mit Durchschnittstemperaturen zwischen 12°C und 14°C für eine ganzjährige Produktion. 4000 Hektar besten Kulturlandes sind inzwischen mit Plastik überdeckt worden, etwa 80.000 Frauen und Männer haben in der Blumenindustrie Arbeit gefunden. Die Experten der Weltbank sind des Lobes voll: „The Colombian cut flowers industry is one of the major development success stories of the last

---

[1] Im Rahmen eines zweieinhalbjährigen Forschungsprojektes des Schweizerischen Nationalfonds zur Förderung der wissenschaftlichen Forschung mit dem Titel „Aktuelle Wirtschaftsgeographie, Globalisierung, Flexibilisierung, Frauenarbeit" haben wir – ein Team von drei Forscherinnen an der Universität Basel – die Zusammenhänge des internationalen Schnittblumenhandels und die lokalen Auswirkungen der Schnittblumenproduktion je in einem Land, den Niederlanden, Kolumbien und Spanien, untersucht. (MEIER, LANGE, KRÄNZLIN 1993) Die folgenden Informationen stammen größtenteils aus Experteninterviews, die ich in Kolumbien und in den Niederlanden durchgeführt habe.

Abb. 1: Schnittblumenimport und -export weltweit 1990 (in U.S.-Dollar)
Quelle: U.N. International Trade Statistics 1992 (Grafik I. Kränzlin)

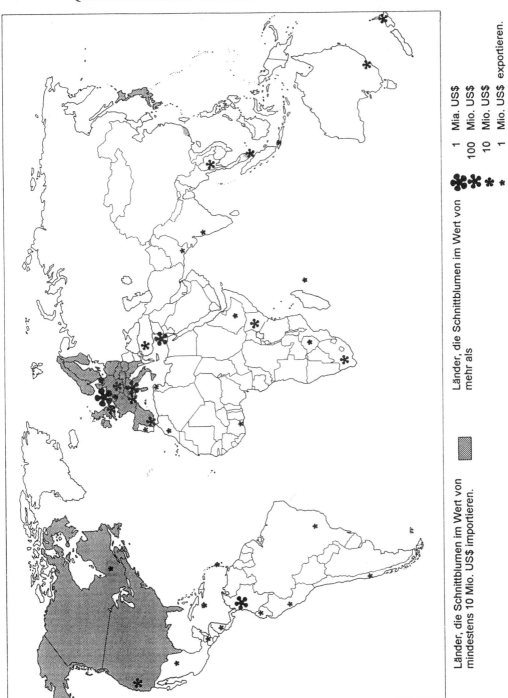

two decades... the development of the Colombian cut flowers industry is a textbook story of how a market economy works". (WELTBANK 1991 zit. nach VELEZ 1993, S. 2,3). Die Kehrseite der Medaille ist, daß die Blumenindustrie neben politischen und sozialen Problemen (s. MEIER 1994a,b) große Umweltschäden verursacht.

Umweltschäden / Umweltgesetzgebung

Schnittblumen sind leicht verderblich und doch selbst nach tausenden von Kilometern Fracht nur in perfektem Zustand verkäuflich. Sie werden in Monokulturen angebaut. Dies erfordert große Mengen von Agrochemikation bei ihrer Produktion. Das fängt bei der Bodendesinfektion an. Dann müssen die Pflanzen gedüngt und mit Pestiziden vor Pilzen, Bakterien und Insekten geschützt werden. Wachstumssteuerungssubstanzen, Frischhaltemittel und sogar Farben können dazukommen. Je nach der Handhabung dieser Agrochemikalien sind die Rückstände in Böden, Wasser und Luft beträchtlich. Dort, wo die Schutzmaßnahmen ungenügend sind, steigt die Belastung durch die Pestizide für die Menschen, die mit diesen Blumen arbeiten oder in der Nähe der Blumenkulturen wohnen.

In den Niederlanden, der alten Gartenbaunation, ist ein großes Bewußtsein bezüglich dieser Probleme entstanden, und konsequent gibt es den politische Druck, um die Situation zu verändern. So müssen sich die holländischen Produzenten mit einem Umweltplan auseinandersetzen, der ihnen vorschreibt, den Pestizidverbrauch bis ins Jahr 2000 um die Hälfte zu reduzieren. Zur Erreichung dieses Ziels wurden die folgenden Bestimmungen erlassen: nur ausgebildete Leute dürfen Pestizide applizieren, die Applikationsgeräte müssen Qualiätsnormen entsprechen, Bodendesinfektionsmittel werden rezeptpflichtig, die Pestizide werden durch spezielle Steuern verteuert und die Lieferung und der Gebrauch von Pestiziden ist registrierpflichtig. Ein Beratungsdienst, Kursprogramme und gezielte Forschung sollen die Umstellung der Betriebe erleichtern. (essentials o.J.)

Diese Bestimmungen führen dazu, daß immer mehr in möglichst geschlossenen, von der natürlichen Umwelt isolierten Systemen produziert wird. Das heißt, es wird auf Substratanbau umgestellt und mit gentechnisch veredeltem, weitgehend kranheitsresistentem Pflanzenmaterial gearbeitet. Die Wachstumsbedingungen (Tempertaur, Licht, Feuchtigkeit) werden in geschlossenen Treibhäusern genauestens kontrolliert, die Wasser- und Nährstoffzugabe als System mit dauernder Rezyklierung konzipiert. Natürliche Feinde der Schädlinge, „Nützlinge", werden gesucht und gezüchtet, Pestizide nur noch ganz gezielt, kurativ eingesetzt. Es ist offensichtlich, daß dies alles enorme Investitionen erfordert. Längerfristig erhofft man sich einen Wettbewerbsvorteil durch die Erforschung dieser Technologien. Kurzfristig ist die Produktion in Ländern, die weniger strenge Vorschriften haben, zum Beispiel in Kenia, Simbabwe oder Kolumbien, billiger.

Diese Entwicklung zeigt folgendes: Erstens, soll Umwelt geschützt werden, ohne die Herstellungslogik in Frage zu stellen, die Qualiätsnormen zu ändern und den Preis des Produktes zu erhöhen, so muß die immer noch schädliche Produktion möglichst von der natürlichen Umwelt isoliert werden. Ob dies wirklich eine Lösung, oder vielmehr eine Verschiebung des Problems ist, wäre zu diskutieren. Zweitens werden durch kostspielige Umweltauflagen in einzelnen Ländern andere Standorte konkurrenzfähiger, deren Produktionsweise noch viel umweltverschmutzender ist. Dies gilt insbesondere, wenn der Umweltschutz sich nicht in Ersparnissen bei der laufenden Produktion oder in höheren Absatzpreisen niederschlägt. Werden Produktion und Markt für ein Produkt geographisch weiter auseinandergerissen, so wird die Umwelt durch die Emissionen beim Transport der Ware zusätzlich belastet. Bei den Blumen fällt zudem ins Gewicht, daß sie aus Angst vor der Rückweisung durch phytosanitarische Grenzkontrollen zusätzlich mit Pestiziden behandelt werden. Global gesehen können deshalb die kurzfristigen Auswirkungen eines solchen (lokal beschränkten) Umweltschutzes negativ sein.

Umweltkosten in Dritt-Welt-Ländern

In Dritt-Welt-Ländern wie Kolumbien kann unter anderem billiger produziert werden, weil die Umweltgesetzgebung weniger streng ist als in westeuropäischen oder nordamerikanischen Ländern, oder vielmehr, weil die Unternehmer sich weniger darum kümmern, die Gesetze einzuhalten, und der Staat nicht in der Lage ist, bei Fehlverhalten entsprechende Sanktionen durchzusetzen.

Die Kosten für die Bevölkerung der betroffenen Regionen sind jedoch groß. Mit den Exportblumen, wie mit anderen Agrar- und Industrieprodukten zuvor, ist eine Technologie von der „Ersten" in die „Dritte" Welt geliefert worden, ohne sie für die lokalen Verhältnisse zu adaptieren. Sowohl das Pflanzenmaterial als auch die Agrochemikalien werden nach wie vor in Europa oder den USA entwickelt und zum Teil auch hergestellt. Bei den Agrochemikalien fehlen Kenntnisse über die genaue Wirkung der Substanzen an Ort (Lokalklima, Treibhauskonstruktion, Schädlinge etc.), da sich lokale Forschung für dieses – relativ zu Produkten wie Reis, Mais oder Baumwolle – kleine Marktsegment nicht lohnt. Die Schutzmaßnahmen sind mangelhaft, weil die Toxizität der Produkte nicht bekannt ist, die Ausrüstungen nicht zur Verfügung stehen oder andere Ziele wichtiger scheinen, zum Beispiel „unbehinderte" Akkordarbeit oder rasche Weiterarbeit im eben gespritzten Sektor des Treibhauses. Auch die Abfallentsorgung ist oft prekär. Die leeren Behälter der Chemikalien werden vergraben oder in kleinen Öfen verbrannt. Ziegen und Rinder fressen kontaminierte Nelkenabschnitte. Sehr gravierend im Fall der „Sabana der Bogotá" ist die Wasserentnahme. Der Grundwasserspiegel in den Gebieten der Blumenkulturen senkt sich bis zu fünf Meter pro Jahr. Wenn weiterhin so viel Wasser hochgepumpt wird, vertrocknet das einst fruchtbarste Gebiet des Landes. In der „Sabana" wurden auch Bodenabsenkungen festgestellt, welche von Experten teilweise der Wasserentnahme zugeschrieben werden.

Die ArbeiterInnen und die ärmeren BewohnerInnen der Gemeinden des Produktionsgebietes müssen die größten Kosten tragen. Die Pestizide, denen sie bei der Arbeit oder via Luft, Wasser und Nahrung ausgesetzt sind, beeinträchtigen ihre Gesundheit, die bei der armutbedingten Mangelernährung und der übermässigen Arbeitsbelastung ohnehin angeschlagen ist. Sauberes Trinkwasser wird immer mehr zum knappen Gut. Mit den Blumen werden große Mengen Wasser exportiert, was bleibt, ist kontaminiert. Da andere Industrien schon lange verschmutzen und eine gute, kontrollierte Wasserversorgung in vielen Quartieren fehlt, müssen die Leute irgendwo geangeltes Schmutzwasser verwenden, und sie brauchen viel Zeit, um es abzukochen, oder werden davon krank. Sie haben wenig Möglichkeiten, sich zu wehren. Zehntausende wollen Arbeit in der Blumenindustrie, weil diese Arbeit besser ist als gar keine.

Der Staat, der die Schwächeren schützen und die Lebensqualität der ganzen Bevölkerung längerfristig gewährleisten sollte, nimmt diese Verantwortung nur unzureichend war. Einerseits fehlen die Mittel und andere Probleme sind noch dringlicher, andererseits haben die Unternehmer mit ihren Interessen einen großen Einfluß. In der „Sabana de Bogotá" sind mehrere Gemeindepräsidenten selber Blumenunternehmer – kein Wunder, daß sie praktisch keine Steuern bezahlen und all das Wasser aus dem Boden pumpen, daß sie für ihr Geschäft brauchen.

Alle sind sich einig, daß die Umweltzerstörung nicht so fortschreiten darf. Nur, anfangen müssen die anderen.

Verantwortungszuschreibung

Wer ist verantwortlich für diese Situation? Weshalb wird derart verbrecherisch mit der Umwelt umgegangen? Die Antworten erinnern an ein Kinderspiel, bei dem alle Beteiligten den Ball gleich wieder weitergeben, damit sie sich die Finger nicht verbrennen. Werden die Unternehmer gefragt, weshalb sie mit so wenig Rücksicht auf die Natur produzieren, so antworten die einen, Schuld wäre die lange Geschichte der Nord-Süd Abhängigkeit, welche die Kolumbianer dazu zwinge, sich auszubeuten, um irgendwie zu überleben. Ebenso seien die KonsumentInnen Schuld, die perfekte Blumen kaufen wollten, ohne den Preis dafür zu bezahlen. Diese wiederum weisen zur Blumenindustrie und den Werbebüros, die so ein Produkt propagieren und auf den Markt bringen. Doch die Leute der Werbebüros sagen, Blumen machten Freude, ihre Produktion schaffe Arbeitsplätze und Blumen könnten auch „sauber" kultiviert werden. Aber nicht alle Unternehmer tun dies, entgegnen die VertreterInnen von Umweltorganisationen. Die Unternehmer antworten darauf, es wäre die Konkurrenz, welche die Preise in die Tiefe treiben würde, sodaß wenig Geld für Investitionen im Sozial- und Umweltbereich bleibe. Ebenso wären die protektionistischen Maßnahmen der (reichen) Importländer derart, daß das Geld für Anwälte und für Zölle aufgewendet werden müsse, anstatt dem Wohlergehen der Arbeiterinnen und der Umwelt zuzufliessen. Und der Sommer wäre dieses Jahr besonders trocken gewesen. Außerdem seien die ArbeiterInnen oft zu faul, um sich zu schützen. Diese wiederum fragen, wie sie sich denn schützen sollen, wenn die Ausrüstungen so schwer sind und sie darin schwitzen während sie vom Aufseher zur Arbeit angetrieben werden. Die Unternehmer – und andere – beschuldigen die Chemiekonzerne (aus den reichen Ländern), sie würden schamlos ihre giftige Ware verkaufen. Die Chemiekonzerne wiederum sagen, sie hätten ihre Tests gemacht und die Produkte auf dem staatlichen Amt in mühseliger Arbeit registrieren lassen. Für die Unternehmer würden sie Beschreibung und Beratung mit ihren Produkten liefern. Diese zu beachten, sei schließlich Sache der Anwender. Und der Staat solle das Ganze doch überwachen. Die Vertreter des Staates antworten, sie würden das Problem kennen, aber sie hätten nicht genügend Mittel, sie würden überschwemmt von Problemen, sie könnten nicht überall sein und die Blumenindustrie schaffe trotz allem Arbeitsplätze...

Angenommen, daß in jeder dieser Anschuldigungen ein Körnchen Berechtigung liegt, so gibt es ein weites Spektrum an Beteiligten, die Verantwortung wahrnehmen könnten und müßten. Allerdings ist jeweils zu fragen, welches die Möglichkeiten der Einzelnen sind (finanzielle Mittel, politischer Einfluß, demokratische Rechte, Bildungsniveau u.a.), und wie sie sich damit für den Schutz der Umwelt einsetzen können.

Strategien für eine nachhaltigere Entwicklung

Die konkreten Strategien müssen auf verschiedenen Ebenen ansetzen.

Grundsätzlich ist nach dem Sinn des weltweiten Handels eines Luxusgutes zu fragen, dessen Umweltbelastung nur beschränkt reduzierbar ist, weil sich weder die Wasserentnahme, noch der Lufttransport, noch die Pestizidapplikation vermeiden lassen, solange frische Blumen ohne Schaden tausende von Kilometern zurücklegen sollen. Einfuhrverbote und Konsumentenboykotte garantieren aber nicht, daß anstelle von Blumen ökologisch verträglichere Produkte produziert werden. Das heißt, daß gleichzeitig alternative Projekte der Produktion für den Eigengebrauch oder für einen sinnvolleren Handel gefördert werden müssen. Dafür müssen einerseits globale und nationale Rahmenbedingungen verändert (Schuldenerlaß, bessere Terms of Trade für die sogenannten Entwicklungsländer, Landumverteilung), andererseits konkrete Projekte (z.B. zur gezielten Kultivierung und Verarbeitung tropischer Früchte) erarbeitet werden.

Inzwischen ist jedoch die Blumenproduktion selber auf eine ökologisch verträglichere Basis zu stellen. Global verbindliche Richtlinien, inbesondere bezüglich der (tatsächlichen) Verwendung von Pestiziden, tun Not. Für Mißbräuche bei der Verwendung und Entsorgung müßten sowohl die Betriebsinhaber, als auch die Produzenten und der Staat zur Rechenschaft gezogen werden können. Nach den Dumpingklagen der nordamerikanischen Produzenten mußten kolumbianische Betriebe Inspektionen über sich ergehen lassen, um weiterhin in großen Mengen und mit geringer Zollbelastung in die U.S.A. liefern zu können. Es ist nicht einzusehen, weshalb es nicht parallel dazu Umweltzerstörungsklagen geben sollte[2]. Ein Ecolabel (wie es zur Zeit von Dritt-Welt- und Umweltorganisationen ausgearbeitet wird) einerseits und schwarze Listen andererseits könnten postive und negative Selektionen an den Blumenhandel und an die KonsumentInnen weitervermitteln. Neben kontrollierenden Maßnahmen währen aber vor allem unterstützende gefragt. Eine verstärkte technische (phytotechnische, betriebswirtschaftliche, medizinische etc.) Zusammenarbeit ist wichtig, um die bereits angerichteten Schäden zu begrenzen und zukünftige zu vermeiden. Bei dieser Zusammenarbeit ist jedoch nicht zu vergessen, daß – in Lateinamerika besonders offensichtlich – ökologische Probleme in erster Linie politische Probleme sind. Das heißt, daß die Betroffenen ermächtigt werden müßten, sich für eine intakte Umwelt zu wehren.

Literaturverzeichnis

essentials, o.J. Multi-Year Crop Protection Plan. Mimeo, bezogen durch Bloemenbureau Holland, Leiden.

French, Hillary F. 1992: Versöhnung von Welthandel und Umwelt. In: Zur Lage der Welt 1993. World Watch Institute Report. Frankfurt am Main: Fischer.

Meier, Verena 1994a: Frische Blumen aus Kolumbien – Frauenarbeit für den Weltmarkt. Geographica Helvetica 1/1994. S.5–10.

Meier, Verena 1994b: Frische Blumen aus Kolumbien – Frauenarbeit für den Weltmarkt. Eine wirtschafts- und sozialgeographische Studie. Habilitationsschrift, Universität Basel.

Meier, Verena; Lange Ursula und Kränzlin, Iräne 1993: Aktuelle Wirtschaftsgeographie, Globalisierung, Flexibilisierung, Frauenarbeit. Analysen am Beispiel der Schnittblumenindustrie. Schlußbericht zuhanden des Schweizerischen Nationalfonds. Basel.

Velez, Ernesto K. 1993. Colombian Floriculture, its development, trends and major pests. Paper presented to the International Organization of Biological Control meeting on integrated control in glasshouses. Pacific Grove Ca. 25.–29.4.1993.

---

2   French (1992, S. 246) schlägt vor, lasche Gesetze wie eine Subvention zu bewerten und in die GATT-Regelungen einzubeziehen. Länder, die sich durch umweltpolitische Versäumnisse einen Wettbewerbsvorteil verschaffen, müßten Ausgleichszahlungen leisten.

NATURSCHUTZ IN DER DRITTEN WELT: GLOBALE INTERESSEN – LOKALE VERLIERER. DAS BEISPIEL DES ROYAL CHITAWAN NATIONAL PARK / NEPAL

Ulrike Müller-Böker, Gießen

Die meisten der auf der Welt vorkommenden Tier- und Pflanzenarten leben in den Tropen und damit weitgehend in der Dritten Welt. Der Artenreichtum läßt sich erdgeschichtlich und klimatisch begründen. Hinzu kommt, daß in der Dritten Welt, bedingt durch eine geringe Industrialisierung und infrastrukturelle Erschließung, natürliche Lebensräume noch vielfach ungestört geblieben sind. Ohne Zweifel besteht ein globales Interesse, diese biologische Vielfalt zu sichern und zu erhalten. Verschiedene Organisationen bemühen sich um „global biodiversity conservation" (WRI, IUCN & UNEP 1992), unter anderem durch die Ausweisung von Schutzgebieten, deren Anzahl und Größe in den letzten 30 Jahren weltweit erheblich gewachsen sind (WCMC 1992, S. 448ff.).

Fast 20% der heute weltweit geschützten Fläche liegen in Ländern mit niedrigem und über 30% in Ländern mit mittlerem Einkommen (Abb. 1). Zu den 18 Ländern, in der mehr als 6% der Landesfläche völlig geschützt sind, zählen nur zwei Länder zur Gruppe mit hohem Einkommen. Sieben hingegen gehören zur Gruppe mit mittlerem und neun zur Gruppe mit niedrigem Einkommen, darunter sind arme Länder wie Ruanda, Sri Lanka oder Nepal mit hohen Bevölkerungsdichten (Tab. 1). Wenngleich diese Angaben noch keine Aussagen über die Qualität der Schutzgebiete zulassen, zeigen sie doch, daß viele Länder der Dritten

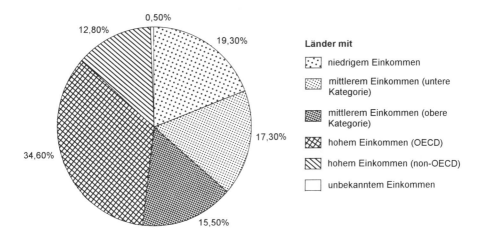

Abb. 1: Geschützte Flächen nach Ländergruppen (WCMC 1992, S. 452)

Welt dem Naturschutz einen hohen Stellenwert einräumen. Durch die Stärkung des Naturschutzes erhoffen sie sich vielfach ökonomische Vorteile, Entwicklungshilfegelder, eine Reduktion der Auslandsschulden („Dept for Nature Swaps"), aber auch Deviseneinnahmen aus Safari- und Ökotourismus. Auf der anderen Seite jedoch ist bei der Ausweisung von streng geschützten Flächen auf lokaler Ebene mit einer Vielzahl an Problemen zu rechnen.

Am Beispiel des Royal Chitawan National Parks, dem ältesten Nationalparks Nepals, sollen diese Probleme aufgezeigt werden.

Tab. 1: Länder mit einem Anteil an völlig geschützten Flächen >6% (IUCN-Kategorien: I, II, III) (WCMC 1992; WELTBANK 1993)

Länder-kategorie	Land	E/km^2	völlig geschützte Fläche in % der Landesfläche
84	Botsuana	2	15,28
88	Venezuela	22	15,17
15	Ruanda	273	12,42
124	Norwegen	13	12,00
76	Chile	18	11,14
62	Namibia	2	10,89
48	Dominik. Rep.	147	10,08
108	Neuseeland	13	9,76
72	Costa Rica	61	9,50
40	Sambia	11	8,45
57	Kolumbien	29	7,89
31	Sri Lanka	260	7,50
24	Benin	43	7,49
14	Malawi	75	7,40
36	Indonesien	95	7,19
7	Nepal	138	7,17
38	Simbabwe	26	6,93
28	Togo	67	6,29

Kategorien der IUCN:
I   Strict Nature Reserve/ Scientific Reserve
II National Park
III Natural Monument

Kategorien der Weltbank:
Länder mit niedrigem Einkommen (BSP < 635 US $): 1–40
Länder mit mittlerem Einkommen, untere Kategorie (BSP 636–2554 US $): 41–83
Länder mit mittlerem Einkommen, obere Kategorie (BSP 2555–7909 US $): 84–105
Länder mit hohem Einkommen (BSP > 7910 US $): 106–125

Die Entwicklung der Region Chitawan

Chitawan, ein Distrikt, der in Süd-Nepal im Bereich der Himalaya-Vorketten liegt, war bis Mitte dieses Jahrhunderts nur sehr dünn besiedelt. Die steilen Südflanken der Mahabharat-Kette im Norden und im Süden die bewaldete Churiya-Kette erschwerten den Zugang zu der synklinalen Talweitung. Die Auenwälder, Hochgrasfluren und Sümpfe waren eine ideale Brutstätte für die Malariamücken (HAFFNER 1979, S. 51ff.). Für die Tharu, Angehörige einer Stammesgruppe, die beidseitig der indisch-nepalesischen Grenze siedelt, war bis Mitte dieses Jahrhunderts Chitawan ein Rückzugsgebiet. Ihre extensive Wirtschaftsform harmonisierte weitgehend mit den strategischen Interessen der Territorialherren und später der nepalesischen Zentralregierung, die Region als unerschlossenen Wald- und Sumpfschutzgürtel zu belassen, zumal er gleichzeitig eines der besten Großwild-Jagdgebiete darstellte. Bis 1950 war Chitawan ein exklusives Jagdrevier der Maharadschas und Schauplatz gigantischer Großwildjagden. „Royal Game" waren Tiger, Leoparden und das indische Panzernashorn (SMYTHIES 1942).

Nach 1950, mit der außenpolitischen Öffnung Nepals, avancierte Chitawan zur Erschließungsregion. Mit amerikanischer Hilfe unternahm man erste Schritte zur Bekämpfung der Malaria und sorgte dann durch eine hochmechanisierte Urbarmachung von Wald- und Grassavannen für die Bereitstellung von Land, welches Siedler aus den Bergen aufnehmen sollte (MIHALY 1965, S. 76f.). Nach den ersten Erfolgen der Malariabekämpfung zog Chitawan so viele Siedler an, daß die jährliche Bevölkerungswachstumsrate des Distrikts mit 10,5% in der Dekade 1961 bis 1971 einen landesweiten Rekord erreichte. Lebten 1953 noch 19 E/km^2, so sind es heute 160 E/km^2. Chitawan – einst ein dünnbesiedeltes, malariaverseuchtes Rückzugsgebiet der Tharu – hat sich in weniger als einem halben Jahrhundert zu einem gut erschlossenen Zuwanderer- und Kolonisationsgebiet entwickelt.

Der Royal Chitawan National Park

Durch die schnelle, vielfach unkontrollierte Ausweitung der Siedlungsflächen – zwischen 1927 und 1977 wurde fast die Hälfte der Wald- und Graslandgebiete Chitawans in landwirtschaftliche Nutzfläche umgewandelt (GURUNG 1989, S. 273) – wurden die Wildtier-Biotope ständig verkleinert. Darüber hinaus sorgten Wildererbanden aus Indien und aus den Bergen für eine massive Dezimierung der Nashorn-Population (GEE 1963, S. 70f.).

Erste Maßnahmen zum Schutze des indischen Panzernashorns, das auf der „Roten Liste" der IUCN stand, ergriff man 1964 mit der Ausweisung eines „Rhino Sanctuary". Drei Tharu-Dörfer und 22.000 illegale Siedler wurden aus dem Territorium entfernt – „cleared the settlers from a large area of forest", so die Wortwahl des zuständigen Forstbeamten (WILLAN 1965, S. 159). 1973 konnte dann ein Gebiet von 544 km^2 als Nationalpark ausgewiesen und unter strengen

Schutz gestellt werden (HMG 1974). 1977 wurde das Territorium auf insgesamt fast 1000 km^2 erweitert. 1984 erkannte die UNESCO den Nationalpark aufgrund seiner reichen Flora und Fauna als „World Heritage National Site" an. Das 500 km^2 umfassende Parsa Wildlife Reserve, welches die Ostgrenze des Parks berührt, wurde 1988 ausgewiesen.

Tab. 2: Die Entwicklung der *Rhinoceros unicornis* Population in Chitawan (1950 bis 1986) (STRACEY 1957; GEE 1963 u.a.)

Jahr	Bestand
1953	1.000
1957	400
1958	300
1960	200–225
1966	100
1974	250–300
1986	356

Die *Rhinoceros unicornis* Population ist auf heute ca. 350 Tiere angewachsen. Der jährliche Nettozuwachs von fünf Tieren erlaubt es mittlerweile, Nashörner in andere Schutzgebiete umzusiedeln. Neben dem Nashorn findet im Park ein breites Spektrum an Tierarten ihren Lebensraum, darunter einige vom Aussterben bedrohte Arten (WCMC 1990) wie Königstiger (*Phantera tigris*), Elefant (*Elephas maximus*) und Schnabelkrokodil (*Gavialis gangeticus*) (GURUNG 1983; JEFFERIES & MISHRA 1991). Ohne Zweifel zählt der Royal Chitawan National Park heute zu einem der bedeutendsten Naturschutzparke Asiens und stellt daher eine große Attraktion für den Tourismus dar – einer wichtigen Einkommensquelle für Nepal.

Wenngleich also die Ausweisung eines Nationalparks in Chitawan aus ökologisch-naturschützerischer Sicht eine sinnvolle Maßnahme war, widersprach sie dem zuvor gefällten Entschluß, die Region für eine Kolonisierung zu öffnen. Die Tharu, die seit Generationen in Chitawan leben, wurden somit Opfer einer doppelten Verdrängung: Als „primitive" Stammesgruppe marginalisiert, bedrängt und übervorteilt durch die Einwanderer (MÜLLER-BÖKER 1993a) wurden sie gleichzeitig durch den Nationalpark daran gehindert, ihre natürliche Umwelt so zu nutzen, wie sie es traditionell taten (MÜLLER-BÖKER 1993b).

Die Konflikte zwischen den Nutzungsansprüchen der lokalen Bevölkerung und dem Naturschutz

Obgleich massive und wachsende Nutzungskonflikte bei der Ausweisung eines Nationalparks in Chitawan abzusehen waren, bauten die beteiligten nationalen und internationalen Institutionen zur Durchsetzung ihrer Ziele lediglich auf strikte Nutzungsverbote. Dem traditionellen Wirtschaftssystem der Tharu wurden dadurch faktisch von einem Tag auf den anderen ersatzlos wesentliche Bereiche

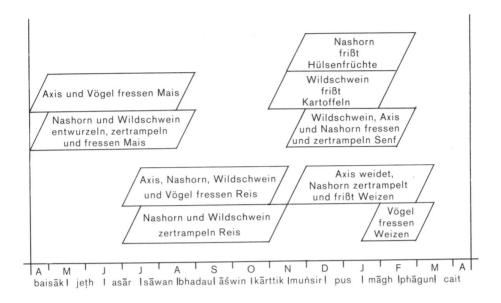

Abb. 2: Erntezerstörung durch Wildtiere im Verlauf eines Anbaujahres
(nach MILTON & BINNEY, 1980, S. 23)

entzogen. Die Wald- und Hochgrasflurareale, die heute unter Schutz stehen, gingen als potentielle Kulturlandreserve aber auch als Weidegebiet verloren. Der Viehbesatz reduzierte sich erheblich – in einigen Dörfern um 80%, denn die Tiere verhungerten! Die Jagd auf Wildtiere, der Fischfang und das Sammeln von Nahrungsmittelpflanzen wurden verboten. Die Versorgung mit Brennholz und mit organischen Rohstoffen (Holz, Rinde, Rohr, Gras etc.) wurde erheblich erschwert und ist heute vielfach nur auf illegalem Wege möglich (MÜLLER-BÖKER 1993b). Nur für zwei Wochen im Jahr wird der lokalen Bevölkerung – nach Entrichtung einer geringen Eintrittsgebühr – erlaubt, im Park Gräser für den Hausbau und den Hausrat zu schneiden (MISHRA 1982; LEHMKUHL et al. 1988).

Die schutzbedingt wachsende Populationsdichte der großen Raub- und Huftiere trägt zur Verschärfung der Nutzungskonflikte bei. Wildtiere reduzieren die Erträge in der Landwirtschaft ganz erheblich (Abb. 2) und dezimieren den bäuerlichen Viehbestand. Besonders in Nationalparknähe werden immer wieder Rinder und Wasserbüffel von Raubtieren gerissen. Eine Untersuchung von Tamang (1979) ergab z.B., daß von 156 großen Säugetieren, die von Tigern erlegt wurden, ein Drittel Rinder und Wasserbüffel waren. Häufig kommt es auch zu gefährlichen und oftmals tödlichen Unfällen, wenn Menschen – ungewollt – außerhalb und innerhalb des Nationalparks auf Wildtiere treffen (MISHRA 1982).

Nach wie vor sind die Parkanrainer darauf angewiesen, zur Subsistenzversorgung regelmäßig auf die Ressourcen des Nationalparks zurückzugreifen. Illegale anthropogene Eingriffe in die Ökosysteme des Parks bleiben also nicht aus, obwohl zur Bewachung des Parks 500 bewaffnete Infanterie-Soldaten der Royal Nepal Army eingesetzt sind – eine Dienstleistung, die im übrigen über zwei Drittel der gesamten Betriebskosten des Nationalparks verschlingt. Nicht selten wird von Übergriffen der Militärwachposten berichtet, von Gewalttätigkeiten, Vergewaltigungen und Korruption. – Vor diesem Hintergrund ist leicht nachvollziehbar, daß der Nationalpark von der Bevölkerung und ganz besonders von der autochthonen Bevölkerung grundlegend abgelehnt wird.

Die Bewertung des Nationalparks – eine Frage der Perspektive

In den vielen Diskussionen, in denen ich Argumente für den Nationalpark vortrug, war deutlich zu spüren, daß diese Argumente nicht überzeugen konnten. Besonders die Tharu messen ihre aktuelle ökonomische Situation mit dem Maßstab der Vergangenheit, allerdings ohne zu berücksichtigen, daß in der Vergangenheit nur ein Bruchteil der Menschen in Chitawan lebten und die natürlichen Ressourcen nutzten wie heute. Sie bewerten es als großes Unrecht, daß sie von den überlebenswichtigen Ressourcen ihrer Lebenswelt abgeschnitten wurden, und juristisch gesehen wurde tatsächlich auf der Grundlage der Nationalparkgesetzgebung des Zentralstaats Nepal das Traditionsrecht außer Kraft gesetzt.

In den Diskussionen zeichneten sich aber auch verschiedene Formen von Umweltbewertung ab. Im Gegensatz zu den Naturschutzexperten denken die Tharu nicht in globalen, wissenschaftlich und ethisch hergeleiteten Zusammenhängen (vgl. z.B. PLACHTER 1991), sondern regional und auf ihre eigenen Bedürfnisse bezogen. Ihr unmittelbarer Lebensraum, den sie seit Generationen nutzen, ist für sie das „Zentrum der Welt" – eine Vorstellung, die kennzeichnend für traditionelle Gesellschaften ist (ELIADE 1985, S. 41ff.). Und zu der Lebenswelt der Tharu gehört der Wald, dessen reichhaltiges biologisches Angebot sie bestens kennen und zu nutzen wissen. Der Wald ist gleichzeitig als Ursprungsort ihrer Schamanen und als Lebensraum ihrer Götter und Geister ein von religiöser Bedeutung erfülltes Territorium, aus dem sie ihre kulturell-religiöse Identität schöpfen (MÜLLER-BÖKER 1991). „Das Heilige", dies zeigte Eliade (1985) anhand einer Fülle von Beispielen, manifestiert sich für traditionelle Gesellschaften auch in der Natur. „Die Erfahrung einer radikal entsakralisierten Natur ist eine neue Entdeckung und überdies nur einer Minorität der modernen Gesellschaft zugänglich, an erster Stelle den Wissenschaftlern" (1985, S. 134). Max Weber bezeichnete den Prozeß der Entsakralisierung als eine „intellektualistische Rationalisierung durch Wissenschaft und wissenschaftlich orientierte Technik" bedingte „Entzauberung der Welt" (1991/1919, S. 250). Im Konflikt um den Royal Chitawan National Park zeichnen sich diese verschiedenen Welten deutlich ab: Die „entzauberte Welt" der westlichen Ökologen und Naturschützer und die „verzauberte Welt" einer traditionellen, vorindustriellen Gesellschaft. Es gilt diesen Aspekt, der bei der Naturschutzarbeit in der Dritten Welt immer wieder zu Verständigungsproblemen und Konflikten führt, zu berücksichtigen.

Ansätze zur Konfliktlösung in der Nationalparkfrage

Es würde den Rahmen des Vortrags sprengen, detaillierte Konzepte und Pläne zur Konfliktlösung in der Nationalparkfrage zu erarbeiten. Lediglich einige Ansätze für eine integrierte Planung, die sowohl die Belange des Naturschutzes als auch die der lokalen Bevölkerung berücksichtigt, sollen skizziert werden.

Längst überfällig ist die Ausarbeitung eines detaillierten Managementplans für den Nationalpark, der dem Nebeneinander von verschiedenen Schutzzielen und Nutzungsansprüchen z.B. durch Zonierung gerecht wird. Die wichtigste und sicherlich schwierigste Aufgabe ist dabei ein Pufferzonenmanagement, das der Absicherung des Schutzgebietes dient und gleichzeitig den traditionellen Nutzergruppen eine Subsistenzversorgung erlaubt.

Notwendig bleibt auch weiterhin ein Arten- und Biotopmangement zur Populationsregulierung einzelner Arten, aber auch zur Steuerung einiger Ökosysteme. Die Aufzucht z.B. von Schnabelkrokodilen unter künstlichen Bedingungen garantiert erst deren Bestand (MASKEY & MISHRA 1981/82), oder das Aussiedeln von Nashörnern verhindert einen Übersatz. Die Hochgrasfluren, ein für die Großtiere mit Mehrfachbiotopansprüchen besonders wichtiges Ökosystem, ist anthropogen mitgeformt und in der heutigen Ausdehnung der Aktivität des Menschen zu verdanken. Denn das jährliche Abbrennen der Grasfluren im Auenbereich ist in Chitawan eine traditionelle Praxis, um die Produktivität des Graslandes zu verbessern und gleichzeitig der natürlichen Sukzession, dem Aufkommen von Wald, entgegenzuwirken. Die seit 1976 bestehende „grass-cutting-regulation" (LEHMKUHL et al. 1988) trägt somit zur Erhaltung eines wichtigen Ökosystems des Parkes bei und bietet zugleich der lokalen Bevölkerung die Möglichkeit, sich mit verschiedenen Gräsern für den Hausbau zu versorgen. Dieser bislang einzige Beitrag in Richtung eines integrierten Naturschutzes sollte keinesfalls – wie geplant – eingeschränkt, sondern besser organisiert werden.

Weiterhin sollte nach Wegen gesucht werden, die durch den Nationalpark verursachten ökonomischen Verluste der Bevölkerung zu kompensieren. Ein Teil der Einkünfte des Parks, also der Eintrittsgelder, die etwa 35.000 Touristen pro Jahr entrichten, sollte hier bewußt eingesetzt werden, um der Bevölkerung zu verdeutlichen, daß der Nationalpark auch Vorteile für sie haben kann (vgl. NEWMARK et al. 1993, S. 183). Im übrigen wäre die Ausarbeitung einer Konzeption zur Entwicklung und Steuerung des Tourismus mit den Prämissen Umweltverträglichkeit und lokale Partizipation dringend notwendig.

Die grundlegende Bedingung für eine auch in Zukunft erfolgreiche Naturschutzarbeit ist jedoch ohne Frage, Akzeptanz für den Nationalpark auf lokaler Ebene zu schaffen. Die Einsicht: „Naturschutz ist nur mit den Betroffenen, im besten Fall durch sie möglich" (ELLENBERG 1993, S. 295), setzt sich heute mehr und mehr auch bei den im Naturschutz tätigen Organisationen durch. In Chitawan jedoch wurden die beachtlichen Erfolge des Naturschutzes bislang mit Zwang und Gewalt gegen die Interessen der Bevölkerung durchgesetzt – das räumen selbst Mitarbeiter der Nationalparkbehörde ein. Dies war möglich, weil demokratische Strukturen fehlten und die involvierte Bevölkerung keine Lobby hatte. Die politische Situation in Nepal hat sich jedoch geändert. Auch in Chitawan könnte die Bevölkerung in Zukunft ihre gewählten politischen Vertreter veranlassen, die nationalparkbedingten Nutzungsverbote aufzuweichen.

Diese Entwicklung würde jedoch der lokalen Bevölkerung nur kurzfristig helfen. Denn zweifellos profitiert sie auf lange Sicht vom Nationalpark. Schon jetzt läßt sich erkennen, daß die geschützte Vegetation Erosionsvorgänge mindert und besonders entlang der Flüsse zur Uferstabilisierung beiträgt. Gleichzeitig verhindert der Nationalpark eine kommerzielle Ausbeutung der natürlichen Ressourcen und eine weitere Erschließung durch Kolonisten. Unter diesem Gesichtspunkt gilt es, das Bild von den lokalen Verlierern zu revidieren! Diese langfristig positiven Seiten des Naturschutzes sind jedoch für Menschen, die aktuell vielfach in akuter Armut leben und die strukturell an sich schon schwierigen Rahmenbedingungen eines Entwicklungslandes zu bewältigen haben, ein sehr bescheidener Trost.

In vielen Ländern der Dritten Welt ist Naturschutz nach wie vor mit großen Nachteilen für die lokale Bevölkerung verbunden (vgl. z.B. WEST & BRECHIN 1991). Es wird zwar immer wieder postuliert, wie z.B. im Bericht der Weltbank (1992, S. 3), daß die Länder mit hohem Einkommen bei der Finanzierung des Schutzes von natürlichen Lebensräumen, die der ganzen Welt zugute kommen, eine Hauptrolle spielen sollten. Es gilt zu ergänzen, daß nicht nur natürliche Lebensräume, Pflanzen und Tiere schützenswert sind, sondern auch die ökonomischen und kulturellen Interessen der von den Schutzmaßnahmen betroffenen Bevölkerung.

Literatur

Eliade, M., 1985: Das Heilige und das Profane. Vom Wesen des Religiösen. Frankfurt/M. (1. Aufl. 1957).

Ellenberg, L., 1993: Naturschutz und Technische Zusammenarbeit. GR, 45(5): 290–300.

Gee, E.P., 1963: Report on a Brief Survey of the Wildlife Resources of Nepal, Including the Rhinoceros. Oryx, 9: 67–76.

Gurung, H., 1989: Nepal, Dimensions of Development. Kathmandu (1. Aufl. 1984).

Gurung, K.K., 1983: Heart of the Jungle. The Wildlife of Chitwan, Nepal. London.

Haffner, W., 1979: Nepal Himalaya. Untersuchungen zum vertikalen Landschaftsaufbau Zentral- und Ostnepals. Erdwissenschaftliche Forschung, 12. Wiesbaden.

HMG (His Majesty's Government of Nepal), 1974: Royal Chitwan National Parks Rules, 1974. Nepal Gazette, 23(46), Falgun 21. Ministry of Forests. Kathmandu.

Jefferies, M. & Mishra, H.R., 1991: Royal Chitwan National Park. Wildlife Heritage of Nepal. Seattle, Auckland.

Lehmkuhl, J.F., Upreti, R.K. & Sharma, U.R., 1988: National Parks and Local Development: Grasses and People in Royal Chitwan National Park, Nepal. Environmental Conservation, 15: 143–148.

Maskey, T.M. & Mishra, H., 1981/82: Conservation of Gharial (*Gavialis gangeticus*) in Nepal. In: Majupuria, T.C. (ed.): Wild is Beautiful: 185-196. Lashkar, India.

Mihaly, E.B., 1965: Foreign Aid and Politics in Nepal. A Case Study. London, New York, Toronto.

Milton, J.P. & Binney, G.A., 1980: Ecological Planning in the Nepalese Terai. A Report on

Resolving Resource Conflicts between Wildlife Conservation and Agricultural Land Use in Padampur Panchayat. Washington.

Mishra, H., 1982: Balancing Human Needs and Conservation in Nepal's Royal Chitwan National Park. Ambio, 11(5): 246–257.

Müller-Böker, U. 1991: Knowledge and Evaluation of the Environment in Traditional Societies of Nepal. Mountain Research and Development, 11(2): 101–114.

– 1993a: Tharus and Pahariyas in Citawan: Some Observations Concerning the Question of Multiethnicity in Nepal. In: Toffin, G. (ed.): Nepal, Past and Presen: 279–293t. CNRS Ethnologie. Paris.

– 1993b: Ethnobotanical Studies among the Citawan Tharus. Journal of the Nepal Research Centre, 9: 17–56. Wiesbaden.

Newmark, W.D., Leonard, N.L., Sariko, H.I. & Gamassa, D.-G.M., 1993: Conservation Attitudes of Local People Living Adjacent to Five Protected Areas in Tanzania. Biological Conservation, 63: 177–183.

Plachter, H., 1991: Naturschutz. Stuttgart.

Smythies, E., 1942: Big Game Shooting in Nepal. Calcutta.

Stracey, P.D., 1957: On the Status of the Great Indian Rhinoceros (*R. unicornis*) in Nepal. Journal of Bombay Natural History Society, 54: 763–766.

Tamang, K.M., 1979: Population Characteristics of the Tiger and its Prey. Paper presented to the First International Symposium on Tiger. New Delhi.

Weber, M., 1991: Schriften zur Wissenschaftslehre. Wissenschaft als Beruf. Stuttgart (Vortrag, 1919).

Weltbank, 1992: Weltentwicklungsbericht 1992. Entwicklung und Umwelt. Washington D.C.

– 1993: Weltentwicklungsbericht 1993. Investitionen in die Gesundheit. Washington, D.C.

West, P.C. & Brechin, S.R. (eds.), 1991: Resident Peoples and National Parks. Social Dilemmas and Strategies in International Conservation. Tucson.

Willan, R.S.M., 1965: Rhinos Increase in Nepal. Oryx, 8(3): 159-160.

WCMC (World Conservation Monitoring Center), 1990: 1990 IUCN Red List of Threatened Animals. Cambridge.

– 1992: Global Biodiversity. Status of the Earth's Living Resources. London.

WRI (World Resource Institute), IUCN (International Union for Conservation of Nature and Natural Resources) & UNEP (United Nations Environmental Program) (eds.), 1992: Global Biodiversity Strategy. Washington.

EIN REGIONALENTWICKLUNGSPLAN FÜR DEN PETÉN (GUATEMALA) – EIN WIRKSAMES INSTRUMENT ZUR ERHALTUNG DES REGENWALDES?

Einhard Schmidt-Kallert, Essen

„Weltmarktintegration und Umweltprobleme" heißt das Rahmenthema dieser Fachsitzung. Die fortschreitende Zerstörung der tropischen Regenwälder ist – mindestens zum Teil – Folge der Weltmarktintegration der Entwicklungsländer, Ergebnis der internationalen Arbeitsteilung zwischen Industrieländern und Entwicklungsländern. Tropische Edelhölzer werden geschlagen, um den Bedarf in den Industrieländern zu decken; für die Produzentenländer sind die Einnahmen aus dem Holzexport eine wichtige Divisenquelle.

Aber auch bei keinem Thema ist das Bewußtsein, daß es eine Verantwortung für die „Eine Welt" gibt, so weit fortgeschritten. Spätestens seit dem Umweltgipfel in Rio ist der Schutz der tropischen Regenwälder in aller Munde. Was vor 10 oder 15 Jahren von kritischen Umweltschutzorganisationen zum Thema gemacht wurde, ist heute in das Bewußtsein der breiten Öffentlichkeit und die Regierungen der meisten Industrieländer eingedrungen. Die Regenwälder sind von unschätzbarer Bedeutung für die Zukunft der ganzen Menschheit.

Seit 1988 haben bilaterale und multinationale Geber die Mittel, die für den Tropenwaldschutz zur Verfügung gestellt wurden, verdreifacht und vervierfacht. Gleichwohl hat sich am Ausmaß und am Tempo der Waldzerstörung bisher nichts geändert. Doch mit Geld allein läßt sich das, was jetzt vom Wald übrig ist, nicht erhalten. Entwicklungshilfe kümmert sich nicht erst seit gestern um den Waldschutz. Doch eine nüchterne Analyse zeigt, daß die vor allem sektoral angelegten Projekte in der Vergangenheit nur geringe Wirkungen gezeigt haben. Was jetzt dringend gebraucht wird, sind phantasievolle Projektansätze, die Waldschutz mit Komponenten der produktiven Nutzung verbinden. Auch das neue Sektorkonzept „Tropenwald" des BMZ fordert einen neuen, integrierten Projektansatz zum Schutz des tropischen Regenwaldes.

Die Tropenwaldproblematik bewegt sich immer im Spannungsfeld zwischen Naturschutz und der Forderung nach ökonomischer Nutzung der Waldressourcen. Internationale Konferenzen erschöpften sich lange in einer fruchtlosen Debatte darüber, welchem der beiden Pole der Vorrang zu geben sei. Radikale Forderungen, wie sie zuweilen von Tropenwaldinitiativen bei uns erhoben werden, die auf umfassenden Biotopschutz aller noch verbliebenen Tropenwälder hinauslaufen, werden der Komplexität in den meisten betroffenen Ländern nicht gerecht. Neben den globalen Interessen der gesamten Menschheit stehen eben auch die berechtigten sozio-ökonomischen Interessen der einheimischen Völker, die in den Waldgebieten leben. Auch die großen Naturschutzorganisationen sehen die angemessene Strategie heute in einer sinnvollen Kombination von Biotopschutz und nachhaltiger Nutzung. Eines der wenigen praktischen Beispiele für den neuen, integrierten Projektansatz zum Schutz des tropischen Regenwaldes ist das

Petén-Projekt im Norden Guatemalas. Dort hat die Bundesrepublik Deutschland über die Kreditanstalt für Wiederaufbau in Frankfurt für fast DM 5 Mio. eine umfangreiche Regionalentwicklungsstudie finanziert – übrigens eines der größten Projekte seiner Art, die mit deutscher Hilfe in der Dritten Welt durchgeführt werden. Bei dieser Studie ging es darum, eine umweltverträgliche Grundlage für ein Raumordnungs- und -nutzungskonzept zu erarbeiten. Ein Team von 20 Experten war fast zwei Jahre vor Ort, um den Regionalentwicklungsplan auszuarbeiten. Als Mitarbeiter einer Consulting-Firmen war ich an der Konzept-Entwicklung für den Regionalentwicklungsplan beteiligt.

Zunächst ein paar einführende Worte zur Region:

Das Departamento Petén, im Norden Guatemalas auf der Halbinsel Yukatan gelegen, hat eine Flächenausdehnung von 36.000 km^2. Für die Menschen in der Hauptstadt Guatemala Stadt oder im Hochland ist der Petén immer noch der abgelegene, unerschlossene Norden.

Die Topographie ist uneinheitlich, Karstgebirge wechselt mit flachwelligen und fast ebenen Gebietsteilen ab. Das Klima ist subtropisch feucht warm. 20% der Region gelten als Sümpfe. Jahrhunderte lang galt der Petén als fast undurchdringliches Waldgebiet, heute noch ist die Region der größte zusammenhängende Regenwald in Zentralamerika.

In den letzten 30 Jahren hat im Petén eine beängstigend fortschreitende ökologische Degradierung stattgefunden. Ursache sind eine Kombination von Holzeinschlag und unangepaßten Agrartechnologien. Der Vergleich von Luftbildern und Satellitenbildern aus zurückliegenden Jahren macht das Ausmaß der Waldzerstörung erschreckend deutlich. Noch 1963 waren nur 2% des Petén landwirtschaftlich genutzt, heute sind es bereits 22%. Noch sind 69% der Region von Wald bedeckt, doch nur ein Teil davon ist unberührter Primärwald. Gerade die verbleibenden Primärwälder sind wegen ihres enormen Artenreichtums, wegenä der ökologischen Vielfalt wichtig für das ökologische Gleichgewicht im Petén. In der Waldinventur des Regionalentwicklungsprojektes wurden 200 verschiedene Baumarten nachgewiesen. Wirtschaftlich genutzt werden im Augenblick nur zwei davon: Caoba und Cedro. Außerdem leben in den Wäldern des Petén Pumas, Jaguare, Ameisenbären, Affen und eine Vielzahl seltener Vogelarten.

Welche Akteure sind verantwortlich für die rapide fortschreitende Waldzerstörung?

1. Zunächst sind die Holzkonzessionäre zu nennen, dabei richtet der Einschlag weniger Schäden an als die sekundären Effekte. Da die Population der beiden kommerziell genutzten Arten Caoba und Cedro sehr gering ist, werden über weite Gebiete Abfuhrstraßen angelegt, über die Siedler in den Wald eindringen können.
2. Die zweite Gruppe sind die illegalen Holzfällertrupps. Sie interessieren sich in erster Linie für die kommerziell verwertbaren Holzarten; doch da sie mit weniger aufwendigen Maschinen in den Wald hineinfahren, ist der ökologische Schaden nicht so groß, wie häufig behauptet.
3. Und dann kommen die Zuwanderer von den Hochflächen im Süden des

Landes, landlose Bauern zumeist, denen die ungerechte Landverteilung keine Überlebensmöglichkeit mehr gibt. Sie machen sich auf den Weg nach Norden, brennen im Petén ein Stück Urwald ab und bauen Mais und Bohnen zur Selbstversorgung an. Nach wenigen Jahren ist der nährstoffarme Boden ausgelaugt, die Zuwanderer ziehen weiter, und derselbe Prozeß beginnt woanders von neuem.

Dies war – ganz grob skizziert – die Ausgangssituation für die Regionalentwicklungsplanung Petén. Es ist jedenfalls wichtig festzuhalten, daß verschiedene Akteure für die Waldzerstörung verantwortlich sind, daß verschiedene Prozesse einander überlagern.

Welche Antworten gibt der Regionalentwicklungsplan?

Kernstück des Regionalentwicklungsplanes ist das regionale Raumordnungskonzept für das Jahr 2010. Der Plan zeigt die aus Sicht des Studienteams wünschbare Entwicklung der Region Petén bis zum diesem Zeitpunkt, und zwar sowohl sektoral aufgegliedert als auch in der räumlichen Verteilung der wichtigsten Flächennutzungen. In anderen Worten: das Raumordnungskonzept stellt den wünschbaren Endzustand im Jahre 2010 dar. Es wurde einerseits von den zuvor analysierten Potentialen und Problemen abgeleitet, andererseits von nationalen, regionalen und lokalen Entwicklungszielen für die Region Petén. Wesentliche Parameter bei der Planaufstellung waren die agrare Tragfähigkeit, die Bevölkerungsentwicklung und die Zielvorgabe, möglichst große zusammenhängende Waldflächen auf Dauer zu erhalten.

Der Plan versteht sich als ein normatives Dokument, ist aber zugleich realistisch in dem Sinne, daß er in jedem Punkt von den real vorfindlichen Potentialen und Risiken ausgeht. Bei der Aufstellung des Raumordnungskonzeptes machte sich das Team die Möglichkeiten eines computergestützten geographischen Informationssystems zunutze. Aufgrund einer Vielzahl unterschiedlicher Unterlagen (topographische Karten, lückenhafte Kartierungen der Bodengüte, ergänzt durch Satellitenbilder und stellenweise Luftbilder), ermittelten die Planer im ersten Schritt die regionale Verteilung von Relieftypen, Bodentypen und Vegetation und bestimmten auf dieser Grundlage das spezifische landwirtschaftliche Potential der „Ökologischen Einheiten" innerhalb der Region. Auf Grundlage dieser Karte der ökologischen Einheiten entwickelte das Team Vorschläge für künftige Flächennutzungen im regionalen Maßstab. Dabei wurde darauf geachtet, daß in Zukunft die Teilräume der Region jeweils für den Zweck genutzt werden, für den sie das beste Potential haben. Das kann an einem Standort Agroforstwirtschaft, an einem anderen extensive Viehzucht sein. Natürlich mußten die Planer berücksichtigen, daß die Zuwanderung von Bevölkerung in die Region unvermindert weitergeht. Der Regionalplan muß also ausreichend Arbeitsplätze innerhalb des Petén vorsehen, und zwar primär in der Landwirtschaft, aber auch im Tourismus, in der Kleinindustrie und ausgewählten Betrieben der Agroindustrie.

Die grundlegende Raumentwicklungsstrategie für den Regionalplan geht davon aus, daß die Waldgrenze da gehalten werden muß, wo sie heute ist. Demgegenüber soll die Landwirtschaft in den bereits jetzt kultivierten Räumen intensiviert werden. Außerdem entwickelte das Team Grundzüge für ein Tourismusentwicklungskonzept, für die künftigen Standorte von Agroindustrien und für ein voll ausgebautes Netz zentraler Orte und für ein Verkehrssystem innerhalb der Region. All dies fand seinen Niederschlag im regionalen Raumordnungskonzept.

Dieses Raumordnungskonzept ist jedoch nur eine Momentaufnahme eines Endzustandes zu einem bestimmten Zeitpunkt. Damit ist noch nicht der Weg beschrieben, der beschritten werden muß, um vom Ist-Zustand zum Zustand 2010 zu gelangen. Ein regionales Raumordnungskonzept bliebe ein nutzloses Dokument, könnte der Planer nicht die Ausgangspunkte für Interventionen, die in die avisierte Richtung führen, benennen. Im Rahmen der Petén-Studie wurde der Entwicklungsweg auf zwei Konkretisierungsniveaus beschrieben: Zunächst wurden Sektorstrategien entwickelt. Für die Institutionen-Entwicklung, für die Legalisierung der Eigentumsverhältnisse, Strategien für die produktiven Sektoren, Forstwirtschaft, Landwirtschaft, Kleinindustrie und Tourismus, eine Strategie für die soziale Entwicklung und eine Strategie für die Erhaltung der Ökologie. Auf der nächsten Stufe wurden Projektprofile für unmittelbar implementierbare Einzelprojekte vorgestellt. Jeder der Sektorstrategien können bestimmte Bündel von Einzelprojekten zugeordnet werden. Regionalplanung bringt immer nur mittel- oder langfristig meßbare Erfolge. Der beste Regionalplan ist eine verlorene Investition, wenn in der Zwischenzeit der Regenwald endgültig verschwunden ist. Deshalb beauftragten die guatemaltekische Planungsbehörde und die deutsche Kreditanstalt für Wiederaufbau den Consultant, parallel zum Regionalplan ein Sofortprogramm zum Tropenwaldschutz im Petén vorzulegen. Dieses Sofortprogramm besteht aus drei Hauptkomponenten:
– Erstens sollen neue Naturschutzgebiete eingerichtet werden.
– Zweitens geht es um Bewußtseinsbildung und
– drittens geht es um institutionelle Unterstützung für die Forstverwaltung und die Naturschutzverwaltung.

Naturschutzgebiete sollen vor allem im Süden der Region, da wo die meisten Zuwanderer hineindrängen, ausgewiesen werden. Vorgeschlagen wird eine Kombination von Biotopschutz und bewußter Siedlungspolitik. Die Kerngebiete werden als voll unter Naturschutz stehende Biotope ausgewiesen. Rund um diese Kerngebiete werden kommerziell genutzte Waldflächen zugelassen, die von Bauern bewirtschaftet werden, deren Haupteinnahmequelle die Landwirtschaft ist. Es wird gemischte Übergangszonen geben, die z. B. in Form von Agroforstwirtschaft kultiviert werden. Die hier lebenden Siedler müssen dauerhafte Eigentumstitel erhalten. Die Grundidee lautet: Die Bauern die hier leben sind die besten Wächter des Waldes, besser als jede Forstpolizei.

Die Komponente Bewußtseinsbildung: Die Zuwanderer aus dem Hochland sind mit dem Ökosystem Regenwald nicht vertraut. Deshalb können auch gesetzgeberische Maßnahmen alleine keine hinreichende Antwort auf das Problem der Waldzerstörung sein. Aufklärung der ländlichen Bevölkerung über Möglichkeiten einer ressourcenschonenden Landnutzung ist mindestens ebenso wichtig. Um die verstreut lebenden Siedler zu erreichen, soll ein Radiosender und der Aufbau eines speziellen Bildungsprogrammes für die Umwelterziehung der Bevölkerung eingerichtet werden.

Komponente Institutionenförderung: Guatemala verfügt über ein Forstgesetz, ein Naturschutzgesetz, und Gesetze, die die Landvergabe regeln. Das gesetzliche Instrumentarium für wirksamen Waldschutz müßte ausreichen. Doch das Defizit liegt bei der Durchführung der Gesetze in der Praxis. Deshalb sollen die dafür zuständigen Behörden in der Region aufgebaut werden. Die Bundesrepublik hat Guatemala bereits DM 20,8 Mio. für das Sofortprogramm zum Waldschutz im Petén zugesagt.

Stellen wir uns abschließend noch einmal die Frage: Ist der beschriebene regionale Entwicklungsplan ein wirksames Instrument zur Erhaltung des Regenwaldes im Petén? Wahrscheinlich bin ich nicht der Richtige, diese Frage unbefangen zu beantworten. Schließlich war ich an der vorgestellten Studie beteiligt und habe ihr methodisches Konzept mitbestimmt. Macher sind gewöhnlich stolz auf ihre eigenen Projekte. Substantielle Kritik kommt eher von Außenstehenden. Trotzdem will ich Ihnen natürlich meine persönliche Einschätzung des vorgestellten Einsatzes nicht vorenthalten.

Der beschriebene multisektorale Ansatz ist ein wichtiger Schritt zu wirksamer Erhaltung des Regenwaldes. Wir, d.h. die Mitarbeiter des Planungsteams, haben während der Arbeit an der Studie aber auch dazugelernt. Z. B. wurde uns klar, daß die Studie noch über viel zu lange Etappen eine Arbeit am Schreibtisch war, daß wirklich angepaßte Konzepte nur im ständigen Dialog mit der beteiligten Bevölkerung entwickelt werden können. Genauso wichtig wie der multisektorale Ansatz ist die partizipatorische Durchführung einer solchen Studie.

Der Regionalentwicklungsplan ist zwar ein wichtiger Schritt zu wirksamer Erhaltung des Regenwaldes. Doch damit allein ist der Wald nicht gerettet. Jetzt kommt es auf gemeinsame Anstrengung der internationalen Staatengemeinschaft, der nationalen Regierungen und der lokalen Bevölkerung an, diesen und ähnlichen Programm wirklich zum Erfolg zu verhelfen.

Wichtige Rahmenbedingungen für den Waldschutz liegen in der Verantwortung der nationalen Regierung. Um den Wald im Petén zu retten, muß erst einmal die rasante Zuwanderung aus dem Süden des Landes gebremst werden. Da ist die ungerechte Landverteilung in den Herkunftsgebieten der Zuwanderer angesprochen. Daß die Regierung von Guatemala sich zu einer raschen und wirksamen Bodenreform durchringen könnte, ist leider eher unwahrscheinlich.

Literatur:

Convenio Gobiernos Alemania -
Guatemala, Secretaria General del Consejo Nacional de Planificacion Economica (SEGEPLAN) (Hg.): Plan de Desarrollo Integrado de Petén. Guatemala-Stadt, 1992 (3 Bände, 1 Kartenband, zahlreiche Ergänzungsbände). Die Studie wurde durchgeführt von den beiden Consultingfirmen Agrar- und Hydrotechnik GmbH in Essen und Apesa in Guatemala-Stadt.

FACHSITZUNG 3:
INTERNATIONALE ENTWICKLUNGSZUSAMMENARBEIT UNTER VERÄNDERTEN GLOBALEN RAHMENBEDINGUNGEN: WAS KANN DIE GEOGRAPHIE BEITRAGEN?

EINFÜHRUNG

Theo Rauch, Berlin

Die Rolle der Entwicklungszusammenarbeit (EZ) ist vor dem Hintergrund der Erfahrungen der vergangenen Dekaden im weltwirtschaftlichen, im globalen ökologischen und im gesellschaftspolitischen Kontext zu überdenken. Im Hinblick auf die Schuldenlast und den damit verbundenen Netto-Kapitaltransfer von Süd nach Nord wird die Frage nach der Relevanz der EZ gestellt. Die Entwicklungsperspektiven vieler der armen Länder werden aufgrund von begrenzter und durch protektionistische Maßnahmen der Industrieländer zusätzlich eingeschränkter Nachfrage pessimistisch eingeschätzt. Im Hinblick auf drohende globale Umweltkatastrophen wird neuer Handlungsbedarf für die EZ angemeldet, wobei gleichzeitig die Bereitschaft der Hauptverursacher in den Industrienationen, Schritte zur Vermeidung solcher Katastrophen zu ergreifen, sehr begrenzt ist. Schließlich ist deutlich geworden, daß der Staat und die diesem zugrundeliegenden gesellschaftlichen Strukturen mitsamt EZ-Unterstützung in den meisten Ländern der „3. Welt" nicht geeignet waren, eventuell verbleibende Spielräume zur Verbesserung der ökonomischen und sozialen Situation der Bevölkerungsmehrheit zu nutzen. Das Ende des Ost-West-Konfliktes läßt einerseits das Interesse der Industrieländer an den Ländern der bisherigen „3. Welt" schwinden, eröffnet andererseits Freiräume für eine – frei von außenpolitischen Zwängen – stärker an entwicklungspolitischen Zielen orientierten EZ.

Insgesamt mehren sich die Zweifel, ob EZ unter diesen Rahmenbedingungen etwas zur Erreichung der angestrebten Ziele beitragen kann. Die Listen von erforderlichen Rahmenbedingungen für eine sinnvolle EZ erwecken manchmal den Eindruck, daß EZ eigentlich nur dort sinnvoll betrieben werden könne, wo sie gar nicht mehr nötig sei, während sie dort, wo sie nötig wäre, nicht sinnvoll realisierbar sei. Entsprechend mehren sich die Forderungen danach, Sozialhilfe anstelle von Entwicklungszusammenarbeit zu betreiben (z.B. MENZEL 1992, S. 202 ff.).

Dem stehen Positionen gegenüber, die davon ausgehen, daß EZ bei einer in vielen Ländern anstehenden Umstrukturierung hin zur nachhaltigen Nutzung (überwiegend) lokaler Ressourcen einen sowohl notwendigen als auch relevanten Beitrag auch unter den vorherrschenden Rahmenbedingungen leisten kann (z.B. RAUCH 1993, S. 283). Die Frage ist: Wie müßte eine EZ, welche diesen Rahmenbedingungen Rechnung trägt, aussehen? Und worin müßte ihre Rolle liegen?

„Entwicklungs"-Hilfe? Hilfe zum Überleben aus eigener Kraft (sozusagen Krisenbewältigungs-Hilfe)? Oder globale Sozialhilfe i.S. einer Dauer-Alimentierung?

Ungeachtet aller Auseinandersetzungen über Sinn und Relevanz der EZ besteht weitgehend Einigkeit darüber, daß für die meisten Regionen des „Südens" eine Überwindung der Krise nur durch eine verstärkte Hinwendung zur Nutzung lokaler Ressourcen und zu situationsspezifischen, möglichst eigenständigen Problemlösungen liegen kann und nicht in der Fortsetzung hochgradiger importabhängiger und kapitalintensiver Strategien. Wo es um regionalspezifische, an die natürlichen und sozio-kulturellen Bedingungen angepaßte Strategien geht, wo eine regional integrierte Sichtweise der jeweiligen Zusammenhänge zwischen ökologischen, sozio-ökonomischen und sozio-kulturellen Aspekten gefordert ist, dort wäre es naheliegend anzunehmen, daß der fachliche Beitrag der Geographie zu Problemlösungen an Bedeutung gewinnt. Tatsächlich nimmt, insbesondere im Bereich der ländlichen Entwicklung, der Anteil der in diesem Berufsfeld tätigen Geographen zu, und auch die Zahl der EZ-praxisnahen geographischen Untersuchungen wächst stark an. Jedoch nicht die Perspektiven der Geographie und der Geographen soll hier zur Diskussion gestellt werden. Vielmehr geht es um folgende Fragestellungen:

– Welche Anforderungen resultieren aus den Problemen, mit denen sich die EZ konfrontiert sieht, für die wissenschaftliche Forschung und für die Hochschulausbildung? Welche Konsequenzen ergeben sich daraus für eine problemorientierte geographische Entwicklungs(länder)forschung?
– Worin liegt der potentielle Problemlösungsbeitrag der Geographie? Was hat praxisbezogene geographische Forschung, was haben Geographen in der Praxis dazu beigetragen, strategisch relevante Probleme und Problemlösungsperspektiven der EZ aufzuzeigen?

Ziel der Fachsitzung sollte es also sein, zu zeigen,
a) welche Anforderungen sich aus den veränderten Problemlagen der EL (bzw. einer veränderten Wahrnehmung dieser Problemlagen) für die EZ ergeben,
b) welche Anforderungen sich hieraus hinsichtlich des Informations- und Personalbedarfs der EZ ergeben und welche Aufgaben für die geographische Forschung und Ausbildung daraus ableitbar sind.

In seinem Grundsatzbeitrag beschäftigt sich H. ELSENHANS mit den zu erwartenden Konsequenzen des Niedergangs der Staatsklassen und mit den Gründen dafür, warum auch Marktwirtschaft und Demokratisierung in den meisten Gesellschaften der Dritten Welt wenig gegen die Tendenz zu zunehmender Massenverarmung beitragen können. Die darauffolgenden drei Fallbeispiele haben allesamt die politischen und institutionellen Rahmenbedingungen von EZ zum Gegenstand. Sie versuchen am Beispiel verschiedener Formen entwicklungspolitischer Interventionen zu zeigen, wie schwer es ist, angesichts politischer Interessen und bürokratischer Mechanismen das Ziel einer Stärkung der Problemlösungsfähigkeiten benachteiligter Bevölkerungsgruppen zu erreichen. H.-D. MÜLLER-MAHN skizziert diese Problematik am Fall staatlicher Kleinbauernförderungsprogramme in Ägypten und Algerien. B. LOHNERT zeigt, wie politische Interessen und bürokratische Abwicklungsmechanismen in Mali einen sinnvollen Einsatz von Nahrungsmittelsicherheitsreserven verhindern und damit die Fähigkeit zur eigenständigen Ernährungssicherung unterminieren. B. MÜLLER schließlich verdeutlicht am Beispiel eigener Projekterfahrung in Jemen, wie schwierig es ist, unter gegebenen administrativ-politischen Strukturen eine nachhaltige Verbesserung im Bereich der Stadt- und Regionalplanung zu erreichen.

Die gegenüber der ursprünglichen, stärker globalanalytischen Fragestellung erfolgte Schwerpunktverlagerung der Fallstudienbeiträge hin zum politischen und institutionellen Umfeld der EZ auf nationaler und regionaler Ebene verweist bereits darauf, daß sowohl aus der Perspektive der „Praxis" als auch aus der Perspektive geographischer Entwicklungs(länder)forschung die globalen Veränderungen nicht (mehr) im Zentrum der Auseinandersetzung um eine verbesserte EZ stehen.

Literatur

RAUCH, Theo 1993: Überwindung von Unterentwicklung durch Projekte? Problematik und Perspektiven der Entwicklungszusammenarbeit. In: Geographische Rundschau 45, S. 278-283

MENZEL, Ulrich 1992: Das Ende der Dritten Welt und das Scheitern der großen Theorie. Frankfurt/Main (= edition Suhrkamp 1718)

DIE ROLLE INTERNATIONALER ENTWICKLUNGSZUSAMMENARBEIT UNTER VERÄNDERTEN WIRTSCHAFTLICHEN UND GESELLSCHAFTSSTRUKTURELLEN RAHMENBEDINGUNGEN

Hartmut Elsenhans, Leipzig

(1) Trotz der Orientierung der internationalen Entwicklungszusammenarbeit an verstärkter Marktorientierung gegen die – seit der Krise der kolonialen Exportökonomien in den dreißiger Jahren vorherrschende – Tendenz zur Betonung der Rolle des Staats, kann sich die internationale Entwicklungszusammenarbeit weiterhin den internationalen und nationalen Strukturen nicht entziehen, die mit der Existenz von Renten verbunden sind. Mein Beitrag stellt deshalb die Ursachen von Renten und ihre Wirkungen in den Mittelpunkt und legt einen Schwerpunkt auf die Frage, inwieweit der Übergang zu Kapitalismus unter der Bedingung durch Unterentwicklung verursachter Unvermeidbarkeit von Renten möglich ist.

(2) Ausgangspunkt ist eine stilisierte Darstellung der Struktur unterentwikkelter Ökonomien (vgl. ELSENHANS 1992; 1994a; 1994b) auf der Grundlage von niedriger Durchschnittsproduktivität der in der Landwirtschaft Beschäftigten mit sinkender Grenzproduktivität bei zunehmendem Beschäftigungsniveau in Anlehnung an Georgescu-Roegen (1960). Dabei wird impliziert, daß das derzeit erreichte Bevölkerungsniveau in den meisten Ländern der Dritten Welt im Verhältnis zu den technischen Fertigkeiten in der Landwirtschaft zur Folge hat, daß angesichts des Sinkens der Grenzproduktivität das Grenzprodukt von Arbeit schon bei niedrigen Beschäftigungsquoten unter die Subsistenzkosten fällt. Die Folge ist die gleichzeitige Existenz von Surplus und Arbeitslosigkeit. Arbeit; die weniger zusätzlich erbringt als sie für sich selbst und für ihre Familie zum Lebensunterhalt braucht, kann von keinem Grundbesitzer beschäftigt werden, der das Ziel der Surplusmaximierung verfolgt. Bei einem Niveau der Beschäftigung, bei dem das Grenzprodukt gleich den so definierten Mindestkosten von Arbeit ist, tritt zwingend ein Surplus auf.

(3) Das Beschäftigungsvolumen bei Subsistenzeinkommen ist die Summe der in der Landwirtschaft noch produktiv Beschäftigten und der aus dem Surplus, der an diesem Beschäftigungsniveau auftritt, noch ernährbaren Arbeiter. Diese aus dem Surplus ernährten Arbeiter stellen für die Eigentümer des Surplus Güter und Dienstleistungen her. Wegen der Lage der Kurve der Produktion (Y; $Y'>1$; $Y''<1$) in der Landwirtschaft jenseits des Schwellenwerts (Grenzprodukt = Arbeitskosten), die mit sinkenden Zuwachsraten weiterhin steigt, ist im Fall der Maximierung des Surplus die Produktion niedriger, als wenn auf dieses Ziel aufgrund gesellschaftlicher Arrangements verzichtet werden muß. Die Einführung solcher Arrangements, letzlich die Zuteilung von Zugriffsrechten an die Nichtbeschäftigten auf ein von ihnen nicht erstelltes Produktionsergebnis, kann deshalb die Produktion erhöhen.

(4) Die Bevölkerung, deren Grenzprodukt kleiner ist als ihre Kosten, definiere ich als marginal. Ein Teil der Marginalen wird für Güter und Dienstleistungen

nichtlandwirtschaftlicher Herkunft beschäftigt und aus dem Surplus ernährt. Eine den Umfang des Surplus übersteigende Bevölkerung ist marginalisiert. Die Handlungsmöglichkeiten von Marginalisierten (besitzloser Bevölkerung), sind von denen besitzloser Proletarier verschieden, die in der Marxschen Definition (nur) so arm sind, daß sie nichts als ihre Arbeitskraft verkaufen können. Besitzlose Marginalisierte können nämlich auch diese Arbeitskraft nicht verkaufen. Das Modell bricht deshalb mit der Marxisten und dominanter Wirtschaftstheorie gemeinsamen Annahme, daß menschliche Arbeitskraft stets wenigstens so produktiv sei, daß sie bei Subsistenzeinkommen einen Surplus erwirtschaftet.

(5) Marginalisierte können ihre Interessen nicht durch Arbeitsverweigerung verteidigen. Wer im Arbeitsprozeß mehr verbraucht, als er produziert, kann nicht damit drohen, ökonomische Verluste durch Einstellung dieses Arbeitsprozesses zu verursachen. Widerstandsstrategien von Marginalisierten sind deshalb prinzipiell gewalttätig, weil sie das Produktionsergebnis anderer, nicht zu ihrer Gruppe gehörender Beschäftigter verhindern müssen. Als Beispiel bieten sich dazu die Kampfstrategien südasiatischer Marginalisierter an, nämlich der Bandh oder der Hartal (Bengalen), wo Widerstand (verstanden von der Bevölkerung als Streik) die Form der Besetzung aller öffentlichen Einrichtungen annimmt, die schon Beschäftigte nutzen könnten, um sich an ihre Beschäftigungsstätte zu begeben.

(6) Marginalisierte können nur versuchen; ihr Leben dadurch zu fristen, daß sie sich in Beziehungen der Abhängigkeit zu solchen Personen begeben, die Zugang zu gewinnbringenden Tätigkeiten, einschließlich von Beschäftigung haben. Dies erklärt die Bedeutung von Solidaritätsbeziehungen innerhalb kleiner Gruppen, die wie Großfamilie, Clan oder (Unter-) kaste, stabil bleiben , solange die marginalisierte und die nichtmarginalisierte Bevölkerung nicht dauerhaft dadurch getrennt werden, daß die Nichtmarginalisierten mit dauerhaften und sicheren Zugriffsrechten auf mehrwertschaffende Arbeitsplätze oder andere Einkommensquellen ausgestattet werden. Erst unter dieser Voraussetzung ist zu erwarten, daß die Nichtmarginalisierten darauf verzichten, in Netzwerke mit Marginalisierten zu investieren, von denen sie im Fall der eigenen Marginalisierung (weil sie ihre Beschäftigung nur durch Zufall erhalten hatten) Unterstützung erwarten. In der Literatur tritt dies als Verzicht auf Gewinnorientierung bei hoher Armut auf. Kürzlich wurde aus diesem Zusammenhang heraus gezeigt, daß ohne komplementäre Maßnahmen der Übergang zu einer auf Steigerung der Hektarerträge ausgerichteten kleinbäuerlichen Landwirtschaft in Afrika nicht zu erwarten ist (BOGEDAIN 1993).

(7) Gesunde (im Sinne der englischen Armutsgesetze der frühen Neuzeit: „able-bodied") Marginalisierte und Nichtmarginalisierte unterscheiden sich im Regelfall nicht in Bezug auf ihre Arbeitsproduktivität. Wer zum einen oder zum anderen Teil gehört ist Ergebnis von Zufällen. Wie in jedem zufallsgesteuerten Prozeß erhöht die Zahl der „Lose" die Wahrscheinlichkeit, daß sich unter ihnen eine „Nichtniete" befindet. Weil entsprechend der These (6) nur bestimmte Formen sozialer Solidaritätsbeziehungen, die im Regelfall auf „zugeschriebenen" Rollen beruhen, wie Blutsbande, erwarten lassen, daß Nichtmarginalisierte Einkommensanteile an Marginalisierte abtreten, kann nur das zahlenmäßige

Wachstum der so eng auf zugeschriebenen Rollen beruhenden Gruppe erlauben, die Folge von Marginalität dadurch abzumildern, daß die Zahl der nichtmarginalen Mitglieder innerhalb der Gruppe wächst. Die Erhöhung der Zahl der Kinder innerhalb solcher Kleingruppen ist deshalb ein ökonomisch rationales Verhalten, um die Auswirkungen von Marginalität zu bekämpfen. Funktioniert die Solidarität in einer eng definierten Gruppe wie einer Großfamilie, sind alle Kleinfamilien am demographischen Wachstum aller zu Großfamilie gehörenden Kleinfamilien interessiert. Eine Zerschlagung der Solidarität der Großfamilien aufgrund zu hohen demographischen Wachstums einzelner zur Großfamilie gehörender Einheiten kann deshalb nicht erwartet werden.

(8) Beistandsbeziehungen zu ferneren Mitgliedern des nichtmarginalisierten Bevölkerungsteils sind den Marginalen möglich, hängen aber von bestimmten Konstellationen ab. Die Einkommen der Nichtmarginalisierten müssen hoch genug sein, damit sie bereit sind, Marginalisierte zu stützen, sodaß solche Beziehungen nicht zwischen den Marginalisierten und den zu Subsistenzkosten Beschäftigten zu erwarten sind, sondern nur zwischen Marginalisierten und jenem Teil der Nichtmarginalisierten, der an der Aneignung von Surplus teilnimmt. Desto stärker die Konzentration des Surplus, desto wahrscheinlicher solche Beziehungen außerhalb der engen Kleingruppenbeziehungen nach These (6).

Sodann müssen die Marginalisierten über Tauschobjekte verfügen, die die Nichtmarginalisierten im Austausch für ihre Unterstützung eintauschen wollen. Wegen der ökonomischen Armut der Marginalisierten können diese Tauschobjekte nur nichtmaterieller Art sein, z.B. die Bereitschaft zu Dienstleistungen oder zu politischer Unterstützung. Marginalisierte sind deshalb Anbieter von Diensten als klientelistisch Abhängige, begeben sich in klientelistische Abhängigkeit, wobei die Nichtmarginalisierten diese Dienstleistungen umso mehr erwerben wollen, als sie kapitalistischer Konkurrenz entzogen sind und deshalb solche politische Unterstützung zur Durchsetzung innerhalb der Klasse der Nichtmarginalisierten nutzen können. Klientelistische Unterstützung ist für die nichtmarginalisierten Aneigner von Surplus unter den Bedingungen völliger Konkurrenz ein wertloses Gut. Nur wenn mit dem Instrument der politischen Macht, der Abstützung auf große Zahlen, anstelle der Abstützung auf ökonomische Effizienz, über die Verteilung des Surplus innerhalb der herrschenden Klasse entschieden wird, gibt es in dieser herrschenden Klasse ein Interesse am Wachstum der Klientele der einzelnen Mitglieder der herrschenden Klasse. Die gleichzeitige Existenz von Surplus und Marginalität entsprechend These (2) bedingt also als politische Struktur in durch Marginalität gekennzeichneten Gesellschaften die Existenz klientelistischer Beziehungen. Horizontale Interessenaggregation, z.B. über die Organisation der Marginalisierten in eigenen Institutionen, mit deren Hilfe sie ihre Interessen vertreten, ist deshalb begrenzt. Kollektive Interessenvertretung der Marginalisierten ist schwer zu organisieren und bedarf regelmäßig der Unterstützung von außen. Die Form der Konfliktaustragung ist deshalb wiederum die gewaltsame Explosion von Unzufriedenheit, bei der das „Volk" auf die Straße geht, nicht aber die Aushandlung von Kompromissen in langfristigen Strategien, bei denen das Wachstumsziel und das Verteilungsziel ausbalanciert werden könnten.

(9) In der geschlossenen Volkswirtschaft kann die Masse des Surplus, den sich die Privilegierten aneignen, nur durch Beschäftigung von in der Landwirtschaft marginalen Arbeitskräften konsumiert werden, die andere Güter und Dienstleistungen als Grundnahrungsmittel produzieren. Der so beschäftigte Teil ist nach der Definition von These (3) marginal, aber nicht marginalisiert, kann aber bei Veränderung des Ausgabeverhaltens der den Surplus Aneignenden jederzeit in die Marginalität zurückgestoßen werden. Die nicht in der Landwirtschaft beschäftigte Bevölkerung ist deshalb an der Ausgabefähigkeit der Aneigner von Surplus interessiert und wird, solange ihr die Ausgaben aus dem Surplus einen Lebensunterhalt verschaffen, für die Fortdauer einer ungleichen Einkommensverteilung und hoher Einkommen der Reichen eintreten. Hieraus läßt sich ein Interesse am Übergang von einer Surplus über Feste regelmäßig vernichtenden gemeinschaftlichen Produktionsweise zu einer tributären Produktionsweise ableiten. Sobald Boden knapp wird und durch spezifizierte Zugriffsrechte einem Teil der Bevölkerung der Zugang zu Boden verwehrt wird, hat dieser Teil der Bevölkerung ein Interesse an regelmäßigen „Ausgaben" der Surplus aneignenden Klasse für Luxusprodukte und Dienstleistungen. Die Lage der Marginalitätsschwelle in der Landwirtschaft wird nur von ertragsabhängigen und bevölkerungsabhängigen Steuern beeinflußt, nicht aber von Steuern auf staatlich festgelegte, der Steuererhebung zugrundegelegte imaginäre Produktionsziele, wie dies bei Landsteuern auf der Grundlage eines „permanent assessment" der Fall ist. In Zeiten der „Wirren" im Rahmen tributärer Produktionsweisen wird deshalb der überwiegende Teil der marginalisierten Bevölkerung, der nicht über Kleingruppenbeziehungen zu produktiv Beschäftigten verfügt, benachteiligt, weil er nunmehr weder mit den Ausgaben der Reichen, noch mit Zuwendungen aus der Kleingruppe rechnen darf. Marginalisierte sind deshalb eine potentielle politische Basis für die Wiedererrichtung von Dynastien nach Zeiten der Wirren, die Wiederaufrichtung funktionsfähiger tributärer Produktionsweisen und für die Stützung des im Verlauf des dynastischen Zyklus ansteigenden Steuerdrucks. Im Unterschied zur gängigen These, daß in tributären Produktionsweisen eine privilegierte zentralisierte Klasse einer undifferenzierten ausgebeuteten Produzentenklasse gegenübersteht, ergibt sich aus diesem Modell von Marginalität, daß die privilegierte Klasse über eine gesellschaftliche Basis für ihre Privilegien verfügt, die angesichts der dezentralen Siedlungsweise der direkten Produzenten in der Landwirtschaft und der potentiell zentralen Siedlungsweise der aus dem Surplus ernährten Marginalen über Vorteile bei der Geltendmachung ihrer Interessen „auf der Straße", d.h. in geographisch zentralen Orten verfügt.

(10) Da die Bezieher des Surplus an seiner Transformation in Luxuskonsumgüter und Dienstleistungen interessiert sind, werden vorkapitalistische Gesellschaften regelmäßig ein demographisches Wachstum aufweisen, bei dem eine Bevölkerung entsteht, die nicht mehr gewinnbringend in der landwirtschaftlichen Produktion eingesetzt werden kann. Die „Überschußbevölkerung" in der Landwirtschaft ist deshalb notwendige Folge der Strategie der Bezieher des Surplus, diesen auch konsumtiv nutzen zu können. Eine nichtökonomische Erklärung des Entstehens einer solchen „Überschußbevölkerung" ist deshalb entbehrlich.

(11) Technischer Fortschritt kann die Marginalitätsschwelle verschieben, doch ist dies nicht seine notwendige Folge. Unterschiedliche Typen von technischem Fortschritt sind zu trennen. Technischer Fortschritt bei der Produktion von Luxuskonsumgütern und den Ausrüstungen zu deren Herstellung hat keinen Einfluß auf die Marginalitätsschwelle, weil die Produktivität keines einzigen in der Landwirtschaft derzeitig Beschäftigten oder zu Beschäftigenden erhöht wird und weder die Lage der Produktionskurve in der Landwirtschaft noch die Kostengerade, die die Arbeitskosten in der Landwirtschaft beschreibt, verschoben werden. Aus dem in bisheriger Höhe anfallenden Surplus ernährte Arbeiter werden nunmehr in der Luxusproduktion eine größere Anzahl oder eine gleiche Anzahl qualitativ höherer Luxuskonsumgüter herstellen, und damit ausschließlich den Konsum der Reichen vergrößern.

(12) Technischer Fortschritt bei der Produktion industrieller Massenkonsumgüter für die in der Landwirtschaft Beschäftigten bzw. für die nichtlandwirtschaftlichen Produzenten, die zu Subsistenzeinkommen bezahlt werden, senken die Kosten pro Arbeiter in der Landwirtschaft gemessen in Agrarprodukten, weil die Verbilligung der industriellen Lohngüter einhergeht mit einer Verminderung des Bedarfs an Arbeitszeit nichtlandwirtschaftlicher Arbeiter, die für die Subsistenzbedürfnisse der landwirtschaftlichen Arbeiter produzieren, soweit diese industrielle Massenkonsumgüter betreffen. Die Senkung der Arbeitskosten in der Landwirtschaft erscheint als Senkung des Lohnes, der in der Landwirtschaft bezahlt wird, geht aber nicht einher mit einer Senkung des Reallohnes, da die Arbeitskosten nur in dem Umfang sinken, wie sich die nichtlandwirtschaftlichen Lohngüter verbilligen. Die Kostengerade in der landwirtschaftlichen Produktion sinkt. Die Marginalitätsschwelle wird wegen der Senkung der Steigung der Kostengerade entsprechend der Verschiebung des Punktes gleicher Steigung der Produktionskurve in der Landwirtschaft angehoben. Damit steigt die landwirtschaftliche Beschäftigung. Der Anteil der nichtlandwirtschaftlichen Produktion, der nicht von den Beziehern von Surplus angeeignet wird, sondern an die in der landwirtschaftlichen Produktion Beschäftigten geht, an der gesamten nichtlandwirtschaftlichen Produktion sinkt. Weniger Arbeiter werden für die Befriedigung der Subsistenzbedürfnisse der landwirtschaftlichen Arbeiter benötigt, die in der Form industrieller Massenkonsumgüter anfallen. Die Grenze für diese Ausweitung der Beschäftigung liegt an dem Punkt, wo die Nahrungsmittelkosten pro zusätzlichem Arbeiter in der landwirtschaftlichen Produktion gleich der zusätzlichen Produktion von Nahrungsmitteln sind, weil nunmehr keine weitere Kostensenkung bei den nichtlandwirtschaftlichen Massenkonsumgütern eine weitere Absenkung der Grenzkosten von Arbeit in der landwirtschaftlichen Produktion erlaubt. Dieser Grenzpunkt kann beschrieben werden als Punkt, an dem die Kosten der nichtlandwirtschaftlichen Massenkonsumgüter gegen Null tendieren oder die Herrschenden aufgrund der klimatischen Bedingungen den Konsum nichtlandwirtschaftlicher Massenkonsumgüter auf Null begrenzen können. Der Beitrag von Produktivitätssteigerungen bei der Produktion nichtlandwirtschaftlicher Massenkonsumgüter für die Anhebung der Marginalitätsschwelle ist deshalb begrenzt. Je geringer der Anteil nichtlandwirtschaftlicher Massenkonsum-

güter an den Subsistenzkosten einer bei Subsistenzniveau liegenden Bevölkerung, desto geringer die Möglichkeiten über technischen Fortschritt bei der Produktion nichtlandwirtschaftlicher Massenkonsumgüter die Beschäftigung zu steigern. In „kalten" Ländern kann deshalb technischer Fortschritt bei der Produktion nichtlandwirtschaftlicher Produktionsgüter einen höheren Beitrag zur Stärkung der Verhandlungsposition der „Armen" über Ausweitung der produktiven Beschäftigung in der Landwirtschaft leisten, als in „warmen" Ländern, sofern davon ausgegangen wird, daß mit der Unwirtlichkeit des Klimas der Anteil von Kleidung und Behausung an den Subsistenzausgaben zunimmt. Das Modell erlaubt also die Theorie über die Abhängigkeit des Kapitalismus aus den höheren Bedürfnissen nach Kleidung und Behausung in kalten Ländern und damit die geographischen Zentrierung dieses Vorgangs auf Nordwesteuropa mit den Modellannahmen konsistent als Teilerklärung zu integrieren.

(13) Technischer Fortschritt in der landwirtschaftlichen Produktion kann grundsätzlich zwei Formen annehmen, die miteinander vermischt auftreten. Eine höhere Produktivität der landwirtschaftlichen Tätigkeit entweder durch höhere Erträge pro eingesetzter Arbeitszeit auf vorhandenen Flächen oder durch höhere Erträge auf bisher nicht genutzten Flächen kann die Kurve der landwirtschaftlichen Produktion ohne eine wesentliche Veränderung ihres Verlaufs nach oben verschieben. Die dann an jedem einzelnen Punkt höhere Steigung der Kurve verschiebt bei konstanten Arbeitseinkommen die Marginalitätsschwelle und führt deshalb zur Erhöhung der Beschäftigung. Gleichzeitig kann bei einer solchen Verschiebung der Produktionskurve in der Landwirtschaft nach oben auch der Surplus am Punkt, bei dem neues Grenzprodukt von Arbeit und Arbeitskosten gleich sind, höher sein.

Genauso kann es aber technische Innovationen geben, die lediglich das Grenzprodukt von Arbeit erhöhen, insbesondere durch arbeitsintensive neue Verfahren, wie dies Chao (1986) für die gesamte historische Entwicklung der chinesischen Landwirtschaft bis ins 20. Jahrhundert aufgezeigt hat. Es ist aber auch möglich, daß technischer Fortschritt lediglich die Produktivität der schon bisher Beschäftigten erhöht, weil durch neue Verfahren oder neue Vorprodukte die Flächenproduktivität bei konstantem Arbeitseinsatz zunimmt. Dies scheint insbesondere die Wirkung der grünen Revolution in Asien gewesen zu sein, die zweifellos zur Erhöhung der Verfügbarkeit landwirtschaftlicher Produkte geführt hat, nicht jedoch zur nachhaltigen Verbreiterung der Zugriffsrechte der Armen über wachsende Beschäftigungsmöglichkeiten, und deshalb sozial positive Wirkungen insbesondere dort entfaltet hat, wo marginalisierte Arbeitskraft aufgrund früherer sozialer Arrangements noch Zugriffsrechte auf den Boden hatte, die ihr nun erlaubt als Kleinbauer mit höheren Hektarerträgen die eigene wirtschaftliche Lage zu verbessern.

Bei gleicher Kapitalproduktivität ist eine Technologie, die die Produktion pro schon Beschäftigtem erhöht, für den Grundbesitzer kostengünstiger als eine Technologie, die den Grenzertrag noch nicht beschäftigter Arbeit erhöht. Im ersten Fall steigen durch die technische Innovation die Arbeitskosten nicht. Der gesamte zusätzlicher Ertrag fällt als Surplus an den Großgrundbesitzer. Im zweiten Fall kann die höhere Produktion nur durch zusätzliche Beschäftigung, die dann mit dem Subsistenzlohnsatz bezahlt werden muß, erzielt werden. Ein Teil des Produktionszuwachses geht an die zusätzlich beschäftigten Arbeitskräfte. Technologien, die das Grenzprodukt von Arbeit erhöhen, können also unter der Bedingung von Bodenkonzentration nur dann gegenüber Technologien wettbewerbsfähig werden, die lediglich die Produktion pro schon Beschäftigtem erhöhen, wenn der technische Fortschritt in der Landwirtschaft mit sinkender Kapitalproduktivität einhergeht. Da aufgrund der Faktorkosten in westlichen Ländern Forschung primär dem Ziel dient, einem Absinken der Kapitalproduktivität bei Faktorkombinationen mit schon produktiven Arbeitskräften, vor allem Arbeitskräften mit höheren Reallöhnen, entgegenzuwirken, ist zu bezweifeln, daß eine an westlichen Faktorkosten ausgerichtete Suche nach technischer Innovation anders als zufällig Technologien finden kann, die den Grenzertrag von noch nicht beschäftigten marginalisierten Arbeitskräften erhöht.

(15) Die Einführung von Marktbeziehungen kann die Beschäftigung in der Landwirtschaft nicht erhöhen. Großgrundbesitzer werden im Bereich, wo der Grenzertrag höher als die Grenzkosten sind, weitere Arbeitskräfte einstellen, unabhängig davon, ob sie kapitalistisch wirtschaften oder nicht. Ein für die Erstellung dieses Produktionsniveaus und für die Transformation des hier auftretenden Surplus in Dienstleistungen und Luxusprodukte notwendiger Bevölkerungsstand kann nach Bevölkerungskrisen über Bevölkerungswachstum erreicht werden. Dies ist regelmäßig der Fall, solange die unmittelbaren Produzenten nicht zur Geburtenkontrolle übergehen. Ein für dieses Produktionsziel zu geringes Bevölkerungsvolumen wird von den Beziehern des Surplus als „Leuteknappheit" interpretiert. Häufig bestehen aber soziale und politische Verpflichtungen für die Bezieher des Surplus – die Eigner des Bodens –, Arbeitskräfte über das Volumen der Beschäftigung hinaus anzustellen, bei dem Grenzprodukt und Grenzkosten gleich sind. Unter der Voraussetzung der Einführung kapitalistischer Konkurrenz zwischen den Grundbesitzern würden diese gezwungen, solche überschüssige Arbeit freizusetzen. Die gesamte Literatur über die Auswirkungen der Einführung von Marktbeziehungen in vorkapitalistische Großgrundbesitzer-Landwirtschaften und die damit verbundenen Freisetzungseffekte sind empirischer Beleg für diese These.

(16) Im Unterschied zu nichtkapitalistischen Beziehern von Surplus können kapitalistische Bezieher von Surplus auf sie entfallenden Surplus nur dann beschäftigungswirksam ausgeben, wenn sie davon nicht Luxuskonsumgüter kaufen, sondern Investitionsgüter. Investitionsgüter können dann von kapitalistischen Beziehern von Surplus gekauft werden, wenn die zukünftigen Einkommensströme, die mit der Nutzung der Investitionsgüter zusammenhängen, wenigstens die Reproduktion des so verausgabten „Kapitals" gewährleisten, d.h. Einnahmen sichern, die wenigstens die Höhe der für die Investitionsgüter verauslagten Ausgaben erreichen. Dies setzt voraus, daß die mit den Investitionsgütern produzierten Waren verkauft werden können. Ob dies der Fall ist, hängt von der Nachfrage nach mit Maschinen produzierten Produkten ab. Ohne Erhöhung der Marginalitätsschwelle in der Landwirtschaft kommt es zu keiner Ausweitung des

Absatzes für nichtlandwirtschaftliche Massenkonsumgüter, weil weder die in der Landwirtschaft beschäftigte Bevölkerung noch deren quantitativer Konsum nichtlandwirtschaftlicher Lohngüter steigt. Es gibt also keinen Grund für die Annahme, daß bei der Marginalitätsschwelle erzielter Surplus von kapitalistisch wirtschaftenden Unternehmern als Profit durch Nettoinvestition in Anspruch genommen wird, wodurch über Beschäftigung von Arbeitskräften in der Investitionsgüterindustrie Einkommen entstehen, mit denen dieser Surplus gekauft und damit einer nichtkapitalistischen Aneignung entzogen wird.

(17) Kapitalistische Unternehmer können nichtkapitalistische Großgrundbesitzer nicht daran hindern, auf ihren Ländereien entstehenden Surplus anzuzeigen und entweder gegen kapitalistisch produzierte nichtlandwirtschaftliche Luxuskonsumgüter zu tauschen oder in der Form der Rückkehr zur geschlossenen Gutswirtschaft für die Ernährung von Arbeitskräften zu nutzen, die für sie auf ihren Gütern Dienstleistungen und Luxuskonsumgüter erstellen. Sie können insbesondere nicht die nichtkapitalistischen Großgrundbesitzer zum Verkauf ihrer Ländereien allein dadurch zwingen, daß sie effizienter landwirtschaftliche Produkte herstellen, es sei denn, daß ihnen über Innovation die Verschiebung der Marginalitätsschwelle bis zum Niveau gelänge, wo Vollbeschäftigung erreicht würde, sodaß über die dann resultierende Verknappung von Arbeitskraft insgesamt die Arbeitskosten stiegen. Dann müßten nichtkapitalistische Großgrundbesitzer über steigende Arbeitslöhne einen sinkenden Anteil an der landwirtschaftlichen Produktion auf ihren Gütern hinnehmen und deshalb dazu übergehen, vergleichbar den kapitalistischen Großgrundbesitzern in die Produktivität der eigenen Landwirtschaft zu investieren. Die Auflösung und Ablösung vorkapitalistischer Organisationsformen könnte kapitalistisch wirtschaftenden Beziehern des Surplus nur gelingen, wenn sie über ihre Strategie der technischen Entwicklung das Marginalitätsproblem beseitigten. Dies hängt auch von den technischen Möglichkeiten zur Erhöhung des Grenzprodukts landwirtschaftlicher Arbeit ab.

(18) Können kapitalistisch wirtschaftende Bezieher von Surplus Marginalität nicht beseitigen, so hängt die Realisierung des gesamten Surplus von der Fortdauer der Fähigkeit nichtkapitalistischer Großgrundbesitzer ab, Surplus nichtkapitalistisch anzueignen. Ein Teil der Marginalisierten, der vom Ausgabeverhalten nichtkapitalistischer Surplusbezieher abhängt, wird deshalb nichtkapitalistische Arrangements in der Wirtschaft politisch unterstützen, wie in den antikapitalistischen Forderungen der Marginalisierten bei den sozialen Bewegungen im Vorfeld der bürgerlichen Revolutionen in Europa deutlich wird. Genauso hängen unter dieser Voraussetzung die Möglichkeiten zur gewinnbringenden Anlage von Kapital für die kapitalistisch wirtschaftende Surplusbezieher davon ab, daß der Luxuskonsum der nichtkapitalistischen Großgrundbesitzer erhalten bleibt. Es entwickelt sich eine Struktur, in der kapitalistisch wirtschaftende Surplusbezieher Luxusprodukte für die Reichen herstellen oder handeln. Dies erklärt den geringen Beitrag handelskapitalistischer Strukturen bei der Transformation vorkapitalistischer Strukturen in kapitalistische. Das Handelskapital lebt nicht nur in den Poren der alten Produktionsweise, sondern neigt sogar dazu, sie zu stützen. Dies gilt sowohl für die „Kapitalisten", die in feudalen Strukturen Europas zu

beobachten sind, als auch für „kapitalistische Unternehmer" in der heutigen Dritten Welt in ihrem Verhältnis zu den dort herrschenden Klassen, die sich Surplus mit nichtmarktförmigen Mitteln, im wesentlichen über die Extraktionskapazität des Staats gegenüber der eigenen Wirtschaft aneignen, auch wenn sie versuchen, die Lasten dieser Steuerextraktion auf jeweils andere Produktionssektoren abzuwälzen und sich dabei eines marktwirtschaftlichen Vokabulars bedienen.

(19) Bei Fortdauer der Existenz nichtkapitalistischer Surplusaneignung können kapitalistisch wirtschaftende Bezieher von Surplus versuchen, sich nichtkapitalistische Zugriffsrechte auf den Surplus zu sichern, indem sie sich in die vorkapitalistische Herrschaftsstruktur einkaufen, Landbesitzer werden oder staatliche Ämter erwerben. Die Machtbalance zwischen nichtkapitalistischen und kapitalistischen Beziehern von Surplus hängt dann von politischen Faktoren, nicht mehr allein von der wirtschaftlichen Effizienz ab. Vorkapitalistische Bezieher von Surplus können gegenüber den Versuchen kapitalistisch wirtschaftender Bezieher von Surplus, vorkapitalistische Quellen von Surplus aufzukaufen, mit politischen Maßnahmen reagieren, z.B. indem sie durch Steuern oder direkte Gewalt die Einnahmen der kapitalistischen Bezieher von Surplus vermindern. Zur Absicherung ihrer zunächst an den Markt gebundenen Quellen von Surplus müssen die kapitalistischen Bezieher von Surplus auch in Instrumente des politischen Kampfes um die Surplusaufteilung investieren, im Extremfall selbst private Banden unterhalten („Armeen"), um der gewalttätigen Begrenzung ihrer Einnahmen durch vorkapitalistische Bezieher von Surplus entgegenzuwirken. Dies erklärte den Abbruch von Entwicklungen in Richtung auf Marktwirtschaft, die über die bekannte Zeit der Menschheitsgeschichte regelmäßig aufgetreten sind und in der Literatur über die geringe Transformationskapazität sogenannter „antiker", „arabischer", „chinesischer", „indischer", etc. Kapitalismen thematisiert werden.

(20) Sind die Anlagemöglichkeiten für Surplus angesichts der Begrenztheit der Nachfrage nach mit Investitionsgütern produzierbaren Waren begrenzt, bleibt auch kapitalistisch produzierenden Beziehern von Surplus nur die Möglichkeit, überschüssigen Surplus konsumtiv zu verwenden. Dazu müssen sie die Konkurrenzbeziehungen einschränken. Es entsteht ein eigenes Interesse auch der kapitalistisch produzierenden Bezieher von Surplus, kapitalistische Gesellschaftsorganisation zu „modifizieren". Selbst von ihrer Seite ist der Übergang zu einer „bürgerlichen" Gesellschaft nur dann zu erwarten, wenn über die Ausdehnung des Marktes für mit Investitionsgütern produzierte Produkte sichergestellt ist, daß eine fortwährende Aneignung von Surplus als Profit über Nettoinvestitionen erreicht werden kann. Bürgerliche Revolutionen treten deshalb dann auf, wenn über Bevölkerungsverknappung oder andere Möglichkeiten der politischen Organisation der Unterschichten die „Kapitalverwertung" auf der Grundlage der Ausdehnung der Masseneinkommen gesichert ist, weil eine Ausdehnung des Konsums von mit Investitionsgütern produzierten Gütern über den Luxuskonsum stets die Einschränkung bürgerlicher Formen von Herrschaft erfordert, insbesondere des Konkurrenzprinzips. Auf Luxuskonsum gegründete Akkumulation im

kapitalistischen Sektor, wie sie von Sombart (1913) thematisiert worden ist, geht deshalb einher mit einer Einschränkung der bürgerlichen Organisationsprinzipien von Gesellschaft, wie dies in großen Teilen des europäischen Kontinents im 18. und 19. Jahrhundert im Unterschied zur Hauptentwicklungslinie in Großbritannien und den USA der Fall war.

(21) Wird eine durch Marginalität und Surplus gekennzeichnete Wirtschaft in eine Weltwirtschaft eingegliedert, in der führende Wirtschaften kapitalistisch organisiert und technisch überlegen sind, so daß sie Produkte anbieten können, die die nichtkapitalistischen Wirtschaften nur unter außerordentlich hohen Kosten herstellen können, dann ergibt sich folgende Veränderung des Verhaltens der Bezieher von Surplus. Surplus kann nunmehr exportiert werden und gegen Produkte eingetauscht werden, die eine überlegene führende Wirtschaft produziert. Also vermindert sich das Beschäftigungsangebot, im Extremfall auf das Niveau der nur noch in der Landwirtschaft produktiv Tätigen. Die aus dem Surplus ernährten Marginalen produzieren selbst keinen Surplus, tragen also nicht zum Produktionsergebnis bei. Sie können allesamt freigesetzt werden, sobald die importierbaren Luxuskonsumgüter aufgrund ihrer technischen Charakteristika den lokal produzierten überlegen sind, soweit der Luxuskonsum der Reichen aus handelbaren Gütern besteht.

(22) Die Möglichkeiten über die Eigendynamik eines kapitalistischen Sektors in einer in die Weltwirtschaft integrierten technologisch rückständigen Wirtschaft die Beschäftigung zu erhöhen, hängen vom Beschäftigungsmultiplikator der Investitionen ab. Technischer Fortschritt in den technisch führenden Ländern ist dadurch gekennzeichet, daß er die Stückkosten mindert (ELSENHANS 1993). Das Verhältnis zwischen der Performanz einer Maschine und ihren Kosten bei einer neuen, die Stückkosten senkenden Technologie, steigt stets mehr an, als das Verhältnis zwischen Produktionsergebnis und Kosten in der Anwendung der Maschine. Bei der Messung des Performanz-Kosten-Verhältnisses in der Maschinenproduktion sind alle Einsparungen und Produktionsgewinne im Zähler berücksichtigt, im Nenner nur die Kosten der Maschinen. Bei der Berechnung der Produktivität der neuen Technologie in ihrer Anwendung stehen im Zähler die gleichen Einsparungen und Zuwächse des Produktionsergebnisses, im Nenner jedoch alle Kosten, und nicht nur die veränderten Kosten der eingesetzten Maschinen. Das Wachstum des Performanz-Kosten-Verhältnisses in der Maschinenproduktion liegt deshalb höher als das Verhältnis zwischen Produktionsergebnis und Gesamtkosten einer Volkswirtschaft, das das Produktivitätswachstum beschreibt. Das Performanz-Kosten-Verhältnis in der Maschinenproduktion beschreibt das Produktivitätswachstum in der maschinenproduzierenden Branche. Es ist deshalb zwangsläufig höher als das durchschnittliche. Da die Reallöhne dem durchschnittlichen Produktivitätswachstum entsprechen, haben Wechselkurse zwischen nationalen Volkswirtschaften, die den durchschnittlichen Produktivitätsunterschieden entsprechen, zur Folge, daß die fortgeschrittenere Wirtschaft stets bei der Herstellung von Investitionsgütern (Maschinen) einen absoluten Kostenvorteil erhält und sich deshalb auf die Produktion von Investitionsgütern solange spezialisiert, wie der Transfer von Wissen in der Investitionsgüter-

(Maschinen-)produktion nicht kostenlos wird. Bis heute ist aber der technische Fortschritt in der Maschinenproduktion an die Qualifikation von Arbeitskräften gebunden, die ihre Kenntnisse nicht nur aus dem formalen Schulsystem beziehen, sondern durch den Arbeitsprozeß selbst. Die Übertragung von Wissen ist nicht kostenlos.

Wenn und insoweit die Produktivitätssteigerung bei der Anwendung einer Maschine, insbesondere einer ausgereiften Technologie, jedem ihrer Anwender, auch einem Anwender in der Dritten Welt, zugänglich ist, erhöht sich durch die technische Innovation im führenden Land die Produktivität bei der Anwendung von Maschinen auch im technologisch rückständigen Land, nicht jedoch die Produktivität bei der Herstellung von Maschinen. Komparative Kostenvorteile verschieben sich zu Lasten der lokalen Investitionsgüterproduktion im rückständigen Land und zugunsten der Anwendung importierter Maschinen. Gleichzeitig muß jeder Maschinenproduzent auf den Preis derzeitig hergestellter Maschinen die Kosten der Entwicklung der nächsten Generation von Maschinen schlagen, weil sonst die „Reproduktion" seiner Wettbewerbsfähigkeit nicht gewährleistet wird. Kapitalisten können aber Kosten der Reproduktion ihres Kapitals jederzeit auf die Preise schlagen, weil keiner ihrer Konkurrenten in der Lage ist, dauerhaft auf die Erwirtschaftung dieser Kosten zu verzichten, und zwar unter Androhung der Gefahr des Verlustes seiner Stellung als kapitalistischer Unternehmer. Die Käufer von Maschinen finanzieren damit unabhängig von ihrer regionalen Plazierung (ob in der industrialisierten oder der unterentwickelten Welt) die Kosten der Entwicklung des zukünftigen technischen Fortschritts. Importeure von Maschinen aus unterentwickelten Ländern tragen deshalb zur Finanzierung der zukünftigen Rückständigkeit ihrer Wirtschaften bei der Maschinenproduktion gegenüber den technisch führenden Ländern bei, wenn auch angesichts ihrer geringen Importkapazität in begrenztem Umfang. Aus der angegebenen Bedingung sinkender Stückkosten folgt auch, daß mit im Verhältnis zum durchschnittlichen Produktivitätsabstand niedrigeren Reallöhnen produzierte Maschinerie in der unterentwickelten Welt eine geringere Performanz-Kosten-Relation aufweist als importierte Maschinen, wenn es keine zusätzlichen Quellen technischen Fortschritts gibt (z.B. Imitation). Durch den betriebswirtschaftlich gerechtfertigten Verzicht auf Einsatz lokal produzierter ineffizienter Maschinerie verkümmern noch vorhandene Fähigkeiten und Kenntnisse bei der Herstellung von Maschinen, im wesentlichen bei der Herstellung von aus Metall produzierten mechanischen Teilen, sodaß der Abstand der Produktivität in der Maschinenproduktion zwischen der entwickelteren und der weniger entwickelten Wirtschaft solange zunimmt, als nicht bewußt Anstrengungen unternommen werden, solche Kenntnisse zu fördern oder in der Nutzung importierter Maschinerie relativ zufällig zusätzliche Kenntnisse entstehen, die den späteren Übergang zur lokalen Herstellung dann meist einfacherer Maschinerie modernen Typs ermöglichen. Je geringer die technologische Distanz zwischen der importierten Maschinerie und den lokalen Fertigkeiten, desto wahrscheinlicher die Möglichkeit durch die Anwendung von Maschinen auch Fähigkeiten bei der Herstellung von Maschinen zu entwickeln. Länder, die den Nachholprozeß gegenüber führenden Ländern frühzeitig einleiteten, hatten deshalb höhere Chancen, ihn erfolgreich zu bestehen. Länder, die ihn spät einleiten, müssen zur Gewinnung von Wettbewerbsfähigkeit auch bei der lokalen Produktion von Technologien Elemente der Nichtmarktökonomie einsetzen.

(23) Komparative Kostennachteile bei der Herstellung von wettbewerbsfähiger Technologie haben zur Folge, daß komparative Kostenvorteile bei der Produktion von Exportgütern mit importierter Technologie entstehen. Die Folge ist, daß Investitionsmultiplikatoren abfließen, weil bei der Investitionsgüternachfrage die Importneigung hoch ist. Der Beschäftigungseffekt von wirtschaftlichem Wachstum durch internationale Spezialisierung wird dadurch begrenzt.

(24) Der Produktivitätsfortschritt in den technisch führenden Ländern betraf nicht nur die industrielle Produktion. Auch die Produktivität in der landwirtschaftlichen Produktion ist gestiegen. Zudem werden die internationalen Preise für landwirtschaftliche Produkte durch Subventionierungsmaßnahmen in den Industrieländern, insbesondere den Ländern der Europäischen Gemeinschaft, verzerrt. Unterentwickelte Länder haben deshalb keinen komparativen Kostenvorteil bei Agrarprodukten. Liegen die komparativen Kostenvorteile bei der Herstellung von Industrieprodukten mit importierter Technologie, so führt ein Wachstum der Beschäftigung mit einem damit einhergehenden Wachstum der Nachfrage aus Löhnen zu wachsenden Importen an Agrarprodukten, wodurch wiederum die Multiplikatoreffekte von wirtschaftlichem Wachstum durch Spezialisierung begrenzt werden.

(25) Eine Ausweitung kapitalistischer Wirtschaftsprinzipien durch Eingliederung unterentwickelter Wirtschaften der heutigen Dritten Welt in die kapitalistische Weltwirtschaft mit dem Instrument der Spezialisierung entsprechend der komparativen Kostenvorteile muß einhergehen mit der Abwertung der nationalen Währungen zur Transformation komparativer Kostenvorteile in absolute Kostenvorteile. Eine Abwertung ist solange möglich, als der Exportwert neben den Kosten des eingesetzten Kapitals, das durch die Abwertung in internationalen Preisen nicht verbilligt wird (die Investitionsgüter müssen ja aus Importen erneuert werden), auch wenigstens die Subsistenzkosten der eingesetzten Arbeitskräfte abdeckt.

Werden die Lohngüter der in der Exportproduktion beschäftigten Arbeiter, bei Subsistenzeinkommen wenigstens 50% in der Form von Nahrungsmitteln, lokal produziert, gibt es keine Grenze für Abwertungen. Ist die lokale Landwirtschaft angesichts des beschriebenen Mechanismus abnehmender Erträge bzw. unzureichenden Surplus nicht in der Lage, einen wachsenden Überschuß zur Ernährung der in der Exportproduktion zunehmenden Zahl der Beschäftigten bereitzustellen, stößt die Abwertung auf eine Grenze. Vollkommene Spezialisierung über Abwertung ist dann nicht möglich.

Bei inelastischer Nachfrage nach den Exportgütern der rückständigen Wirtschaft wächst der Exporterlös nicht parallel zum Wachstum der Mengen der Exporte. Die Zuwächse an lokaler landwirtschaftlicher Produktion im Fall der Verteuerung importierter Nahrungsmittel in der Folge weiterer Abwertung können geringer sein als die Abnahme der Importkapazität aufgrund sinkender

Zuwachsraten des Grenzertrags der Exporte im Fall der Abwertung. Unter dieser Voraussetzung ist das Festhalten an einem höheren Wechselkurs und eine Beschränkung der internationalen Spezialisierung mit einer Erhöhung der Verfügbarkeit von Nahrungsmitteln (Importe und lokale Erzeugung) verbunden. Internationale Spezialisierung entsprechend der komparativen Kosten findet hier eine weitere Grenze.

(26) Vollkommene internationale Spezialisierung kann einhergehen mit Verlusten bei den Devisenerlösen, die durch Transformationseffekte auf die Wirtschaft, z.B. in der Folge einer Anregung der lokalen Technologieproduktion nicht kompensiert werden. Unter dieser Voraussetzung wird ökonomisch rational, durch Beschränkung der Spezialisierung Renten im Export anzueignen, z.B. über erhöhte Wechselkurse, Exportsteuern für hochkonkurrenzfähige Produkte und Staatsunternehmen in solchen Sektoren.

Die Aneignung von Renten setzt Intervention von Nichtmarktökonomie voraus. Ihre Kanalisierung in investive Projekte genauso. Die Investition von Renten im rentengenerierenden Sektor würde zu Produktionsausweitung und Preisverfall führen, bis die Rente verschwindet. Investition der Rente außerhalb des rentengenerierenden Sektors bedeutet aber, daß Investitionsmittel in Bereiche geleitet werden müssen, in denen die für die Unternehmen mikroökonomisch abgebildetete Profitrate (im rentengenerierenden Sektor unter Einschluß des Rentenelements) niedriger ist, als im rentengenerierenden Sektor. Dies ist nur möglich unter Einsatz von Nichtmarktökonomie.

(27) Gegenüber dem Argument, daß Aneignung von Renten zu Ineffizienz führt, ist einzuwenden, daß selbst unter der Annahme einer deutlich geringeren Effizienz von „Beamten" (Mitgliedern von Staatsklassen) bei der Auswahl von Investitionsprojekten die durchschnittliche Wachstumsrate der Ökonomie solange über dem Fall vollständiger Spezialisierung bleibt, als das Verhältnis zwischen dem durch Aneignung von Renten angehobenen Investitionsvolumen zum bisherigen Investitionsvolumen höher ist, als der Rückgang der Kapitalproduktivität in der Folge der Investition von Renten.

(28) Die Krise des Entwicklungsstaats in der Dritten Welt ist im wesentlichen darauf zurückzuführen, daß die Bedingung der These (27) nicht respektiert wurde, sondern über Aufblähung konsumtiver Verwaltungen und Orientierung der Investitionen am Luxuskonsum der Privilegierten (mit daraus resultierender niedriger Kapitalproduktivität) der Finanzierungsspielraum für Entwicklungsmaßnahmen erschöpft wurde. Mit der Erschöpfung des Finanzierungsspielraums entfällt die Möglichkeit der Finanzierung klientelistischer Patronagenetze zur Einbindung von Führungsgruppen „gegnerischer", mit den Staatsklassen rivalisierender Klassen, zur Kooptation aufstrebender Elemente aus den Mittelschichten in die Staatsklassen und ihre organische Klientel, und nicht nur für Investitionen.

(29) Mit der Erschöpfung des Finanzierungsspielraums der Staatsklassen wenden sich die Mittelschichten vom Entwicklungsstaat ab, weil sie nur noch durch Aufbau privat organisierter Produktionsanlagen ihre relativen Einkommensvorsprünge gegenüber den verelendenden und verarmten Massen verteidi-

gen können. Für sie wird nunmehr, weil nicht mehr Quelle von Zuwendung, der Staat zum räuberischen Fiskus, den es zu bekämpfen gilt. Dazu muß auch die politische Hegemonialstellung der Staatsklasse zerschlagen werden. Die aufstrebenden Mittelschichten konstituieren sich auf der Grundlage der Entwicklung von Klein- und Mittelbetrieben zu „Mittelklassen neuen Typs", die die alten Staatsklassen, die in der Folge der Krise der Exportökonomien in der Weltwirtschaftskrise die Macht übernommen haben, nunmehr ablösen wollen.

(30) Für die Ausrichtung der Mittelklassen neuen Typs, die jetzt gestützt auf den Markt die Macht in der Dritten Welt übernehmen wollen, stellen die wirtschaftlichen Rahmenbedingungen einen entscheidenden Parameter dar. In einer Reihe ostasiatischer Länder ist unabhängig von ihrer außenpolitischen und „ideologischen" Ausrichtung das Marginalitätsproblem über Landreformen, ländliche Industrialisierung und ländliche Entwicklungspolitik wenn nicht gelöst, so doch entscheidend zurückgedrängt. Dazu zähle ich die Volksrepublik China, die Republik China in Taiwan, Südkorea, Vietnam, und vielleicht Thailand. In diesen Gesellschaften funktionieren Arbeitsmärkte entsprechend der Lehrbuchökonomie: Investitionen führen zur Verknappung von Arbeit und steigenden Reallöhnen entsprechend dem Wachstum der Grenzproduktivität, wachsenden Massenmärkten, lokaler Entwicklung von Technologie, Multiplikator- und Akzeleratoreffekten etc.. Diese Länder werden zu den westlichen Industrieländern aufschließen, und zwar unter der Bedingung der Transferierbarkeit von Technologie mit hohen Wachstumsraten. Hier wird nachfolgende Industrialisierung gelingen. In Analogie zur deutschen nachholenden Industrialisierung des 19. Jahrhunderts, ist zu erwarten, daß in diesen Gesellschaften auf politischer Ebene vorbürgerliche Strukturen fortdauern werden und dies möglicherweise innergesellschaftliche Konfliktpotentiale heraufbeschwört, die zumindest im Fall der größeren unter diesen Ländern wie der Volksrepublik China zu internationalen Konflikten führen können.

(31) Ohne Umverteilung und ohne einschneidende Agrarreformen ist in Lateinamerika mit staatlicher Unterstützung auf der Grundlage der Nachfrage aus mittleren und oberen Einkommen eine in einzelnen Bereichen diversifizierte Industriestruktur entstanden, die die Strukturanpassungsmaßnahmen im Zusammenhang mit der Verschuldungskrise überlebt. Diese Wirtschaft ist diversifiziert genug, weiter Wachstumsimpulse ohne Umverteilung zu erzeugen. Sie trägt einen Prozeß der Demokratisierung, der auf der Ausschließung der verarmten Massen beruht und Demokratie auf die Aushandlung von Kompromissen zwischen Elitefraktionen reduziert. Die Fortdauer dieses Modells wird von der Öffnung der Weltmärkte für Exportprodukte aus diesen Ökonomien abhängen. Da bei diesen Exportprodukten die Gesellschaften mit realer Transformation zugunsten der Massen von der Kostenseite überlegen sein dürften, sind die Chancen für dieses Modell als eher begrenzt einzuschätzen.

(32) Ein ähnlicher Versuch zur Demokratisierung unter Ausschluß der verarmten Massen findet derzeit in Afrika statt. Die Chancen auf wirtschaftliche Entwicklung durch Erweiterung der Massenmärkte sind angesichts des geringen wirtschaftlichen Potentials zu gering, als daß an eine Nutzung eines erst zu

entwickelnden Massenmarktes überhaupt gedacht wird. Der politische Diskurs dieser Bewegungen ist ausschließlich darauf gerichtet, durch Konformität mit den Zielen der amerikanischen und der französischen Revolution eine Verbreiterung des Ressourcenzuflusses aus den westlichen Industrieländern zu erwirken. Es entsteht eine Zone stark von Hilfe abhängiger Länder, wie sie bisher nur in für die Weltwirtschaft und die Weltpolitik insgesamt weniger wichtigen Regionen zu beobachten war (Karibik, Pazifik). In dieser Region übernehmen die Geber de facto die Souveränität, indem sie in die Einzelberatung der einzelnen Sektorministerien einsteigen. Der Umfang dieser Beratung und ihre Auswirkungen auf den Entscheidungsprozeß gehen weit über die Tiefe der Eingriffe innerhalb des Kolonialismus hinaus, wenn zum Vergleich die ottomanische Schuldenverwaltung herangezogen wird.

(33) Der Fall Algeriens zeigt, daß die lateinamerikanische Lösung des Ausschlusses der Massen dann nicht möglich ist, wenn zwischen Massen und Gegnern der etatistischen Wirtschaft ein die privilegierten Gegner der etatistischen Wirtschaft sichernder gemeinsamer Diskurs gefunden werden kann. Trotz einer „schweigenden" Mehrheit der Gegner einer islamischen Lösung sind in Algerien auf der einen Seite Teile der Unternehmerschaft, auf der anderen Seite Marginalisierte in einem festem Bündnis zusammengeführt, das verhindert hat, daß die Staatspartei FLN ähnlich der mexikanischen PRI zur Achse für jede mögliche Regierungsbildung geworden wäre, mit der Folge, daß der politische Prozeß zu einem Dialog zwischen Elitefraktionen verkümmert wäre.

(34) In Ländern, in denen der Ausschluß der Massen nicht gelingt und die Massen gleichzeitig über einen Teile der „Eliten" und die Massen verbindenden Diskurs „diszipliniert werden können",, optieren die Mittelklassen neuen Typs, die auf der Grundlage von Marktorientierung ihre Einkommen verteidigen wollen, für eine Strategie der Nutzung der Religion. Mit dem wirtschaftstheoretischen Diskurs der westlichen Industrieländer läßt sich die Marktorientierung nicht politisch wirksam verkaufen, insbesondere nicht gegenüber Menschen, die selbst im Fall der Einführung von Marktorientierung weiterhin mit Marginalisierung rechnen müssen. Die Religion bietet den Vorteil, daß sie anders als alle diskreditierten westlichen Werte wie Etatismus, Sozialismus, Revolution, etc., ihr Ansehen bei breiten Massen der Bevölkerung behalten hat. Sie spricht die Menschen nicht aufgrund ihrer Stellung im Produktionsprozeß an und erlaubt deshalb, die gesellschaftlich sehr heterogenen Armen in der Dritten Welt zusammenzuführen (Landlose, kleine Bauern, Produzenten des informellen Sektors, etc.). Die großen Religionen der Welt sind entstanden oder neu formuliert worden in Zeiten, als die Staatsklassen tributärer Produktionsweisen durch Auflösung der Solidarität der Dorfgemeinschaften den Steuerdruck zu erhöhen versuchten. Dem Schutz der Eigentumsrechte wird deshalb in allen großen Religionen (als Schutz der Schwachen, nämlich der Bauern) große Bedeutung beigemessen. Dieser hohe Rang der Eigentumsrechte ist heute eine Garantie für die aufstrebenden Mittelklassen gegen Umverteilungsabsichten von seiten der Marginalisierten. Bei allem Diskurs der neuen Mittelklassen in Richtung auf die Armen steht die Respektierung der Eigentumsrechte stets im Vordergrund. Sozi-

alpflichtigkeit des Eigentums ist beschränkt auf Mildtätigkeit; sie geht nicht bis zur Einschränkung der Eigentumstitel.

(35) Weil die neu aufstrebenden Mittelklassen auf eine Umverteilung der Eigentumsrechte, insbesondere in der Landwirtschaft, verzichten, wird ihnen die Beseitigung von Marginalität wahrscheinlich nicht gelingen, obwohl selbstverständlich auch andere Instrumente zur Beseitigung von Marginalität denkbar wären, als die Umverteilung von Land (ELSENHANS 1993).

Für ihr Wachstum benötigen sie auswärtige Märkte. Aufgrund der Fortdauer von Marginalität weiterhin auftretende Renten werden kanalisiert in die Subventionierung von Exporten. Exportoffensiven von Seiten marktorientierter neu auftretender Mittelklassen bei gleichzeitigem Verzicht auf interne gesellschaftliche Veränderungen sind zu erwarten.

(36) Solche Exportoffensiven erschweren die Durchsetzung einer liberalen Weltwirtschaft, weil die betreffenden Länder zwar zur Produktions- aber nicht zur Konsumtionskapazität des Systems beitragen. Sie erhalten allerdings komparative Vorteile in einer wachsenden Zahl von Bereichen gegenüber den westlichen Industrieländern und bedrohen dadurch Arbeitsplätze in den westlichen Industrieländern. In den westlichen Industrieländern verbleiben einige hochproduktive Branchen mit komparativen Vorteilen, während viele andere nur unter der Voraussetzung einer Beschränkung der Zuwachsraten der Löhne überleben könnten. Auf den Zusammenhang zwischen Exportoffensiven und unterkonsumtiver Lohnbeschränkung in den Industrieländern wurde früher verwiesen. (ELSENHANS 1981). Eine Form der Anweisung kann darin bestehen, hohe Exporterlöse in hochwettbewerbsfähigen Sektoren zur Stützung von Arbeit in anderen Sektoren zu nutzen. Damit würde der Rentiersmechanismus aus der Dritten Welt auf die westlichen Industrieländer übertragen, von denen dann gesagt werden müßte, daß sie aufgrund ihrer Unfähigkeit, ihr eigenes auf Massenkonsum aufgebautes gesellschaftliches System in die Dritte Welt zu exportieren, gezwungen werden, das auf Renten und Vorrangstellung von Eliten gegründetete System der Dritten Welt zu importieren.

Alternativen für ein solches eher pessimistisches Szenario gibt es. Die englischen Armengesetze (ELSENHANS 1980) waren ein Instrument der Umverteilung zugunsten der Armen und zulasten der Rente, und letztlich zugunsten des Profits über die Ausdehnung der Masseneinkommen. Egalitäre Agrarreformen (ELSENHANS 1979) vermindern auf ähnliche Weise den Surplus (dabei vor allem das Rentenelement), und sind geeignet neben der Produktion den Massenkonsum und damit die Nachfrage nach Technologie für Massenkonsumgüter zu steigern. Sollten alle Instrumente zur Kanalisierung von Renten versagen, wie dies im Thema der Krise der Entwicklungshilfe anklingt, dann wäre immer noch möglich, eine künstliche Ressourcenindustrie zu schaffen, z.B. indem Geld in entlegenenen Bergen abgeworfen wird, das von armen Menschen aufgesammelt werden kann und als künstliches Geld von den Industrieländern bei zentralen Umtauschstellen zu einem Wechselkurs umgetauscht wird, bei dem arme Menschen gerade die Subsistenz verdienen. Unter dieser Voraussetzung würden sie ihre Erlöse auf dem Markt gegen Nahrungsmittel tauschen. Die etwas besser Verdienenden, die – z.B. als Kleinbauern – nicht dem Geldsammeln nachgegangen sind, sondern ihr Land bearbeiten, reagieren auf die wachsende Nachfrage mit Produktionsausweitung und bei dauerhaft wachsender Nachfrage mit Investitionen. Sie fragen dann am Markt genau die Technologien nach, die die Anhänger angepaßter Technologie immer fördern wollten. Institutionen, die über solche Technologien Bescheid wissen, wie z.B. die gesamten Institutionen der technischen Zusammenarbeit, können Informationskosten bei der Beschaffung solcher Technologien vermindern und als marktorientierte Anbieter durch Verkäufe auf Märkten ihre Kosten für solche Technologien decken. Die Umstellung der gesamten Entwicklungshilfe aus staatlich kanalisierter in über den Markt gesteuerte wäre in einem solchen Modell denkbar.

Literaturliste

Bogedain, Christine (1993): Privates Bodeneigentum und ökonomisch-soziales Verhalten in der afrikanischen Landwirtschaft. Eine Untersuchung zu den Small Scale Commercial Farming Areas in Zimbabwe (Universität Leipzig: Dissertation, 267 S.

Chao, Kang (1986): Man and Land in Chinese History (Stanford, California: Stanford University Press, 286 S.

Elsenhans, Hartmut (1979): „Agrarverfassung, Akkumulationsprozeß, Demokratisierung", in: Elsenhans, Hartmut, (ed.): Agrarreform in der Dritten Welt (Frankfurt/New York: Campus, S.505–652.

Elsenhans, Hartmut (1980): „Englisches Poor Law und egalitäre Agrarreform in der Dritten Welt. Einige Aspekte der Theorie, daß Wachstum historisch die Erweiterung des Massenmarktes erforderte und heute die Erweiterung der Massenmarktes erfordert", in: Verfassung und Recht in Übersee, 13, 4 ,S.283–318.

Elsenhans, Hartmut (1981) „Social Consequences of the NIEO. Structural Change in the Periphery as Precondition for Continual Reforms in the Centre", in: Jahn, Egbert/Sakamoto, Yoshikazu, (eds.): Elements of World Instability: Armaments, Communication, Food, International Division of Labour.Proceedings of the International Peace Research Association. Eighth General Conference (Frankfurt: Campus, S.86–95.

Elsenhans, Hartmut (1984): „Endettement: Echec d'une industrialisation du Tiers Monde", in: Tiers Monde, 25, 99, S.551–564.

Elsenhans, Hartmut (1987): „Absorbing Global Surplus Labor", in: Annals of the American Academy of Political and Social Science, 492, S.124-135.

Elsenhans, Hartmut (1991): „Problems Central to Economic Policy Deregulation in Bangladesh", in: Internationales Asien Forum, 22, 3–4, S. 259–286

Elsenhans, Hartmut (1992): „Die Rente und der Übergang zum Kapitalismus. Grundfragen der politischen Ökonomie von Unterentwicklung", in: Journal für Entwicklungspolitik, 8, 2,; S.111–134.

Elsenhans, Hartmut (1993): Marginalität als Gegenstand der Armutsbekämpfung, (Magdeburg: Entwicklungsländerausschuß des Vereins für Socialpolitik, Juni, 69 S.

Elsenhans, Hartmut (1994a): „Structural Adjustment Requires More Than Only More Market Regulations, as Capitalist Market-Regulated Economies Require Local Technology Production and Expanding Mass Markets", in: Jain, R.B./Bongartz, Heinz (eds.): Structural Adjustment, Public Policy, and Bureaucracy in Developing Societies (New Delhi: Haranand Publications, S.56-89.

Elsenhans, Hartmut (1994b): Rent, State and the Market: The Political Economy of the Transition to Self-sustained Capitalism (Islamabad: Pakistan Institute of Development Economics, 61 S.

Georgescu-Roegen, Nicholas (1960): „Economic Theory and Agrarian Economics", in: Oxford Economic Papers, 12, 1, S.1–40.

Sombart, Werner (1913): Luxus und Kapitalismus (München/Berlin: Duncker & Humblot, 220 S.

WISSENSCHAFT UND ENTWICKLUNGSPOLITIK[1]

Michael Bohnet, Bonn

1. Aufgaben der Wissenschaft

Wissenschaft und Entwicklungspolitik: Handelt es sich dabei um feindliche Brüder, die sich gelegentlich beschimpfen, sich aber ansonsten nichts zu sagen haben? Oder handelt es sich um Brüder, die sich mögen, miteinander reden und einander zuhören? Sie sehen, ich begebe mich auf ein schwieriges Terrain. Wie meist in der Entwicklungsforschung ist es deshalb unabdingbar, den Sachverhalt mittels einer Evaluierung aufzuklären. Die Trägeranalyse steht naturgemäß am Anfang. Beginnen wir mit den Wissenschaftlern und der Wissenschaft. Es gibt wenige so begünstigte berufliche Situationen wie die des professionellen Wissenschaftlers, der, etwas stilisiert gesagt, sein ganzes Leben lang dafür bezahlt wird, daß er seiner kindlichen Neugier folgen darf. Man nennt das, nicht unzutreffend, die Wahrheitssuche. Zu den Aufgaben der Wissenschaft gehören die Analyse unbekannter Sachverhalte, das Aufzeigen von Zusammenhängen, die Betrachtung von Fehlerquellen und die Abschätzung von Fehlerintervallen, innerhalb derer das gesuchte Ergebnis mit einer bestimmten Wahrscheinlichkeit erwartet werden darf, ebenso wie die Erarbeitung von Vorschlägen für die Verringerung von Risiken. Die Bekämpfung von vermeidbarer Ignoranz ist die Aufgabe der Wissenschaft schlechthin. Wenn man über Wissenschaft spricht, gehört es zum guten Ton, Karl Popper zu zitieren:"Die Zukunft ist offen. Die Frage aber ist nicht: Was wird kommen?, sondern: Was sollen wir tun?". Natürlich kann die Wissenschaft der Politik nicht die Verantwortung für das Handeln abnehmen. Sie kann aber die vorhandenen Optionen aufzeigen, sie jeweils einer Kosten-Nutzen-Analyse unterwerfen sowie Prognosen erstellen. Hinsichtlich der jeweils zu erwartenden Reaktion kann sie auf den eigenen Kanälen der scientific community sondierende Gespräche führen und Versuchsballons steigen lassen. Dies kann hilfreich sein, weil sich die offizielle Politik und Diplomatie solche Tests oft nicht leisten kann.

Um zu untersuchen, welchen Einfluß wissenschaftliche Ergebnisse haben, muß gefragt werden, wodurch Entscheidungen zustande kommen. Entscheidungen werden gefällt aufgrund persönlicher, politischer und sachlicher Präferenzen. Lediglich zur Untermauerung bzw. Absicherung sachlicher Präferenzen kann die Wissenschaft einen Beitrag leisten, vornehmlich dadurch, daß sie Grundinformationen liefert und die Handlungsalternativen und deren Konsequenzen aufzeigt. Beide Funktionen vermag die Wissenschaft in gleicher Weise zu erfüllen. Aber

---

1   Der Beitrag konnte auf dem Geographentag nicht als Referat gehalten werden. Vor allem wegen seiner Relevanz für eine anwendungsorientierte geographische Entwicklungsforschung und Ausbildung haben sich die Herausgeber aber dennoch dazu entschlossen, den Aufsatz im Rahmen des Verhandlungsbandes zu veröffentlichen.

aufgrund der Unlösbarkeit des Zurechnungsproblems ist nur schwer abzuschätzen, in welcher Weise und in welchem Gewicht wissenschaftliche Forschungsergebnisse zur Entscheidung beitragen.

II. Die Unterschiede zwischen multidisziplinärer und interdisziplinärer Forschung

Die Aufteilung der Wissenschaften in getrennte Disziplinen ist allein das Ergebnis der Tradition, und ihre Rechtfertigung liegt in der Notwendigkeit der Spezialisierung. Interdisziplinäre Forschung beinhaltet die Mitarbeit von Wissenschaftlern mehrerer Disziplinen an einem spezifischen Forschungvorhaben, wobei für alle Beteiligten gleiche und verbindliche Untersuchungskriterien und Methoden festgelegt werden und die Untersuchungsergebnisse gemeinsam interpretiert werden. Multidisziplinäre Forschung hingegen bedingt lediglich den gleichen Untersuchungsgegenstand, wobei jedoch keine einheitliche Abstimmung der Kriterien, Methoden und der Auswertung sattfindet. Die einzelnen Forschungsergebnisse der beteiligten Disziplinen werden lediglich additiv zusammengefaßt. Aus den obigen Definitionen folgt, daß die Forderung nach interdisziplinärer Forschung leichter zu erheben als zu erfüllen ist. Bekannt ist, daß der Entwicklungsprozeß ein komplexer und interdependenter Vorgang ist und die verschiedenen beteiligten Fächer traditionellerweise Erkenntnisobjekte verschiedener wissenschaftlicher Disziplinen sind. Eine Ordnung des Faktenmaterials in interdisziplinäre Themenkreise erlaubt zwar eine multidisziplinäre Betrachtung bestimmter Aspekte des Entwicklungsprozesses, läßt aber nur eine oberflächliche Analyse des Stoffes zu, da eine integrale Behandlung eine universale Entwicklungstheorie voraussetzt, die es nicht gibt. Die Entwicklungspolitik bedarf jedoch adäquater, analytischer, strategischer und planerischer Instrumente, und daraus resultiert die weitverbreitete Unsicherheit. (Zur Erinnerung: Auch IAFEF strebt nach seiner Satzung „auf der Grundlage der interdisziplinären Methode das Erarbeiten einer Theorie des Entwicklungsprozesses und der Entwicklungspolitik an".)

Eine Hilfskonstruktion besteht in der Durchführung intensiver Feldstudien in multidisziplinärer Zusammenarbeit mit einer Leitwissenschaft im Zentrum und den sonstigen relevanten Wissenschaften als Hilfswissenschaften. Ein solcher Prozeß der multidisziplinären Zusammenarbeit kann jedoch nur ein „trial-and-error" Prozeß sein. Gute Erfahrungen wurden damit in der Evaluierungspraxis gemacht. Evaluierungen werden grundsätzlich unter Einschaltung von Experten verschiedener Fachdisziplinen durchgeführt, und ihre Ergebnisse haben die Praxis wesentlich befruchtet. Die Ergebnisse können sich sehen lassen.

Eine andere Schwierigkeit bei der Anwendung von Wissenschaft auf die Entwicklungspolitik ergibt sich daraus, daß die entwickelten Modelle bestimmte Wahrscheinlichkeitsverteilungen aufweisen, deren Werte aus der direkten Beobachtung oder aufgrund erfahrungsorientierter Hypothesen ermittelt werden. Sie sind aus Ergebnissen gewonnen, die prinzipiell wiederholbar sind. Demgegenüber gibt es Ereignisse, die einmalig sind. Wenn heute aufgrund des weltweiten

Kommunikationsprozesses verschiedene Gesellschafts- und Wertsysteme aufeinanderstoßen, dann entstehen solche nicht repetitiven Situationen, für die es ex definitione keine statistische Erfahrung gibt. Die Analysen über die Transformationsprozesse in den neuen Bundesländern und in Osteuropa sind klassische Fälle solcher häufig extrem schwierigen wissenschaftlichen und politischen Bemühungen.

III. Die Rolle der Natur- und der Sozialwissenschaften

Dies führt mich zur unterschiedlichen Rolle der Natur- und Sozialwissenschaften. Die Naturwissenschaften dienen der Erforschung und Nutzbarmachung der natürlichen Ressourcen, die das Potential darstellen, durch das wirtschaftliche Entwicklung erst möglich wird. Die Sozialwissenschaften einschl. der Wirtschaftswissenschaften sind bestimmend für die Gestaltung der gesellschaftlichen Ordnung, die bei den gegebenen natürlichen Ressourcen denkbar ist. Der wissenschaftliche Erkenntnisdrang ist unterschiedlich: Bei den Naturwissenschaften liegt er in der Erkenntnis von Gesetzmäßigkeiten und bei den Sozialwissenschaften in der Interpretation von Wirklichkeitszusammenhängen. Deshalb ist die Übertragung naturwissenschaftlicher Forschungsergebnisse in die entwicklungspolitische Entscheidungsfindung leichter als bei den Sozialwissenschaften. Bei den Sozialwissenschaften kann man sich der Realität nur mit a priori Hypothesen nähern, die man zu verifizieren bzw. zu falsifizieren sucht. Erweist sich die eine Hypothese als falsch, so wird eine neue aufgestellt. Erweist sie sich als richtig, so wird der Denkprozeß verlängert, indem weitere Hypothesen aufgestellt werden. Dieser wissenschaftliche trial-and error-Prozeß ist also der ständige Versuch, unser Denken der Realität anzupassen, ein Prozeß, der in den Entwicklungsländern um so mühsamer ist, als deren Realität sich besonders schnell verändert und darüber hinaus von unserem wissenschaftlichen Erfahrungshorizont abweicht. Dies erklärt zusätzlich, warum sozialwissenschaftliche Forschungsergebnisse aus dem Gebiet der Entwicklungforschung so schwer in die praktische Entwicklungspolitik umzusetzen sind.

IV. Erwartungen der Entwicklungspolitik an die Wissenschaft

Die Entwicklungspolitik erwartet von der Wissenschaft Entscheidungshilfen auf vier Ebenen:
1. Erstellung wissenschaftlicher Analysen
2. Zusammenfassung fachlicher Einzelergebnisse durch eine problemorientierte Intergration
3. Hilfe bei der Erarbeitung konzeptioneller Entwürfe unter Berücksichtigung des effektiv vorhandenen Spielraums und der konkreten möglichen Handlungsalternativen sowie
4. Berücksichtigung der Interessenlage jener Institutionen und Organisationseinheiten, die die Empfehlungen umzusetzen haben.

Das Problem besteht darin, daß der Wissenschaftler sich vielfach lediglich auf Punkt eins beschränkt, d.h. auf die Erstellung wissenschaftlicher Analysen. Die Ursache ist, daß angewandte Wissenschaft stets spezialisierte Forschung ist. Sie liefert praxisnahes Wissen über genau untersuchte Variablen. Der Politiker, der die Entscheidungen zu fällen hat, muß jedoch eine Vielzahl von Variablen berücksichtigen, nicht nur die vom Forscher untersuchte Sphäre. Der Forscher ist deshalb auch nur eine weitere Stelle, die gehört werden muß, bevor die Entscheidung fällt. Das Problem besteht darin, daß der Forscher nicht über die Kenntnis aller für den Entscheidungsprozeß relevanten Kriterien verfügt. Dem Politiker ist jedoch daran gelegen, alle Entscheidungskriterien, die unterschiedliche Forschungsbereiche tangieren, wissenschaftlich abzustützen. Dies liegt im legitimen Interessenbereich des Politikers, der für die Gesamthandlung verantwortlich ist. Insbesondere fehlt bei fast allen Gutachten nach dem Empfehlungskapitel ein weiteres Kapitel, das die Interessenlage jener im Ministerium oder in den Durchführungsorganisationen analysiert, die die Empfehlungen umzusetzen haben. Ohne Kenntnis dieser institutionellen Interessenlage bleibt viel geschriebenes Papeir ohne Einfluß.

V. Die Rolle der Wissenschaft im Dialog der Kulturen

Doch es gibt Tröstungen. Entwicklungsforschung hat eine Verständigungsfunktion im Dialog mit den Kulturen. Die weitverbreitete These, die moderne Wissenschaft ebne mit logischer Zwangsläufigkeit kulturelle Unterschiede zugunsten einer einzigen Weltkultur ein, stimmt jedoch nicht. Natürlich ändern sich Kulturen in Folge der Auseinandersetzung mit wissenschaftlichen Erkenntnissen, aber dadurch wird die kulturelle Differenzierung nicht aufgehoben. Ob die Integration neuen Wissens in eine bestimmte bestehende Kultur kreativ erfolgt oder destruktive Wirkungen hat, hängt nicht zuletzt vom kulturellen Selbstbewußtsein und dem politischen Willen ab. Ich finde es auch sehr tröstlich, daß wissenschaftliche Kontakte nicht zu einer Einebnung der Kulturlandschaft führen, da die Vielfalt der Kulturen genauso wichtig ist wie die Diversität in der Biosphäre.

Schließlich gilt es noch anzufügen, daß die Möglichkeiten, mit Hilfe der Wissenschaft Verstehen und Verständigung zwischen den Kulturen zu bewirken, begrenzt sind. Es wäre naiver Rationalismus, zu glauben, wissenschaftliche Vernunft könne Indifferenz, Fremdheit, Ablehnung, ja Feindschaft zwischen Angehörigen verschiedener Kulturen von Grund auf verhindern oder aus der Welt schaffen. Ihre Erfolge auf dem Felde der Verständigung sind zwar unbestreitbar, dennoch: Die rationale Decke über dem Fundus von Irrationalität und politischem und religiösem Fanatismus ist dünn. Und wo sie zerreißt, wie es immer wieder bei politischen Kurzschlüssen und Katastrophen sichtbar wird, bricht sich Irrationalität Bahn. Deshalb bedarf Wissenschaft einer Absicherung und Verankerung im Emotionalen. Begegnung im Medium der Wissenschaft bedarf des guten Willens, der inneren Akzeptanz des Partners, der bewußten Bereitschaft zum offenen, vorurteilsfreien Austausch. Dieses Ziel ist der Mühe wert.

VI. Hol- und Bringschuld

Wissenschaft und Politik sind aufeinander angewiesen. Es gibt auf beiden Seiten sowohl eine Bring- als auch eine Holschuld. In kritischer Retrospektive muß man feststellen, daß beide Seiten ihren Pflichten häufig nicht nachgekommen sind. Was unter den gegebenen Verhältnissen politisch machbar ist, muß in die wissenschaftliche Situationsanalyse einbezogen werden. Das erfährt man nicht im Studierzimmer, sondern im wesentlichen nur im Kontakt mit denjenigen, die nahe am Entscheidungsprozeß stehen. Diese Entscheidungsträger wiederum sind so stark im Tagesgeschäft eingespannt, daß sie zur Lektüre langfristig angelegter Analysen und Studien gar nicht kommen. Es gibt ein ehernes Gesetz: Papiere, die länger sind als 5 Seiten, werden nicht mehr gelesen. Sie sehen: Auch die Entwicklungspolitik ist nicht frei vom Problem des Vorrangs eigener institutioneller Interessen, der Erbsünde der Entwicklungszusammenarbeit.

VII. Zwei Denkrichtungen in der Wissenschaft: Praxisenthaltung versus Praxisberatung

In der Wissenschaft gibt es zwei Denkrichtungen. Die eine plädiert für rigorose Praxisenthaltung. Nur so lasse sich der aufklärerische Auftrag der Wissenschaft vor dem Zugriff der Politik retten. Jenen Vertretern bleibt die heitere Gewißheit, daß ihre theoretischen Konstrukte und Diskussionen die Realität der Entwicklungspolitik nicht beeinflussen. Genau die entgegengesetzte Position vertreten jene Wissenschaftler, die einem normativen Wissenschaftsverständnis verpflichtet sind und die es daher als die vornehmste Aufgabe von Wissenschaftlern ansehen, Politik zu beraten und durch Beratung besser zu machen. Was die Vertreter dieses Wissenschaftverständisses umtreibt, ist nicht so sehr die Gefahr, daß die Politik die Wissenschaft vereinnahmen könnte, als vielmehr, daß die Politik sich zu wenig um die Ergebnisse der wissenschaftlichen Forschung kümmert. Bei all dem muß betont werden, daß einerseits die Entwicklung der Wissenschaft durch geschichtlich bestimmte Wertsysteme gesteuert wird, andererseits werden die in den Wertsystemen gespiegelten Interessen ihrerseits durch Prüfung an technischen und wissenschaftlichen Möglichkeiten kontrolliert. Oder deutlicher ausgedrückt:
– die Wissenschaft entwickelt sich nicht mehr autonom im luftleeren Raum
– die gesellschaftlichen Wertvorstellungen können nicht mehr so weit von den Möglichkeiten technischer und wissenschaftlicher Realisierbarkeit abweichen.

Zwischen Wissenschaft und Entwicklungspolitik besteht also ein ständiger Übersetzungs- und Rückübersetzungsprozeß, der bewirkt, daß sich einerseits der wissenschaftliche Fortschritt durch diesen Rückkopplungseffekt beschleunigt und andererseits der Informationsgrad der Entscheidungsträger erhöht wird.

VIII. Sechs Übertragungsmechnismen wissenschaftlicher Erkenntnisse in der Praxis

Es gibt verschiedene Formen der Übertragung wissenschaftlicher Ergebnisse in die Entwicklungspolitik: das Buch und der wissenschaftliche Aufsatz, das Gutachten, wissenschaftliche Beiräte, Hearings, Enquete-Kommissionen und „Ausbildung durch Forschung". Ich möchte Ihnen meine Einschätzung dieser 6 Transmissionsriemen vortragen, unterfüttert mit praktischen Beispielen.

a) Beginnen wir mit dem Buch und dem Aufsatz. Ein Beamter, der im Dienste ein Buch lesend angetroffen wird, ist verdächtig. Er steht in der Gefahr, sofort in ein Referat versetzt zu werden, in dem richtige Arbeit ansteht. Ein Beamter, der die Bibliothek des BMZ aufsucht und darauf angesprochen wird, legitimiert sich meist mit dem Hinweis, er habe kurz die Tagespresse überfliegen müssen. Alles was eine ISBN-Nummer trägt, kann von der Verwaltung, aufgrund des permanenten Zeitdrucks, unter dem Entscheidungsträger stehen, nicht wahrgenommen werden. Es gilt die Grundregel: In den Akten ruht die Wahrheit. Lassen Sie mich an dieser Stelle einfügen: Es gibt zwei Informationswelten. Die Welt der ISBN- und ISSN-Nummern, die Welt der Bücher und Aufsätze also, die sich dadurch gegenseitig weiterentwickeln, daß sie vornehmlich den wissenschaftlichen Fachkollegen zitieren, und die Welt der entwicklungspolitischen Konzeptionspapiere, Materialien, Sektor- und Grundsatzpapiere. Beide Informationsströme treffen sich fast nie. Wissenschaftler nehmen kaum Notiz z.B. von den 9 Entwicklungspolitischen Berichten der Bundesregierung, von den bisher 83 „Materialien des BMZ", dem Bulletin der Bundesregierung oder von den Veröffentlichungen des Parlaments, obwohl diese Berichte häufiger aktueller, genauer, problemorientierter, realitätsnäher und zukunftsorientierter sind als Lehrbücher und Aufsätze zum angeblich selben Thema. Andererseits vermeiden es Konzeptions- und Planungspapiere der Verwaltung sorgfältig, Bücher und Aufsätze zu zitieren. Der Verfasser würde sofort in die Gefahr geraten, sich dem Vorwurf seiner Kollegen auszusetzen, sein Papier sei bereits veraltet, spiegele nicht den aktuellen Problemstand wider, denn die Lebenserfahrung lehre ihn, – auch habe er das Gerücht gehört-, daß der obligate Sammelband der letzten wissenschaftlichen Tagung erst dann veröffentlicht werde, wenn das Problem in der Praxis schon gelöst und man bereits auf dem Weg zu neuen Ufern sei. Die Frage stellt sich: Reagiert Wissenschaft vornehmlich auf bereits existierende Problemstellungen, oder ist sie auch mal in der Lage, neue Fragestellungen vorzugeben? Ich habe den Eindruck, daß die Rolle, die die Wissenschaft in den 70er und 80er Jahren als themenbestimmende Kraft in der Entwicklungspolitik spielte, heute von den Nichtregierungsorganisationen eingenommen wird. Sie treiben heute die konzeptionelle Diskussion voran.

b) Der zweite Übertragungsmechanismus: Wissenschaftliche Gutachten, die das BMZ seit 1978 in der BMZ-Reihe „Forschungsberichte", die bisher 104 Bände umfaßt, veröffentlicht hat, haben einen größeren Einfluß, da die Fragestellungen von den Entscheidungsträgern formuliert wurden, also den Entscheidungsbedarf widerspiegeln. Außerdem wird kein Forschungsbericht veröffentlicht ohne eine vorangestellte Zusammenfassung von etwa 10 Seiten. Forschungsberichte werden zwischen Auftraggeber und Auftragnehmer diskutiert, und häufig ist der Dialog wichtiger als das beschriebene Papier. Die im Auftrag des BMZ erstellten Forschungsberichte, z.B. über Ernährungssicherungsprogramme einschl. Nahrungsmittelhilfe, zur ländlichen Entwicklung, zur Bedeutung soziokultureller Faktoren in der Entwicklungstheorie und -praxis, zu Selbsthilfeeinrichtungen in der Dritten Welt, zur Bedeutung menschlicher Ressourcen im Entwicklungsprozeß, zur Bevölkerungspolitik, zur Erhaltung und Nutzung tropischer Regenwälder, haben die entwicklungspolitischen konzeptionellen Überlegungen und deren praktische Ausformulierung – z.B. in Sektorpapieren – stark beeinflußt. Es gibt aber auch Gegenbeispiele, genannt seien die Untersuchungen über die Auswirkungen des Systems flexibler Wechselkurse auf die Entwicklungsländer, die EG-Politik der Zusammenarbeit mit Entwicklungsländern, zu Arbeitsbedingungen und Sozialklauseln, zum Komplex nationaler und internationaler Abgaben zur Finanzierung der Entwicklungszusammenarbeit und zu einem internationalen Liberalisierungsfahrplan. Hier ist die Umsetzung bescheiden oder nicht existent, weil die Interessenlage der Instanzen, die für die Umsetzung verantwortlich sind, nicht genau analysiert worden ist.

c) Der dritte Übertragungskanal: der interdisziplinär zusammengesetzte Wissenschaftliche Beirat (ich selbst habe ihm einige Jahre angehört). Durch den kontinuierlichen Dialog finden gegenseitige Lernprozesse statt. Lassen Sie mich einige Gutachten anführen, die die konzeptionellen und praktischen Überlegungen im BMZ wesentlich beeinflußt haben. Ich nenne die Stellungnahmen zu den „Möglichkeiten und Grenzen der Selbsthilfe im Rahmen einer armutsorientierten Entwicklungspolitik" (1989), das Gutachten „Umweltschutz in der Entwicklungszusammenarbeit" (1992) sowie das Gutachten „Grundsätze für die Entwicklungszusammenarbeit in den 90er Jahren: Notwendige Rahmenbedingungen" (1992). Der neue Kriterienkatalog des BMZ (Beachtung der Menschenrechte, Rechtssicherheit, Partizipation, marktfreundliche Wirtschaftsordnung, good governance) basiert im wesentlichen auf den Vorschlägen des Wissenschaftlichen Beirats. Aus früheren Jahren möchte ich das Gutachten des Wissenschaftlichen Beirats zum sozio-kulturellen Wandel (1982) nennen, das Grundlage für die Erarbeitung des sozio-kulturellen Rahmenkonzepts im BMZ war. Gutachten zur EG-Agrarpolitik und zu Handelspolitik hatten geringeren Einfluß, da das BMZ der falsche Adressat war.

d) Zum vierten Transmissionsriemen: Eine große Rolle spielen auch die Anhörungen des Ausschusses für wirtschaftliche Zusammenarbeit. Prägend für die Entwicklungspolitik wirkten z.B. insbesondere die Anhörungen zu den Themen „Nord-Süd-Verflechtung – Auswirkungen verstärkter Förderungen der Länder der Dritten Welt durch öffentlichen und privaten Kapitaltransfer auf die Entwicklungsländer und auf die Industrieländer" (1979), „Verschuldungskrise der Entwicklungsländer" (1988), „Armutsbekämpfung durch Selbsthilfe" (1988), „Förderung der Frauen in der Entwicklungszusammenarbeit" (1990) sowie „Förderung erneuerbarer Energien" (1990). Die Anhörungen sind deshalb ein besonders wirksames Instrument, weil in ihnen u.a. Wissenschaftler ihre Standpunkte schriftlich und mündlich darlegen müssen, jede Anhörung ausgewertet wird und meist zu einer Beschlußempfehlung des entsprechenden Bundestagsausschusses führt, zu dem die Regierung Stellung zu nehmen hat.

e) Zum fünften Übertragungsmechanismus: Häufig von der wissenschaftlichen Community unbemerkt, aber in der Praxis um so wirksamer, sind die Enquete-Kommissionen. Insbesondere die Enquete-Kommission des Deutschen Bundestages zum Schutz der Erdatmosphäre, an der eine Vielzahl von Wissenschaftlern mitgearbeitet haben, hat zentral zur Formulierung von Positionsbestimmungen der Bundesregierung im Vorfeld der UN-Konferenz „Entwicklung und Umwelt" beigetragen. Zu nennen sind die ausführlichen und präzisen Vorarbeiten zur Tropenwaldproblematik, zur Klimakonvention, und zur Konvention zum Schutz der Artenvielfalt. Einen ähnlichen Einfluß hatte die Enquete-Kommission „AIDS". Enquete-Kommissionen haben insofern Reiz, als in ihr Politiker und Wissenschaftler zusammenarbeiten und dies im ständigen Dialog mit der Regierung.

f) Zur 6. Art der Umsetzung: Ausbildung durch Forschung. Viele Praktiker der Entwicklungspolitik haben während des Studiums oder danach als Universitätsassistenten an der Entwicklungspolitik Feuer gefangen. Häufig befaßten sich ihre Diplomarbeiten oder Doktorarbeiten mit Entwicklungsländerthemen. Auch zahlreiche wissenschaftliche Mitarbeiter der 5 großen Wirtschaftsforschungsinstitute oder sonstiger wissenschaftlicher Einrichtungen haben nach ein paar Jahren „Theorie" den Weg in die Praxis gefunden. Häufig ist ihre Praxis „geronnene Theorie", wenn auch meist etwas veraltet. Aber nichtsdestotrotz ist dieser Weg „Ausbildung durch Forschung" wohl einer der wirksamsten Kanäle zur Umsetzung wissenschaftlicher Erkenntnisse in die Praxis.

IX. Die Rolle der Öffentlichkeit

All diese Transmissionsmechanismen arbeiten um so wirksamer, je stärker eine öffentliche Diskussion entfacht wird. Die erfolgreiche Umsetzung wissenschaftlicher Empfehlungen in die Praxis ist also auf die Vermittlung der politischen Öffentlichkeit angewiesen, denn die Kommunikation zwischen den Sachverständigen und den Politikern muß an Interessen der Bevölkerung anknüpfen. Dieser Rückkopplungsprozeß ist unabdingbar in einer demokratischen Gesellschaft. Es sei an dieser Stelle nicht verschwiegen, daß zuweilen angewandte Forschung die Rolle eines angstreduzierenden Rituals zu spielen hat. Die Wissenschaft wird so etwas wie eine Art Lückenbüßer für den Fall, daß die getroffene Entscheidung sich vor der Öffentlichkeit als falsch erweist. Da Politiker durch falsche Entscheidungen mit Sanktionen belegt werden, ist die Hinzuziehung der angewandten Forschung durch den Politiker zur Milderung der Verantwortungslast psychologisch verständlich. Es kann auch nicht schaden, wenn die freundliche Welt der Wissenschaft, in der im allgemeinen wissenschaftliche Irrtümer korrigiert werden können, ohne daß die Tätigkeit oder gesellschaftliche Position des Wissenschaftlers leidet, durch die Übernahme eines Teils der Verantwortung ein wenig unfreundlicher wird.

X. Interessenkonflikte

Es wäre naiv, keinen Interessenkonflikt zwischen dem Informationsbedarf der Praxis und dem wissenschaftlichen Erkenntnisinteresse auszumachen. Der Standardvorwurf der Entwicklungspraktiker lautet, die Wissenschaft stelle sich nicht hinreichend auf die Probleme der Praxis ein, ja sie versuche, praxisbezogene Aufträge für ihre eigenen, anders gearteten Zielsetzungen umzufunktionieren. Dem gegenüber machen die im Bereich der Entwicklungländerforschung tätigen Wissenschaftler geltend, sie bemühten sich um Praxisbezug und seien weit davon entfernt, reine Grundlagenforschung zu betreiben. Ihre Bemühungen würden nicht gewürdigt. Tatsache ist, daß es sich um nicht zu beseitigende Unterschiede in der Grundorientierung wissenschaftlicher und praktischer Tätigkeit handelt, die man nicht wegdiskutieren darf und bei denen immer nur punktuell und zeitweilig ein gemeinsamer Nenner gefunden werden kann. Die Unterschiede können so zusammengefaßt werden: Der Wissenschaftler hat eine lange Zeitperspektive, der Praktiker muß in kurzer oder mittlerer Frist Empfehlungen umsetzen, der Wissenschaftler ist daran interessiert, Erkenntnisse voranzutreiben, sein Auge ist auf Grundlagenforschung fixiert; der Praktiker muß Problemlösungen finden und ist ausschließlich an angewandter Forschung interessiert; der Wissenschaftler hat das Prestige seines Faches und sein eigenes Prestige im Blickfeld, der Praktiker die Verbesserung der Lage der Zielgruppe und das Prestige seiner eigenen Institution. Da der Wissenschaftler sich doch immer am Urteil der Fachkollegen orientiert, gerät ihm die angewandte Forschung unter der Hand zur Grundlagenforschung, und am Ende muß der Entwicklungspolitiker feststellen, daß für seine Entscheidungsfindung weithin irrelevante Informationen zu spät geliefert wurden. Deshalb meine Forderung: Die Umsetzungsprobleme wissenschaftlicher Erkenntnisse in die Praxis müßten selbst eigentlich Teil wissenschaftlicher Untersuchungen werden.

XI. Wissenschaftliche Herausforderungen der Zukunft

Lassen Sie mich zum Schluß ein paar Hinweise geben, wo ich wissenschaftliche Herausforderungen für die Zukunft sehe.

Lange drehte sich die Entwicklungsländerdiskussion und -forschung im Kreise. Die Zahl der Publikationen wuchs, der Streit der Zunft tobte allenfalls um Nuancen, die ein größeres Publikum immer weniger interessierten. Durch den Wegfall des Ost-West-Konflikts und die ökologische Herausforderung wird die entwicklungspolitische Diskussion und Forschung fraglos wieder spannender.

Beide Seiten müssen auch bekennen, daß sie letztlich der konfuzianischen Herausforderung nicht entsprechen, nämlich Dinge beim richtigen Namen zu nennen. Entwicklung ist ein geistes-geschichtlich und politisch höchst problematischer Begriff, der Menschen materialistisch und individualistisch macht, nachdem wir selbst unsere traditionelle Spiritualität sozusagen an der Kasse abgegeben haben. Wir müssen uns immer wieder vor Augen halten: Entwicklungspolitik kann Menschen in Not helfen, vielleicht sogar Schneisen in das Meer des Elends schlagen, wenn ihre Lösungsansätze in der Geschichte und Kultur der betroffenen Menschen verankert sind.

Vielleicht gewinnt deshalb das Rio-Konzept der nachhaltigen Entwicklung weltweit so an Attraktivität. Dauerhafte Entwicklung ist eine Entwicklung, die die Bedürfnisse der Gegenwart befriedigt, ohne zu riskieren, daß künftige Generationen ihre eigenen Bedürfnisse nicht befriedigen können. Das Konzept hat bereits eine lange Wegstrecke hinter sich. Aus der Lehre von der nachhaltigen Forstbewirtschaftung wurde es zum Schlüsselbegriff für die nachhaltige Bewirtschaftung der planetarischen Naturressourcen, denn die Konfrerenzdiplomatie beugt sich nicht mehr nur, wie in den vergangenen Jahrzehnten, über die Verteilung von Reichtümern, sondern um die Verteilung von Risiken: Montrealer Protokoll, Klimakonvention und Konvention zum Schutz der Artenvielfalt sind ja nur der Beginn.

Wissenschaft ist gefordert, die daraus abzuleitenden Konsequenzen für unseren Lebensstil und für unsere Zivilisationsformen zu untersuchen, die Kurt Biedenkopf so beschreibt: „Wenn letztlich technisch-naturwissenschaftliche Entwicklungen bestimmen, was Fortschritt ist, dann kann das Fortschrittskonzept keine Kriterien für die Begrenzung der Expansivität des Materiellen leisten. Die Expansivität selbst ist das Konzept. Damit steht unserer westlichen Industriegesellschaft eine Aufgabe gegenüber, für die es in ihrer bisherigen historischen Entwicklung kein Vorbild gibt: Sie muß selbst eine inhaltliche Begrenzung ihrer Handlungsspielräume finden. Begrenzung in diesem Sinne heißt: Sie muß ihr gesellschaftliches und industrielles Handeln in einer Weise begrenzen, die enger ist als die Grenze, welche ihr durch ihr jeweiliges tatsächliches technisch-wissenschaftliches Können gezogen ist. Eine Begrenzung durch eine Ethik der Verantwortung." Gesucht werden Strukturen in Nord und Süd, die eine Zukunft ohne Zwang sichern. Ist nachhaltige Entwicklung mit Demokratie vereinbar? Entsteht „Demokratie durch Entwicklung" oder „Entwicklung durch Demokratie"? Aber: vor Euphorie wird gewarnt. Es gibt Grenzen für die wissenschaftliche und politische Prognose. Dies haben die Entwicklungen in Deutschland und in den Staaten Mittel- und Osteuropas gezeigt, die von keinem Wissenschaftler und keinen Planungsstäben vorausgesehen worden sind. Dieses Beispiel legt sehr nachdrücklich die Möglichkeiten und Grenzen wissenschaftlicher Beratung und politischer Planung offen. Und ich habe den Eindruck, daß derartige Ereignisse einen Teil der Wissenschaft immer wieder auf den historischen Ansatz, nämlich die Verarbeitung des Gewesenen zurückgehen lassen, zu Lasten der gegenwarts- und der zukunftsrelevanten Politikberatung.

Doch dies ist auch ein Stück Klugheit. Für die Wissenschaft und die Entwicklungspolitik gilt gleichermaßen:
– Mut ist gefordert, das zu verändern, was veränderbar ist.
– Kraft ist gefordert, das zu ertragen, was nicht veränderbar ist,
und
– Weisheit ist gefordert, zwischen beidem zu unterscheiden.

Literaturverzeichnis

Bergmann, H.: Forschungsbedarf in Projektleitung und Durchführung. In: W. Mikus, B. Knall u.a.: Der Praxisbezug der Entwicklungsländerforschung, Heidelberg 1988, S.27 ff

Biedenkopf, K.: Zeitsignale, München 1990,S. 95 ff

BMZ: Forschungsberichte, bisher 104 Bände, Weltforum Verlag Köln

BMZ: Förderung von Bildung und Wissenschaft in der Entwicklungszusammenarbeit. BMZ aktuell, Bonn, Januar 1990/91

BMZ: Materialien, bisher 83 Hcfte

BMZ: Entwicklungspolitische Berichte der Bundesregierung, bisher 9 Berichte

BMZ: Aus Fehlern lernen, Bonn 1988

Bohnet, M.: Entwicklungspolitische Strategie des BMZ, Evangelische Akademie Bad Boll, Oktober 1992

Braun, G.: Vom Wachstum zur dauerhaften Entwicklung. In: Aus Politik und Zeitgeschichte, Beilage zur Wochenzeitung „Das Parlament", 14.Juni 1991, S. 12 ff

Knall, B.: Die Interdisziplinarität in der Entwicklungsländerforschung. In: W. Mikus, B. Knall u.a.: Der Praxisbezug der Entwicklungsländerforschung, Heidelberg 1988, S. 27 ff

Kulessa, M.: Entwicklungspolitische Strategien der NRO, Evangelische Akademie, Bad Boll, Oktober 1992

Sachs, W.: Zur Archäologie der Entwicklungsidee, Frankfurt 1992

Weizsäcker von, C.F.: Die Rolle der Wissenschaft in der Politik und die Rolle der Politik in der Wissenschaft, Forschungsstelle Gottstein in der Max-Planck-Gesellschaft, München 1992, darin u.a. Aufsätze von Hagen, Wittmann, Zacher und Gottstein

POLITISCH-INSTITUTIONELLE RAHMENBEDINGUNGEN ALS HEMMNISSE DER ENTWICKLUNGSZUSAMMENARBEIT? BEISPIELE AUS ÄGYPTEN UND ALGERIEN

Detlef Müller-Mahn, Berlin

1. Problemstellung

Armutsbekämpfung wird offiziell als „das vorrangige Ziel deutscher Entwicklungszusammenarbeit" (BMZ Pressemitteilung vom 8.6.93) bezeichnet. Nur ein kleiner Teil der Entwicklungshilfe-Leistungen kommt jedoch wirklich den Adressaten unter den Armutsbevölkerungen der Entwicklungsländer zugute (UNDP 1992).

Eine Ursache für das Auseinanderklaffen von Zielen und Ergebnissen der staatlichen Entwicklungszusammenarbeit liegt darin, daß sie – ihrem Anspruch nach – Armutsgruppen erreichen und unterstützen will, während aber de facto nicht die verarmten Bevölkerungen der Entwicklungsländer Partner der Zusammenarbeit sind, sondern staatliche Institutionen. Vor diesem Hintergrund, und beflügelt durch den Wegfall des Ost-West-Konfliktes, wird in der Entwicklungspolitik gegenwärtig ein strategisches Konzept diskutiert, das unter dem Schlagwort „politische Konditionalität" die Mittelvergabe von der Schaffung geeigneter politischer und institutioneller Rahmenbedingungen abhängig machen will (WALLER 1990). Im folgenden Artikel wird in Fallbeispielen analysiert, in welcher Weise sich diese Rahmenbedingungen auswirken und welche Rolle dabei die externe Entwicklungshilfe spielt.

Ein Erklärungsansatz für die Wirkung politisch-institutioneller Rahmenbedingungen läßt sich aus einem Zusammenhang ableiten, den ELSENHANS (1981) in seiner Theorie der bürokratischen Entwicklungsgesellschaft deutlich machte. Demnach werden die innere Dynamik dieser Gesellschaften und die Funktion der Bürokratie im Entwicklungsprozeß durch zwei rivalisierende Interessen der nationalen Eliten („Staatsklasse") bestimmt: Auf der einen Seite trägt die Staatsklasse durch die Aneignung staatlicher Leistungen („Selbstprivilegierung") zu einer Verschärfung der Massenarmut bei, auf der anderen Seite muß sie aber auch zur Sicherung ihrer Macht für eine zumindest partielle Befriedigung von Massenbedürfnissen sorgen („Legitimationszwang").

Unter Bezug auf diese theoretische Basis stellt sich die Frage, welche Spielräume und Bestimmungsfaktoren für die Entwicklungszusammenarbeit unter den Bedingungen einer bürokratischen Entwicklungsgesellschaft bestehen: Verhindert die Selbstprivilegierung der Staatsklasse bzw. der Entwicklungsbürokratie eine Armutsbekämpfung, oder eröffnet der Legitimationszwang Möglichkeiten, mit Entwicklungsprojekten zur Verbesserung der Lebens- und Wirtschaftsbedingungen der Armutsbevölkerung beizutragen? Dieser übergeordneten Fragestellung wird im folgenden in zwei regionalen Fallstudien nachgegangen, wobei sich aus der Unterscheidung verschiedener Wirkungsebenen drei Teilfragen ergeben:

1) Welche Strukturen prägen das Verhältnis zwischen Armutsgruppen und Entwicklungsbürokratie auf lokaler Ebene?
2) Wie bestimmend ist die Tendenz zur Selbstprivilegierung für die Rolle der Entwicklungsbürokratie in lokalen/nationalen Entwicklungsprozessen?
3) Was bewirkt die externe Entwicklungshilfe gegenüber lokalen Armutsgruppen und nationaler Entwicklungsbürokratie?

2. Fallstudie Ägypten

Das Beispiel Ägyptens ist für die Fragestellung besonders geeignet, weil es sich hier um den „klassischen Fall" eines entwicklungsbürokratischen Staates handelt (PAWELKA 1985, S. 118f.), und weil das Land wie kaum ein anderes mit umfangreicher internationaler Entwicklungshilfe versorgt wird (UNDP 1992).

Zur Beantwortung der ersten Teilfrage sei das Beispiel eines typischen Dorfes in Oberägypten angeführt: In Zuhra im Gouvernorat Minya ist die ökonomische Situation der Armutsbevölkerung – wie in ganz Ägypten – durch mangelhafte Verfügbarkeit von Ressourcen (Land) und durch das Fehlen bzw. die Unsicherheit von Einkommens- und Beschäftigungsalternativen gekennzeichnet (Quelle: eigene Erhebungen 1992–93). Nicht einmal die Hälfte aller Familien in Zuhra verfügt über Landbesitz, der zudem bei drei Vierteln aller Besitzerfamilien unter 0,42 Hektar liegt und damit nach Auskunft der Dorfbewohner nicht den Lebensunterhalt einer Durchschnittsfamilie decken kann. Das bedeutet, daß die große Mehrheit (85 %) der Dorfbevölkerung vollständig oder teilweise auf nichtbäuerliche Einkünfte angewiesen sind. Das Problem dieser Menschen besteht darin, daß außerlandwirtschaftliche Beschäftigungsalternativen, vor allem die Arbeitsmigration in die Ölförderländer, in den letzten Jahren erheblich eingeschränkt wurden, und daß deshalb heute immer mehr ländliche Arme auf Überlebensstrategien im informellen Sektor oder auf Almosen und familiäre Fürsorge angewiesen sind (vgl. IBRAHIM 1992).

Die Armutsgruppen der Kleinbauern, Pächter und Lohnarbeiter sind in dorfinterne ökonomische Abhängigkeits- und Klientelstrukturen eingebunden, die in Zuhra wie in den meisten ägyptischen Dörfern von einer kleinen Gruppe von Mittel- und Großbauern kontrolliert werden (STAUTH 1983, HOPKINS 1988). Diese „großen" Familien mit dem Dorfvorsteher (ᶜumda) an der Spitze dominieren die Vertretung des Dorfes gegenüber dem Staat im Gemeinde- und im Genossenschaftsrat, während die ärmere Masse der Bevölkerung nur über geringe direkte Einflußmöglichkeiten verfügt (Abb. 1). Die beschränkte Artikulations- und Durchsetzungsfähigkeit der ländlichen Armutsbevölkerung ist ein wesentlicher Grund dafür, daß seitens des Staates auf Dorfebene keine speziellen Maßnahmen zur Verbesserung der Lebens- und vor allem der Wirtschaftsbedingungen benachteiligter Gruppen unternommen werden.

Die zweite Frage richtet sich darauf, inwieweit das Handeln der ägyptischen Entwicklungsbürokratie ihrer Selbstprivilegierung dient. Kennzeichnend für Struktur und Funktionsweise des Verwaltungsapparates sind „bürokratische Inflatio-

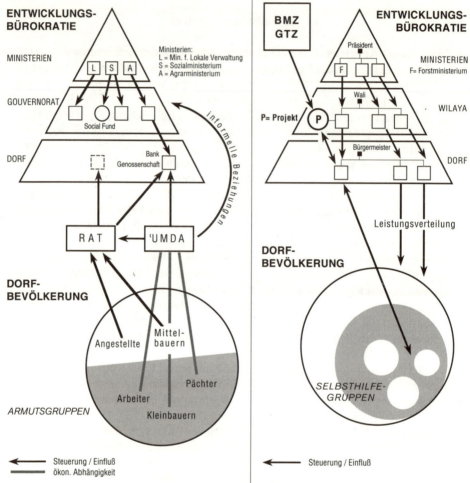

Abb. 1:
Institutioneller Rahmen der Entwicklungssteuerung in ägyptischen Dörfern

Abb. 2:
Institutionelle Einbindung des Projektes in der Wilaya Khenchela / Algerien

nierung und administrative Ineffizienz" (AYUBI 1991, S. 107) an der Basis, Zentralisierung von Entscheidungsmacht an der Spitze und eine massive Beeinflussung administrativen Handelns auf allen Ebenen durch informelle Beziehungen („wasta") (PALMER et al. 1988). Die Durchsetzungsfähigkeit von Interessengruppen hängt unter diesen Umständen davon ab, wie hoch in der Verwaltungshierarchie sie ihre Beziehungen ansetzen können. Ein Beispiel dafür ist der massive Einfluß von Großgrundbesitzern und Agrarunternehmern auf die Agrarpolitik des Landes, der sich darauf stützen kann, daß Mitglieder dieser Interessengruppe Schlüsselpositionen im Agrarministerium einnehmen (SADOWSKI 1991). Auf der Mikroebene in Dörfern wie Zuhra finden diese Verhältnisse ihre Entsprechung in der Allianz aus dörflicher Elite und Entwicklungsbürokratie, die die lokale Entwicklungsplanung und die Verteilung staatlicher Leistungen steuert: Vorsitzender der Genossenschaft in Zuhra ist einer der wohlhabendsten Bauern des Dorfes.

Deutlich wird die Interessenpolitik auch bei der gegenwärtigen Umsetzung des Strukturanpassungsprogrammes im Agrarsektor. Dieses Programm zielt auf eine agrare Produktionssteigerung, die eher den größeren Betrieben zugute kommt, führt aber mit solchen Maßnahmen wie der Aufkündigung der Schutzbestimmungen für Langzeitpächter zu einer Verschärfung der Armut im ländlichen Raum. Negative Begleiterscheinungen der Strukturanpassung sollen zwar durch flankierende Maßnahmen des Sozialministeriums aufgefangen werden, aber diese blieben bisher weitgehend wirkungslos. Ein mit immerhin 700 Millionen Dollar aus Entwicklungshilfemitteln ausgestatteter „Social Fund for Development" kam weniger den Armen zugute als denen, die ihn verwalteten. Die Tendenz der Entwicklungsbürokratie zur Selbstprivilegierung und zur Versorgung einflußreicher Interessengruppen wird hier offensichtlich.

Die Defizite des ägyptischen Staatsapparates werden von der internationalen Gebergemeinschaft in Kairo keineswegs übersehen, aber Versuche, ihnen durch eine bessere Koordination der Geberorganisationen oder rigidere Auflagen zu begegnen, blieben weitgehend erfolglos (PALMER et al. 1988, S.6f). Korruption und Selbstprivilegierung werden immer wieder hingenommen oder sogar noch indirekt unterstützt (WEISS 1993). Die Erklärung liegt in den politischen Motiven der Geberländer, die Ägypten wegen seiner Schlüsselrolle in der Krisenregion Nahost zum weltweit größten Entwicklungshilfe-Empfänger machten (SULLIVAN 1990, S.126). Der enorme Umfang der in das Land fließenden Gelder und der „Mittelabflußdruck" verleiten die Geberorganisationen vor Ort, auch Projekte von zweifelhafter entwicklungspolitischer Sinnhaftigkeit zu fördern.

Als Antwort auf die drei eingangs gestellten Fragen kann aus dem Fallbeispiel Ägyptens festgehalten werden:
1. Auf lokaler Ebene beschränken dorfinterne Abhängigkeitsstrukturen die Durchsetzungsfähigkeit und Partizipationsmöglichkeiten von Armutsgruppen.
2. Das Handeln der nationalen Entwicklungsbürokratie wird stärker durch Selbstprivilegierung als durch die Interessen und Bedürfnisse der ländlichen Armutsbevölkerung bestimmt.
3. Hauptziel der internationalen Entwicklungszusammenarbeit mit Ägypten ist

die Stabilisierung des politischen Systems und damit auch der Entwicklungsbürokratie, aber nicht die Armutsbekämpfung.

Zu fragen ist nun, welche Spielräume ein einzelnes Projekt innerhalb der Rahmenbedingungen eines bürokratischen Entwicklungsstaates hat. Die Fallstudie eines Projektes in Algerien zeigt, wie sich Selbstprivilegierung und Legitimationszwang der Entwicklungsbürokratie auf die Projektarbeit auswirken.

3. Fallstudie Algerien

In Algerien wurde Mitte der achtziger Jahre versucht, durch eine Aufteilung der Wilayate (Regierungsbezirke) eine administrative Dezentralisierung und eine gezielte Entwicklungsförderung für periphere Regionen zu erreichen. Als Fallbeispiel sei ein Projekt vorgestellt, das in der neu gegründeten Wilaya Khenchela angesiedelt wurde, um dort die ländliche Regionalentwicklung in der peripheren Gebirgsregion des östlichen Aurès-Gebirges zu unterstützen. Die Strategie dieses Projektes, das seit 1988 von der Gesellschaft für Technische Zusammenarbeit (GTZ) gefördert wird, enthält zwei Kernpunkte (MÜLLER-MAHN 1993):

1. Die Trägerstruktur ist durch eine doppelte institutionelle Einbindung des algerischen Projektträgers OAMV („Office d'Aménagement et de Mise en Valeur") gekennzeichnet (Abb. 2): Zum einen untersteht das Projekt in der Linienhierarchie dem algerischen Forstministerium, das 1984 den Projektantrag gestellt hatte, und zum anderen ist es auf regionaler Ebene in die Verwaltung der Wilaya unter Führung des Wali eingebunden. Diese administrative Konstruktion soll es dem OAMV ermöglichen, neben seinen vom Forstministerium vorgegebenen Fachaufgaben innerhalb der Wilaya auch übergreifende Koordinationsfunktionen zwischen verschiedenen Sektorbehörden (Wasserbau, Landwirtschaft etc.) wahrzunehmen, um eine effizientere Zusammenarbeit aller staatlichen Institutionen bei der Regionalentwicklung zu erreichen.
2. In der Konzeption der ländlichen Regionalentwicklung nimmt die Selbsthilfeförderung eine zentrale Stellung ein. Damit unterscheidet sich die Projektstrategie grundsätzlich von der bisher vom algerischen Staat praktizierten Entwicklungsförderung, die vorwiegend in der Verteilung kostenloser oder subventionierter Leistungen bestand. Die Begründung für die andersgerichtete Konzeption des Projektes liegt in der Einschätzung, daß der algerische Staat wegen der sich seit Mitte der achtziger Jahre verschärfenden ökonomischen Krise immer weniger in der Lage sein wird, seine hochsubventionierten Entwicklungsprogramme im ländlichen Raum im alten Stil fortzuführen. Allein schon aufgrund dieser ökonomischen Zwänge erscheint eine Mobilisierung von Selbsthilfepotential in der Bevölkerung unumgänglich.

Diese beiden Grundzüge der Projektstrategie stießen jedoch in der praktischen Umsetzung schon während der ersten Projektphase 1988 - 1991 auf massive Widerstände der Entwicklungsbürokratie:

1. Die algerische Trägerinstitution OAMV nahm mit ihrer Zwitterstellung, einerseits der Zugehörigkeit zu einem Sektorministerium und andererseits der Funktion als sektorübergreifende Koordinationsstelle innerhalb der Wilaya, eine widersprüchliche Position ein, die sie in Konflikt mit den anderen zuständigen Sektorbehörden brachte. Alle diese Institutionen waren nämlich bestrebt, in ihren sektoralen Zuständigkeitsbereichen vorzeigbare Erfolge zu produzieren. In dem neu eingerichteten, für regionale Entwicklung zuständigen OAMV sahen sie deshalb nicht nur einen lästigen Koordinator, der ihnen in ihre eigenen Planungen hineinredete, sondern auch einen Konkurrenten, der versuchte, Arbeiten des Agrar- oder des Wasserbauamtes als seine eigenen Erfolge gegenüber dem Forstministerium auszugeben. Diese Konkurrenz zwischen verschiedenen Teilen der Regionalverwaltung wurde durch die externe Projektförderung noch verschärft, weil die vergleichsweise üppige Ausstattung des Projektträgers OAMV mit Fahrzeugen und Sachmitteln in der gerade erst neu gegründeten und noch mehr oder weniger provisorisch eingerichteten Wilaya von Khenchela Begehrlichkeiten und Neid weckte.

2. Das entscheidende Hindernis für die Projektarbeit auf lokaler Ebene ergab sich durch den Widerstand der lokalen Entwicklungsbürokratie gegen das Konzept der Selbsthilfeförderung und die angestrebte Mobilisierung der Bevölkerung. Als einzelne Gruppen begannen, kleine Bewässerungsanlagen und Infrastrukturbauten in Selbsthilfe zu erstellen, verweigerte ein Teil der lokalen Verwaltung dem Projekt die weitere Unterstützung. Die Dorfbürgermeister und einige Leiter der zuständigen Sektorbehörden versuchten, eine Ausbreitung der Selbsthilfe zu verhindern, indem sie bevorzugt solche Gruppen mit staatlichen Leistungen bedienten, die sich nicht zu eigenem Handeln hatten verleiten lassen. Die Erklärung für diesen Boykott liegt im Widerspruch zwischen der partizipativen, armutsorientierten und sektorübergreifenden Projektstrategie und Grundmustern der algerischen Entwicklungsbürokratie: Die Abwehr einer Entwicklung „von unten", wie sie sich im Widerstand gegen lokale Selbsthilfeanstrengungen zeigte, ist auf die Befürchtung der Beamten zurückzuführen, dadurch Macht und Einfluß über die Bevölkerung zu verlieren. Die Verteilungskontrolle über staatliche Leistungen war für sie bisher sowohl eine Quelle der Selbstprivilegierung durch offizielle Vergünstigungen (Dienstwagen für jeden Bürgermeister!) oder Korruption, als auch die Grundlage ihrer Legitimation gegenüber der Bevölkerung. Das Projekt zielte mit der Mobilisierung von Selbsthilfepotential unter anderem darauf, die Abhängigkeit der Menschen vom Staat zu reduzieren, und geriet damit zwangsläufig in Konflikt mit bestehenden Machtstrukturen. Ein solcher Konflikt konnte von dem isolierten Projekt mit seinem schwachen Träger nicht durchgehalten werden.

4. Schlußfolgerungen

Die Fallbeispiele haben gezeigt, in welcher Weise politisch-institutionelle Rahmenbedingungen auf lokaler/nationaler Ebene als Entwicklungshemmnisse wirken, daß aber auch die externe Entwicklungshilfe zur Entstehung und Verstärkung solcher Hemmnisse im Bereich der nationalen Entwicklungsbürokratie beiträgt:

1. Auf lokaler/regionaler Ebene können einzelne Projekte an den strukturellen Hindernissen für eine armutsorientierte Entwicklung nichts ändern, wenn sie nicht gezielt Strategien zur Stärkung der Interessenvertretungsposition der Zielgruppen verfolgen. Dazu brauchen sie eine politische Rückendeckung „von oben".
2. Viel Hilfe führt nicht zu viel Entwicklung, wie das Beispiel Ägyptens zeigt: Überförderung bedeutet Überforderung der Entwicklungsbürokratie. Sie verstärkt Selbstprivilegierung und interne Klientelstrukturen und resultiert somit in einer Verschärfung entwicklungshemmender bürokratischer Strukturen.

Vor dem Hintergrund der beiden hier dargestellten regionalen Fallstudien ist das entwicklungsstrategische Konzept einer „politischen Konditionalität" der Entwicklungszusammenarbeit mit Skepsis zu beurteilen. Interne bürokratische Strukturen, die einer armutsorientierten Entwicklung entgegenstehen, sind nicht allein durch externen Druck zu überwinden. Das Beispiel Ägyptens hat gezeigt, wie eng die Bürokratie auf allen Ebenen mit gesellschaftlichen Strukturen verflochten ist und wie weitgehend sie der Steuerung durch „informelle Institutionen" (SCHOLZ 1986) unterliegt. Gerade die informelle Seite der bürokratischen Praxis aber läßt sich durch eine Auflagenbindung der Entwicklungshilfe auf nationaler Ebene kaum fassen oder verändern.

Anders sieht es auf der Ebene einzelner Projekte aus: Das Beispiel aus Algerien verdeutlicht, daß eine Unterstützung benachteiligter Bevölkerungsgruppen durch ein Projekt stets mit einer Einmischung in lokale Strukturen verbunden ist (RAUCH 1993), aber daß solch ein konfliktträchtiges Unterfangen auf die Mitarbeit der Entwicklungsbürokratie angewiesen ist. Diese Mitarbeit muß von den Gebern eingefordert werden. Das beschriebene Projekt scheiterte nicht allein am Widerstand lokaler Bürokraten, sondern an einer fehlenden Rückendeckung „von oben" und am Fehlen einer Strategie zum Umgang mit politisch-institutionellen Rahmenbedingungen.

Sinnvoller als das Konzept der „Hilfe mit Auflagen" erscheint eine positive Konditionierung der Entwicklungshilfe: Konzentration der Förderung dort, wo die politisch-institutionellen Rahmenbedingungen Erfolge bei der Armutsbekämpfung erwarten lassen. Das setzt aber in jedem Einzelfall detaillierte Kenntnisse auf lokaler Ebene voraus, die auch die politisch-institutionellen Rahmenbedingungen und die Rolle der Entwicklungsbürokratie einbeziehen. Die geographische Entwicklungsländer-Forschung kann für die Identifikation positiver Entwicklungsansätze einen essentiellen Beitrag leisten, indem sie die „lokale Perspektive" vertritt und ein Verständnis regionaler Entwicklungsprozesse im Kontext verschiedener räumlicher Ebenen vermittelt.

Literatur:

AYUBI, N.N. (1991): The State and Public Policies in Egypt since Sadat, Reading.
ELSENHANS, H. (1981): Abhängiger Kapitalismus oder bürokratische Entwicklungsgesellschaft: Versuch über den Staat in der Dritten Welt, Frankfurt/M., New York.
HOPKINS, N.S. (1988): Agrarian Transformation in Egypt. Cairo.
IBRAHIM, F.N. (1992): Hunger am Nil. Die Überlebensstrategien der Fellachen von Beni Khalil. – In: GR 44 (2): 94–97.
MÜLLER-MAHN, D. (1993): Ländliche Regionalentwicklung. Ein Projektbeispiel in Algerien. – In: GR 45(5): 301–307.
PALMER, M. et al. (1988): The Egyptian Bureaucracy, Syracuse.
PAWELKA, P. (1985): Herrschaft und Entwicklung im Nahen Osten: Ägypten, Heidelberg.
RAUCH, T. (1993): Überwindung von Unterentwicklung durch Projekte? – In: GR 45(5): 278–283.
SADOWSKI, Y. (1991): Political Vegetables? : Businessman and Bureaucrat in the Development of Egyptian Agriculture, Washington.
SCHOLZ, F. (1986): Informelle Institutionen versus Entwicklung. - In: Die Erde 117: 285–297.
STAUTH, D. (1983): Die Fellachen im Nildelta: Zur Struktur des Konflikts zwischen Subsistenz- und Warenproduktion im ländlichen Ägypten, Wiesbaden.
SULLIVAN, D.J. (1990): Bureaucracy and Foreign Aid in Egypt: The Primacy of Politics. – In: I.M. OWEISS (ed.): The Political Economy of Contemporary Egypt, Washington DC.
UNDP 1992: Human Development Report, New York, Oxford.
WALLER, P.P. (1990): Hilfe durch Einmischung? - In: Entwicklung
und Zusammenarbeit 10: 12–13.
WEISS, D. (1993): Institutional Obstacles to Reform Policies: A Case Study of Egypt. – In: Economics 47: 62–82.

GETREIDESICHERHEITSRESERVEN IN DEN SAHELLÄNDERN – KRISENMANAGEMENT ODER SOZIALHILFE?
– Beispiele aus Mali –

Beate Lohnert, Freiburg

Die besondere Rolle der Entwicklungszusammenarbeit in den Sahelländern

Mittlerweile ist die Lage der Sahelländer in einem solchen Ausmaß durch ökologische und weltwirtschaftliche Marginalisierung gekennzeichnet, daß große Bevölkerungsteile ohne dauerhafte Zuwendungen durch die Geberländer nicht mehr überleben könnten. Mit dem Aufbrechen autochthoner Sozialsicherungssysteme und der gleichzeitigen Unfähigkeit der Sahelstaaten, aus eigener Kraft soziale Netze für menschenwürdiges Überleben zu spannen, wird Entwicklungshilfe in zunehmendem Maße zur „Überlebenshilfe". Schon heute sind fast 100% der Hilfeleistungen für die Sahelländer de facto Dauerzuwendungen (BRANDT/ LEMBKE 1988). Ein Großteil der Projekte kann nicht zum vorgesehenen Zeitpunkt übergeben werden, da in der Regel ihre weitere Finanzierung durch die jeweiligen Staaten nicht gesichert ist. Aus Sicht der deutschen Entwicklungszusammenarbeit (EZ) ist der Sozialhilfebegriff zur Beschreibung der Spezifika der EZ mit den Sahelländern umstritten, man spricht hier vorzugsweise von „langfristigem Ressourcentransfer" (GTZ 1990). Wenn im weiteren von Sozialhilfe gesprochen wird, dann im Sinne von Transferzahlungen des Staates oder anderer Institutionen zur regelmäßigen Unterstützung von Individuen oder Gruppen, die sich aus eigener Kraft nicht mehr helfen können.

Im folgenden soll ein Projekttyp vorgestellt werden, der als Kriseninstrument konzipiert wurde und zunehmend Sozialhilfeaufgaben übernimmt.

Zielsetzung und Aufgaben einer Sicherheitsreserve für die Sahelländer

Als Konsequenz aus den negativen Erfahrungen nicht rechtzeitig eintreffender Nahrungsmittelhilfslieferungen während der Dürrekrise zu Anfang der 70er Jahre begannen die betroffenen Sahelländer mit dem Aufbau einer Getreidesicherheitsreserve. Staatliche Getreidebüros wurden eingerichtet, deren zentrale Aufgaben in der Abwicklung der Nahrungsmittelhilfe sowie dem Aufbau und Management der Sicherheitsreserve bestanden. Seit 1977 ist die Bundesrepublik Deutschland im Rahmen von TZ (Technische Zusammenarbeit) und FZ (Finanzielle Zusammenarbeit) in diese Projekte involviert.

Die Höhe der in den einzelnen Sahelländern vorhandenen Sicherheitsreserve liegt zwischen maximal 35.000 t in Burkina Faso und maximal 80.000 t im Niger.

Aufgaben der Sicherheitsreserve

Bei der Definition der Aufgabe der Sicherheitsreserve sind nach GTZ und BMZ drei Kriterien von Bedeutung (BMZ 1989)
1. Zielgruppe: Die Sicherheitsreserve ist als Notreserve für diejenigen Bevölkerungsgruppen gedacht, die im Falle von kurzfristig auftretenden, transitorischen Ernährungskrisen keinen Zugang zu Nahrungsmitteln haben.
2. Zeitrahmen: Die Sicherheitsreserve soll für die Überbrückung nicht vorhersehbarer Ernährungskrisen eingesetzt werden.
3. Bedarf: Die Sicherheitsreserve soll eine Notversorgung der betroffenen Bevölkerungsgruppen gewährleisten.

Finanzierung der Sicherheitsreserve

Die Sicherheitsreserve ist als Nothilfemaßnahme konzipiert und folgt damit nicht den sonst üblichen ökonomischen Nachhaltigkeitsprinzipien der deutschen Entwicklungspolitik. Die bedürfnisorientierte Ausrichtung der Sicherheitsreserve bedingt ein strukturelles Finanzierungsdefizit, das bisher fast ausschließlich durch die Geberländer ausgeglichen wird. Eine Übernahme der Kosten für die Finanzierung der Sicherheitsreserve durch die Nehmerländer ist bei Übergabe des Projektes bis in unabsehbare Zeit nicht gesichert, so daß mit einer De-Facto-Dauerfinanzierung der Geber zu rechnen ist.

Bei einem Finanzbedarf für die Unterhaltung der Sicherheitsreserve, der in Normaljahren und Krisenjahren gleich ist, ist der auf allen beteiligten Institutionen liegende Rechtfertigungsdruck immens. Die Vermutung, daß in Zweifelsfällen leichtfertiger zur Intervention geraten wird als die Situation zu überprüfen, liegt nahe. Außerdem muß jährlich ein Drittel des Lagerbestandes rotiert werden und kann in der Regel nur zu schlechten Preisen verkauft werden, während bei einer Auslagerung im Rahmen von Gratisverteilungen der Ersatz der ausgelagerten Menge durch die Geber in der Regel garantiert ist. Schließlich hat auch der malische Staat ein vitales Interesse daran, die sog. „Krise" am köcheln zu halten um seinerseits die Forderungen an die Geberländer zu rechtfertigen.

Die Stellung der Sicherheitsreserve im Ernährungssicherungsprogramm Malis und potentielle Schwachstellen des Systems

In Mali wurde 1975 zunächst über die FAO ein Programm zur Errichtung von Lagerhallen begonnen. Von 1977 an wurde das Projekt bilateral vom BMZ weitergeführt. Seit 1987 liegt die Durchführungsverantwortung bei der GTZ. Bis Mitte der 80er Jahre lag eines der Hauptziele des Projekts in der Schaffung der technischen Voraussetzungen für die Einrichtung einer Sicherheitsreserve von maximal 58.500 t. Seither liegt der Schwerpunkt des Ernährungssicherungsprogramms (ESP) Mali auf der Sicherstellung einer effizienten Bewirtschaftung der Sicherheitsreserve durch den Projektträger OPAM (Office des Produits Agricoles du Mali).

Die Getreidesicherheitsreserve ist in ein komplexes Identifikations- und Entscheidungssystem eingebunden, das sich im wesentlichen auf vier miteinander verbundene und voneinander abhängige Ebenen vereinfachen läßt: Finanzierung, Information, Entscheidung und Durchführung der Verteilung.

Die Finanzierung der Sicherheitsreserve erfolgt über Zuschüsse der internationalen Gebergemeinschaft im Rahmen der Nahrungsmittelhilfe. Während der letzten Jahre wurde versucht, die Sicherheitsreserve möglichst durch den Kauf von malischem Getreide oder durch Aufkauf von Getreide in den Nachbarländern zu rekonstituieren.

Die Hauptaufgabe der Sammlung von Informationen zur Ernährungssituation und deren Interpretation und Aufbereitung liegt beim malischen Frühwarnsystem SAP (Système d'Alerte Précoce). Die Beobachtungszone des Frühwarnsystems erstreckt sich auf die potentiell gefährdeten Gebiete nördlich des 14. Breitengrades. Auf der Basis von Klimabeobachtungen, Erntevorausschätzungen und mittels eines monatlichen multiindikativen Fragenkatalogs, dessen Beantwortung im Aufgabenbereich der staatlich eingesetzten Verwaltungschefs der kleinsten Gebietskörperschaften (Arrondissements) liegt, sollen Ernährungsprobleme vorhergesehen werden. Die im besten Falle komplett und kompetent ausgefüllten Fragebogen der einzelnen Arrondissements werden im Regionalbüro von SAP in der jeweiligen Regionshauptstadt aggregiert und nach Bamako weitergeleitet. In der Landeshauptstadt Bamako werden die Daten zu einem monatlich erscheinenden Situationsbericht zusammengefaßt. Bei der Identifikation schwerwiegender Ernährungsprobleme oder einem nicht erfolgten Rücklauf der Fragebögen sieht das Programm von SAP zwar die Untersuchung der Lage durch eine Fachkraft vor Ort vor, die empirischen Erfahrungen haben jedoch gezeigt, daß in letzter Instanz die Aussagen der Verwaltungschefs als Grundlage für die Empfehlung von Interventionen dienen. So kann es vorkommen, daß wissentlich oder auch unwissentlich – weil dem Chef d'Arrondissement selbst wichtige Informationen fehlen - falsch ausgefüllte Fragebögen die Grundlage für Interventionsentscheidungen bilden. Jährlich im Februar erarbeitet SAP aufgrund der Datenlage die Empfehlungen für Gratisverteilungen von Getreide, deren Umfang, den Zeitpunkt und die Dauer der Intervention. Die Empfehlungen beziehen sich i. d. R. pauschal auf Arrondissements, im besten Falle auf einzelne Dörfer. Die Identifikation von krisengefährdeten Regionen im Gegensatz zu betroffenen Bevölkerungsgruppen ist für ein reines Kriseninstrument, wie es die Sicherheitsreserve laut Aufgabenstellung sein sollte, zweckmäßig; werden Gratisverteilungen jedoch jährlich wiederkehrend an dieselben Gebiete ausgeliefert ohne nach wirklich bedürftigen Bevölkerungsgruppen zu differenzieren, können die negativen Seiteneffekte überwiegen.

Auf der Basis der SAP-Empfehlungen entscheidet ein interministerielles Koordinierungskomitee in Absprache mit den Gebern über einen Versorgungsplan. Diese Entscheidung geht als Weisung, die für die identifizierten Regionen bestimmten Mengen vor Ort bereitzustellen, an die Trägerstruktur des ESP Mali.

Die Auslieferung bis auf Arrondissementebene übernehmen private Transporteure im Auftrag des nationalen Notfallkomitees, die Verteilung auf die einzelnen Dörfer liegt in Händen der lokalen Administration während die Kapillarverteilung im Dorf in der Regel von den Dorfchefs vorgenommen wird. Aufgrund der Tatsache, daß die intendierte Zielgruppe nicht über die Menge des für sie bestimmten Getreides informiert ist, werden Unterschlagungen ab der Auslieferung aus den Lagerhallen der Sicherheitsreserve ermöglicht und auch praktiziert.

Räumliche und zeitliche Verteilung von Interventionen durch Getreidegratisverteilungen in Mali (1988–1993)

Seit 1988 erreicht Mali je nach Berechnungsgrundlage des jährlichen Pro-Kopf-Bedarfs einen Selbstversorgungsgrad mit Getreide von rund 100%. Von einer nationalen Versorgungskrise kann im Zeitraum 1988 bis 1993 also nicht gesprochen werden. Dennoch war es offensichtlich nötig, in den letzten Jahren regional begrenzt mit Gratisverteilungen zu intervenieren.

Bei der Analyse von Auswirkungen des Einsatzes der Sicherheitsreserve sind drei Aspekte von Wichtigkeit: die räumliche Verteilung, die Häufigkeit und die Höhe der Interventionen bzw. die Anzahl der betroffenen Personen.

50% aller Interventionen seit 1988 fanden in den Regionen Mopti und Timbuktu statt. Davon entfielen 60% auf die Region des nördlichen Nigerbinnendeltas. Dort wurden auf 4% der Fläche und für 5,5% (200.000 Personen) der Gesamtbevölkerung (3,7 Mio.) der Beobachtungszone des Frühwarnsystems nördlich des 14. Breitengrades 37% aller Interventionen der letzten 6 Jahre durchgeführt.

In 20% der Arrondissements, in denen während der letzten 6 Jahre interveniert wurde, wurde in 3 oder mehr Jahren Getreide gratis verteilt. Es ist wiederum das Gebiet des nördlichen Nigerbinnendeltas, das eine Häufung wiederholter Gratisverteilungen aufweist. Es wurde in 9 Arrondissements mit einer Gesamtbevölkerung von ca. 200.000 Personen mindestens jedes 2. Jahr, in manchen jährlich, für 3–6 Monate eine Unterstützung durch Gratisverteilung von Getreide gewährt.

Das Gebiet des nördlichen Nigerbinnendeltas wird charakterisiert durch eine relativ hohe Bevölkerungsdichte und eine agro-pastorale Wirtschaftsweise, wobei mehr und mehr dazu übergegangen wird, auch völlig ungeeignete Böden zu bebauen. Bei Niederschlägen von durchschnittlich 240 mm im Jahr (1960–1990) liegt bei einer guten zeitlichen Verteilung derselben die maximale Selbstversorgung der Region durch Getreide bei 6 Monaten. Es handelt sich also um ein chronisch defizitäres Gebiet, dessen Bevölkerung zu 50% auf den Zukauf von Getreide aus anderen Regionen angewiesen ist. Da es sich hier nicht um neuere Entwicklungen handelt, hat die Bevölkerung dieser Region Strategien entwickelt, die darauf abzielen dieses Defizit auszugleichen. Unter anderem ist dieses Gebiet traditioneller Herkunftsort temporärer Arbeitsmigranten für die Erntehilfe in den südlicher gelegenen Produktionsgebieten Massina und Seno-Gondo.

Die Gründe für den wiederholten und der Aufgabenstellung widersprechenden Einsatz der Sicherheitsreserve in diesem Gebiet sind vielschichtig. Zum einen wird von regionalen Verwaltungschefs berichtet, die von den Gratislieferungen „Komissionen" einbehalten. Zum anderen hat sich die Situation im betreffenden Gebiet auch als Folge der letzten beiden großen Saheldürren grundsätzlich verschlechtert, so daß es sich hier um eine chronisch erhöhte Basisverwundbarkeit handelt und die Sicherheitsreserve in Ermangelung von Alternativen Aufgaben übernimmt, die ihren Zielen nicht entsprechen und im langfristigen Verlauf negative Effekte hervorrufen.

Der prozesshafte Verlauf von Nahrungskrisen und die Rolle der EZ

Das Konzept der Sicherheitsreserve geht von plötzlich auftretenden Ernährungskrisen aus, die nicht vorhersehbar und mehr oder weniger außenbestimmt sind - z. B. durch ausbleibende Niederschläge, Heuschreckenbefall, Überschwemmungen, Steigerung der Weltmarktpreise, kriegerische Auseinandersetzungen, Verschlechterung der Austauschbedingungen für einzelne Güter (z. B. Preisverfall für Vieh während Getreidepreise steigen) - und deren Auftreten die Ausnahme und nicht die Regel bildet.

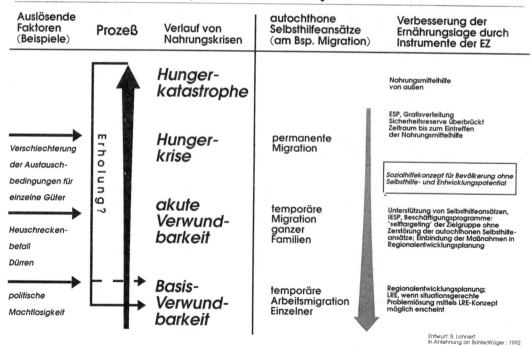

Abb. 1

Hungerkrisen gehen jedoch Prozesse voraus (s. Abb. 1), während deren Verlauf sich die Krisenanfälligkeit bestimmter Bevölkerungsgruppen und Regionen erhöht und deren Ausgleichsstrategien geschwächt werden, bzw. nicht mehr greifen. Ursprung und Entwicklung dieser Prozesse sind abhängig von der ökologischen, ökonomischen, sozialen und politischen Umgebung. Einflußfaktoren wie z. B. ausbleibende Niederschläge können eine Krise auslösen, sind jedoch nicht Ursache derselben. Nach jeder Krise finden sich bestimmte Bevölkerungsgruppen auf einer höheren Stufe ihrer Basisverwundbarkeit wieder, was ihre Anfälligkeit für die nächste Krise wiederum erhöht. Kriseninstrumente wie Gratisverteilungen aus der Sicherheitsreserve sind als Reaktionsinstrument auf eine Krise konzipiert und sollen eine Notversorgung der betroffenen Bevölkerung im Krisenfalle sicherstellen. Ein strukturelles, jährlich wiederkehrendes Defizit wie im Falle der Region des nördlichen Nigerbinnendeltas, weist auf eine erhöhte Basisverwundbarkeit hin, die zu bestimmten Zeiten akut wird. Greifen Kriseninstrumente wie die Verteilung von Gratisgetreide über Monate hinweg undifferenziert und jährlich wiederkehrend bereits in diesem Stadium ein, so ist damit zu rechnen, daß das Selbsthilfepotential der Bevölkerung nachhaltig gestört wird.

Als Folgen eines Gewöhnungseffektes sind die Verringerung der Eigeninitiative und die Aufgabe von Krisenvermeidungsstrategien wie zum Beispiel Migration denkbar. Dauersubventionen während einer Zeit, in der noch Selbsthilfepotentiale vorhanden sind, tragen zu einer Perpetuierung der Situation bei und nicht zu einer Aktivierung und Unterstützung von Selbsthilfepotentialen. Nicht nur auf die Zielgruppe haben sich regelmäßig wiederholende Interventionen durch Gratisverteilung von Getreide negative Effekte, sonden auch der Handel, dem in Defizitregionen eine vitale Rolle zukommt, wird dadurch nachhaltig geschwächt. So wurden in der Region des nördlichen Nigerbinnendeltas Zusammenbrüche der Marktpreise bei Anlieferung der Nahrungsmittelhilfe beobachtet, während die Märkte zu jeder Zeit des Jahres in ausreichendem Maße versorgt waren (Information von A. Haas, Freiburg).

Multisektorale Regionalentwicklungsstrategien mit dem Ziel, Verwundbarkeitsniveaus zu senken und Selbsthilfepotentiale zu stärken und solche mit der Zielgruppe neu zu entwickeln, erscheinen als Lösungsansatz zur langfristigen Verbesserung der Ernährungssituation in strukturell defizitären Räumen eher geeignet.

Kurzfristig auftretende Nahrungsengpässe (akute Verwundbarkeit) können, da sie erfahrungsgemäß nie alle Bevölkerungsteile einer bestimmten Region betreffen, mit Beschäftigungsprogrammen (food-for-work, cash-for-work), begegnet werden. Beschäftigungsprogramme bieten gegenüber Gratisverteilungen den Vorteil, daß sich Zielgruppen bei entsprechend niedrig angesetztem Lohnniveau selbst identifizieren, Selbsthilfepotentiale nicht geschädigt werden und bei Einbindung in Regionalentwicklungspläne nachhaltige Effekte zu erwarten sind.

Besonders in krisenanfälligen Regionen mehrt sich allerdings die Zahl der Personen, die keinerlei Selbsthilfepotential besitzen, die nicht durch autochthone Sicherungssysteme aufgefangen werden und für die keine der o. g. Maßnahmen in Frage kommt. Für diese Bevölkerungsteile, in der Regel Alte, Kranke, soziale

Randgruppen und frauengeführte Haushalte, sind Sozialhilfeansätze angemessen.

Erst beim Eintreten akuter Hungerkrisen sollten Gratisverteilungen auf lokaler und regionaler Ebene stattfinden, da zu diesem Zeitpunkt Selbsthilfeansätze nicht mehr greifen und die Überlebenssicherung der betroffenen Bevölkerung im Vordergrund stehen muß.

Fazit

Hungerkrisen und strukturell bedingte chronische Nahrungsmittelknappheit erfordern ein unterschiedliches strategisches Vorgehen. Undifferenzierte jährlich wiederkehrende Dauersubventionen durch Gratisverteilungen haben u. U. höhere negative Nebeneffekte als positive Direkteffekte und führen in letzter Instanz zu einer Perpetuierung der Situation.

Dauerhafte Gratisverteilungen von Nahrungsmitteln haben auf lange Sicht zur Folge, daß der lokale und regionale Handel nachhaltig geschwächt wird und traditionelle Selbsthilfe-Strategien außer Kraft gesetzt werden, was bei der nächsten großen Dürre zur Katastrophe führen kann; im extremsten Falle werden Menschen in Räumen gehalten, die ohne Nahrungsmittelhilfe aufgrund ihrer ökologischen Rahmenbedingungen schon lange einen Bevölkerungsrückgang durch Migration erfahren hätten.

Anhand des Einsatzes der Sicherheitsreserve in Mali wurde gezeigt, daß selbst in den Sahelländern, die zu den ärmsten Ländern der Welt gehören und denen vielfach jede Entwicklungschance abgesprochen wird, pauschale Sozialhilfeansätze nach wie vor nicht geboten sind. Vielmehr sind differenzierte Betrachtungsweisen der Ursachenkonstellationen und langfristig angelegte Entwicklungs- und Ernährungssicherungskonzepte zu fordern. Solche Konzepte erfordern jedoch zumindest in der EZ mit den Sahelländern langfristigere Zusagen an die Nehmerländer und von vornherein die Veranschlagung längerer Projektlaufzeiten als bisher.

Die Geographie ist auf vielfältige Weise gefordert und kompetent, einen Beitrag zur Überwindung der Ernährungsproblematik zu leisten, die eine ganze Reihe verschiedener, an die jeweilige Situation angepasster Strategien erfordert.

Die Identifizierung und Klassifizierung besonders krisengefährdeter Regionen und sozialer Gruppen, die Analyse der zugrundeliegenden Ursachenkonstellationen, die kritische Bewertung bestehender Ernährungssicherungsstrategien und die Entwicklung alternativer Lösungsansätze sollten als Herausforderung an geographisches Arbeiten verstanden werden.

Literatur:

AFC (1990): Arbeitspapier zum Durchführungskonzept der Ernährungssicherungsprogramme.
BMZ (1989): Konzeptpapier Nahrungsmittelhilfe und Ernährungssicherungsprogramme.
Bohle, H.-G. und Krüger, F. (1992): Perspektiven geographischer Nahrungskrisenforschung, in: Die Erde, 123, 257–266.

Brandt, H. und Lembke, H. (1988): Entwicklungshilfe als Dauerzuwendung am Beispiel der Sahelländer, DIE, Berlin.

GTZ (1990): Beiträge zur Weiterentwicklung des EZ-Instrumentariums für die Sahelländer.

Lohnert et al. (1992): Les Interventions Céréalières comme Partie Intégrante de la Sécurisation Alimentaire dans des Régions Déficitaires (= Schriftenreihe des Fachbereichs Internationale Agrarentwicklung der TU-Berlin, Nr. 151).

Neun, H. und Yade, M. (1992): Nationale Sicherheitsreserven im Sahel. In: Entwicklung und ländlicher Raum, 4, 8–12.

SAP: Bulletin, monatliche Ausgaben 1988–1993.

PROJEKTE DER STADT- UND REGIONALENTWICKLUNG IN ENTWICKLUNGSLÄNDERN: HERAUSFORDERUNGEN AN DIE ENTWICKLUNGSZUSAMMENARBEIT UND DIE GEOGRAPHIE[1]

Bernhard Müller, Dresden

1. Entwicklungszusammenarbeit in der Diskussion

Entwicklungszusammenarbeit steht im Kreuzfeuer der Kritik. Die in der Vergangenheit intensiv geführte Diskussion um die mangelnde Wirksamkeit, die unzureichenden Steuerungsmechanismen und die ungleichen Verteilungswirkungen der internationalen Entwicklungszusammenarbeit gewinnt seit dem Beginn der neunziger Jahre erneut an Brisanz. Zum einen erfordert die „Politik knapper Kassen" auf der Geberseite einen sparsameren und möglichst effektiven Umgang mit finanziellen Ressourcen. Zum anderen zwingen vermehrt auftretende „Störfaktoren" auf der Nehmerseite, z.B. politische Konflikte und militärische Auseinandersetzungen in oder zwischen Entwicklungsländern, zu einer Revision bisheriger entwicklungspolitischer Ansätze.

Sektorübergreifende Planungs- und Entwicklungsansätze im städtischen und ländlichen Raum sind von der Diskussion um die Wirksamkeit der Entwicklungszusammenarbeit in besonderem Maße betroffen. Dabei spielen zwei Aspekte eine Rolle: Erstens ihre Störanfälligkeit und zweitens Schwierigkeiten, ihre Wirksamkeit angemessen zu beurteilen:

- Die Störanfälligkeit von sektorübergreifenden Ansätzen der Entwicklungszusammenarbeit ist zum einen auf die Komplexität der Ansätze und den damit verbundenen hohen Bedarf an sektorübergreifender Planung, Steuerung und Vernetzung zurückzuführen. Zum anderen ist sie dadurch bedingt, daß Programme der Stadt- und Regionalentwicklung eine große Bedeutung für interne Verteilungsfragen besitzen, da durch sie Infrastrukturmaßnahmen mit zum Teil erheblichem Finanzvolumen vorbereitet werden. Dies setzt sie Instrumentalisierungsbestrebungen unterschiedlicher Interessengruppen zur Durchsetzung politischer Partikularinteressen aus.
- Ihre Effektivität ist aus zwei Gründen schwer einzuschätzen. Zum einen ist die Wirkung koordinierten Handelns u.a. aufgrund des Mangels an Vergleichsmaßstäben kaum meßbar. Zum anderen werden Ansätze der Stadt- und Regionalentwicklung über Sektormaßnahmen (u.a. Wohnungsbau, Straßenbau, Gesundheitswesen, Landwirtschaft) umgesetzt. Dies hat zur Folge, daß positive Ergebnisse weniger den sektorübergreifenden Ansätzen als den jeweiligen Fachpolitiken zugerechnet werden.

---

1 Bei dem Beitrag handelt es sich um eine gekürzte Fassung eines Vortrags des Autors mit dem Titel: „Stadt- und Regionalentwicklung im Jemen: Herausforderungen an die Entwicklungszusammenarbeit und die Geographie". Der Beitrag greift Erfahrungen aus dem Jemen auf, ohne jedoch – im Unterschied zum Vortragsmanuskript – die Stadt- und Regionalentwicklung im Jemen näher zu behandeln (vgl. hierzu MÜLLER 1990/92).

Für die künftige Rolle der Entwicklungszusammenarbeit ist es nicht unbedeutend, welche Konsequenzen die verantwortlichen Akteure aus der Diskussion um Wirkungen, Wirksamkeit und Nachhaltigkeit ziehen und wie sie auf die aktuellen Herausforderungen der Entwicklungszusammenarbeit reagieren. Für die Weiterentwicklung der entwicklungsländerbezogenen Geographie ist entscheidend, welche Anregungen sie in dieser Diskussion vermitteln und welche Beiträge sie zur Lösung des Dilemmas der Entwicklungszusammenarbeit leisten kann.

2. Stadt- und Regionalentwicklung als Herausforderungen: Fallbeispiel Jemen

Wenngleich der Jemen von einer Reihe spezifischer Bedingungen geprägt ist, eignet sich die internationale Entwicklungszusammenarbeit mit dem Land in hervorragender Weise, Probleme bei der Planung und Durchführung von Projekten zu verdeutlichen. Ansätze zur Stadt- und Regionalentwicklung im Jemen sind seit langem von der Diskussion um die Wirksamkeit und Nachhaltigkeit von Entwicklungsprojekten berührt. Sie sind daher geeignet, aufzuzeigen, vor welchen aktuellen Herausforderungen die entwicklungspolitische Zusammenarbeit heute steht.

Die Stadt- und Regionalentwicklung im Jemen unterliegt seit etwa drei Jahrzehnten tiefgreifenden Veränderungen. Die Revolution gegen das religiös-feudalistische Immamat im Norden des Landes (früher: Nord-Jemen) im Jahr 1962 und der erzwungene Rückzug der englischen Kolonialherren aus dem Süden und Osten (früher: Süd-Jemen) im Jahr 1967 haben die Rahmenbedingungen für die „moderne" Stadt- und Regionalentwicklung definiert. Die Vereinigung der früher eigenständigen Staatsgebiete im Jahr 1990 hat ihr neue Impulse verliehen, gleichzeitig aber auch das Problemspektrum erweitert (MÜLLER 1990/92). Die Handlungsfähigkeit des Staates hat sich demgegenüber erheblich verringert, so daß die Stadt- und Regionalentwicklung mehr als zuvor unkoordiniert und ohne staatliche „Korrekturinterventionen" erfolgt.

Leistungen des Staates zur Bewältigung der durch die Stadt- und Regionalentwicklung ausgelösten Strukturprobleme basierten ohnehin bereits seit den sechziger Jahren auf internationaler Unterstützung. Während sich der frühere Süd-Jemen auf Hilfe aus dem sozialistischen Lager stützte, erhielt der Nord-Jemen Hilfe vom Westen. Sektorale Schwerpunkte der deutsch-jemenitischen Entwicklungszusammenarbeit lagen in den Bereichen der Infrastrukturerschließung und der ländlichen Entwicklung sowie im Bildungsbereich. Mit der jemenitischen Vereinigung und dem Ende der Ost-West-Konfrontation wie auch aufgrund der von der westlichen Staatengemeinschaft als pro-irakisch interpretierten Haltung des vereinigten Jemen im Golf-Krieg verlagerten sich jedoch die Prioritäten der Geberländer, und das internationale Interesse an einer Entwicklungszusammenarbeit mit dem Land sank. Seit dem Sezessionskrieg im Jemen wurde die Entwicklungszusammenarbeit auf unbestimmt Zeit suspendiert.

Projekte, die unmittelbar oder mittelbar der Stadt- und Regionalentwicklung zugute kommen, machten (einschließlich von Maßnahmen zur großräumigen Verkehrserschließung) bis zum Ausbruch des Bürgerkrieges 1994 mehr als 70 Prozent des finanziellen Umfangs der deutschen Unterstützung aus. Die bilaterale deutsch-jemenitische Zusammenarbeit (früher ausschließlich mit dem Nord-Jemen) hatte in mehr als zwei Jahrzehnten insgesamt einen Umfang von etwa 1 Milliarde DM (KOPP 1993).

Die Konzeption der deutsch-jemenitischen Entwicklungszusammenarbeit im Bereich der Stadt- und Regionalentwicklung läßt sich zusammenfassend etwa folgendermaßen charakterisieren: Zielsetzung ist die Abschwächung urbaner Konzentrationsprozesse durch die Förderung der ländlichen Regionalentwicklung und der Entwicklung in Klein- und Mittelstädten. Dies wird unterstützt durch den Ausbau der großräumigen Verkehrs-/Kommunikationsinfrastruktur und die Förderung der sozialen Infrastruktur im ländlichen Raum. Die Dezentralisierung politisch-administrativer Handlungs- und Entscheidungsstrukturen wird dabei als ein wesentliches Element zur nachhaltigen Absicherung regionaler Entwicklungsprozesse angesehen. Die zuständigen Stellen auf zentralstaatlicher und auf lokaler Ebene sollen in die Lage versetzt werden, ihre gesetzlich und politisch definierten Aufgaben bei der Siedlungsentwicklung effizienter wahrzunehmen.

Im Bereich der ländlichen Entwicklung wurden sowohl regionale als auch sektorale Ansätze verfolgt. Deutsche Projektmaßnahmen zur städtischen Entwicklung konzentrierten sich bisher – von Einzelmaßnahmen zum Beispiel bei der Altstadterhaltung von Sana'a abgesehen – schwerpunktmäßig auf Städte mit weniger als 100.000 Einwohnern, während andere Geber, z.B. die Weltbank, UNDP oder die Niederlande, ihre Unterstützung zum überwiegenden Teil im großstädtischen Bereich, insbesondere in Sana'a, konzentrierten.

Bei den aktuellen Herausforderungen der Entwicklungszusammenarbeit geht es – vor dem Hintergrund von Erfahrungen mit Projekten der Stadt- und Regionalentwicklung im Jemen – vor allem um drei Aspekte, nämlich erstens um die Beurteilung der gesellschaftlichen Rahmenbedingungen in Partnerländern, zweitens um die Entwicklung adäquater Planungs- und Steuerungsinstrumente sowie drittens um die Neudefinition von Erfolgskriterien für die Entwicklungszusammenarbeit. Diese drei Aspekte werden im folgenden dikutiert.

Gesellschaftliche Rahmenbedingungen sind von zentraler Bedeutung

Projekte zur Stadt- und Regionalentwicklung im Jemen werden einerseits von den für Entwicklungsländer „klassischen" Rahmenbedingungen beeinflußt. Hierzu gehören Probleme der jemenitischen Wirtschaftsentwicklung, stark defizitäre öffentliche Haushalte und hohe Inflationsraten, die geringe Fähigkeit des öffentlichen Sektors, qualifiziertes Personal dauerhaft an sich zu binden, sowie die geringe „Absorptionskapazität" staatlicher Institutionen im Hinblick auf externe Beratungsleistungen und die produktive Verwendung finanzieller Mittel aus der

Entwicklungszusammenarbeit. Hierzu gehört auch die Bedeutung „latenter Funktionen" von Entwicklungsprojekten. Diese äußern sich u.a. darin, daß erstens Planung als Symbol aufgefaßt wird, das eine rationale Verwendung der von den Gebern bereitgestellten Mittel durch den Staat signalisieren soll, zweitens Planungsprojekte als Mittel zur Prestigeförderung von Partnerinstitutionen angesehen werden und drittens Planung als Instrument der planenden Verwaltung zur Ausübung von Macht gegenüber Privaten eingesetzt wird. Zentralstaatliche Planer verhalten sich bei der Planumsetzung nicht selten als obrigkeitsstaatliche Autorität. Sie beharren auf ihrer in Sana'a – fernab vom Ort der Umsetzung – erarbeiteten Planung selbst dann, wenn sie sich angesichts der lokalen Bedingungen als überarbeitungswürdig erweist. Dies ist nicht dazu geeignet, das Vertrauen der Adressaten in die Wirksamkeit von Planung und Planungsprojekten zu stärken.

Andererseits spielen spezifische Rahmenbedingungen eine Rolle, die eng mit den politisch-administrativen Strukturen des Landes verbunden sind, in abgewandelter Form jedoch auch in anderen Ländern anzutreffen sind:

– Zentralstaatliche Integrationsbemühungen und Penetrationsstrategien – mit dem Ziel, über den Aufbau von zentralistisch orientierten Stadtsystemen und Projekten der ländlichen Regionalentwicklung den Abbau der politischen Souveränität der in peripheren Landesteilen bestehenden teilautonomen gesellschaftlichen Subsysteme (z.B. Stammesgemeinschaften und Sultanate) zu betreiben – führten keineswegs zur Aufhebung der fragmentierten gesellschaftlichen Strukturen und Machtverhältnisse im Jemen. Der staatliche Einfluß in den Stammesgebieten blieb schwach und ist nach wie vor abhängig von der Entfernung der Gebiete zur Hauptstadt bzw. zum regionalen staatlichen Verwaltungszentrum sowie vom Geschick der staatlichen Vertreter, sich mit den militärisch potenten Stämmen und ihren Führern zu arrangieren. In dieser Situation ist der Staat zu politischem Taktieren gezwungen. Dezentralisierung wird als Zielsetzung proklamiert, Zentralisierung bleibt tagespolitische Praxis. Die Erarbeitung, Verabschiedung und Umsetzung einer Planungsgesetzgebung, die Dezentralisierung und Partizipation in den Mittelpunkt von Steuerungsmechanismen stellt, ist nicht als Randbedingung für weitergehende Projektaktivitäten sondern als ein zentrales langfristiges Projektziel anzusehen.

– Aufgrund der Zentralisierung von Politik und Verwaltung sind die Handlungsspielräume von dezentralen staatlichen Akteuren eng begrenzt. Problembearbeitung erfolgt sektoral fragmentiert und in einem „top down"-Ansatz mit der Konsequenz, daß auf der regionalen bzw. lokalen Ebene eine Vielzahl von Sektorbehörden unabhängig voneinander tätig wird. Lokale Bündelungsfunktionen und querschnittsorientierte Kompetenzen auf kommunaler Ebene existieren nicht. Diese Faktoren bei der Projektplanung zu verkennen, würde bedeuten, daß man lokale Institutionen durch den Projektansatz überfordern würde.

– Das Verhältnis zwischen Staat und Privatsektor ist aufgrund vorherrschender „do-ut-des"-Beziehungen nicht unvorbelastet. In dieser Situation erweist es sich als äußerst schwierig, Ordnungs-/ Kontrollfunktionen (z.B. Stadtplanung und Baukontrolle) und Entwicklungsfunktionen (z.B. Wirtschaftsförderung) in einem Projektansatz und in einer Behörde (z.B. einem für Städtebau und Stadtentwicklung zuständigen Ministerium) miteinander zu verbinden.

Vor diesem Hintergrund lautet eine erste These: Die gesellschaftlichen Rahmenbedingungen sind nicht als Randbedingungen der Entwicklungszusammenarbeit anzusehen, sondern haben eine zentrale Bedeutung für den Projekterfolg. Dabei spielen institutionelle Faktoren eine besondere Rolle. In den meisten Fällen liegt allerdings bei Projektbeginn zu wenig Information über die konkreten Determinanten der Entwicklung und die spezifischen Rahmenbedingungen eines Projektansatzes im Partnerland vor.

Flexible Planungs- und Steuerungsmechanismen sind notwendig

Projekte der Stadt- und Regionalentwicklung im Jemen unterliegen den in der deutschen Entwicklungszusammenarbeit üblicherweise verwendeten Projektplanungs- und Projektsteuerungsinstrumenten (z.B. zielorientierte Projektplanung, Projektmonitoring, Berichterstattung). Diese scheinen allerdings nur bedingt geeignet zu sein, die komplexen Rahmenbedingungen des Landes adäquat zu berücksichtigen, denn die gängigen Projektplanungsmechanismen
- ermöglichen lediglich Momentaufnahmen zum Zeitpunkt der Projektvorbereitung: Projekte im Jemen erhielten Handlungsaufträge, die angesichts der dynamischen Veränderung von Rahmenbedingungen zum Zeitpunkt ihrer geplanten Realisierung bereits überholt waren.
- tragen zur „Technokratisierung" von Projekten bei: Die Ergebnisse von Projektplanungsverfahren führten zwar zu in sich geschlossenen Projektansätzen, verleiteten mit ihren Vorgaben jedoch auch zu einem „technokratischen Abarbeiten" von Aktivitäten und Projektaufträgen, das sich einseitig an den im Rahmen der Planung festgelegten Erfolgskriterien und zu wenig an den situationsabhängigen Handlungserfordernissen orientierte. Dies ist insbesondere dort fragwürdig, wo Flexibilität angebracht ist.
- bieten Möglichkeiten zur einseitigen Instrumentalisierung durch Interessengruppen. Dies ist insbesondere in stark fragmentierten gesellschaftlichen Strukturen wie dem Jemen problematisch: Die an der Projektplanung Beteiligten waren meist nur bedingt mit den für die Umsetzung von Projektaktivitäten Zuständigen identisch. Dies begünstigte eine Projektplanung, die weniger vom Machbaren als vom Wünschenswerten geprägt war und – insbesondere bei einer starken Dominanz deutscher Kurzzeit-Berater in den Diskussionen – die realen Strukturen des Landes weitgehend ausblendete. Insbesondere erwies sich zum Beispiel der Zugang zu den staatlichen Vertretern auf der lokalen Ebene und zu den Zielgruppen von Projekten sowie ihre Einbindung bei der Umsetzung von Projektaktivitäten in der Praxis meist schwieriger als bei der Projektplanung erwartet.

Eine zweite These lautet daher: Die gängigen Projektplanungs- und Projektsteuerungsmechanismen entsprechen aufgrund mangelnder Flexibilität nur bedingt den Anforderungen von gesellschaftlichen Systemen, deren Strukturen sich schnell verändern. Zur adäquaten Berücksichtigung der Rahmenbedingungen sind in solchen Fällen flexiblere Planungs- und Durchführungsmechanismen erforderlich. Mehr Flexibilität bedeutet offenere Projektplanungsverfahren, mehr dezentrale Verantwortung und mehr Vertrauen in die verantwortlichen Projektmitarbeiter vor Ort.

Das inzwischen diskutierte Instrument der „offenen Orientierungsphase" könnte zur Flexibilisierung der Planungs- und Steuerungsinstrumente beitragen. Offene Orientierungsphasen eignen sich sowohl zur schrittweisen Identifizierung und Konkretisierung von längerfristigen Kooperationsansätzen als auch zur partnerschaftlichen Bestimmung von „Sollbruchstellen" von Projekten, die festlegen, welche Ergebnisse als kritisch für den Projekterfolg angesehen werden und unter welchen Bedingungen ein Vorhaben frühzeitig abgebrochen werden soll.

Ein solcher Ansatz erfordert kompetente und handlungsbevollmächtigte Gesprächspartner vor Ort. Dies bedeutet, daß auf Seiten von Geberorganisationen überprüft werden sollte, inwieweit eine Verlagerung von „Länderverantwortung" – d.h. der Verantwortung für die Koordination und Steuerung deutscher entwicklungspolitischer Maßnahmen in einem Partnerland – auf „Länderberater" mit Sitz im jeweiligen Partnerland realisiert werden kann.

Grundlegende Debatte über Erfolgskriterien ist überfällig

Projekte stehen vielfach vor einem „Pipeline"-Problem: eingeplante Finanzmittel sind über Jahre durch Regierungszusagen gebunden, können jedoch auf Grund der geringen Absorptionskapazität von Partnerinstitutionen nicht fristgerecht abfließen. Dies wird eher als Schwäche des Projektes denn als Schwäche der Projektplanung und des Politikdialogs ausgelegt. Schlagworte wie Mittelabflußdruck, Erfolgsdruck oder Zeitdruck beherrschen daher die entwicklungspolitische Praxis.

Dies ist weitgehend strukturell bedingt. Die politisch Verantwortlichen in den Geberländern stehen unter internationalem Druck, Entwicklungshilfegelder in möglichst großem Umfang bereitzustellen, Durchführungsinstitutionen sind bestrebt, Mittel für die Durchführung von Projekten und für die Sicherung und Erweiterung ihrer eigenen Handlungsspielräume zu erhalten, und für Partner sind kostenintensive Großprojekte – unabhängig von ihrer Erforderlichkeit – bereits deshalb attraktiv, weil sich mit ihnen Imagefragen verbinden und durch sie die Tatkraft nationaler Regierungen unter Beweis gestellt werden kann.

Eine dritte These lautet daher: Die Bereitstellung finanzieller Ressourcen im Rahmen der Entwicklungszusammenarbeit ist keine Garantie für nachhaltige Projektwirkungen, Mittelabfluß ist nicht gewährleistet, Mittelabflußdruck wirkt kontraproduktiv. Bei der Entwicklungszusammenarbeit ist vielmehr einerseits eine weniger ambitionierte Planung und andererseits ein „längerer Atem" im Hinblick auf die „sichtbaren" Ergebnisse von Projekten erforderlich. Die Forderung nach einem längeren Atem ist jedoch nicht unproblematisch, denn in einer an positiven Vollzugsmeldungen interessierten deutschen Öffentlichkeit sind Sensibilisierungsmaßnahmen durch Entwicklungsprojekte schwer zu vermitteln, auch wenn diese erst die Grundlage für dauerhafte Projekterfolge bilden. Eine grundlegende Debatte über Erfolgskriterien in der Entwicklungszusammenarbeit ist überfällig.

3. Geographie und Entwicklungszusammenarbeit: Beiträge und Anpassungserfordernisse

Herausforderungen an die Entwicklungszusammenarbeit sind gleichzeitig Herausforderungen an die entwicklungsländerbezogene Angewandte Geographie. Zwei Aspekte sind dabei zu diskutieren:
– erstens Beiträge der Geographie zur Lösung von Problemen der Entwicklungszusammenarbeit und zukünftige Handlungsfelder einer entwicklungsländerbezogenen Geographie,
– zweitens Anpassungserfordernisse der Geographie an die aktuellen Herausforderungen der Entwicklungszusammenarbeit.

Beiträge und Handlungsfelder der Geographie

Die Geographie hat in der Vergangenheit auf vielfältige Weise zur Bewältigung von entwicklungspolitischen Problemen beigetragen. Hierzu gehören u.a. die Bereitstellung von methodischem und instrumentellem Know-how sowie die Entwicklung und Anwendung von problembezogenen Analyseinstrumentarien, wie zum Beispiel von quantitativen und qualitativen Methoden der empirischen Feldforschung, Geographischen Informationssystemen (GIS) oder Methoden der Fernerkundung. Hinzu kommen die länderkundliche Fundierung der Geographie und ihr Know-how im Hinblick auf
– regionale Entwicklungsprozesse und ihre Steuerung durch Regionalplanung und Landnutzungsplanung,
– sozio-ökonomische Entwicklungsprozesse in Partnerländern und ihre nationalen und regionalen Auswirkungen,
– Ressourcennutzung, Ressourcenschutz und Fragen des Ressourcenmanagements,
– die Bearbeitung ökologischer Fragestellungen in ihrem sozialen und ökonomischen Kontext.

Vor dem Hintergrund der aktuellen Herausforderungen der Entwicklungszusammenarbeit könnten zukünftige Handlungsfelder der Geographie u.a. darin bestehen,
– praxisorientierte länderkundliche Ansätze zu entwickeln, die Handlungserfordernisse und Handlungsansätze in Partnerländern besser erkennen lassen: Die Beteiligung von „Länderspezialisten" an der Entwicklungszusammen-

arbeit ist in der Zukunft unabdingbar. Länderkonzepte, die sich neben der Identifikation förderungswürdiger Bereiche kritisch mit den sozio-kulturellen, ökonomischen, ökologischen, politischen und institutionellen Rahmenbedingungen in Partnerländern auseinandersetzen, könnten besser zur Berücksichtigung von Rahmenbedingungen in Ansätzen der Entwicklungszusammenarbeit beitragen. Die zur Zeit im Rahmen der Entwicklungszusammenarbeit erstellten Länderkonzepte werden allerdings selten unter Beteiligung von Geographen erarbeitet. Hier bietet sich der Geographie ein Arbeitsfeld, bei dem sie nicht nur ihr umfassendes Know-how sondern auch ihre Fähigkeit zum „Langzeit"-Monitoring – Länderkonzepte müssen kontinuierlich fortgeschrieben werden – einbringen kann.
- ihr Instrumentarium im Hinblick auf die problemorientierte und systemare Zusammenschau von sozialen, kulturellen, ökonomischen, ökologischen und politisch-administrativen Faktoren in ihren räumlichen und funktionalen Zusammenhängen weiterzuentwickeln und dabei gleichzeitig Ansätze zur Verbesserung „prozessualer Fähigkeiten" zu erarbeiten: Gefragt sind Generalisten, die als Regierungsberater – über sektorale Grenzen hinweg – Handlungsnischen vor Ort erkennen, selbst aber auch über ausreichende Handlungspotentiale und Ressourcen verfügen, um auf die jeweiligen Erfordernisse flexibel reagieren zu können. Berater erhalten damit wichtige Moderatoren- und Mediatorenfunktionen. Sie benötigen allerdings ein adäquates Instrumentarium und entsprechende Fähigkeiten, um ihre Mittlerfunktion sowohl zwischen Institutionen und Interessengruppen innerhalb des Partnerlandes als auch zwischen dem Partnerland und den Geberorganisationen erfüllen zu können.

Anpassungserfordernisse

Will die Geographie in Zukunft eine aktivere Rolle in der Entwicklungszusammenarbeit übernehmen, so sind im Hinblick auf aktuelle Anpassungserfordernisse zwei Aspekte von Bedeutung:
- zum einen die Frage, warum die Potentiale der Geographie bisher nur bedingt von den potentiellen Adressaten wahrgenommen werden, und
- zum anderen, ob und wo Defizite bestehen, um deren Beseitigung man sich bemühen sollte, damit die Wahrnehmbarkeit der Geographie in der Entwicklungszusammenarbeit gesteigert werden kann.

Zum ersten Aspekt: Wenn die Arbeiten deutscher Geographen im Rahmen der praktischen Entwicklungszusammenarbeit kaum wahrgenommen werden, so mag dies einerseits an unscharfen Profilen der Geographie im Hinblick auf die Praxisrelevanz von Ergebnissen liegen. Andererseits ist dies aber auch auf strukturelle Probleme bei den Entwicklungsorganisationen zurückzuführen:
- Die regional und sektoral gegliederten Zentralen der Entwicklungsverwaltung in Deutschland sind hochgradig überlastet und in erster Linie mit Projektsteuerung und administrativen Aufgaben befaßt, so daß für wissenschaftliche

Suchprozesse wenig Zeit bleibt. Publikationen bleiben daher „unentdeckt". Projekte tragen zudem die inhaltliche Verantwortung für ihre Ergebnisse selbst, Anregungen werden allenfalls von Gutachtern erwartet.
- Projektpersonal ist in erster Linie an der problemspezifischen Bearbeitung von Projektaufgaben interessiert. Probleme werden dabei nicht selten sektoral fragmentiert bearbeitet. Informationen und Kontakte laufen über die jeweiligen Fachzirkel. Geographen stellen unter Projektbearbeitern jedoch eine kleine Minderheit. Hinzu kommt, daß eine detaillierte Beobachtung der deutschen (geographischen) Publikationslandschaft aus dem Ausland mit hohem Aufwand verbunden und daher für den einzelnen Projektbearbeiter nur bedingt möglich ist.
- Projektverwaltungsbüros der Geberinstitutionen, die im jeweiligen Partnerland Koordinierungs-, Sondierungs- und Beratungsfunktionen für Projekte wahrnehmen, sind meist auf die Zulieferung von Informationen aus Deutschland angewiesen. Auch hier dominieren Fachzirkel, und die Überlastung der Zentrale in Deutschland hat negative Konsequenzen für die Beachtung geographischer Arbeitsergebnisse. In geographischen Kreisen ist man sich zudem offenbar kaum der Rolle dieser Einrichtungen in den Partnerländern bewußt, weshalb hier eine gezielte „Informationspolitik" weitgehend ausbleibt.

Dies führt zum zweiten Aspekt, Ansatzpunkten zur Steigerung der Wahrnehmbarkeit des geographischen Beitrags zur Entwicklungszusammenarbeit. Dabei sind zwei Zielrichtungen zu verfolgen:
- zum einen das offensivere Einschalten der Geographie in entwicklungspolitische Informationskanäle, verbunden mit deutlicheren „Angebotsprofilen", und
- zum anderen die bessere Verdeutlichung der Praxisrelevanz geographischer Arbeiten.

Geographische Ausbildung sollte ihre Qualitäten im Hinblick auf die in der Praxis zunehmend wichtiger werdenden „Generalisten", die neben inhaltlicher Breite vor allem über adäquate „prozessuale Fähigkeiten" verfügen müssen, weiterentwickeln und besser zur Geltung bringen. Geographische Forschung sollte sich neben entwicklungstheoretischen und -strategischen Fragen verstärkt anwendungsorientiert mit konkreten Fragen der praktischen Entwicklungszusammenarbeit auseinandersetzen. Dabei geht es nicht nur darum, ökonomische und soziale Entwicklungsprozesse zu analysieren; vielmehr sind insbesondere auch die politischen und administrativen Steuerungsstrukturen in Partnerländern sowie ihre Potentiale und Restriktionen für die Umsetzung von Entwicklungsansätzen zu berücksichtigen, denn über sie bestimmt sich, unter welchen Rahmenbedingungen Maßnahmen durchgeführt werden und wie erfolgreiche Institutionalisierungsansätze für Projektstrategien aussehen könnten. Und schließlich ist ein „Denken in machbaren Lösungsstrategien" von Bedeutung: das bedeutet, daß konzeptionelle Ansätze nicht nur bis zu allgemeinen – teilweise unrealistischen – Forderungen an gesellschaftliche Veränderungsprozesse sondern bis hin zu konkreten und pragmatischen Realisierungsmöglichkeiten durchdacht werden.

4. Weiterentwicklung der entwicklungsländerbezogenen Geographie

Vor diesem Hintergrund und unter Beachtung der zukünftigen Handlungserfelder bieten sich u.a. die folgenden drei Ansatzpunkte für eine Weiterentwicklung der entwicklungsländerbezogenen Geographie an:

– Erstens sollte die Geographie ihre Qualitäten bei der Ausbildung von Generalisten stärker hervorheben: sie sollte dies aber auch mit entsprechenden Ausbildungsangeboten, zum Beispiel im Hinblick auf die Schulung von Organisations-, Moderations- und Managementfähigkeiten, die Vermittlung von Institutionenkenntnissen und die Schärfung der Aufmerksamkeit für lokale Interessenstrukturen und Steuerungspotentiale absichern.

– Zweitens sollte sie an den Rahmenbedingungen in Entwicklungsländern ansetzen: dies erfordert ein intensiveres und langfristig angelegtes „Länder-Monitoring", das in einer zeitnahen Auseinandersetzung mit aktuellen Fragen in den jeweiligen Partnerländern sowie einer intensiveren Mitarbeit bei der Entwicklung von Projektvorschlägen und der Identifizierung von geeigneten Trägerstrukturen für Projekte seinen Niederschlag finden könnte. Projektbegleitende Forschung bietet sich als ein adäquates Mittel zur Etablierung länderbezogener Kooperationen an. Dabei ist auch an die intensive Zusammenarbeit mit Hochschulen in Entwicklungsländern zu denken, wobei allerdings nicht verkannt werden darf, daß Hochschulen in Entwicklungsländern häufig als reine Lehreinrichtungen gesehen werden und vom aktuellen entwicklungspolitischen Geschehen relativ weit entfernt sind, und daß auch in den Partnerländern die Geographie von relevanten staatlichen Institutionen nur bedingt wahrgenommen wird.

– Ein dritter Ansatz könnte schließlich in der problembezogenen Aus- und Fortbildung von Partnern – verbunden mit einem engeren „Praxis-Wissenschaft-Verbund" – liegen: Für Personal von Partnerinstitutionen, dem über Fortbildungsangebote in Partnerländern hinaus die Möglichkeit geboten wird, Praxiserfahrungen in Deutschland zu sammeln, könnten spezifische Module entwickelt werden, die dazu dienen sollten, die in deutschen Institutionen gewonnenen Erfahrungen im Hinblick auf die Übertragbarkeit von Methoden und Techniken auf die Verhältnisse des Partnerlandes zu hinterfragen und zu relativieren. Mit praxisorientierten Fortbildungsangeboten könnte zugleich ein Defizit, nämlich das geringe Angebot an fremdsprachigen Kurzzeit-Fortbildungsmaßnahmen für Mitarbeiter von Partnerinstitutionen in der Bundesrepublik, abgebaut werden. Und zudem wäre dies geeignet, den Beitrag der Geographie im Rahmen der Entwicklungszusammenarbeit langfristig zu sichern.

Neue Handlungsfelder sollten aufgegriffen, notwendige Anpassungen an die aktuellen Erfordernisse eingeleitet werden. Zudem ist es unabdingbar, die „traditionellen" Qualitäten der Geographie in der Entwicklungszusammenarbeit besser zur Geltung zu bringen. Methodisches und instrumentelles Know-how, Informationssysteme, Monitoring, sozio-ökonomische und ökologische Folgeabschätzungen und angepaßte Planungs- und Steuerungsmechanismen haben einen hohen Marktwert in der Entwicklungszusammenarbeit. Angesichts dieser Situation wäre eine Resignation der Geographie und von Geographen im Hinblick auf ein stärkeres Engagement in der Entwicklungszusammenarbeit unangebracht.

Literaturverzeichnis

Deutschlands Zusammenarbeit mit den Entwicklungsländern. Rede von Bundesminister Spranger in Nürnberg. In: Bulletin Nr. 30 vom 14.4.1993, 261–265, Bonn.

Henkel, R. (1989): Geographie in der Entwicklungsländerforschung – Anspruch, Wirklichkeit und Möglichkeiten. In: Henkel, R.; Herden, W. (1989): Stadtforschung und Regionalplanung in Industrie- und Entwicklungsländern.

Klecker, P. (1991): Berufsfeld Dritte Welt. Eine Chance für Geographen? In: Standort – Zeitschrift für Angewandte Geographie 1/91.

Kopp, H. (1993): Deutsch-Jemenitische Entwicklungszusammenarbeit – eine Bilanz. In: Jemen Report 2/92–1/93, 21-22.

Müller, B. (1990/92): Steuerung der Siedlungsentwicklung und Verbesserung der städtischen Infrastrukturversorgung im Jemen. In: Trialog Heft 27, 16–21, und Jemen-Report 1/92, 15–22 (erweitert).

Sand, K. van de (1993): Gemeinsamkeit trotz unterschiedlicher Wege? Plädoyer für mehr Zusammenarbeit der Entwicklungsorganisationen. In: der überblick 4/93.

Schmidt, J. (1987): Entwicklungspolitik. In: Standort 1/87.

Scholz, F. (1988): Position und Perspektiven geographischer Entwicklungsforschung. Zehn Jahre ‚Geographischer Arbeitskreis Entwicklungstheorien'. In: Bremer Beiträge zur Geographie und Raumplanung, Heft 14, 9–35. Bremen.

Simon, K.; Stockmayer, A.; Fuhr, H. (Hrsg.) (1993): Subsidiarität in der Entwicklungszusammenarbeit. Baden-Baden.

VERSUCH EINES FAZITS

Theo Rauch, Berlin

1. Rahmenbedingungen für Entwicklungszusammenarbeit (EZ) und deren Veränderungen

Alle drei Fallstudien weisen auf ein zentrales Hemmnis für eine zielgerichtete EZ hin: Die politisch-administrativen Rahmenbedingungen, kurz das, was in Anlehnung an H. ELSENHANS seit Beginn der achtziger Jahre häufig als „Staatsklasse" bezeichnet wird. Aus Ägypten erfuhren wir über die Mechanismen selektiver Agrarförderung, über die klientelistischen Beziehungen zwischen den lokalen Repräsentanten der Staatsbürokratie und den dörflichen Eliten. An den Beispielen Algerien und Jemen lernten wir, wie das Bestreben des Staates Kontrolle über die Bevölkerung zu behalten einer Dezentralisierung von Macht und einer Umsetzung des Ziels, die Eigenständigkeit der Bevölkerung durch Selbsthilfeorganisationen zu erhöhen, entgegensteht. Die Bedarfsanmeldungen an Nahrungsmittelhilfe und die Verteilungsmechanismen werden – so lernten wir am Fall Mali – mehr durch Selbstprivilegierungsinteressen der lokalen Verwaltungschefs gesteuert als durch realistische Bedarfsanalysen. Verschwenderische Prestigeprojekte eignen sich, wie hier am Fall Jemen gezeigt wurde, besser, den Machtanspruch der politischen Führung zu legitimieren als Projekte zur Mobilisierung der Selbsthilfe der Bevölkerung. Zu all diesen interessenbedingten Einflüssen auf die Verwendung von über EZ bereitgestellten Mitteln kommt ein grundlegendes strukturelles Hemmnis: Die Anforderungen, die mit der Konzipierung und Durchführung problemgerechter entwicklungspolitischer Maßnahmen verbunden sind, übersteigen hinsichtlich Kreativität, Flexibilität, Leistungsfähigkeit und -bereitschaft in der Regel die diesbezüglichen Kapazitäten staatlicher Verwaltungsapparate auf dezentraler Ebene.

Die Beiträge in dieser Fachsitzung zeigten, daß es nicht alleine die politisch-institutionellen Rahmenbedingungen innerhalb der „Empfängerländer" sind, welche verhindern, daß entwicklungspolitische Interventionen zu einer dauerhaften Verbesserung für die Adressaten, also für benachteiligte oder gefährdete Bevölkerungsgruppen führen. Sie zeigten somit auch, daß der Buhmann nicht allein bei den dortigen „Staatsklassen" gesucht werden sollte: Im Falle Ägyptens lassen außenpolitische Interessen die Verantwortlichen der „Gebernationen" großzügig übersehen, daß EZ nicht bei den „Zielgruppen" ankommt. Im Falle der Nahrungsmittelhilfe für Mali legen es die Absatzinteressen der USA und der EG nahe, nicht allzu sorgfältig zu prüfen, wo und wann Nahrungslieferungen wirklich erforderlich sind und wo sie Abhängigkeiten von solcher „Hilfe" erst erzeugen. Am Beispiel des Jemen wurde gezeigt, wie der Mittelabflußdruck in der deutschen EZ-Bürokratie dazu verführt, unzweckmäßige Problemlösungen zu finanzieren, wenn die Umsetzung zweckmäßiger Lösungen zu lange dauert. Oft genug also verknüpfen sich bürokratische Eigeninteressen auf beiden Seiten zu einer unheiligen Allianz, welcher ein sehr großzügiger Umgang mit entwicklungspolitischen Zielen opportun erscheint.

Bei all diesen Beobachtungen handelt es sich zwar nicht um neuere, aber doch um – nach wie vor – aktuelle Tendenzen im Umfeld der EZ. Die unmittelbar spürbaren Umsetzungsschwierigkeiten einer auf Armutsminderung zielenden EZ werden nach wie vor stärker von institutionellen Bedingungen bestimmt als von Veränderungen auf dem Feld weltwirtschaftlicher Beziehungen. Dies anzuerkennen darf aber nicht dazu führen, die Augen vor den tiefer liegenden Hemmnissen einer armutsorientierten EZ zu verschließen. Folgen wir der Analyse von ELSENHANS, so ist zwar die Macht der Staatsklasse am schwinden (vielleicht mit Ausnahme der Länder Afrikas südlich der Sahara). ELSENHANS sieht hierin allerdings wenig Anlaß zur Hoffnung auf eine erfolgreiche Einbeziehung der verarmenden Massen in den Produktionsprozeß im Rahmen eines weltmarktoffenen, marktwirtschaftlichen Systems. Die Masse der Menschen in den Entwicklungsländern wird bei gegebenem Weltmarkt-Technologieniveau im Rahmen eines marktwirtschaftlichen Produktionssystems einfach nicht benötigt. Diejenigen, die heute also von der Staatsklasse marginalisiert oder zu Dauernahrungsmittelhilfeempfängern gemacht werden, können auch vom freien Spiel der Kräfte des Marktes keine Chance zu einer produktiven und eigenständigen Existenzsicherung erwarten. Wo es nicht gelingt, durch eine Umverteilungspolitik Massenkaufkraft innerhalb der Länder des Südens zu schaffen, kann marktorientiertes Unternehmertum nur zum ruinösen Kampf um begrenzt expansionsfähige Exportmärkte führen. Geringe Chancen also für eine effektivere armutsorientierte EZ?

2. Neue (?) Anforderungen an die Entwicklungszusammenarbeit

Skepsis gegenüber der Forderung nach einer bloßen Erhöhung der Entwicklungshilfe unter gegebenen Bedingungen wird aus allen Beiträgen spürbar. H.-D. MÜLLER-MAHN fordert eine „positive Konditionierung" für EZ: Projekte nur noch dort, wo die Rahmenbedingungen günstig für Armutsbekämpfung sind. B. LOHNERT hat Möglichkeiten einer Verfeinerung des Interventionsinstrumentariums aufgezeigt. B. MÜLLER plädiert für eine stärkere Berücksichtigung der jeweiligen politischen und administrativen Bedingungen bei der Konzipierung von Projekten der EZ. Die diesen Vorschlägen zugrundeliegende Hoffnung, daß sich eine prinzipientreue armuts- und selbsthilfeorientierte EZ gegen die außen- und wirtschaftspolitischen Interessen hierzulande durchsetzen läßt, gründet auf der Annahme, daß EZ nach Auflösung des Ost-West-Konfliktes „entpolitisiert" werden könne, und daß sie sich angesichts der abnehmenden außenwirtschaftlichen Bedeutung großer Teile der „3. Welt" für die Industrieländer auch stärker von Absatz- oder Rohstoffinteressen loslösen könne. Aber ist nicht z.B. Ägypten als „Freund des Westens" heutzutage als Bollwerk gegen radikale islamistische Störungen genauso Gegenstand strategischer Ziele wie seinerzeit als Bastion gegen den Vormarsch des Kommunismus? Weist nicht die EG Bananenpolitik oder deren subventionierte Fleischexporte nach Westafrika darauf hin, daß nach wie vor außenwirtschaftspolitische Interessen über Existenzchancen in den Entwicklungsländern entscheiden? Da müßten wohl die entwicklungspolitisch orientierten Fraktionen auf beiden Seiten schon stark genug sein, um eine *wechselseitige* Konditionalität zugunsten der Armen durchzusetzen. Das würde nicht nur dem Gebot gleichberechtigter Partnerschaft näher kommen; es wäre auch Voraussetzung dafür, daß nicht sinnvolle Projektansätze zur Stärkung der wirtschaftlichen und gesellschaftlichen Position benachteiligter Gruppen durch gegenläufige ökonomische bzw. politische Interessen torpediert würden.

H. ELSENHANS kommt bezüglich der Möglichkeiten der EZ zu einer noch skeptischeren Einschätzung. Sah er (in früheren Veröffentlichungen) zur Zeit der Vorherrschaft der Staatsklassen noch Chancen, Koalitionen mit reformorientierten Segmenten der Eliten zugunsten der Schaffung von Massenkaufkraft durch Agrarreformen und beschäftigungswirksame Produktion von Massenkonsumgütern zu schmieden, so sieht er angesichts zunehmender Durchsetzung der Herrschaft des Marktmechanismus (angesichts der Produktivitäts- und Nachfragebedingungen im Süden und im Norden) für EZ nur noch die Möglichkeit, Kaufkraft direkt zu den Armen zu kanalisieren, etwa „indem Geld in entlegenen Bergen abgeworfen wird, das von armen Menschen aufgesammelt werden kann".

Sozialhilfe direkt an die Marginalisierten, hier nicht gedacht als Alternative zu „Entwicklungs"-Hilfe, sondern als Motor für binnenmarktorientierte Entwicklung? Als einzige Möglichkeit, an den Eliten vorbei und über begrenzte Marktchancen hinweg Massenkaufkraft zu schaffen? So problematisch direkte Kaufkrafttransfers an marginalisierte Gruppen im Hinblick auf das „Targetting" und im Hinblick auf die Unterminierung von Ansätzen zur eigenständigen Problembewältigung auch sein mögen (der skurill erscheinende Vorschlag, Geld über entlegenen Bergen abzuwerfen, darf wohl als Hinweis auf diese Verteilungs- und Demotivierungsprobleme verstanden werden): ELSENHANS verweist mit seiner Argumentation diejenigen unter uns, die in der Befähigung benachteiligter Gruppen den Schlüssel zur Problemlösung, sprich zur hinreichenden Bedürfnisbefriedigung sehen, auf die harten ökonomischen Grenzen solcher Ansätze. Bei gegebener Kaufkraftverteilung bietet der Markt keine Chance zur hinreichenden Befriedigung der Grundbedürfnisse der Weltbevölkerung in ihrer Gesamtheit. Befähigung als Strategie unterstellt, daß ungenutzte Möglichkeiten vorhanden sind. Das aber wird in dem Beitrag von ELSENHANS in Frage gestellt.

Entwicklungspolitik muß wieder mehr über Ansätze zur Ausweitung der Möglichkeiten nachdenken. Zu fragen wäre aber, ob denn die Möglichkeiten, über Förderung arbeitsintensiver Gewerbezweige Kaufkraft auf produktiver Basis zu schaffen, wirklich schon so weit ausgeschöpft sind, daß nur noch das zwiespältige Mittel des direkten Kaufkrafttransfers bleibt. Klar ist nur: Der Marktmechanismus alleine führt nicht zur Ausweitung der Massenkaufkraft.

3. Zur Rolle der Wissenschaft und der Geographie

Die Beiträge dieser Arbeitssitzung lassen noch keine klar umrissenen Problemlösungsansätze erkennen. Sie zeigen aber, welche Aspekte einer stärkeren Berücksichtigung in Forschung und Lehre bedürften, wollte man auf der Suche nach Problemlösungsansätzen vorankommen:

(1) Wo Projekte sich schwer tun, angesichts der gesellschaftlichen Kräfteverhältnisse und institutioneller Barrieren benachteiligte Gruppen zu fördern, da bedarf es einer tiefergreifenden Analyse von institutionellen und gesellschaftsstrukturellen Aspekten.

(2) Wo Projekte schon allein deshalb immer nur einigen Wenigen dabei helfen können, dem Schicksal der Marginalisierung zu entrinnen, weil das Nachfragevolumen nicht ausreicht, um das zur Befriedigung der grundlegendsten Bedürfnisse erforderliche Einkommen zu erwirtschaften, müssen alle produktionsbezogenen entwicklungspolitischen Maßnahmen auf einer Analyse der makroökonomischen Bedingungen beruhen.

(3) Wo angesichts Verknappung und Verteuerung von Devisen lokale Potentiale an Bedeutung gewinnen, werden aber auch detaillierte Regionalkenntnisse wieder wichtiger.

(4) Da es bei entwicklungspolitischen Interventionen auf die gleichzeitige Berücksichtigung ökonomischer, politisch-institutioneller, sozio-kultureller, technischer und ökologischer Aspekte ankommt, ist ein interdisziplinärer Denk- und Analyseansatz von entscheidender Bedeutung.

Während die beiden letztgenannten Anforderungen zu den klassischen Stärken der Geographie gerechnet werden können, finden die unter (1) und (2) genannten Aspekte in geographischer Forschung und Lehre nur unzureichend Berücksichtigung.

Es kann nun sicherlich nicht darum gehen, alle Anforderungen, die eine verbesserungsbedürftige entwicklungspolitische Praxis an die Wissenschaft stellt, an die Adresse der Geographie weiterzuleiten. Für die Erforschung der Dynamik von Märkten sind Ökonomen i.d.R. kompetenter, und für die Analyse von institutionellen Mechanismen und Machtstrukturen bringen Sozialwissenschaftler meist bessere Voraussetzungen mit. Worum es vielmehr geht, ist zu erkennen, daß die regionale und die (potentielle) interdisziplinäre Kompetenz der Geographie nur dann sinnvolle Problemlösungsbeiträge erwarten läßt, wenn die einschlägigen Erkenntnisse der Wirtschafts-, Sozial- und auch der Naturwissenschaften zur Kenntnis genommen und in Forschung und Ausbildung berücksichtigt werden. Es geht für eine interdisziplinäre und anwendungsorientierte Disziplin wie die Geographie nicht darum, die Spezialwissenschaften ersetzen zu wollen, sondern um die Fähigkeit, deren Erkenntnisse problem- und regionsbezogen bei eigenen Analysen und bei der Entwicklung von Problemlösungsansätzen mit einzubeziehen.

Regionale Kompetenz ist angesichts der Einbettung nahezu aller Regionen in die Weltwirtschaft nur dann gegeben, wenn die Wirkungsmechanismen des Weltmarktes bekannt sind und deren Zusammenhang mit regionalen Entwicklungen in die Analyse einbezogen wird. Sie ist auch nur dann gegeben, wenn die gesellschaftlichen Kräfteverhältnisse in der Region und die institutionellen Regelungsmechanismen und Entscheidungsprozesse unter Verwendung des einschlägigen fachwissenschaftlichen Instrumentariums in die Analyse einbezogen werden. Wer selektiv nur das Besondere „seiner" Region gegen regionsübergreifend generalisierende Aussagen stellt und dabei das Besondere aus dem Kontext des Allgemeinen herauslöst, mag angesichts einer zunehmend verflochtenen Welt allenfalls als Spezialist für das „Andersartige" gelten (welche Nutzanwendung solch eine Spezialisierung außer einer Produktion von Vorurteilen auch haben mag ...), nicht aber als interdisziplinärer Regionalspezialist, wie er für die Suche nach Lösungen für die Probleme der Menschen in den armen Regionen dieser Welt gebraucht wird.

FACHSITZUNG 4:
DIE „EINE WELT" IM GEOGRAPHIEUNTERRICHT

EINFÜHRUNG

Sabine Tröger, Bayreuth

Wenn sich die didaktische Fachsitzung mit dem Leitthema der „Dritten Welt' im Rahmen weltpolitischer und weltwirtschaftlicher Neuordnung" den Titel „Die ‚Eine Welt' im Geographieunterricht" gibt, dann signalisiert sie damit zweierlei: Zum einen reflektiert dieser Titel das zeitgenössische Bewußtsein einer unmittelbaren Verknüpfung der ökologischen Zerstörung des Lebensraums Erde mit der Frage der weltweiten sozio-ökonomischen Disparitäten und übernimmt damit die Verantwortung, zur Lösung dieses gesellschaftlichen Problems beizutragen. Zum anderen grenzt sich die Fachsitzung durch die Wahl ihres Titels gegen diejenigen didaktischen Konzepte ab, die unter den Begriffen des „Dritte Welt Unterrichts" oder „Entwicklungsländerunterrichts" und auch des „entwicklungspolitischen Unterrichts" traditionellerweise die Probleme der globalen Entwicklung im Erdkundeunterricht thematisieren.

Betrachten wir diese beiden Aspekte etwas näher:
- Die „Eine Welt" ist seit einigen Jahren zu einem gesellschaftspolitischen Schlagwort geworden, das in seinem Kern gleichzeitig den Tatbestand globaler Abhängigkeiten und eine Zukunftsvision beschreibt. Spätestens seit dem Erdgipfel 1992 in Rio ist es unmißverständlich klar, daß das westliche Entwicklungsmodell die gesamte Menschheit unter dem Vorzeichen seiner bisherigen sozialen und ökonomischen Grundsätze in eine immer verheerendere Zerstörung der Lebensbasis aller hineinwirtschaftet. Ferner wissen wir, daß eine Umkehr dieses Zerstörungsprozesses nur über den Weg einer Umwertung und Neuorientierung erreicht werden kann, der eine gerechtere Verteilung der vorhandenen Ressourcen bei gleichzeitiger Neudefinition von Lebensentwürfen und Konsumansprüchen ermöglicht. Wie weit wir in Deutschland von einer Erfüllung dieser weltbewahrenden Notwendigkeiten entfernt sind, zeigen uns die Tagesgeschehnisse in Deutschland nur allzu deutlich. Nicht die „Eine Welt", sondern gerade die „Un-Eine Welt" ist unsere Realität. Eine Lösung der weltweiten Entwicklungsprobleme wird jedoch nur möglich sein, wenn es uns gelingt, die Vision zu gelebtem Alltag werden zu lassen.
- Das Thema der weltweiten Entwicklungen und der Entwicklungsdisparitäten wurde seit den 60er Jahren von dem Erdkundeunterricht als einer seiner zentralen Aufgabenbereiche benannt und unter den oben angeführten Bezeichnungen in seiner didaktischen Ausgestaltung diskutiert. Betrachten wir die in diesem Rahmen vorgestellten konzeptionellen Schwerpunktsetzungen: Die Zielsetzungen des „Dritte Welt Unterrichts" und des „Entwicklungsländerunterrichts" lassen sich kurz mit der Zielformel der „Anerkenntnis des

Eigenwerts fremder Kulturen auf der Basis ausreichender Kenntnisse über diese Kulturen" charakterisieren. Man nahm und nimmmt an, daß ein im demokratischen Sinn gleichberechtigtes Nebeneinander der Menschen sich geradezu zwangsläufig einstellt, wenn man nur ausreichend viel und das Richtige übereinander weiß. Die gewünschte Gleichberechtigung, so die Überzeugung der Fachdidaktiker, ist am besten zu erreichen, wenn möglichst wenig wertende Klassifikationen die Betrachtung fremder Menschen beeinträchtigen. Diese Argumentationslinie findet sich praktisch durchgehend in der fachdidaktischen Diskussion, wobei unterschiedliche Schwerpunkte sich zum einen vor dem Hintergrund modernisierungstheoretischer Gedankenguts in den 60er Jahren und zum anderen seit der bildungspolitischen Wende 1983, als gesellschaftlich die Forderung nach positiven Wissensbeständen zeitlich mit der sg. „Krise der Entwicklungstheorien" zusammenfiel, ausprägten.

Neben dieser Argumentationslinie hat es jedoch in den 80er Jahren eine weitere gegeben, die bei der dependenztheoretisch beeinflußten Kontroverse um die Gewichtung endogener und exogener Einflußfaktoren von Unterentwicklung ihren Ausgang nahm und bald in eine wahrnehmungspsychologische Diskussion des Einflusses von ethnozentrischen Wertungen auf die Wahrnehmung von Menschen in den armen Ländern und damit auf Möglichkeiten der Einstellungs- und Verhaltensänderung vor dem Hintergrund dieser Wertungen mündete. Dieser „entwicklungspolitische Erdkundeunterricht" definierte sein Ziel einer Verhaltensänderung als gleichwertigeren Austausch von Gütern. Nicht mit einbezogen war jedoch die grundsätzliche Frage nach der Umweltverträglichkeit und der gesellschaftlichen Notwendigkeit dieser Güter. Damit ist auch das Problem der Wertungen nicht im Sinne ihrer Infragestellung zu verstehen. Das Ziel ist vielmehr der bewußte, reflektierte Umgang mit diesen Wertungen bei der Betrachtung „fremder" Menschen.

Kehren wir nun zu dem Ausgangspunkt der Darstellung zurück und fragen uns, weshalb es einer neuen didaktischen Konzeption zur Lösung der „Eine Welt"- Probleme bedarf. Dazu ist es erforderlich, die gegenwärtigen gesellschaftlichen Lebensbedingungen von Jugendlichen in Deutschland, wie sie sich in einschlägigen Analysen darstellen, zu betrachten. Diese Lebensbedingungen sind es, die den Rahmen und die Voraussetzungen für eine durch Unterricht zu beeinflussende Lösung des globalen Entwicklungsproblems vorgeben.

Wertepluralität und Individualisierung sind die beiden Schlagworte, die übereinstimmend zur Beschreibung und Analyse der gegenwärtigen gesellschaftlichen Situation von Jugendlichen in Deutschland herangezogen werden. Wertepluralität - das heißt, daß die Individuen nicht mehr in gesellschaftlich vorgegebene Orientierungsmuster eingebunden sind, die ihr Handeln und ihre Entscheidungen vorbestimmen. Jedes Schulkind wird heute täglich mit einer unüberschaubaren Fülle an neutral nebeneinandergestellten Informationen konfrontiert. Gesellschaftliche Autoritäten, die noch vor zwanzig Jahren von der Gemeinschaft getragene und damit „selbstverständliche" Werte und Regeln vorgaben und vermittelten, sind heute ihres Einflusses enthoben. Das Leben ist individualisiert. Jeder einzelne muß sich in der Fülle der Lebensangebote entsprechend seiner individuellen Bedürfnisse und Überzeugungen orientieren und auf dieser Basis eigenverantwortlich Entscheidungen treffen - eine Chance, aber auch eine große, existentielle Gefahr angesichts der Brisanz der globalen Probleme!

Die Situation der fehlenden Orientierungshilfen bei der Lebensbewältigung kann Ängste auslösen, die nicht selten zu Resignation (z.B. Ablehnung der Wahlbeteiligung), Introversion (Rückzug in, zum Beispiel, therapeutische Gruppen oder in die familiäre Privatheit) und Flucht in die Geborgenheit von Gruppen mit vermeintlich festen Werten und Verhaltensregeln (Mitgliedschaft bei rechten Gruppierungen und Sekten) führen. In diesen Fällen wird der gesellschaftliche Freiraum der Wertepluralität und Individualisierung zu einer Bedrohung für alle, da sich die Individuen der Verantwortung der Wertentscheidung nicht stellen und so ihr Handeln nicht problemangemessen regulieren können.

Aus dieser stichwortartigen Darstellung der gegenwärtigen gesellschaftlichen Situation wird deutlich, daß ein Erdkundeunterricht, der den Anspruch erhebt, zu einer Lösung des globalen Problems beitragen zu können, die Frage nach der Wertorientierung in den Mittelpunkt seiner didaktischen Überlegungen stellen muß. Da es letztlich in der Hand jedes einzelnen liegt, sich für oder gegen die Bewahrung des Lebensraumes Erde zu entscheiden, fällt dem „Eine Welt" Unterricht die Rolle eines Katalysators zu, der den individuellen Reflexionsprozeß problemorientiert begleitet. Die bereitgestellten Orientierungshilfen ermöglichen auch den Umgang mit vorhandenen Ängsten der Jugendlichen, indem deren Ursachen vor dem eigenen lebensweltlichen Hintergrund aufgedeckt und dadurch einem handelnden Umgang mit ihnen zugänglich gemacht werden. „Eine Welt" Unterricht ist so verstanden ein den gesamten Unterricht begleitendes Prinzip, weniger ein Konzept mit festgelegten Inhalten.

Die bisherigen didaktischen Überlegungen, die sich hinter den Begriffen des „Dritte Welt Unterrichts" und auch des „entwicklungspolitischen Unterrichts" verbergen, verschließen sich weitgehend einer solchen Wertediskussion. Die Lebensbedingungen, wie sie sich in unserem Alltag darstellen, werden nicht zur Disposition gestellt. Damit bieten die vorliegenden didaktischen Konzepte keine Lösungsmöglichkeit an, die der Zerstörung des Lebensraumes Erde nachhaltig entgegenwirken und diese letztlich aufheben können. Aus dieser Feststellung erwächst der Bedarf nach einer neuen didaktischen Konzeption, die in den Vorträgen der Fachsitzung aus verschiedenen Blickwinkeln entwickelt und diskutiert wurde:

EBERHARD KROSS führte in seinem Vortrag in die Thematik der Fachsitzung ein, indem er die Genese der Leitidee der „'Einen Welt' im Geographieunterricht" historisch zum einen aus dem Wandel des Verständnisses und der Interpretation von „Entwicklung" und zum anderen aus den mit diesem Wandel verbundenen Weltbildern ableitete. Zum Abschluß seines historischen Überblicks wies KROSS einem Umdenken und Umwerten in Richtung einer nachhaltigen globalen Entwicklung höchste Priorität zu und stellte diese unter anderem in die Verantwortung des Geographieunterrichts.

In dem zweiten Vortrag griff HARTWIG HAUBRICH die Frage nach der globalen Dimension der Entwicklungsproblematik auf. In einer Auflistung der zentralen Probleme führte er den Zuhörern die Brisanz der globalen Bedrohung vor Augen und leitete aus ihr die Dringlichkeit der Forderung nach einer globalen Erziehung, die eine tragfähige und damit nachhaltige Entwicklung in den Vordergrund stellt, ab. Die Möglichkeit einer globalen Erziehung entwarf der Vortragende in dem Spannungsfeld zwischen den beiden Polen „Globaler Kenntnisse" und „Globaler Ethik".

RENATE NESTVOGEL ging in ihren Ausführungen von der These aus, daß jede Fremdwahrnehmung notwendigerweise ethnozentrisch geprägt und damit das Spiegelbild des individuellen Selbstverständnisses in der eigenen sozialen Gemeinschaft ist. Interkulturelles Lernen, so die Folgerung, ist damit immer ein Lernen von fremden Kulturen bei gleichzeitiger kritischer Auseinandersetzung mit der eigenen Kultur, Gesellschaft und Geschichte.

Aus einer Bestandsaufnahme „typischer" Wahrnehmungsmuster des Fremden in Deutschland leitete die Referentin die Forderung nach einem kritisch reflektierten Umgang mit Informationen wie auch die Forderung nach Selbstreflexivität, das heißt nach einer kritischen Auseinandersetzung mit den Bedingungen der eigenen Wahrnehmung, ab. Die Erkenntnis, daß die Bilder von Fremden Teil unseres Eigenen sind, ist so das Ziel des durch Unterricht zu steuernden Bewußtseinsprozesses.

Im Zentrum des von der Berichterstatterin SABINE TRÖGER vorgestellten Unterrichtsbeispiels stand die Frage einer möglichen Abschwächung ausländerfeindlicher Reaktionen von Jugendlichen in Deutschland. Nicht Mitmenschlichkeit und Gleichheit, so die Ausgangsthese, sondern Konflikt auf der Basis von Ungleichheit ist unsere gesellschaftliche Realität, mit der wir uns in einem Unterricht, der sich das Ziel der globalen Bewahrung setzt, auseinandersetzen müssen.

Die eskalierende Ausländerfeindlichkeit in Deutschland wurde in dem theoretischen Teil der Ausführungen auf die gegenwärtige gesellschaftliche Tendenz zu einer „Individualisierung" und der durch sie ausgelösten Ängste zurückgeführt. Die Unterrichtseinheit (veröffentlicht in Praxis Geographie, 24 (1994) 2, S. 24-29) zielt vor dem Hintergrund dieser theoretischen Überlegungen darauf, die Lernenden einer notwendigen Reflexion ihrer eigenen Lebensbedingungen und der gesellschaftlichen Ursachen ihrer Ängste zuzuführen.

Wie auch die Diskussion der Beiträge zum Ende der Fachsitzung zeigte, muß dem Aspekt des vorausschauenden Unterrichts zur Vorbereitung der Schülerinnen und Schüler auf wichtige Ereignisse im Weltmaßstab im Gegensatz zu dem bisher praktizierten nachholenden Unterricht eine große Bedeutung beigemessen werden. ROLF SEELMANN-EGGEBERT zeigte in seinem Vortrag die Notwendigkeiten und Möglichkeiten einer solchen vorausschauenden Planung am Beispiel des Filmprojektes „One World" auf. Er schilderte die verschiedenen Einzelprojekte der übergeordneten „One World"-Idee, die insgesamt auf eine Bewußtseinsänderung der Menschen weltweit zielt, und ordnete diese Einzelprojekte politischen Ereignissen wie zum Beispiel dem Erdgipfel in Rio 1992, der

Weltbevölkerungskonferenz 1994 oder den Veranstaltungen im Rahmen der Feierlichkeiten zum 50jährigen Bestehen der Vereinten Nationen 1995 zu.

Die Schilderung der zahlreichen Einzelprojekte, deren erstes der viel beachtete Film „Der Marsch" war, verdeutlichte die Multiperspektivität, mit der das Filmprojekt versucht, die Zuschauer aufzurütteln und der Idee der „Einen Welt" zu verpflichten. Das im Anschluß an den Vortrag gezeigte Filmbeispiel „Die Erde in unserer Hand" illustrierte eindrucksvoll dieses Bemühen.

ZUSAMMENFASSUNG DER DISKUSSION ZUR SITZUNG: DIE „EINE WELT" IM GEOGRAPHIEUNTERRICHT

Hartwig Haubrich, Freiburg

Die sehr engagiert geführte Schlußdiskussion wäre für eine detaillierte Wiedergabe viel zu umfangreich. Deshalb sollen im folgenden nur die wichtigsten Aussagen auf der Grundlage eines vorliegenden Wortprotokolls zusammengefaßt werden:

1. Die praktische Umsetzung des „Eine Welt"-Gedankens sowie die Erziehung zur globalen Solidarität geht in der Schule viel zu langsam vor sich.
2. Viele Lehrpläne sehen noch immer einen Gang vom Nahen zum Fernen vor, ohne die Interdependenzen von Nah und Fern zu berücksichtigen und erschweren damit die Integration des „Eine Welt"-Konzepts im Unterricht.
3. Die globale Dimension findet interessanterweise in der Grundschule häufiger Berücksichtigung als in der Sekundarschule.
4. Die Aufnahme der globalen Dimension in den Lehrplänen muß mit der Erarbeitung von Unterrichtsmaterialien zur globalen Erziehung Hand in Hand gehen.
5. Lernziele sollten von der hiesigen gesellschaftlichen Situation abgeleitet werden, auch wenn über ferne Länder unterrichtet wird (siehe aktuelle Xenophobie).
6. Deutsche Schülerinnen und Schüler sollten auch mit der Situation gleichaltriger Jugendlicher in anderen Ländern vertraut gemacht werden, um für diese Verständnis zu gewinnen und eine emotionale Beziehung aufbauen zu können.
7. Sogenannte Dritte Welt-Themen sollten – womöglich – den Zusammenhang von Gesellschaft, Ökonomie und Ökologie berücksichtigen (siehe z.B. Folgen des Sozialismus in Tansania).
8. Schülerinnen und Schüler sollten nicht nur Informationen über fremde Völker und Länder durch die Brille erwachsener Schulbuchautoren erhalten, sondern auch aus den verschiedenartigsten Medien und ganz besonders durch gleichaltrige Schülerinnen und Schüler aus den betreffenden Ländern; durch den Austausch von Briefen, Berichten, Bildern, Gegenständen und anderen geeigneten Dokumenten. Dabei könnten zwischenmenschliche Beziehungen zu „Fremden" exemplarisch aufgebaut werden.
9. Informationen über fachwissenschaftliche Forschungsergebnisse sollten in der Schule Ergänzung finden durch Informationen und Stellungnahme Betroffener.
10. Das Fach Geographie ist dasjenige Fach, das „Ausland" und „Ausländer" am häufigsten thematisiert. Deshalb ist es aufgerufen, alle Anstrengungen zu unternehmen, die aktuelle Ausländerfeindlichkeit durch ein kenntnisreiches und solidarisches Verhalten zu ersetzen.

11. Schule und Fernsehen, aber auch alle anderen Massenmedien sollten stärker bei der Erziehung zur globalen Solidarität zusammenarbeiten.
12. Übliche Klassifizierungen der Welt wie Erste, Zweite und Dritte Welt stehen oft dem „Eine Welt"-Gedanken entgegen, d.h. sie schematisieren und stereotypisieren ohne ausreichende Berücksichtigung der globalen Verflechtungen.
13. Die Schule sollte sich bewußt machen, daß Höherwertigkeitsgefühle und Herrschaftsansprüche unserer Gesellschaft die Hauptgründe bei der Beurteilung fremder Kulturen bzw. für Ausländerfeindlichkeit zu sein scheinen.
14. Das Schicksal der Menschen wird zunehmend – wie nie zuvor – zu einem globalen Schicksal von Erde und Menschheit. Deshalb muß der Dritte Welt-Unterricht zu einem Eine Welt-Unterricht fortentwickelt werden

VOM ENTWICKLUNGSLÄNDER-UNTERRICHT ZUM EINE-WELT-UNTERRICHT

Eberhard Kroß, Bochum

1. Einleitung

Das Leitthema, dem diese Fachsitzung zugeordnet ist, beschäftigt sich mit der Dritten Welt. Hier dagegen soll die Eine Welt behandelt werden. Was ist los mit den Geographiedidaktikern? Können sie nicht bis drei zählen oder wollen sie es nicht mehr? Den Hintergrund der neuen Akzentsetzung mögen drei Zeitungsnotizen aus der jüngsten Zeit beleuchten:

Vor etwa einem Monat wurden in Cali in Kolumbien 10 000 Edelsteine im Wert von rund 1 Mio Mark sichergestellt. Sie waren bei einem Einbruch in ein Bonner Juweliergeschäft kurz zuvor gestohlen worden. Die Täter, Mitglieder einer internationalen Verbrecherorganisation, hatten die heiße Ware per Post verschickt.

Das Kreditkartenunternehmen VISA hat die kooperierenden Einzelhändler und anderen Unternehmen über ein rund 15 Mio km langes Glasfasernetz mit zwei neuen Computerzentren verbunden. Dadurch wird es möglich, jede Transaktion eines Kunden weltweit zu verfolgen und etwa Goldkartenbesitzern bei Einkäufen oder Buchungen sofort einen besseren Service zukommen zu lassen.

Während man sich in Nordamerika und Westeuropa über günstige Kaffeeangebote freut, geben in Mexiko Tausende von Kleinbauern den Kaffeeanbau auf, weil die Weltmarktpreise seit Jahren zu niedrig liegen. Sie gehen entweder zum Kokaanbau über, weil sich mit Kokain gute Gewinne erzielen lassen, oder wandern in die USA ab.

Was haben diese Nachrichten mit Geographie zu tun? Sie zeigen die Entstehung und zugleich die Wirkung globaler Verflechtungen. Mit jedem Fortschritt in der Verkehrs- und Nachrichtentechnik und mit jeder Innovation in der Weltwirtschaft werden wir weiter in diese globalen Zusammenhänge eingebunden. Die Nachrichten sind alltägliche Belege für die Eine Welt.

Inwieweit hat der Geographieunterricht bereits darauf Bezug genommen, und welche Konsequenzen ergeben sich daraus für unseren Unterricht? Um beide Fragen zu klären, ist zunächst ein Überblick über den Diskussionsstand sinnvoll. Er läßt sich mit Hilfe einer Grafik skizzieren (Abb. 1). Dabei dürfte von vornherein klar sein, daß es allein aus formalen Gründen Restriktionen gibt, die zu Verkürzungen oder Einseitigkeiten führen können. Aber möglicherweise fordert gerade die starke Reduktion in der Darstellung zu einer vertieften Auseinandersetzung heraus. Für ergänzende Informationen aus geographiedidaktischer Sicht sei vor allem auf ENGELHARD (1992) verwiesen.

Abb. 1: Vom Entwicklungsländer-Unterricht zum Eine-Welt-Unterricht

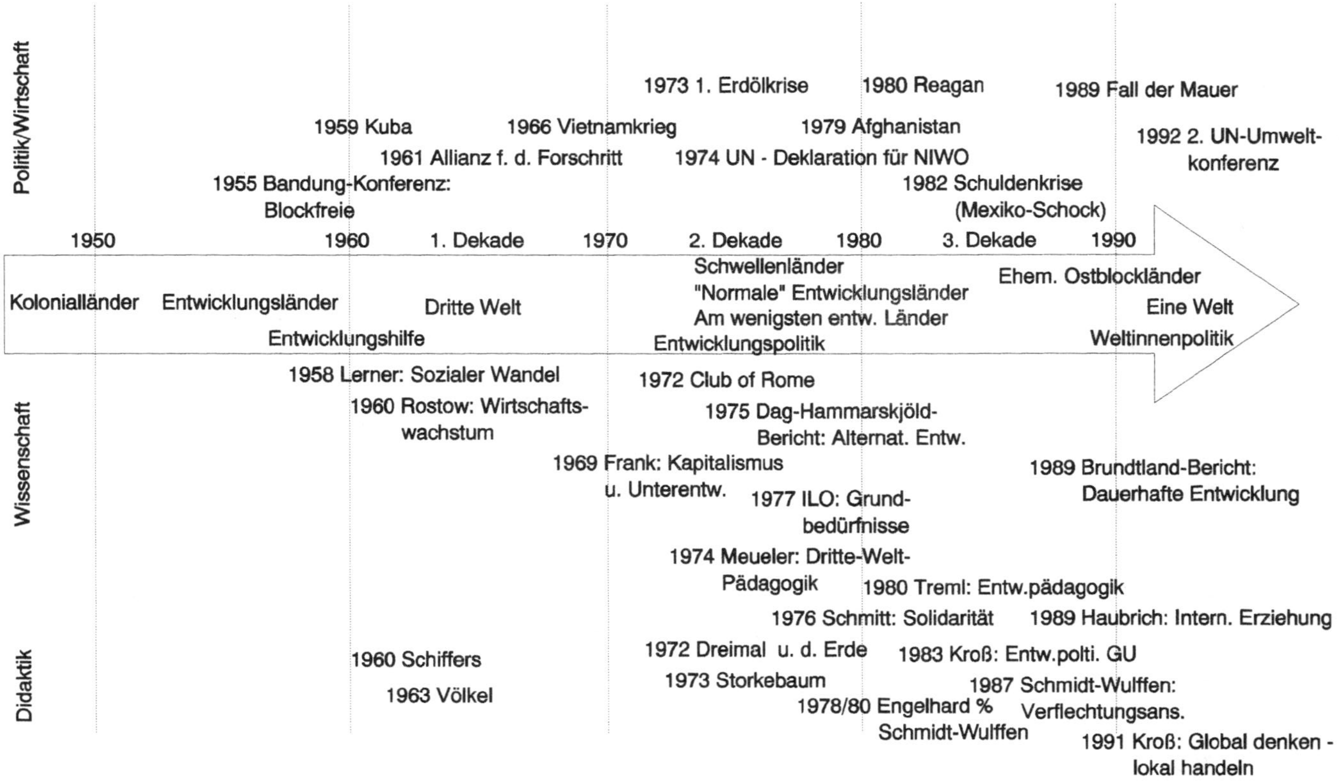

Politik/Wirtschaft

1950 — 1960 — 1970 — 1980 — 1990

- 1955 Bandung-Konferenz: Blockfreie
- 1959 Kuba
- 1961 Allianz f. d. Forschritt
- 1966 Vietnamkrieg
- 1973 1. Erdölkrise
- 1974 UN - Deklaration für NIWO
- 1979 Afghanistan
- 1980 Reagan
- 1982 Schuldenkrise (Mexiko-Schock)
- 1989 Fall der Mauer
- 1992 2. UN-Umweltkonferenz

Kolonialländer → **Entwicklungsländer** → **Dritte Welt** → **Schwellenländer** / "Normale" Entwicklungsländer / Am wenigsten entw. Länder → **Ehem. Ostblockländer** / **Eine Welt**

Entwicklungshilfe → 1. Dekade → 2. Dekade → 3. Dekade → Entwicklungspolitik / Weltinnenpolitik

Wissenschaft

- 1958 Lerner: Sozialer Wandel
- 1960 Rostow: Wirtschaftswachstum
- 1969 Frank: Kapitalismus u. Unterentw.
- 1972 Club of Rome
- 1975 Dag-Hammarskjöld-Bericht: Alternat. Entw.
- 1977 ILO: Grundbedürfnisse
- 1989 Brundtland-Bericht: Dauerhafte Entwicklung

Didaktik

- 1960 Schiffers
- 1963 Völkel
- 1972 Dreimal u. d. Erde
- 1973 Storkebaum
- 1974 Meueler: Dritte-Welt-Pädagogik
- 1976 Schmitt: Solidarität
- 1978/80 Engelhard % Schmidt-Wulffen
- 1980 Treml: Entw.pädagogik
- 1983 Kroß: Entw.polti. GU
- 1987 Schmidt-Wulffen: Verflechtungsans.
- 1989 Haubrich: Intern. Erziehung
- 1991 Kroß: Global denken - lokal handeln

Kroß 1993

2. Die Entwicklung des entwicklungspolitischen Unterrichts

Die didaktische Diskussion über Ziele, Inhalte und Methoden des entwicklungspolitischen Unterrichts haben viele Faktoren beeinflußt. Besonders bedeutsam dürften Entwicklungen in Politik, Wirtschaft und Wissenschaft gewesen sein (vgl. BRAUN 1987, GEIGER/MANSILLA 1983, MENZEL 1993).

Die erste Nachkriegszeit war durch die Dekolonialisierung und die Bemühungen des Westens bestimmt, die jungen Staaten in ihren Einflußbereich einzubinden. Auf der Grundlage der Theorie des sozialen Wandels (LERNER 1958) und der Stadien wirtschaftlichen Wachstums (ROSTOW 1956) entstand ein Erklärungs- und Strategieansatz, der als Modernisierungstheorie bezeichnet wird. Danach ist Entwicklung ein Nachhol- und Aufholprozeß, bei dem der Entwicklungsweg der Industrieländer kopiert wird. Als Vorbild für eine voll entwickelte Gesellschaft wurden die USA begriffen, die westliche Führungmacht im Kalten Krieg. ROSTOW (1960) verstand seine zentrale Schrift ausdrücklich als antikommunistisches Manifest. Der Weg dorthin, darüber bestand kein Zweifel, war für die in traditionellen Strukturen verhafteten Länder nur durch massive Entwicklungshilfe zu schaffen.

Eine erste Gegenströmung formierte sich bereits 1955 auf der Bandung-Konferenz, als sich die Bewegung der Blockfreien organisierte. Sie reklamierten für sich einen eigenständigen, dritten Weg der Entwicklung. Damals bürgerte sich der Name „Dritte Welt" ein (WORSLEY 1990, S. 83 f.). Der Erfolg der kubanischen Revolution, die rigorosen Maßnahmen Chinas im ländlichen Bereich zur Überwindung von Hunger und Ungleichheit und vor allem die militärische Eskalation in Vietnam wurden besonders von der 68er-Generation mit großem Interesse verfolgt. In diesen Vorgängen glaubte man, Gegenmodelle zur eigenen Gesellschaft zu entdecken, die mehr soziale Gerechtigkeit und weniger Herrschaft versprachen. Viele Sympathisanten waren jedoch unsicher, ob sie mitten im Kalten Krieg nicht dem Kommunismus in die Hände arbeiten würden.

Umso begieriger wurde ein Theoriegebäude rezipiert, das in den 70er Jahren in Lateinamerika entstand und als Dependenztheorie bekannt wurde. Aus der historischen Erfahrung des Kontinents, der trotz langer Unabhängigkeit und intensiver Bemühungen um eigenständiges Wirtschaftswachstum nur geringe Entwicklung aufzuweisen hatte, wurde Unterentwicklung nicht als Ausgangszustand, sondern als Folge von Überentwicklung anderswo interpretiert. Um Entwicklung möglich zu machen, wurden vor allem Strukturveränderungen in weltpolitischen und weltwirtschaftlichen Dimensionen verlangt. Von der ersten Erdölkrise (1973) und der UN-Deklaration (1974) für eine Neue Internationale Weltwirtschaftsordnung erwartete man, daß sich solche Veränderungen einstellen würden.

Der Glanz der großen Theorien begann jedoch bald zu verblassen. Die Entwicklungspolitik verlegte sich zunehmend auf Einzelstrategien: Befriedigung von Grundbedürfnissen, angepaßte Entwicklung, integrierte ländliche Entwicklung, „self reliance" - das waren die Zauberworte der dritten Entwicklungsdekade. Statt großer staatlicher Projekte wurden Kleinprojekte von Nicht-Regierungsorganisationen (NRO) favorisiert. Manche Kritiker waren gar von der Nutzlosigkeit der Entwicklungshilfe so frustriert, daß sie von tödlicher Hilfe sprachen (ERLER 1985).

Die chinesische Öffnungspolitik, die sowjetische Intervention in Afghanistan und der Amtsantritt Reagans hatten eine Wende eingeleitet. Die Dritte Welt wurde durch die Ausdifferenzierung in Schwellenländer, „normale" Entwicklungsländer und allerärmste Entwicklungsländer nicht mehr als einheitlicher Block wahrgenommen. Die Schuldenkrise im Gefolge des Mexiko-Schocks und die sich zuspitzende Konkurrenzsituation zwischen den USA, der EG und Japan ließen das Interesse an der Dritten Welt weiter sinken. Mit der Auflösung des Ostblocks und dem Ende der West-Ost-Konfrontation waren die Entwicklungsländer sogar in Gefahr, vollends vergessen zu werden. Sie brachten sich höchstens durch soziale oder ökologische Katastrophen in Erinnerung: beispielsweise durch Bürgerkrieg oder Tropenwaldrodung.

Seit den 70er Jahren gewann dann ein Denkansatz an Bedeutung, der zunächst nur für die Erste Welt gedacht schien. Er reichte über ideologiegebundene Positionen hinaus und überwand die vornehmlich sozioökonomisch ausgerichtete Theoriediskussion. Er setzte 1972 mit dem Erscheinen des Club-of-Rome-Berichts ein (MEADOWS u.a. 1972), in dem die Zukunft der Welt in einem komplexen System behandelt wurde. Für die Entwicklungsländer zog der Dag-Hammarskjöld-Bericht (DAG-HAMMARSKJÖLD-STIFTUNG 1975) daraus eine erste Konsequenz, indem er eine alternative Entwicklung forderte, die drei Prioritäten setzen sollte: Befriedigung der Grundbedürfnisse, „self-reliance" und Umweltverträglichkeit. In dem Brundtland-Bericht (WELTKOMMISSION 1987) ist dann versucht worden, einen neuen qualitativen, global gültigen Entwicklungsbegriff zu formulieren: die dauerhafte Entwicklung. Dauerhaft meint, daß wir unsere Bedürfnisse befriedigen, ohne die Handlungsmöglichkeiten künftiger Generationen schon heute einzuschränken (vgl. NOHLEN 1989, S. 113).

Die Entwicklungen in Politik und Wirtschaft sowie in der Theoriediskussion hatten unmittelbaren Einfluß auf die Didaktik – jedoch in unterschiedlicher Weise. Während in den Fächern Religionslehre und Politik/Sozialwissenschaften die Dependenztheorie weitgehend als Diskussionsbasis akzeptiert wurde (z.B. MEUELER 1984), blieb die Geographie zusammen mit der Geschichte eher bei modernisierungstheoretischen Vorstellungen (NOHLEN 1989, S. 588).

Erst die grundsätzliche Kontroverse zwischen ENGELHARD (1978, 1980) und SCHMIDT-WULFFEN (1979, 1980) brach das Eis und führte zu einer Öffnung. Nun konnte die Forderung nach einem entwicklungspolitischen Geographieunterricht gestellt werden, der auf klarer theoretischer Grundlage über bloß kognitive Information hinausgehend auch Einstellungen und Handlungen berücksichtigt (KROSS 1983). Er wurde durch die Übernahme des Bielefelder Verflechtungsansatzes durch SCHMIDT-WULFFEN (1987, 1988) bereichert (vgl. ENGELHARD 1990, S. 3). Danach sollten die Überblicksstudien durch lebensnahe Detailstudien problemorientiert ergänzt werden.

Ende der 80er Jahre ist dann auch in der Didaktik ein Abrücken vom Absolutheitsanspruch der großen Theorien erkennbar. Die Dritte-Welt-Pädagogik, die sich aus der Sicht der Ersten Welt mit den Problemen der Dritten Welt beschäftigt hatte, veränderte sich zu einer Entwicklungspädagogik (vgl. NOHLEN S. 588). „Ihr geht es um die pädagogische Bewältigung der inzwischen zu Überlebensproblemen ausgewachsenen Entwicklungsprobleme der weltweiten Industrie-Zivilisation – und damit um ‚Überentwicklung' und ‚Unterentwicklung'... Ihr Thema ist zunächst und vor allem die 1. Welt" (TREML 1982, S. 14).

Im Verlauf dieses Perspektivenwechsels werden die vorhandenen Themen anders gewichtet und neue Themen aufgenommen. Auffallend ist die Hinwendung zur Dritten Welt bei uns (etwa HOFFER/SCHLEY 1982) und die Integration ökologischer Aspekte. Beide Aspekte, den interkulturellen und den ökologischen, habe ich unter einem Motto zu verschmelzen versucht, das aus der Umweltbewegung stammt: Global denken – lokal handeln (KROSS 1991). Es geht zum einen um den Erhalt der physischen Lebensfähigkeit der Erde, zum andern um die Sicherstellung eines friedlichen Zusammenlebens der Menschen.

3. Veränderte Weltbilder

Damit zeichnen sich drei Phasen ab, die durch unterschiedliche Weltbilder gekennzeichnet sind (Abb. 2). Sie haben verschiedene und in sich wiederum recht heterogene geistige Wurzeln. Entsprechend unterschiedlich waren und sind die Reaktionen zur Behebung der wahrgenommenen Probleme. Auch diese Übersicht versucht nur, schlaglichtartig Haupttendenzen zu erfassen.

Abb. 2: Veränderte Weltbilder

Bipolare Welt
– Erste-Welt
– Unterentwicklung als Ausgangsstadium
– Struktuveränderungen in der Dritten Welt
– Humanitäre und politische Verantwortung für andere
– Handlungsbegriff politisch neutral

um 1970

Interdependente Welt
– Zentrum/Peripherie
– Unterentwicklung als Folge von Überentwicklung
– Strukturveränderungen in der Weltwirtschaft
– Soziale Gerechtigkeit durch Solidarität mit anderen
– Handlungsbegriff politisch radikal

um 1990

Eine Welt
– Weltinnenpolitik
– Überentwicklung als falsches Vorbild
– Veränderungen im Denken zur Versöhnung von Ökologie und Ökonomie
– Alternativ leben als Vorbild für andere
– Handlungsbegriff persönlich radikal

Unter dem Einfluß modernisierungstheoretischer Vorstellungen war unser Weltbild zunächst bipolar aufgebaut: Dort die Entwicklungsländer, hier die Industrieländer westlicher oder östlicher Provenienz. Entwicklungshilfe war an ein politisches Kalkül oder an ein humanitäres Verantwortungsbewußtsein gebunden. Ziel waren Strukturveränderungen in der Dritten Welt. Die entsprechenden Aktivitäten stellten die gesellschaftspolitische Ordnung im Westen nicht infrage. Deshalb kann man den zugehörigen Handlungsbegriff als politisch neutral bezeichnen.

Um 1970 veränderte sich dieses Weltbild unter dem Einfluß dependenztheoretischer Vorstellungen. Zwar blieb die Welt weiterhin gespalten, aber Unterentwicklung und Überentwicklung wurden nun als zwei Seiten einer Münze gesehen. In dieser interdependenten Welt reichten Humanität und Toleranz nicht mehr aus, um strukturelle Gewalt zu überwinden (vgl. GALTUNG 1975). Der Handlungsbegriff wurde nun politisch radikalisiert, indem gesellschaftliche Veränderungen auch bei uns eingefordert wurden. Nach der Brandtschen Formel „Mehr Demokratie wagen" entstanden im Westen zahllose Basisbewegungen. Sie verstanden sich als Fürsprecher unterrepräsentierter Gruppen oder Probleme. Ich nenne nur die Friedensbewegung, die Ökologiebewegung und die Dritte-Welt-Gruppen. In ihnen werden Verhaltensweisen erprobt, die uns wichtige Anregungen geben, wenn es darum geht, die Eine Welt tatsächlich zu leben.

Ausgehend von den ersten Weltmodellen nahmen die Versuche zu, die wachsenden Bedürfnisse einer wachsenden Menschheit und die endlichen Ressourcen der Erde rein rechnerisch in Beziehung zu bringen. Dabei zeigte sich schnell, daß unser Lebensstil und unser Wohlstand nicht als Maßstab für die übrige Welt gelten kann, so wie es den Modernisierungstheoretikern vorgeschwebt hatte. Allein die Vorstellung, daß in naher Zukunft 6 Milliarden Menschen den gleichen Stromverbrauch und damit CO^2-Austoß haben könnten wie wir, zeigt die ganze Problematik auf. VON WEIZSÄCKER (1990, S. 123) spricht von einer „Verschwendungskultur des Nordens". Unter der Voraussetzung, daß uns das friedliche Zusammenleben der Menschen wichtig ist, müssen wir zu einem alternativen Lebensstil hinfinden, der quantitatives durch qualitatives Wachstum ersetzt. Damit enthält der neue Handlungsbegriff für jeden einzelnen eine radikale Aufforderung.

4. Didaktische Konsequenzen aus der veränderten Weltsicht

Aus der veränderten Weltsicht lassen sich fünf didaktische Konsequenzen ziehen, die die neue Form globalen Denkens charakterisieren:
1. Globales Denken setzt zunächst einmal grundlegende topographische Fähigkeiten voraus. Sie sollten jedoch eher am Globus als an der Atlaskarte erworben worden sein, weil sich nur so flexible Raumvorstellungen ausbilden lassen: Die Schülerinnen und Schüler sollten die Welt nicht nur von Deutschland aus, sondern auch von Mexiko oder China aus sehen können.

2. Globales Denken setzt inhaltlich eine weltweite Perspektive voraus, die isolierte Betrachtungen - beispielsweise in Hinblick auf die Dritte Welt - verhindert. Sie ist ohne inhaltliche Vernetzungen nicht vorstellbar. Ökologische und ökonomische, soziale und räumliche Tatbestände sind aufeinander zu beziehen. Ohne vernetztes Denken ist es schlecht zu verstehen, warum mexikanische Kaffeebauern zum Rauschgiftanbau übergehen oder in die USA emigrieren.
3. Globales Denken muß die Fähigkeit einschließen, lokal spezifische Lebenssituationen anderswo zu verstehen. Wenn die menschliche Nähe fehlt, bleibt uns das räumlich Ferne fremd. Methodische Möglichkeiten dazu bieten Begegnungen, Rollenspiele, Simulationen und Fallstudien. Dabei müssen sich globale und lokale Perspektiven verschränken und gegenseitig erhellen, so wie es der Verflechtungsansatz vorsah. Im Grunde handelt es sich um keinen speziellen Dritte-Welt-Ansatz, denn auch bei der Betrachtung altindustrialisierter Regionen bei uns wird gefragt, über welches Reaktionspotential die Menschen angesichts globaler Handlungszwänge verfügen.
4. Globales Denken ist nicht allein Angelegenheit der Ratio. Es braucht Empathie, um andere räumliche Lebensmöglichkeiten und Lebensoptionen zu verstehen. Es verlangt nach einer ethischen Basis, von der aus Problemlagen und Benachteiligungen bewertet werden können. Es erfordert persönliches Engagement bei der Verteidigung von Grundfreiheiten, bei der Durchsetzung sozialer Gerechtigkeit und beim Bekenntnis zu einem umwelt- und sozialverträglichen Lebensstil.
5. Globales Denken muß durch konkretes Handeln eingelöst werden. Handeln ist den meisten von uns nur im lokalen Rahmen in direktem Kontakt mit anderen möglich. Selbst im Fachunterricht mit seinen 45-Minuten-Einheiten bieten sich zahlreiche Handlungsmöglichkeiten an, die wenig kontrovers sind. Ohne solche konkreten Anregungen zur Einübung eines alternativen Lebensstils wird es keine dauerhafte Entwicklung geben. Im Handeln erweist sich, ob ganzheitliches Lernen nicht nur mit dem Kopf, sondern auch mit Herz und Hand stattgefunden hat. Was hilft eine Patenschaft für eine Schule in der Dritten Welt, wenn die ausländischen Mitschüler daheim Diskriminierungen ausgesetzt sind?

Insgesamt wird erkennbar, daß unsere Schülerinnen und Schüler mit höheren Lernansprüchen konfrontiert werden. Sie müssen aber keineswegs mehr lernen, sie sollen nur lebensnäher lernen. Und dazu gehört, daß die Lerninhalte des Geographieunterrichts unter dem Aspekt der Einen Welt neu zu strukturieren sind. Wir müssen uns also auf einen Paradigmenwechsel einstellen. Die Diskussion um Länderkunde und Allgemeine Geographie mutet marginal gegenüber dem an, was wir vor uns haben.

Bisher ist unser Curriculum in hohem Maße durch Fortschritts- und Technikgläubigkeit geprägt. Die Idee der Inwertsetzung aus den 70er Jahren ist dafür ein Beispiel. Das Inwertsetzungsparadigma sollte durch ein neues ersetzt werden, das die Bewahrung der Erde in den Mittelpunkt der Überlegungen stellt. Dieses neue Paradigma von der Bewahrung der Erde hat zwei Dimensionen: eine ökologische und eine interkulturelle. Ohne den Erhalt unserer natürlichen Lebensgrundlagen und ohne das friedliche Zusammenleben von Menschen verschiedener Herkunft nämlich ist eine lebenswerte Zukunft für alle auf der Erde nicht zu gestalten (vgl. KROSS 1992).

Die notwendigen Veränderungen lassen sich bereits an Grundstrukturen unseres Curriculums erläutern. Bisher wird in den meisten Bundesländern ein Thema wie Entwicklungsländer, Dritte Welt, Entwicklungshilfe oder Unterentwicklung als isolierte Unterrichtseinheit in der 7. Klasse bzw. in der Oberstufe des Gymnasiums behandelt. Es steht in einem lockeren Zusammenhang mit anderen Themen derselben Jahrgangsstufe. Künftig wird viel stärker zu beachten sein, daß wir bereits bei der Einen Welt sind, wenn es eigentlich um Flurbereinigung in der Landwirtschaft geht oder um den Bio-Bauern. Statt additivem Denken ist vernetztes Denken notwendig, indem beispielsweise ein Zusammenhang zwischen unseren Konsumgewohnheiten, der Dynamik des Weltmarktes und den bäuerlichen Reaktionsmöglichkeiten bei uns, in Mexiko oder anderswo hergestellt wird. Die Bewahrung der Erde kann ein spezifisches Unterrichtsthema sein; es ist auf jeden Fall ein übergeordnetes Unterrichtsprinzip und ein umfassendes, lehrplanstrukturierendes Leitbild.

5. Didaktische Probleme mit dem neuen Weltbild

Trotz der Einsicht in die Notwendigkeit einer Erziehung hin zur Einen Welt dürfen wir nicht die Augen vor wesentlichen Problemen verschließen.
1. Die Eine Welt ist ein vager, schon inflationär gebrauchter Begriff mit langer Tradition (vgl. SEITZ 1991/1992). Er enthält zunächst nur die Banalität, daß alles mit allem zusammenhängt. Die ältesten Auffassungen sind christlich-abendländischen Ursprungs. Danach sind wir alle Weltbürger. In politischem Sinne läßt sich die Eine Welt als Staatengemeinschaft und Weltgesellschaft begreifen. In wirtschaftlichem Sinne konstituiert sie sich durch die Weltwirtschaft. Am überzeugendsten erscheinen die Bemühungen von Soziologen, Welt als Interaktionssystem zu definieren (vgl. LUHMANN 1975). Geographischem Denken näher stehen Weltmodelle, die den Stoffwechselhaushalt mit erfassen und quantifizieren (z.B. MEADOWS/MEADOWS/RANDERS 1992), auch wenn vielen von ihnen noch die räumliche Dimension fehlt (HAY 1985, S. 104).
2. In welchem Zusammenhang steht der einzelne zu dieser Einen Welt? Inwieweit betrifft sie ihn unmittelbar? Inwieweit ist sie konkret erfahrbar? Dabei haben wir uns zunächst mit einem Verdrängungsphänomen auseinanderzusetzen. Globalisierung wird durchaus positiv erlebt, wenn sie wie beim Reisen, bei der Versorgung mit Waren oder bei den vielfältigen Unterhaltungsangeboten im Fernsehen mit Annehmlichkeiten verbunden ist. Die negativen Seiten globaler Verwicklungen dagegen werden sehr selektiv wahrgenommen, wenn nicht sogar verdrängt: die wachsende Kluft zwischen Nord und Süd, die Verarmung und Verelendung von Millionen, die Entwurzelung

durch Migration, die Umweltzerstörung durch Kleinbauern auf der Suche nach Subsistenz. Die Folgen, die sich daraus wiederum für uns etwa beim Treibhauseffekt, beim Flüchtlings- und Asylantenstrom oder beim Arbeitsplatzabbau ergeben, werden dagegen beklagt. Gerade anhand solch problematischer Aspekte läßt sich gut zeigen, daß die Bewahrung der Einen Welt im eigenen Interesse liegt.

3. Eine Eine-Welt-Pädagogik ist erst in Ansätzen sichtbar. Sie wird an die Bochumer Nahbereichsthese von GRONEMEYER/BAHR (1977) anknüpfen müssen, daß Aufforderungen zu Verhaltensänderungen nur im Nahbereich konkret werden. Sie kann auf die Erfahrungen der Grundschulpädagogen um SCHMITT (1989) zurückgreifen, daß Entwicklungspädagogik bereits vom Kindergarten an fruchtbar betrieben werden kann. Sie sollte sich allerdings nicht auf Forderungen nach einer Fächerintegration beschränken, sondern auch den Fächern helfen, neue Lernformen zu entwickeln und die Einseitigkeit der Wissenschaftsorientierung zu überwinden. Vom Eine-Welt-Denken zu angemessenen Einstellungen und vor allem Handlungen ist noch ein weiter Weg.

Politiker und Manager haben die Eine Welt schon seit langem in ihrem Kalkül. Wir sollten dafür sorgen, daß das konsensorientiert und nicht konfliktorientiert geschieht. Auch wenn der Norden scheinbar überlegen ist, wir könnten nur verlieren. Trotz aller Probleme bleibt nach meiner Auffassung für die Geographiedidaktik nur die Erkenntnis: Eine Welt für alle oder keine.

Literatur

Braun, G. (1975): Nord-Süd-Konflikt und Dritte Welt. Paderborn 1987 (= Sozialwissenschaften 10).

Dag-Hammarskjöld-Bericht: Über Entwicklung und internationale Zusammenarbeit. Dag-Hammarskjöld-Stiftung (Hrsg.) (1975): Neue Entwicklungspolitik 1, 213.

Engelhard, K (1978).: Entwicklungsländerprobleme im Geographieunterricht der Sekundarstufe I und II. Geographische Rundschau, Beiheft 8, S. 98–101.

Engelhard, K. (1980): Entwicklungsländerprobleme im Unterricht und Theorien der Unterentwicklung. Geographische Rundschau 32, S. 369–373.

Engelhard, K. (1992): Entwicklungspolitik im Unterricht. Lehrerband zur Schülerbroschüre „Welt im Wandel". Köln 3. Aufl. 1992.

Engelhard, K. (1990): Aktuelle Probleme der Dritten Welt und der Entwicklungszusammenarbeit: Bevölkerungswachstum und Ernährungsprobleme – Auslandsverschuldung - Umweltkrise. In: Geographie und Schule 12, 64, S. 2–9.

Erler, B. (1985): Tödliche Hilfe. Bericht von meiner letzten Dienstreise in Sachen Entwicklungshilfe. Freiburg i.Br.

Frank, A.G.: Kapitalismus und Unterentwicklung in Lateinamerika. Frankfurt a.M. 1969

Galtung, J. (1975): Strukturelle Gewalt. Beiträge zur Friedens- und Konfliktforschung. Reibek bei Hamburg (Rororo aktuell 1877).

Geiger, W. und H.C.F. Mansilla (1983): Unterentwicklung. Theorien und Strategien zu ihrer Überwindung. Frankfurt a.M., Berlin und München (= Studienbücher Politik).

Gronemeyer, M. und H.-E. Bahr (Hrsg.) (1977): Erwachsenenbildung – Testfall Dritte Welt. Opladen (= UTB 655).

Haubrich, H. (1989): Fünf Thesen zur internationalen Erziehung im Geographieunterricht- Geographie und ihre Didaktik 17, S. 177–186.
Hay, A. (1985): The world as a spatial economic system. Geography 70), S. 97–105.
Hoffer, W. und G. Schley (1982): Die Dritte Welt beginnt bei uns. Essays, Interviews und Ergebnisse zur ZDF-Fernsehreihe. Wuppertal.
ILO (Hrsg.) (1977): The basic-needs approach to development. Genf.
Kroß, E. (1983): Entwicklungstheorien und -probleme im Geographieunterricht. Geographische Rundschau 35, S. 346–351.
Kroß, E. (1991): „Global denken – lokal handeln". Eine zentrale Aufgabe des Geographieunterrichts. Geographie heute 12, 93, S. 40–45.
Kroß, E. (1992): Von der Inwertsetzung zur Bewahrung der Erde. Die curriculare Neuorientierung der Geographiedidaktik. In: Geographie heute 13, 100, S. 57–62.
Lerner, D (1958).: The passing of traditional society. Modernizing the Middle East. Glencoe.
Luhmann, N. (1975): Die Weltgesellschaft. In: Luhmann, H.: Soziologische Aufklärung, Bd. 2: Aufsätze zur Theorie der Gesellschaft. Opladen, S. 51–71.
Meadows, D.und andere (1972): Die Grenzen des Wachstums. Bericht des Club of Rome zur Lage der Menschheit. Stuttgart.
Meadows, D.H., D.L. Meadows und J. Randers (1992): Die neuen Grenzen des Wachstums. Stuttgart.
Menzel, U. (1991) Konzeptionen der Entwicklungspolitik in Theorie und Praxis. Zeitschrift für Kulturaustausch 41, 4, S. 435–455.
Menzel, U. (1993): Geschichte der Entwicklungstheorie. Einführung und systematische Bibliographie. Hamburg 2. Aufl. (= Schriften des Deutschen Übersee-Instituts Hamburg 18).
Meueler, E. (1971): Soziale Gerechtigkeit. Einführung in die Entwicklungsproblematik am Beispiel Brasiliens und der Bundesrepublik Deutschland. Textbuch/Materialien und Didaktische Erläuterungen. Düsseldorf.
Meueler, E.: (Hrsg.) (1974): Unterentwicklung. Wem nützt die Armut der Dritten Welt? 2 Bände. Reinbek bei Hamburg (= rororo 6906/6907).
Nohlen, D. (Hrsg.) (1989): Lexikon Dritte Welt. Länder, Organisationen, Theorien, Begriffe, Personen. Reinbek bei Hamburg (= rororo-Handbuch 6295).
Rostow, W.W. (1956): The take-off into self-sustained growth. In: Economic Journal 66, S. 25–48.
Rostow, W.W. (1960): The stages of economic growth. A non-communist manifest. Cambridge (dt. Göttingen 1960).
Schiffers, H. (1960): Der Schulgeograph vor dem Problem „Entwicklungsländer". In: Geographische Rundschau 12, S. 385–391.
Schmidt-Wulffen, W.D. (1979): „Theorien der Unterentwicklung" contra „Entwicklungsländerprobleme". Geographische Rundschau 31, S. 143–150.
Schmidt-Wulffen, W.D. (1980): Entwicklungsprobleme im Unterricht und Theorien der Unterentwicklung. Geographische Rundschau 32, S. 466.
Schmidt-Wulffen, W.D (1987): 10 Jahre entwicklungstheoretische Diskussion. Ergebnisse und Perspektiven für die Geographie. In: Geographische Rundschau 39, S. 130–135.
Schmidt-Wulffen, W.D. (1988): Entwicklungsprobleme und handlungsorientierter Geographieunterricht. Eine Einführung in Thesen. In: Praxis Geographie 18, 3, S. 6–9.
Schmitt, R. und andere (1976): Soziale Erziehung in der Grundschule. Toleranz – Kooperation – Solidarität. Frankfurt a.M. (= Beiträge zur Reform der Grundschulke 28/29).
Schmitt, R. (Hrsg.) (1989): Dritte Welt in der Grundschule. Frankfurt a. M..
Seitz, K (1991/1992).: Erziehung zur Einen Welt. Zur Vorgeschichte eines entwicklungspädagogischen Mythos. 2 Teile. Zeitschrift für Entwicklungspädagogik 14, 4, S. 2–10 und 15, 1, S. 18–27.
Treml, A.K. (Hrsg.) (1980): Entwicklungspädagogik. Über- und Unterentwicklung als Herausforderung für die Erziehung. Frankfurt a.M.

Treml, A.K. (1982): Dritte-Welt-Pädagogik. Zur Didaktik und Methodik eines Lernbereichs. In: Treml, A.K. (Hrsg.): Pädagogik-Handbuch Dritte Welt. Wuppertal, S. 13-38 (= Handbuch für entwicklungspolitische Aktion und Bildungsarbeit 3).

Völkel, R. (1963): Entwicklungshilfe als Weltproblem. Frankfurt a.M., Berlin und Bonn.

Weizsäcker, E.U. von (1990): Erdpolitik. Ökologische Realpolitik an der Schwelle zum Jahrhundert der Umwelt. Darmstadt 2. Aufl..

Weltkommission für Umwelt und Entwicklung (Hrsg.) (1987): Unsere gemeinsame Zukunft. Greven (= Brundtland-Bericht).

Worsley, P. (1990): Models of the modern world-system. In: Theory, Culture & Society 7, S. 83-95.

ZUR GLOBALEN DIMENSION GEOGRAPHISCHER ERZIEHUNG

Hartwig Haubrich, Freiburg

Einleitung

Die gegenwärtige Globalisierung vieler Prozesse auf der Erde wird z.B. durch folgende Projekt-und Buchtitel signalisiert: Global village, global warming, global change, global future.

Um das „Raumschiff Erde" in eine sichere Zukunft zu leiten, erscheinen in jüngster Zeit zahlreiche Publikationen über globale Probleme und Lösungskonzepte, so z.B. E.U. von Weizsäckers Buch „Erdpolitik", das sogar mit der Vision eines neuen Wohlstandes endet.

Die Einsicht, daß die aktuellen globalen Gefährdungen nach einem globalen Handeln verlangen, führte 1992 106 Staatsoberhäupter, 135 nationale Delegationen und über 800 „non-governmental" Organisationen (NGOS) zum Erdgipfel nach Rio de Janeiro.

Obwohl nur zwei Konventionen über die Erhaltung der biologischen Vielfalt und über die Abwendung der globalen Erwärmung vereinbart wurden, stellen unverdächtige Beobachter, wie z.B. Eguipe Cousteau 1993 die Entstehung eines globalen Bewußtseins unter den Völkern fest. Wenn dies zutrifft, sollte eine globale Erziehung die Gunst der Stunde nutzen, um Kenntnisse globaler Zusammenhänge und Gefährdungen mit einem globalen Gewissen sowie mit einer globalen Solidarität zu verbinden.

Die folgenden Ausführungen beschäftigten sich deshalb zuerst mit globalen Krisen, die zum größten Teil in den „global change" Projekten auch von Geographen erforscht werden. Darauf folgen Ausführungen über eine globale Erziehung, untergliedert in globale Kenntnisse, globale Ethik und globale Solidarität. Da Einstellungen Kenntnisse zu Handlungen überführen, werden die Überlegungen über eine globale Ethik in den Mittelpunkt der Betrachtungen gestellt.

1 Globale Krisen

Es ist wohl angebracht, die Abhandlung des Themas mit einer kritischen Analyse globaler Krisen zu beginnen, um uns die Gefährdung der Menschheit und Erde drastisch vor Augen zu führen und daraus die Dringlichkeit globalen politischen, wirtschaftlichen und pädagogischen Handelns abzuleiten.

Militarisierung:
Auf der Erde existieren über 50.000 nukleare Sprengköpfe mit einer Sprengkraft von über 1 Mio. Hiroshima Bomben. Wenn auch in jüngster Zeit zahlreiche Atombomben vernichtet werden, so sind wiederum andere infolge der Wirren in der ehemaligen Sowjetunion völlig außer Kontrolle geraten, so daß die Gefahr einer Katastrophe eher vergrößert als verringert worden ist.

Die Menschheit verfügt heute über die Möglichkeit, sich selbst zu vernichten. Chemische und biologische Waffen sowie biotechnologische Entwicklungen der Waffenindustrie lassen eine zunehmende Overkill-Kapazität erwarten.

Eine halbe Million Wissenschaftler und Ingenieure stehen im Dienste der Waffenindustrie, und 25 Millionen Soldaten stehen unter Waffen.

Es wird geschätzt, daß jährlich 1000 Mrd. US $ zur Waffenherstellung ausgegeben werden, jedoch nur 100 Mrd US $ pro Jahr zur Befriedigung der Grundbedürfnisse der Menschen auf der Erde notwendig wären.

Von 1945 bis 1970 hat es 127 Kriege auf der Erde gegeben, zur Zeit sind es 30 Kriege. Die Militarisierung der Erde hat nicht ihren Frieden gefördert, sondern ihre Ressourcen in furchterregendem Maße ausgeplündert. (EPKINS 1992, S. 4ff.)

Menschenrechtsverletzungen:
Amnesty International berichtet, daß 1989 in 84 Ländern Gefangene aus Glaubens-, Gewissens- und ähnlichen Gründen in Gefängnissen verbringen, daß in der Dritten Welt 64 Länder Militärregierungen haben und daß in 43 Ländern gefoltert wird. (AMNESTY INTERNATIONAL 1989, S. 17)

Hunger und Armut:
Im Weltbevölkerungsbericht 1992 ist zu lesen, daß in Schwarzafrika das Pro-Kopf-Einkommen seit 1980 um 25 Prozent gefallen ist, daß die Investitionen um 50 Prozent niedriger sind als in den 60er Jahren, daß die Exporte seit 1980 um 45 Prozent zurückgegangen sind, daß sich die Schulden von 1972 mit 10 Mrd. Dollar bis 1987 auf 130 Mrd. Dollar erhöht haben und schließlich daß sich die Nahrung pro Kopf seit 1960 um 10 Prozent verringert hat. (WELTBEVÖLKERUNGSBERICHT 1992, S. 29 u. SWEDISH MINISTRY OF FOREIGN AFFAIRS 1988, S. 11)

Weltbevölkerung:
Das exponentielle Wachstum der Weltbevölkerung bedeutet, daß die Menschheit über 1 Mio. Jahre gebraucht hat, um auf 5 Mrd. im Jahre 1990 anzusteigen, daß sie aber für die nächsten 5 Mrd. höchstens 50 Jahre benötigt. Es ist kaum vorstellbar, wie die jetzige Generation 5 Mrd. zusätzliche Menschen auf der Erde versorgen können soll. (UNEP 1992)

Welt-Bruttosozialprodukt:
Ein ähnlich atemberaubendes exponentielles Wachstum zeigt das Welt-BSP, das 1900 600 Mrd. US $ betrug, 1990 auf 13.000 Mrd. gestiegen war und bei gleichbleibendem Trend im Jahre 2050 65.000 Milliarden US $ betragen würde. Es ist kaum vorstellbar, wie die Erde die zu erwartende Ausbeutung der Ressourcen leisten und die damit verbundenen Emissionen verkraften kann. (UNEP 1992)

Artentod:
Seit etwa 1700 zählt man die Tier- und Pflanzenarten. Die UNEP geht davon aus,

daß in der Zeit von 1700 - 1900 pro hundert Jahre eine Vogel- und Säugetierart ausgestorben ist, daß aber etwa um 1950 beginnend pro Jahr eine Art ausstarb und 1990 sogar pro Tag eine Art. Die biologische Verarmung der Erde hat bekanntermaßen vielfältige negative Folgen nicht nur für den Menschen, sondern für das gesamte Ökosystem (UNEP 1992).

Sterben von Kindern:
Das Sterben der Tier- und Pflanzenarten wird begleitet vom Sterben der Menschen. UNICEF bezeichnet 1992 den Tod von 14 Mio. Kindern pro Jahr infolge von Hunger und Krieg als die Schande unseres Jahrhunderts (UNESCO 1992).

Ökologische Krise:
Die Weltmodell-Berechnungen des Club of Rome beschäftigten sich vor allem mit den exponentiellen Verbräuchen von Rohstoffen und warnten vor den Grenzen des Wachstums infolge der Erschöpfung der Vorräte. Meadows, dessen Verdienst es ist, 1972 globales Denken stark gefördert zu haben, konzentriert sich 1992 in seinem neuen Buch über „Die neuen Grenzen des Wachstums" mehr auf die exponentiellen Belastungen der „Senken". Auch hier hat die Aufnahmekapazität Grenzen aufgezeigt, deren überschreiten zu irreversiblen Schäden führt.

Treibhausgase bewirken den Abbau der Ozonschicht jährlich um 0,26 Prozent. Der CO_2-Ausstoß steigt jährlich um 0,5 Prozent. Es wird erwartet, daß die Durchschnittstemperatur der Erde bis zum Jahre 2000 um 1,2 Grad Celsius, bis 2050 um 2,7 Grad Celsius und bis 2100 um 4,3 Grad Celsius ansteigt. Gravierende Veränderungen der Klima- und Vegetationszonen sowie des Meeresspiegels sind zu erwarten (UNEP 1992).

Es mag sein, daß dem einen oder anderen diese Litanei globaler Krisen als Katastrophismus mißfällt. Fakt bleibt jedoch, daß die Mehrheit der Wissenschaftler diese kritischen Trends für gesichert hält.

„Global future" kann durchaus auch heißen „No Future".

2 Globale Erziehung

Wenn Schule für Zukunft qualifizieren will, und die Zukunft eines jeden mit der Zukunft der gesamten Erde verbunden ist, muß sie sich um eine globale Erziehung bemühen. Ziel dieser globalen Erziehung ist die globale Solidarität mit Menschheit und Erde. Dies kommt einem Perspektivwechsel gleich und zwar von einer Erd-Kunde zu einer Erd-Ethik bishin zu einer Erd-Solidarität, d.h. einer engagierten Verbundenheit mit Mensch und Erde als einer ökologischen Einheit.

Um globale Kenntnisse hat sich die geographische Erziehung schon immer bemüht. Intendierte solidarische Handlungen in Natur und Gesellschaft erfüllten aber oft nicht die Erwartungen. Die These lautet, daß Einstellungen und Werte nicht genügend Berücksichtigung in der geographischen Erziehung gefunden haben, daß diese jedoch Theorie und Praxis miteinander verbinden, d.h. Kenntnisse zu Handlungen überführen. Aus diesem Grund und aus zeitlichen Gründen werde ich im folgenden einige globale Kenntnisse und Handlungen zwar kurz andeuten, mich vor allem aber den Werten, also einer globalen Ethik zuwenden.

2.1 Globale Kenntnisse

Der mündige Bürger einer Demokratie muß informiert sein, um politische Entscheidungen zur Lösung aktueller Probleme sach- und menschengerecht treffen zu können. Daran geht kein Weg vorbei. Eine Technokratie der Experten verträgt sich nicht mit einem partizipatorischen Demokratieverständnis. Aus diesem Grunde dürfte die Auseinandersetzung mit den vorher genannten globalen Problemen eine wichtige bildungspolitische Aufgabe darstellen. Dazu zählen Ozonloch, Treibhauseffekt, Desertifikation, Abholzung der Regenwälder, Bodenerosion, Artentod, weltwirtschaftliche Interdependenz, Weltordnung, Krieg und Frieden, kulturelle Hegemonie, um nur einige zu nennen, und dies sind schon zu viele für die Möglichkeiten, die der heutigen Schule zur Behandlung gewährt werden.

Wichtiger als die Kenntnis der Vielzahl der Probleme ist wohl kategoriales Wissen, das geeignet ist, eine positive Einstellung zu Natur, Erde, Mensch und Universum zu ermöglichen. Dazu zählen die Kategorien Raum, Zeit, Natur, Kultur und Entwicklung.

Die Planetennatur der Erde, zonale und azonale globale Systeme wie Geozonen, Plattentektonik, Kulturerdteile, Wirtschaftsregionen, Welthandel, aber auch die Wahrnehmung der Erde mit unterschiedlicher Zentrierung sind mittlerweile klassische Themen einer globalen geographischen Erziehung.

Raum:
Geographie als Raumwissenschaft ist aber auch geeignet, Dimensionen von Erd- und Welträumen zu betrachten, dabei die Stellung des Menschen im Universum zu erfahren, um seine dominierende Herrschermentalität zu relativieren und Achtung vor Kosmos und Schöpfung zu gewinnen. Distanzen werden in der Maßstabsleiste von Hagget zum Teil in Lichtjahren gemessen – kaum vorstellbare, erstaunliche Dimensionen. Das Erstaunliche kann zum Staunen führen. Es ist zu bedauern, daß z.B. Astronomie nicht mehr die Bedeutung in der Schule hat, wie sie sie einmal besaß.

Zeit:
Erdgeschichte, ein klassisches Thema des Geographieunterrichts, ist geeignet, die Stellung des Menschen in der Zeit zu verdeutlichen sowie Entstehen und Vergehen verschiedener Spezies zu erfahren. Das Aussterben einer Art kann plötzlich geschehen, sich aber auch über längere Zeiträume erstrecken. Die „Katastrophen" der Erdgeschichte wie das Beispiel der Trilobiten und Dinosaurier können diesen Zusammenhang verdeutlichen.

Natur:
Die biologische Vielfalt von Pflanzen- und Tierarten ist ein unschätzbares Gut, nicht nur als Genpool zum menschlichen Nutzen und zur Stabilisierung von Biosystemen, sondern auch Voraussetzung zur ökologischen Umkehr, d.h. zur

Abwendung von industriellen Monokulturen und nicht zuletzt als ein Eigenrecht beanspruchender Teil der Schöpfung.

Kultur:
Kulturelle Vielfalt auf der Erde kann auch als Anregungspotential bzw. als Stabilisierungsfaktor bei kulturellen Hegemonisierungsbestrebungen verstanden werden. Es ist die Frage, ob globale Steuerungssysteme der Politik (UNO, UNESCO), der Wirtschaft (Weltbank, GATT), der Kultur (Fernsehen, Architektur) zu anfälligen globalen Monokulturen, d.h. unerwünschten antiökologischen Globalisierungseffekten führen, denen die Vielfalt unterschiedlicher Kulturregionen ihrer größeren Stabilität wegen vorzuziehen wären.

Entwicklung:
Kulturelle Entwicklung ist ähnlich wie in der Wirtschaft mit Wachstumsglauben verbunden. So wird unter modernen und vormodernen Kulturen unterschieden bzw. ein globaler Modernisierungsprozeß angenommen. Diese Anschauung gründet auf einer kulturellen Hierarchie, d.h. einem Überlegenheitsanspruch der sog. modernen Kultur bzw. Unterlegenheit der vormodernen Kultur. Postmoderne Philosophie ist dagegen davon abgekommen, eine globale Menschheits- und Kulturgeschichte anzunehmen, sondern billigt jeder Kultur ihre eigene Entwicklung zu.
  Die Wachstumsideologie der Wirtschaft ist wohl die Hauptgefahr für das Ökosystem Erde und die kulturelle Modernisierungsideologie der Hauptgrund für interkulturelle Disharmonien und Feindseligkeiten. Beide Ideologien unterscheiden zwischen unterentwickelten und entwickelten Ländern bzw. primitiven und modernen Kulturen. Entwicklung kann angesichts der begrenzten Resourcen nur heißen „anhaltende, dauerhafte, tragfähige Entwicklung" (sustainable development), die auf erneuerbaren Rohstoffen basiert und nicht-erneuerbare recycelt. Die Richtung von sustainable development wird allgemein akzeptiert. Die Operationalisierung dieses Prinzips ist aber noch nicht vollständig geleistet. Das Problem der geographischen Erziehung ist, daß viele globale Kenntnisse unscharfe Kenntnisse sind und trotzdem angesichts des exponentiellen Wachstums der Gefahren gehandelt werden muß.

2.2 Globale Ethik

Einstellungen und Werte führen Kenntnisse zu Handlungen. Deshalb ist es notwendig, sich verstärkt um eine globale Ethik zu bemühen (MERCHANT 1992).

Egozentrische Ethik
Eine egozentrische Ethik liegt im „Selbst" bzw. im „Ich" begründet. Sie gibt vor: Was gut ist für das Individuum, das ist auch gut für die Gesellschaft. Daraus folgt die Priorität des individuellen Wohlergehens. Liberalismus, laissez-faire Kapitalismus, privates Unternehmertum mit Gewinnmaximierung durch die Nutzung der natürlichen Ressourcen sind Konsequenzen einer egozentrischen Ethik.

Die Beherrschung der Erde im wörtlichem Sinne von Genesis I, 28: „Seid fruchtbar und mehret euch, erfüllt die Erde und macht sie euch untertan!" bzw. Bibelworte wie „... jedes Tal soll angefüllt und jeder Hügel abgetragen werden ..." oder die protestantische Lehre, daß jeder selbst durch gute Taten für sein Heil verantwortlich ist, entsprechen der Logik einer egozentrischen Ethik.

Eine egozentrische Ethik beruht auf einem mechanistischen, liberalistischen Weltbild, in dessen Kontext der Mensch als ein von Natur aus konkurrierendes Wesen steht, und die Wirtschaft im Kapitalismus ihre logische Folge hat. Die sozialen und ökologischen Defizite einer egozentrischen Ethik liegen auf der Hand.

Soziozentrische Ethik
Eine soziozentrische Ethik ist in der Gesellschaft begründet. Sie erstrebt das höchste Wohlergehen für die größte Zahl von Menschen. Soziale Erungenschaften sollen maximiert, soziale Defizite minimiert werden. „Soziale Gerechtigkeit für alle" ist die Grundmaxime. Sie hat das Glück der Gesamtheit der Gesellschaft zum Ziel. Das Individuum findet sein Glück nur im Glück der Gemeinschaft. „Liebe deinen Nächsten wie dich selbst", beschreibt am besten die Mitte dieser soziozentrischen Ethik.

In der Bibel finden sich weitere Hinweise auf eine Schöpfung bezogene soziozentrische Ethik, wie z.B. die Erde als Geschenk Gottes, der Mensch als Pfleger und rechenschaftspflichtiger Verwalter der Natur (Matthäus 25,14; Lukas 16,2). Diese Verwalterethik bleibt jedoch menschenzentriert. Menschen verwalten die Schöpfung zum Wohl der Menschen und nicht zum Nutzen der Erde, bzw. in Anerkennung eines Eigenrechts der Natur. Eine soziozentrische Ethik beschränkt das Individuum zum Wohle der Gemeinschaft, hat aber offensichtlich ökologische Defizite.

Ökozentrische Ethik
Eine ökozentrische Ethik liegt im ganzen Kosmos begründet. Alles, was da ist, Unbelebtes wie Gesteine und Mineralien, Belebtes wie Pflanzen, Tiere und Menschen, wird ein intrinsischer Wert, d.h. ein Eigenrecht zugebilligt. Die überragenden Ziele sind: Gleichgewicht der Natur, Erhaltung, Einheit, Stabilität, Verschiedenheit und Harmonie des Ökosystems Erde. Das Weiterexistieren von Unbelebtem und Belebtem als Komponenten eines gesunden Ökosystems hat höchste Bedeutung. Nicht nur Menschen, sondern alle Dinge des Kosmos sind von ethischer Relevanz. In diesem Sinne schreibt z.B. Aldo Leopold (1930 u. 1940) über eine Land- oder Erd-Ethik: Die erste Ethik bezog sich auf die Beziehung zwischen Menschen wie es in den 10 Geboten Moses zum Ausdruck kommt, später erst beschäftigt sie sich mit dem Verhältnis von Individuum und Gesellschaft. Die Erd-Ethik geht einen Schritt weiter. Sie schließt Boden, Wasser, Pflanzen, Tiere und Land in ihre Betrachtung ein. Sie überführt den homo sapiens vom Erd-Eroberer und -Beherrscher zum Erd-Zugehörigen bzw. zum Erd-Bürger. Der Erd-Bürger integriert das Recht von Individuum, Gesellschaft und Erde. Eine recht verstandene Öko-Ethik fragt bei jeder Handlung nach den

Folgen für Individuum, Gemeinschaft und Natur bzw. Erde. Eine Handlung ist nur dann ethisch gerechtfertigt, wenn sie die Stabilität einer ökologischen Gemeinschaft bewahrt.

„Haben Felsen Rechte?" ist sicher für einen saekularisierten Vertreter einer materialistischen Kultur eine ungewöhnliche Frage, nicht jedoch für eine ökozentrische Ethik, die auf die Ganzheit des Kosmos schaut. Diese Ethik basiert auf folgenden Annahmen:

1. Alles ist mit allem verbunden. Das Ganze beeinflußt die Teile bzw. Veränderungen eines Teiles verändern die anderen Teile und das Ganze, d.h. den ökologischen Kreislauf.
2. Das Ganze ist mehr als die Summe der Teile.
3. Ökologische Systeme sind synergetische Systeme mit anderen Effekten als die Summe individueller Effekte.
4. Biologische und soziale Systeme sind offene Systeme, die ständig Energie und Materie mit ihrer Umwelt austauschen. Nichtlineare Beziehungen können Inputs zu unerwarteten Effekten führen.
5. Eine ganzheitliche Betrachtung widerspricht dem Mensch-Natur-Dualismus und geht von der Einheit von Mensch und Natur aus, d.h. Mensch und Natur sind Teil des selben kosmologischen Systems.

Die folgenden Zitate veranschaulichen die Ökoethik von Naturvölkern:

Die Puebloindianerin Paula Gunn Allen erzählt: „Als ich klein war, erzählte mir meine Mutter, daß man Tieren, Insekten und Pflanzen begegnen solle wie hochgestellten Personen. Das Leben sei ein Kreis, in dem alles seinen Platz hat."

Der Häuptling Seattle vom Suquamish Stamm im Staate Washington berichtet: „Jeder Teil dieser Erde ist meinem Volke heilig. Jede glänzende Kiefernadel, jede Sandküste, jeder Nebel im dunklen Wald, jedes summende Insekt ist in der Vorstellung und in der Erfahrung meines Volkes heilig. Wir wissen, daß der weiße Mann uns und unsere Wege nicht versteht. Er behandelt seine Mutter, die Erde, unsern Bruder, den Himmel, wie Dinge, die man kauft, plündert und verkauft, wie Schafe oder glänzende Glaskugeln."

Bei den Weltreligionen finden sich Anzeichen eines Wandels ihrer ökoethischen Anschauung.

Viele christliche Religionen beginnen ihre Ökoethik neu zu definieren. Beispiele dafür sind das Eco-Justice-Project der Cornell University, das Cry of the Environment-Project in Berkley und die Help-Heal-Mother-Earth-Bewegung in Princetown. Christliche Ökologen deuten Genesis I,28 „Seid fruchtbar ... und macht euch die Erde untertan ..." als Verantwortung, der Erde zurückzugeben, was immer ihr genommen wurde. Das heißt, nichtregenerierbare Stoffe sollten recycelt, Wälder wieder aufgeforstet und der Boden bewahrt werden. Herrschaft über das Land meint nun, daß ein Christ sich mit Sachkenntnis, Dankbarkeit, Wohlwollen und Engagement die Erde bewahrt.

Ein modernes ökologisches Judentum versucht, das Prinzip Frieden (Shalom) mit dem Prinzip Sachgerechtigkeit (Tzedek) zu verbinden. Die Forderung, der Welt das Heil zu bringen, wird erweitert in der Forderung, die Umwelt zu heilen. Koschere Essensvorschriften münden in das Verbot, Nahrung zu sich zu nehmen, deren Produktion Menschen, Tieren oder dem Land Schaden zugefügt hat.

Joanna Macy u.a. gehen spirituelle Wege, um Menschen Kraft zu geben, unseren Planeten zu retten. Bestimmte Rituale dienen der Selbstfindung und Stärkung für anschließende ökopolitische Aktionen. Spirituelle Ökologen treffen sich in der Natur. Mit Masken schlüpfen sie in die Rolle eines natürlichen Wesens und sprechen über ihr Schicksal. Durch Tanzen und Singen bzw. durch Einfühlen in natürliche Wesen wird versucht, ein tiefes Bewußtsein herbeizuführen über das, was die Menschen unserer Zeit der Erde antun. Die quasi-religiösen Riten schaffen dabei eine besonders starke Motivation, ökoethisch zu handeln, bzw. entsprechende Aktionen in der Gesellschaft zu beginnen.

Gaia Meditationen liegen auf einer ähnlichen ökoethischen Linie. Die Teilnehmer werden eingeladen, sich in den Kreislauf von Erde, Luft, Feuer und Wasser einzufügen. Erde, Mineralien und Boden finden ihren Weg in die Moleküle des Körpers und werden wieder zu Asche und Staub. Luft wird vom Körper ein- und ausgeatmet wie beim Baum. So ist jede Person Teil der langen und ungebrochenen Schöpfungskette.

Joanna Macy betont die affektive Komponente einer ökozentrischen Ethik. Sie sagt: Information ist nicht genug. Freisetzen unterdrückter Gefühle und Ängst bringt Energie und schärft den Verstand.

Ausführungen über eine globale Ethik im Rahmen einer globalen Erziehung haben vor allem die Aufgabe, die eigene Erd-Ethik überdenken zu helfen, um globale Solidarität zu ermöglichen.

Globale Solidarität
Globale Anstrengungen zur Überwindung globaler Krisen zeigen sich zum Beispiel
    im Palme Report über Common Security: a programme for disarmament 1982,
    in den beiden Brandt Reports über North-South, a programme for survivel 1980
    und Common Crisis 1983 sowie
    im Brundtland-Bericht 1987 über Our Common Future oder
    in der UN-Umweltkonferenz Stockholm 1972 bzw.
    im Erdgipfel in Rio de Janeiro 1992.

Es ist zu fragen, zu welchen Reaktionen diese Berichte und Konferenzen und insbesondere der Erdgipfel in Rio in der geographischen Wissenschaft und Forschung geführt hat.

Die Mitarbeit der Geographie an der globalen Erforschung erstreckt sich z.B. auf die folgenden International Geo-Biosphere-Projekte (IGBP):
1. Land-Ocean Interactions in the Coastal Zone (LOIZ)
2. Land Use and Global Land Cover Change
3. Global Change and Terrestrial Ecosystems (GCTE)
4. Biospheric Aspects of the Hydrological Cycle
5. Global Energy and Water Cycle Experiment
6. Global Change Data Bases (World Data Center Boulder/USA)

Parallel zu diesem naturwissenschaftlich orientierten Projekten des International Council of Scientific Unions (ICSU) führt der International Social Science Council (ISSC) sozialwissenschaftlich orientierte globale Forschungsprojekte durch. Es drängt sich der Eindruck auf, daß die geographische Wissenschaft einen viel stärkeren Anteil an dieser globalen Forschung haben könnte.

Die erste Organisation verfügt über ein Committee on Teaching of Science (ICSU/CTS) mit Beteiligung von Geographiedidaktikern, der letzeren fehlt diese pädagogische Komponente. Grundsätzlich wäre aber eine interdisziplinäre Zusammenarbeit beider Wissenschafts- und Erziehungsbereiche wünschenswert.

Die globale Dimension der Erziehung findet u.a. in den folgenden Dokumenten ihren Niederschlag:
1. Unesco (1990) World Declaration on Education for All. Jomtien/Thailand
2. Unesco (1993) International Forum on Scientific and Technological Literacy for All. Paris
   a) Draft Declaration: Projekt 2000+
   b) Draft Final Report. Part I + II
3. International Geographical Union/Commission on Geographical Education (1992): International Charter on Geographical Education. Freiburg

Es wäre wünschenswert, daß die internationalen Anstrengungen zur Abwendung globaler Gefährdungen durch die Verstärkung der globalen Dimension der geographischen Erziehung auch in unserem Land ihren Widerhall fänden.

Konkrete Handlungsmöglichkeiten für den täglichen Unterricht finden sich z.B. in
1. den „11 Geboten des ökologischen Handelns",
2. im „Atlas der Weltverwicklungen", hrsg. v. Dritte Welt Haus Bielefeld, Peter Hammer Verlag 1992 oder
3. in dem Buch „This Planet is mine" von Mary Metzger, Fireside Verlag New York 1991.

Informationen zur kognitiven Begründung solidarischen Handelns finden sich in dem Atlas „The state of the earth", Heyman, London 1990.

Globale Solidarität bedarf selbstverständlich globaler Kenntnisse, sie bedarf aber auch einer globalen Ethik und nicht zuletzt eines täglichen Einübens solidarischen Handelns im ökologischen Mikrokosmos der Schule bzw. des eigenen Lebensraumes.

Globale Kenntnisse bedürfen der Ergänzung durch emotionale und handlungsorientierte Dimensionen. Es gilt, die Großartigkeit und Schönheit der Natur zu erfahren, um sie schätzen und schützen zu können. Es gilt, die Begegnung mit Menschen als ein wohltuendes Gemeinschaftserlebnis zu erfahren, um sich mit ihnen solidarisieren zu können. Globale Solidarität mit Erde und Menschheit ist eine sehr schwierige, aber zunehmend wichtiger werdende pädagogische Aufgabe. Sie verlangt nach einer verstärkten Diskussion über die globale Dimension geographischer Forschung und Erziehung.

3 Zusammenfassung

Globale Erziehung beinhaltet Grundfragen menschlicher Existenz, aber auch Sinnfragen des gesamten Kosmos. Eine egozentrische Ethik wird sicher durch eine soziozentrische ausbalanciert bzw. durch eine ganzheitliche, Mensch und Natur umfassende Ökoethik überhöht werden müssen, um globale Krisen überwinden zu können.

Bei der Diskussion über eine neue Weltordnung mit dem Ziel einer gerechteren Verteilung der Güter muß sicher das ökologische Prinzip „Sustainable Development", d.h. einer tragfähigen, nachhaltigen bzw. anhaltenden Entwicklung Berücksichtigung finden. Um eine dauerhafte Entwicklung zu gewährleisten, ist dem Ökosystem Erde nur das zu entnehmen, was regenerierbar ist. Der Weg der Ausbeutung führt mit Sicherheit in die Katastrophe.

Es ist nichts leichter als eine pessimistische Prognose der globalen Entwicklung zu stellen. Leichtfertig wäre es, optimistische Voraussagen zu machen. Notwendig ist es aber, possibilistische Projektionen zu entwerfen und danach in Forschung und Erziehung zu handeln.

Literaturverzeichnis

Aktuelle Cornelsen Landkarte (1993) Uno. 40 Jg. 5/93
Altner, Günter (1993): Naturvergessenheit. Grundlagen einer umfassenden Bioethik. Wiss. Buchgesellschaft, Darmstadt
Beckmann, Arnim u. Michelsen, Gerd (1981): Global Future. Dreisam Verlag, Freiburg i.Br.
Bird, Jan e.a. (eds.): Mapping the Futures. Local cultures, global change. Routledge, New York
Bradford, Michael and Kent, Ashley (1993): Understanding Human Geography. Oxford University Press, Oxford
Cogan, John, J. (1989): Toward Global Citizenship - The Renewal of Geographic Education in the United States. in: Internationale Schulbuchforschung, Zeitschr. d. Georg-Eckert-Instituts Braunschweig, 11. Jg., S. 49–58
College of Education/Florida International University (o.J.): Global Awareness Program. Miami, Florida
Commission on Geographical Education/International Geographical Union (1992): International Charter on Geographical Education. Freiburg (deutsche Übersetzung in: Geographische Rundschau 6/93, S. 380-383 und Geographie und ihre Didaktik 2/93 sowie Kroß, E. u. van Westrhenen, J. (Hrsg. (1992) Internationale Erziehung im Geographieunterricht, Nürnberg
Costanza, Robert (ed) (1991): Ecological Economics. The Science and Management of Sustainability. Columbia University Press, New York
Cousteau, Eguipe (1993): A Race between School and Cradle. Remarks to the International Forum on Scientific and Technological Literacy for All. Project 2000+ at Unesco Paris (unveröff. Manuskript)
Dobson, Andrew (1992): Green Political Thought. Routledge, London
Dritte Welt Haus Bielefeld (1992): Atlas der Weltverwicklungen. Peter Hammer Verlag, Wupptertal
Ekins, Paul (1992): A new world order. Grassroots movements for global change. Routledge, New York
Erdmann, K.-H. (Hrsg.) (1992): Perspektiven menschlichen Handelns. Umwelt und Ethik. Berlin.

Global Change Newsletter (1993): No. 8–14, June 1993
Gore, Al (1992): Wege zum Gleichgewicht. S. Fischer Verlag, Frankfurt
Haubrich, Hartwig (1993): Tragfähige Entwicklung der Erde / Sustainable Development. in: Geographie heute, Heft 107, 14. Jg., S. 43–47
Haubrich, Hartwig (1993): Weltuntergang oder neue Weltordnung. in: Geographie heute, Heft 107, 14. Jg., S. 4–9
IGBP (1992): Global change: Reducing Uncertainities. IGBP. Stockholm
International Council of Scientific Unions/Committee on Teaching of Science (1993): Education in Global Change. ICSU/CTS
International Geographical Union/Newsletter (1993): Global Programmes and Geography. Institute of Geography/Russian Academy of Sciences, Moscow
Kliot, Nurit and Waterman, Stanley (1993): The Political Geography of Conflict and Peace. Leicester University Press, London
Meadows, Donnella u. Dennis u. Randers, Jorgen (1992): Die neuen Grenzen des Wachstums. dva, Stuttgart
Merchant, Carolyn (1992): Radical Ecology. The search for a livable world. Routledge, New York
Merz, Hans-Georg (1993): Weltkrieg oder Weltfrieden. In: Geographie heute, Heft 107, 14. Jg., S. 27–34.
Metzger, Mary and Whittaker, Cinthya P. (1991): This planet is mine. Fireside, New York
Peet, Richard (1991): Global Capitalism. Routledge, London
Rensch, Bernhard (19912): Das universelle Weltbild. Wiss. Buchgesellschaft, Darmstadt
Seager, Joni (1990): The state of the earth. Unwin Hyman Ltd., London
Stoltman, Joseph P. (1990): Geography Education for Citizenship. Eric Indiana University. Indiana
Taylor, Ann (1992): Choosing our Future. Routledge, New York
Taylor, Peter J. (1993): Political Geography of the Twentieth Century. A Global Analysis. Leicester University Press, London
The International Geosphere – Biosphere Programme: A Study of Global Change. Report No. 12, 1990, IGBP 1990
Weizsäcker, Ernst U. von (1989): Erdpolitik. Ökologische Realpolitik an der Schwelle zum Jahrhundert der Umwelt. Wiss. Buchgesellschaft, Darmstadt
World Star Summit (1993): Solar Energy and Health. Unesco, Paris

INTERKULTURELLES LERNEN.
VOM UMGANG MIT DEM FREMDEN IM GEOGRAPHIE-UNTERRICHT

Renate Nestvogel, Essen

„Weißt du, wenn du Afrikaner bist und hierher kommst, um zu studieren, dann weißt du sehr viel über Europa...und dann glaubst du, daß die Leute hier genausoviel über Afrika wissen...Es ist dann verblüffend und verletzend, wenn du merkst, wie ignorant die Menschen hier sind...Wenn sie mir die europäische Kultur als Zeichen ihrer Zivilisation zeigen und mich, den Afrikaner, als den Primitiven hinstellen. Es verletzt mich, daß dies alles so gesagt wird, ohne daß die Leute wissen, welche Rolle der Kolonialismus in Afrika gespielt hat. Was da alles kaputt gegangen ist. Das ist eine Unschuld, die an Kriminalität grenzt." (zitiert nach FREMGEN 1984, S.71f)

Dieses Zitat einer südafrikanischen Studentin drückt aus, was viele sog. Fremde als grundlegende Mängel im Umgang mit ihrer Person, ihrer Herkunftskultur und -gesellschaft in Deutschland (und zum Teil in anderen europäischen Ländern) empfinden: Wissens- und Informationsdefizite bezüglich der eigenen wie auch fremder Kultur/en und Gesellschaft/en und deren historische Verflechtungen sowie die Abwertung des Fremden bei gleichzeitiger Aufwertung des Eigenen. Insofern enthält dieses Zitat auch Forderungen an interkulturelles Lernen, das ich normativ (d.h. als wünschenswerten und noch zu realisierenden Prozeß) als Lernen von fremden Kulturen bei gleichzeitiger kritischer Auseinandersetzung mit der eigenen Kultur, Gesellschaft und Geschichte bezeichnen möchte. Diese Auseinandersetzung reicht vom Makrobereich historisch gewachsener weltsystemischer Verflechtungen bis in den Mikrobereich der psychischen Strukturen des Subjekts und umfaßt kognitive, affektive und handlungsorientierte Dimensionen. Ein solches Programm erfordert ein globales, integrierendes, mehrdimensionales Denken, d.h. die Fähigkeit zu vernetzter Wahrnehmung. D.w. erscheint es mir wichtig, auf der Makroebene weltsystemischer Verflechtungen wie auf der Mikroebene psychischer Strukturen Herrschafts- und Interessensstrukturen einzubeziehen (vgl. NESTVOGEL 1992).

Dieser Beitrag beschränkt sich weitgehend auf affektive und handlungsorientierte Aspekte des Umgangs mit dem sog. Fremden in unserer Innen- und Außenwelt. Dabei soll verdeutlicht werden, daß Aufklärungs- und Informationsarbeit nur dann gelingen kann, wenn Emotionen, die der Umgang mit dem Fremden auslöst und Tabuisierungen, die er anrührt, mit thematisiert und damit einer Bearbeitung zugänglich gemacht werden. Zunächst werden einige historisch-gesellschaftliche Grundmuster bzw. Prämissen dieser Gesellschaft skizziert, die dem hiesigen Umgang mit dem sogenannten Fremden zugrundeliegen. In einem zweiten Schritt wird der Umgang mit dem Fremden anhand von Beispielen aus Geographiebüchern veranschaulicht. Schließlich wird dargelegt, wie ethnozentrisch-monokulturelle Grundmuster reflektiert und in der praktischen Bildungsarbeit eventuell aufgelöst werden können.

1. Grundmuster des Umgangs mit dem Fremden

1. Ein möglicherweise universelles Grundmuster ist, daß jegliche Wahrnehmung von einem ethnozentrischen Standort aus geschieht, der, wie Ernest Jouhy (1985, S.70) schreibt, der Ausgangspunkt unseres gesellschaftlichen Seins ist. Dieser ethnozentrische Standort trägt Merkmale der „Beschränktheit durch die historisch-ethnische wie biographische Vorgegebenheit". Seine Leugnung, d.h. „die Vorstellung, es gäbe einen universal gültigen Maßstab des Verständnisses von und des Umgangs mit Natur und Menschenwelt ...ist selbst ethnozentrisch." (ebda, S.45)
2. Die These vom ethnozentrischen Standort impliziert, daß jedes Kollektiv, jedes Individuum in bestimmter Weise Wahrnehmungskategorien für seine Umwelt entwickelt. Mithin hat auch das, was als fremd konstruiert wird, mit dem jeweiligen Standort zu tun. Fremd ist der Fremde nur in der Fremde hat Karl Valentin dazu einmal tiefsinnig angemerkt. Der eigene Standort bestimmt also, was als fremd konstruiert und damit als Nicht-Eigenes ausgegrenzt wird (vgl. hierzu auch HOLZBRECHER, KRÜGER-KNOBLOCH 1993). Zum Beispiel werden Frauen mit Kopftuch in Deutschland als unterdrückt, unemanzipiert und als „Opfer" muslimischer Werte und Normen wahrgenommen, ohne daß sie sich selbst so begreifen oder es zwangsläufig tatsächlich wären.
3. Die Konstruktion des Fremden in der Außenwelt hat ihre Entsprechung in der Innenwelt, wo Fremdes das ist, was am eigenen Denken, Fühlen und Handeln nicht wahrgenommen, verdrängt, verleugnet und häufig genug in die Außenwelt projiziert wird. In der deutschen Sprache gab es hierfür früher die Begriffe „es sich fremd machen" oder „sich fremd stellen", was soviel bedeutete wie „von sich abwehren, verleugnen, von sich fern halten" (Grimms Deutsches Wörterbuch 1854). Freud spricht hier von einem „inneren Ausland".
4. Die spezifische Ausformung des ethnozentrischen Standortes bei den Mitgliedern der hiesigen Mehrheit ist unter Bedingungen von Herrschaft entstanden. Die NachfahrInnen einer ehemaligen Kolonialmacht und Mitglieder einer im Weltmaßstab dominanten Wirtschaftsmacht haben dabei Überlegenheits- und Überheblichkeitsgefühle entwickelt, die philosophisch und wissenschaftlich tief verankert sind. Vorstellungen von Höherwertigkeit sind im Fortschrittsdenken enthalten, in dem Konzept einer linearen Entwicklung von der sogenannten Natur zur Kultur, von ‚Naturvölkern' zu ‚Kulturvölkern' und erleben seit dem Zerfall der sog. sozialistischen Staaten und in Deutschland seit der Vereinigung eine neue Hochkonjunktur. Neben offen erkennbaren nehmen sie subtile Ausdrucksformen an, für die die Mitglieder der Dominanzkultur häufig wenig Sensibilität besitzen, die aber Personen, denen hier Fremdheit zugeschrieben wird, mit verletzender Schärfe erleben (siehe das Eingangszitat).
5. Das vorherrschende Muster des Umgangs mit fremden Positionen unter Bedingungen von Herrschaft ist das der Hierarchisierung, d.h. der Behaup-

tung des eigenen Maßstabs als allein gültigen oder höherwertigen. Wenig verbreitet ist die Einstellung, daß andere „anders und gleichwertig" sind; anders wird häufiger mit „minder wertig" in Verbindung gebracht. Für dieses Muster, das in Formen von Definitionsmacht, Besserwisserei und Rechthaberei enthalten ist, ließen sich auch viele intrakulturelle Beispiele finden; unsere Kultur ist weit von dem buddhistischen Gebot entfernt, man solle sowohl Siege als auch Niederlagen vermeiden. Im Gegenteil, unsere, historisch gesehen, Kriegergesellschaft inszeniert auch im kleinen, in der täglichen Interaktion, gerne Siege und Niederlagen.

6. Ein weiteres historisches Merkmal der Dominanzkultur ist deren Macht, kulturelle Vielfalt durch Anpassungs- und Konformitätsdruck in eine relative Monokulturalität hineinzuzwingen. (Die weitverbreitete Äußerung, „Ausländer sollen sich gefälligst anpassen" kann als Widerspiegelung autoritärer Sozialisationsprozesse gesehen werden.) Die Folge ist, daß Angehörige der Dominanzkultur ein relativ monokulturelles Selbstverständnis haben – im Gegensatz z.B. zu Kolonisierten, die etwa zwei Drittel der Menschheit stellen, oder MigrantInnen, die sich ebenfalls neben ihrer Herkunftskultur mit der Kultur (im Sinne von Werten, Normen, Weltbildern, Deutungsmustern, Verhaltensweisen etc.) der Kolonisatoren bzw. der Einwanderungsgesellschaft auseinandersetzen mußten und müssen. Werden diese Grundmuster als solche erkannt, können auch ihre Grenzen wahrgenommen werden, jenseits derer andere Menschen andere (vielleicht aber auch ähnliche) Grundmuster entwickelt haben, und werden zumindest nicht als universell gültig vorausgesetzt.

2. Der Umgang mit dem Fremden in Geographiebüchern: einige Beispiele

Die dargelegten Grundmuster und Prämissen spiegeln sich in vielen Geographiebüchern wie im übrigen auch in anderen Schulbüchern oder wissenschaftlichen Untersuchungen wider. Ein ethnozentrischer Standort drückt sich z.B. darin aus, daß Länder der sog. 3. Welt unter dem Gesichtspunkt von Verwertungsinteressen der Industrieländer dargestellt werden, indem Rohstoffe wie Holz, Kakao oder Erdöl im Vordergrund stehen, oder darin, daß immer noch das Konstrukt von europäischen Entdeckern tradiert wird. Weitere ethnozentrische Standorte ergeben sich durch eine Entwicklungshelfer- oder Entwicklungshilfeprojekt-Perspektive sowie durch Reiseberichte, deren Motto „Ich in der Fremde" lautet; letztere sind mit Exotik, Abenteuer, Tierwelt und Landschaft verbunden, stellen aber selten einen persönlichen Bezug zu Menschen in der sog. 3. Welt her.

Gelungene Beispiele sind das Gespräch eines Deutschen mit einem Massai, der nachdrücklich seine eigene Position und die Interessen seiner ethnischen Gruppe darlegt sowie eine Karikatur, in der ein Mann aus einem Industrieland den hohen Bevölkerungszuwachs und ein Mann aus der ‚Dritten Welt' den hohen Rohstoffverbrauch der Reichen kritisiert. Hier stößt immerhin schon jeweils ein ethnozentrischer Standort (im Sinne von Ernest Jouhy) auf einen anderen, wobei

durch eine solche Begegnung oder Konfrontation eine Erweiterung der eigenen Grenzen erfolgen kann.

Viele Geographiebücher suggerieren, es gäbe einen universell gültigen Maßstab des Verständnisses von Natur und Menschenwelt. Tatsächlich ist es der der westlichen Welt, der mit dem universal gültigen gleichgesetzt wird. Das Dominanzverständnis drückt sich häufig in einem technokratischen Weltbild aus, das, unter Ausklammerung von Herrschaft und Interessen, als das richtige, wissenschaftlich fundierte dargestellt wird. Dies geschieht in Geographiebüchern u.a. dadurch, daß Menschen und ihre Lebensverhältnisse aus dem Blickwinkel von überpersönlichen Sachtexten geschildert werden, die eine objektive, expertenhafte Neutralität suggerieren, oder durch Fragen, auf die eindeutige, abschließende Antworten erwartet werden.

Manche Aufgaben sind so formuliert, daß sie unterschwellig bei den SchülerInnen Überlegenheitsgefühle erzeugen können, z.B., indem diese aufgefordert werden, in die Rolle des Experten zu schlüpfen: „Überlege, an welchen Stellen man versuchen könnte, den Teufelskreis zu durchbrechen. Zähle die denkbaren Maßnahmen auf." – „Welchen Weg soll Peru gehen?" Häufig wird den SchülerInnen dabei unbewußt nahegelegt, der Text enthalte alle notwendigen Informationen, nach dem Motto, „wenn die 2 Seiten Text gründlich gelesen und alle Fragen beantwortet sind, ist das Problem gelöst." Damit können sich schon SchülerInnen den Menschen in der ‚Dritten Welt' überlegen fühlen, denn sie kennen bereits die Lösung von Problemen, die dennoch weiterexistieren.

In manchen Aussagen wird eine Dichotomie zwischen dem dummen Volk und den gebildeten Experten (bzw. den dummen Entwicklungsländern und den klugen Industrieländern) aufgebaut: „Die schnelle Bevölkerungszunahme und der Landhunger bereitet Fachleuten Sorgen." Zu den Nilbauern: „Sie begreifen nicht, daß zu hoch stehendes Bodenwasser...verdunstet...". Zur Familienplanung: „Die Regierung muß die Bevölkerung unermüdlich aufklären." – obwohl Gründe für die hohe Kinderzahl genannt werden.

Auch manche Fotos stellen die eigene Höherwertigkeit heraus:

Auf einem Foto wird in akzeptabler Form eine Bambuti-Familie gezeigt, während im Vordergrund eines anderen ein erlegter Affe zu sehen ist, der etwa die Hälfte des Bildes einnimmt, mit einem Bambuti im Hintergrund. Das Bild erweckt Grauen und Abscheu und verzerrt damit die durchweg sachlichen Informationen zu einer Jäger- und Sammlerkultur. Unter der Überschrift „Kenia-Tourist" wird im Vordergrund der linken Bildhälfte ein Kenianer fast nackt von hinten gezeigt, vor ihm ein Weißer, der neben der Tür seines Kleinbusses steht. Der ‚nackte Wilde' illustriert als einziger Schwarzer den Abschnitt „Ferntourismus als Entwicklungshilfe?"

Des weiteren drückt sich Höherwertigkeitsdenken immer noch in einer Sprache aus, die als rassistisch oder kolonialistisch bezeichnet werden kann, z.B. wenn von Negervölkern, Negerstämmen, Kral, Eingeborenen oder Urwalddörfern die Rede ist. Überschriften wie „Hunger und immer noch mehr Menschen", „Immer mehr Menschen, immer mehr Esser", „Probleme in Entwicklungsländern und Entwicklung durch Zusammenarbeit" oder auch Zeitungsmeldungen zu den Dürrekatastrophen in der Sahel-Zone: „Selbstgemachtes Elend", „Ein Land, das sich selbst zerstört." (Obervolta/Burkina Faso); „Rühmliche Ausnahme: Niger kann sich selbst ernähren." enthalten abwertende Schuldzuweisungen und suggerieren, daß Probleme in der ‚Dritten Welt' nur endogen verursacht und nur durch Maßnahmen in Zusammenarbeit mit Industrieländern zu ‚lösen' sind. Ebenso ist die Art, wie an hiesigen Vorurteilen angeknüpft wird, geeignet, ethnozentrische Überheblichkeit eher zu verstärken als abzubauen: „Menschen in Entwicklungsländern sind faul. Diskutiert!" – „Ursache der Armut ist nicht einfach die Dummheit der Menschen dort oder das schlechte Klima, sondern viel häufiger die soziale Ungerechtigkeit."

Die Erkenntnis neuerer Wahrnehmungs- und Konstruktivismustheorien, daß je nach kulturell entwickelten Wahrnehmungs-, Deutungs- und Selektionsmustern, „je nach Erwartungen, Meinungen, Werthaltungen oder Einstellungen die Realität auch verschieden gesehen werden kann" (WATZLAWICK, zitiert nach PROBST 1987), wird in Schulbüchern und anderen Medien bisher nur unzureichend reflektiert und umgesetzt. Geographiebücher bemühen sich um Multiperspektivität, indem sie Einheimische zu Wort kommen lassen. Der ghanaische Bauer, der Tuareg, der Massai, der tunesische Ministerialbeamte sind Beispiele hierfür. Manchmal wirkt die Perspektive, die Fremde einbringen, jämmerlich („Ein Kakaopflanzer klagt"), so daß sie im Höchstfall Mitleid erwecken, hinter dem sich Verachtung verbirgt. Formal ist dem Postulat der Multiperspektivität Genüge getan, aber tatsächlich bestehen Strukturen von Herrschaft und Höherwertigkeitsvorstellungen weiter und werden gefestigt, indem Gleichwertigkeit und Respekt vor dem Denken des anderen häufig nur dann konzediert wird, wenn die Fremden das westlich-technokratische Fortschritts- und Entwicklungsmodell vertreten.

Eine Frauen-Perspektive wird durchweg nicht angeboten.

Zusammenfassend lassen sich in Geographiebüchern viele Beispiele für eine verzerrte oder latent abwertende Darstellung der vielfältigen Wirklichkeit von sog. Fremden finden. Für eine Aufdeckung dieser Wertungen wird den SchülerInnen kaum Anleitung gegeben; ebensowenig werden sie nach ihren eigenen Meinungen, Bildern und Gefühlen gefragt.

3. Alternative Orientierungen

In einem ersten Schritt wären die dargelegten Grundmuster genauer wahrzunehmen, um langfristig bewußter und flexibler mit ihnen umgehen zu können. Auf Geographiebücher bezogen hieße dies, den SchülerInnen zu vermitteln, daß diese keine Universalperspektive enthalten, sondern ganz bestimmte Welt-, Selbst- und Fremdbilder, die aus historischen und gesellschaftlichen Tiefen kommen – Mario Erdheim spricht hier von der gesellschaftlichen Produktion von Unbewußtheit – so daß Aufklärung im Sinne der Korrektur der Bilder über die Bereitstellung von mehr Sachinformationen allein nicht ausreicht. Diese Einsicht könnte z.B. über die Frage vermittelt werden, warum gerade Kakao, Holz oder Erdöl so breit in Geographiebüchern dargestellt werden oder über die Frage, welche Aspekte vielleicht aus der Sicht verschiedener Bevölkerungsgruppen wichtig sein könnten, aber nicht dargestellt werden. Hierzu könnten „Experten" aus den betreffenden Regionen eingeladen werden. Ebenso könnten den SchülerInnen Aufgaben gestellt werden, die ihnen einsichtig machen, daß es nicht auf alles Antworten gibt, daß vieles komplexer ist als es in Schulbüchern dargestellt wird und daß sie damit umgehen lernen müssen, fremde Kulturen nur ansatzweise zu verstehen.

Je nach Alter, Vorwissen, Erfahrungen und Einstellungen der SchülerInnen, gruppendynamischen Merkmalen der Klasse etc. bieten sich verschiedene Vorgehensweisen an, die mehr Selbstreflexivität als Voraussetzung einer genaueren Selbst- und Fremdwahrnehmung und eines konstruktiveren Umgangs mit Eigenem und Fremdem fördern können. Hierfür eignen sich brain-stormings, bei denen die SchülerInnen vor einer Unterrichtseinheit zu einem Kontinent, einer Region oder einem Land aufschreiben, was ihnen dazu einfällt. Als Alternative könnten sie ihre Vorstellungen auch malen. Meine Erfahrung mit diesen Übungen, die Aufschluß über kognitive wie affektive Wahrnehmungsmuster der SchülerInnen erlauben, ist, daß sie z.B. die gängigen Bilder von Armut, Unterentwicklung und Überbevölkerung widerspiegeln, die in dieser Gesellschaft zur 'Dritten Welt' vorherrschen. Es gilt zu vermitteln, daß dies zunächst „unsere" Bilder von Fremden sind und nicht deren Realität, die die meisten ja gar nicht kennen. Meistens sind diese Bilder negativ. In geringerem Ausmaß sind sie scheinbar positiv, d.h. idealisierend und exotisierend. Woher kommen also diese Bilder, wie sind sie in die Köpfe der SchülerInnen hineingeraten? Da in allen Fremdbildern auch Selbstbilder enthalten sind, wären diese herauszuarbeiten, wobei Idealisierungen und Romantisierungen Aufschluß geben können über Sehnsüchte und Wünsche, die in dieser Gesellschaft nicht erfüllt werden. Ebenfalls könnte an der Selektivität der Bilder angesetzt und gefragt werden, welche Aspekte nicht darin enthalten sind, und was die Selektivität der Bilder wohl mit uns zu tun haben könnte. Weitere Vorgehensweisen sind Phantasiereisen, die sowohl kognitive als auch affektive Dimensionen erfassen, oder Imaginationsübungen, in denen es darum geht, sich in eine andere Person zu verwandeln (vgl. hierzu STEVENS 1983).

Über diese und ähnliche Übungen kann ein allmählicher Bewußtseinsprozeß darüber in Gang gesetzt werden, daß die Bilder von Fremden Teil unseres Eigenen sind, die wenig oder gar nichts mit dem sog. Fremden zu tun haben, die wir aber in eine Begegnung mit ihm einbringen und durch die höchstwahrscheinlich auch neue Erfahrungen wieder verarbeitet werden. Wenn laut Wahrnehmungs- und Selektionstheorien der Neurophysiologie „die erste und wichtigste Grundlage des Lernens die Kategorisierung von Wahrnehmungsinhalten ist" (EDELMANN 1993, S.48) und „die Kategorisierung von Wahrnehmungsinhalten dem Lernen" (ebda, S.33) vorausgeht und mit ihm einhergeht, kann dieser Prozeß auch reflektiert werden und zu neuen Kategorisierungen führen.

Einen reflexiven Umgang mit den eigenen Bildern, die nicht mit der Realität von Fremden gleichzusetzen sind, vermittelt ein Geographiebuch mit dem Hinweis an die Schüler, daß ihre von „Tarzan" herrührenden Bilder vom tropischen Regenwald falsch sind. Allerdings bleiben das Photo sowie die anschließenden Fragen („Was für Menschen leben dort? Wie ernähren sie sich? Haben sie unter Krankheiten zu leiden?") hinter dem Anspruch zurück, ein anderes, gleichfalls interessantes Bild vom Regenwald zu liefern. Als positiv empfinde ich ein Photo aus Peru, das vor dem Hintergrund einer Berglandschaft und einem Dorf Bäuerinnen zeigt. Es vermittelt die Bescheidenheit der Lebensverhältnisse und gleichzeitig Lebendigkeit, Selbstbewußtsein und Aktivität der Menschen, die ihre Angelegenheiten ganz offensichtlich selbst in die Hand nehmen. Dieses Bild kann mit den vielen anderen verglichen werden, auf denen Menschen als passiv Leidende dargestellt werden. Bei einem solchen Vergleich wären auch die Gefühle abzufragen, die die Bilder in den SchülerInnen auslösen, weil sie die Wissensverarbeitung beeinflussen. Auf diese Weise können die Höherwertigkeitsvorstellungen der Dominanzkultur, d.h. die dieser Gesellschaft inhärenten Formen von Stereotypen, Vorurteilen, Rassismen und Ethnozentrismen, die sich hinter der Abwertung von Fremden verbergen, herausgearbeitet werden. Wichtig ist hierbei, nicht moralisierend vorzugehen, sondern eine Aufgabe darin zu sehen, sie zu erkennen und ihre gesellschaftlichen wie individuellen Funktionen zu verstehen, wie bspw. kognitive Entlastung, Stärkung des eigenen Selbstwertgefühls, Aggressionsabfuhr, Rechtfertigung eigener Privilegien oder Stärkung des Gemeinschaftsgefühls über Ab- und Ausgrenzungen. Über eine kontinuierliche Sensibilisierung, die die lehrenden Personen in den Lernprozeß einbezieht, wären sie allmählich durch konstruktivere Formen des Umgangs mit dem Anderen/ Fremden zu ersetzen. Hierbei sollte SchülerInnen aus ethnischen Minderheiten Raum für die Darlegung ihrer Selbst- und Fremdbilder gegeben werden, so daß es zu einem interkulturellen Austausch kommt.

Des weiteren wären bei der Einübung eines kritischen Umgangs mit den Schulbüchern die erwähnten Abwertungen in der Sprache, in den Bildern und den Inhalten zu thematisieren- und ebenso die Ansätze, die ein ausgewogeneres Bild des Zusammenhangs von Fremdem und Eigenem sowie Gleichwertigkeit im Umgang mit dem Fremden enthalten. Es könnten neue Fragen zu den Texten entwickelt werden, die an geographischen Kategorien und gleichzeitig am Alltagsleben anküpfen und Gemeinsamkeiten, Unterschiede sowie Verflechtungen in den Lebensbedingungen hier und anderswo deutlich werden lassen. Hierüber könnte eine stärkere (in den Büchern weitgehend fehlende) Nähe zu Menschen fremder Kontinente hergestellt und eine Sensibilität dafür vermittelt werden, daß die betreffenden fremden Personen ihre Gesellschaft zum Teil sicher anders darstellen würden, als dies aus dem Blickwinkel deutscher Geographen und Fotografen geschieht. Gleichzeitig werden auf diese Weise Qualifikationen wie „role taking" (Hineinversetzen in den anderen), Perspektivenwechsel, Rollendistanz wie auch Empathie (Einfühlungsvermögen) eingeübt, die laut hiesigen Sozialisationstheorien erforderlich sind, um in Interaktionen angemessen handeln zu können (TILLMANN 1989, S.135 f).

4. Schlußbemerkungen

Sicherlich wäre es illusorisch zu glauben, die dargelegten Grundmuster des Umgangs mit Fremden ließen sich einfach abbauen.

Es wird hier keine schnellen Lösungen geben, denn das gesamte gesellschaftliche Gewebe unserer Gesellschaft, vom Weltsystem bis in die Psyche des Subjekts, ist davon durchdrungen. Sie werden durch die Medien und die Art, wie Entwicklungen gesellschaftlich und individuell gedeutet werden, fortgesetzt. Schließlich wird durch das technokratische Weltbild, das auf einem Verständnis von rational legitimierbarer technisch-militärischer und ökonomischer Überlegenheit beruht, die westliche Vorherrschaft im Weltmaßstab gesichert, und darauf werden die SchülerInnen, auch über Geographiebücher, angemessen vorbereitet. Alternativen Orientierungen liegt also eine Infragestellung dieses technokratischen Systems als tragfähigem Modell für eine zukünftige Entwicklung der Menschheit zugrunde.

Literatur

Edelmann, G. M. (1993): Unser Gehirn – ein dynamisches System. Piper, München
Erdheim, M. (1982): Die gesellschaftliche Produktion von Unbewußtheit. Suhrkamp, Frankfurt
Fremgen, G. (1984): „...und wenn du dazu noch schwarz bist." Edition CON, Bremen
Holzbrecher, A., Krüger-Knobloch, U. (1993): Weltbilder. Soest
Jouhy, E. (1985): Bleiche Herrschaft – dunkle Kulturen. Verlag für Interkulturelle Kommunikation, Frankfurt
Nestvogel, R. (Hg.): Interkulturelles Lernen oder verdeckte Dominanz? Verlag für Interkulturelle Kommunikation, Frankfurt 1991
Dies. (1992): Vielfalt der Kulturen als Reichtum für alle bewahren. In: Essener Universitätsberichte Nr. 1, S. 4–12
Dies.: (1992)Über das Eigene zum Fremden – vom Fremden zum Eigenen. In: Päd Extra 1, S. 42–44
Dies. (1992): ‚Weiblicher Umgang' mit ‚fremden Kulturen'. Aus: Stahr, I. (Hg.): Wenn Frauenwissen Wissen schafft. Universität Essen, S. 67–118
Probst, G.J.B. (1987): Selbstorganisation. Ordnungsprozesse in sozialen Systemen aus ganzheitlicher Sicht. Berlin
Stevens, J. O. (1983): Die Kunst der Wahrnehmung. Chr. Kaiser, München (1971)
Tillmann, K.-J. (1989): Sozialisationstheorien. Rowohlt, Reinbek bei Hamburg

VON DER DRITTEN WELT ZUR EINEN WELT. DAS UNTERRICHTSBEISPIEL AFRIKA

Sabine Tröger, Bayreuth

Im Verlauf der letzten Jahre ist die „Eine Welt" zu einem gesellschaftspolitischen Schlagwort geworden. Politiker wie Wissenschaftler rufen mit ihm alle Menschen auf, zum ökologischen Erhalt des Lebensraumes für alle beizutragen. Auch in der fachdidaktischen Diskussion findet sich dieser Appell in Formulierungen wie „Bewahrung der Erde" (KROß 1992, S. 62) oder „globale Solidarität mit der Erde" (WEICHHART 1992, S. 44) wieder. Daß in dieser EINEN Welt dabei entgegen des in dem Wort selbst enthaltenen Bildes der Harmonie ein für alle bedrohliches Konfliktpotential steckt, hat das Ringen um Ansprüche und Konzessionen der Länder der „Ersten" und der „Dritten" Welt auf dem Ergipfel in Rio 1992 gezeigt und zeigen mit noch erschreckenderer Eindringlichkeit die von Woche zu Woche eskalierenden Gewalttaten in den reichen Ländern gegenüber Flüchtlingen aus den armen Ländern. Der Konflikt auf der Basis von Ungleichheit ist unsere gesellschaftliche Realität – und nicht die Mitmenschlichkeit und Gleichheit, die Begriffe wie „Eine Welt", „multi-kulturelle Gesellschaft" und „inter-kulturelle Kommunikation" zuweilen suggerieren.

Zum Ende des Schuljahres 1992/1993 in Bayern las ich diesen dringenden Appell an die Verantwortung der Schulerziehung:

> „Das vergangene Schuljahr müßte gelehrt haben, daß ein Wandel überfällig ist. Wenn nach den Morden von Solingen über die Verschärfung des Jugendstrafrechts nachgedacht wird und nicht über die vorbeugende Hilfe, dann wird ein Fehler mit fatalen Folgen begangen. Natürlich können Schulen kein Allheilmittel gegen Gewalt und Rechtsextremismus liefern, die Ursachen dafür sind zu vielschichtig. Wohl aber können sie entgegenwirken" (Süddeutsche Zeitung 19.7.93, S. 4).

Ich erinnerte mich in diesem Moment an meine eigene Reaktion auf die Nachricht über die Morde von Solingen und Mölln und auch auf die wöchentlichen Anschläge, bei denen „bloß" Sachschaden entstand. Ich war entsetzt über die Tat und spürte das spontane Bedürfnis, mich von den Tätern zu distanzieren. Doch Distanz darf keine Antwort auf die rechtsextremistischen Gewalttaten sein! Geben wir nicht der TAZ recht, wenn sie am 27.1.93 (11) konstatiert: „Als in Rostock-Lichtenhagen die dumpf-deutsche Wut tobte, redeten die SchülerInnen tagelang über nichts anderes. Doch selbst im Fach ‚Politische Bildung' war den Pädagogen das Thema ‚Wohngeld' offenbar wichtiger".

Die Frage der Einstellung und des Handelns der Heranwachsenden in dem Kontext der weltweiten Entwicklungsprozesse und Entwicklungsungleichheiten ist seit den 60er Jahren ein Anliegen des Erdkundeunterrichts gewesen - und auch heute muß der Erdkundeunterricht darauf zielen, den Auftrag der Gesellschaft einzulösen und sich dem Problem der Ausländerfeindlichkeit als einer zentralen Komponente des weltweiten sozio-ökonomischen Ungleichgewichts zu stellen. Die von mir vorgestellte Unterrichtseinheit wird sich auf diesen Aspekt der „Eine Welt"-Thematik konzentrieren.

Betrachten wir zunächst den theoretischen Hintergrund dieses Problembereichs. Da sich die fachdidaktische Diskussion meines Wissens bisher nicht explizit mit dem Problem der zunehmenden rechtsextremistischen Orientierungen auseinandergesetzt hat (TRÖGER 1994b), möchte ich einen Blick auf die Diskussion werfen, die außerhalb der fachdidaktischen Grenzen geführt wird.

Die Tendenz zur gewaltsamen Ausgrenzung von Ausländern wird übereinstimmend in zahlreichen Analysen mit der gegenwärtigen gesellschaftlichen Entwicklung in Richtung einer „Individualisierung" begründet. Gemeint ist mit diesem Terminus, daß die Menschen heute in unserer höchst arbeitsteiligen Gesellschaft immer mehr für ihr Lebensschicksal selbst zur Verantwortung gezogen werden. Aus dieser Eigenverantwortlichkeit der Individuen resultiert ihre tendenzielle Vereinsamung, da sie nicht mehr in die selbstverständliche Geborgenheit sozial festgefügter Arbeits- und Lebensgemeinschaften eingebunden sind (ZIEHE 1985, S. 204). Solidar- und Freundschaftsbeziehungen sind heute zeitlich begrenzt und bedürfen einer fortlaufenden Rückversicherung über gesellschaftlich anerkannte Leistungen. Diese Situation ruft Ängste hervor – Ängste davor, den gestellten Leistungsanforderungen nicht genügen zu können und daraufhin von den Mitmenschen als Versager abgelehnt zu werden. Kinder und Jugendliche leiden unter diesen Ängsten, wie das folgende exemplarische Zitat als Beispiel für die Klage etlicher Schülerinnen und Schüler bei einer empirischen Untersuchung belegt (TRÖGER 1993, S. 106–107):

> „Die afrikanischen Kinder sehen kameradschaftlich aus. Ich glaube nicht, daß sie sich streiten. Und sie halten auch sicher, wenn etwas passiert, zusammen. Sie denken nicht: ‚Hauptsache, mir passiert nichts. Was den anderen passiert, soll mir doch egal sein.' Ich würde sagen, die Kinder halten fröhlich und rücksichtsvoll zusammen. Die beiden Jungen streiten auch nicht darum, welches Auto schöner ist. ... Die Kinder sind in der Schule, aber es ist ganz anders als bei uns. Sie sitzen dicht nebeneinander. Jeder hilft jedem. Wenn der eine noch nicht so weit ist, hilft ihm der andere." (Schülerin, 10 Jahre)

In dem Kommentar entwirft die Schülerin vordergründig ihr – sehr idealisiertes – Bild von dem Zusammenleben afrikanischer Kinder. Im Hintergrund steht jedoch die Klage über ihre eigene Lebenssituation, die sie als durch Egoismus und Leistungsdruck gekennzeichnet charakterisiert. Das Mädchen leidet unter einer seelischen wie auch physischen Gefühlsarmut ihrer eigenen Umgebung, der sie die emotionale wie auch körperliche Nähe der fremden Kinder gegenüberstellt.

Diese Sozialisationserfahrungen werden allgemein als ein wichtiger Faktor bei der Herausbildung extremistischer Orientierungen bewertet (HEITMEYER 1991, S. 15–34, ALBERT 1993, S. 22). Ob sie jedoch tatsächlich zu fremdenfeindlichen Einstellungen und Handlungen führen, hängt von ihrer Bewältigung durch das Individuum ab. Es zeigt sich, daß in dem Moment, wo diese Erfahrungen nicht reflektiert und dabei in ihrer gesellschaftlichen Bedingtheit erkannt werden, Projektionen der nicht aufgearbeiteten Ängste auf fremde Menschen die Funktion eines Problemlösers übernehmen können. Der „Ausländer" wird dann als derjenige erkannt, der die eigene Sicherheit und Geborgenheit bedroht (CLAUSSEN 1991, S. 235, NESTVOGEL 1992, S. 11, KALPAKA u. RÄTHZEL

1990, S. 28-29). Wenn dagegen die Betrachtung des Fremden zu einer Konfrontation mit dem Eigenen führt, das Lernen so als „Hineinblicken in die eigene Kultur" (ALBERT 1991, S. 124) organisiert wird, kann ein Teil des Projektionsbildes als zur eigenen Person gehörig zurückgenommen werden (NESTVOGEL 1992, S. 11, TRÖGER 1993, S. 109-110).

Ich möchte an dieser Stelle die einleitende Betrachtung abschließen und die bisherige Argumentation wie folgt zusammenfaßen: Die Betrachtung des Fremden sollte in einer Weise gestaltet werden, daß sich die Kinder und Jugendlichen selber in dem Fremden erkennen. Der unreflektierte Projektionsmechanismus der Angstabwehr muß in einen Prozeß der Angstüberwindung überführt werden, der seinerseits allein als bewußter Umgang mit diesen eigenen Ängsten denkbar ist. Dabei wird es von der jeweiligen Lerngruppe abhängen, welche Problemkonstellation in dem konkreten Fall ausländerfeindliche Reaktionen begünstigt. Hier, in der Feststellung der lerngruppenspezifischen Ausgangssituation rechtsextremistischer Orientierungen, liegt eine zentrale Aufgabe des Lehrers, deren Erfüllung durch Jugendstudien oder Unterrichtskonzepte, wie sie zum Beispiel von der Fachdidaktik zur „Alltagsgeographie" propagiert werden, unterstützt werden kann.

Ich selbst werde mich im Verlauf der weiteren Argumentation auf den Aspekt der Bedeutung von Freundschaftsbindungen unter Jugendlichen, wie er in dem Schülerzitat anklingt, konzentrieren. Diese Themenwahl hat zwei Gründe: Zum einen greift sie unmittelbar die genannten Sorgen und Bedürfnisse von Jugendlichen auf. Zum anderen konnte ich empirisch feststellen, daß der Aspekt der Freundschaft vergleichsweise gering mit sozialen, ethnozentrischen Wertungen gegenüber den Menschen in der „Dritten Welt" belastet ist (TRÖGER 1993, S. 153-154) und sich damit besonders für eine erste Kontaktaufnahme mit den „fremden" Menschen aus der „Dritten Welt" eignet.

Als regionales Beispiel habe ich eine Region eines der „ärmsten Länder der Erde" ausgewählt. Es handelt sich um die Rukwa Region im SW Tansania. Damit begebe ich mich auf den Kontinent, der in der Öffentlichkeit wie auch in der wissenschaftlichen Diskussion übereinstimmend als „am Tropf der internationalen Entwicklungshilfe hängend" „abgeschrieben" wird (MEYNS u. NUSCHELER 1993, S. 31, Süddeutsche Zeitung „Magazin" 20.11.92, S. 12-24). Betrachtet man die Art der Krisenprofile in Afrika, so lassen sich verschiedene Grade der Ausweglosigkeit und Handlungsunfähigkeit der Bevölkerung feststellen. Tansania ist in diesem Spektrum ein Beispiel für eine Problemkonstellation, die durch den Übergang vom Sozialismus zu mehr Marktwirtschaft und Demokratie geprägt ist. Die „krisenhafte Alltagssituation" (BLENCK 1991, S. 242) in Tansania resultiert aus einer tiefgreifenden kulturellen Verunsicherung und Desorientierung, bei der traditionelle Werte und soziale Kontrollmechanismen und auch das von Generation zu Generation vermittelte Wissen außer Kraft gesetzt sind, ohne daß an ihre Stelle neue Wert- und Moralsysteme oder auch für die Problembewältigung geeignete moderne Wissensbestände getreten wären. Die Ursache für diese heutige Problemkonstellation muß dabei in dem Zusammenwirken von zum einen den in die Gesellschaft radikal eingreifenden Maßnahmen während der Zeit des „afrikanischen/Ujamaa Sozialismus" mit zum anderen den Weltbank Strukturanpassungsmaßnahmen seit der Mitte der 80er Jahre gesehen werden. Dabei gerieten die schwächsten Mitglieder der Gesellschaft – alte Menschen, Kranke, alleinstehende Mütter und auch kleine Kinder – immer mehr in eine Situation, in der im Extremfall sogar ihr Überleben bedroht ist. Sie werden nicht mehr wie traditionellerweise von der Gemeinschaft aufgefangen. Die Gesellschaft befindet sich heute in einem Prozeß der unwiderruflichen „Individualisierung", der in seiner Gestalt durchaus den Tendenzen in unserer hoch-arbeitsteiligen Gesellschaft vergleichbar, der jedoch in seinen Auswirkungen auf die einzelnen Mitglieder der Gesellschaft lebensbedrohlicher ist. Das heißt, die Krise in der Rukwa Region ist selektiv. Es werden – zunehmend größere – Anteile der gering produktiven Bevölkerungsgruppen von ihr betroffen, während wenigen ein materieller Aufstieg gelingt.

Die angeführten gesellschaftlichen Veränderungen zeigen sich in dem gesamten Lebenskontext und auch im Bereich der Freundschaften unter Jugendlichen in dem halb-städtischen Milieu der Regionalhauptstadt Sumbawanga. Die Jugendlichen in Sumbawanga haben wie ihre deutschen Altersgenossen das Ideal ewig andauernder Sicherheit und Geborgenheit in Freundschaft. Sie greifen dabei auf das quasi statische Verständnis von Solidarbeziehungen zurück, wie es für gering-arbeitsteilige Gesellschaften typisch ist und wie es von den alten Menschen in der Rukwa Region noch als fester Bezugspunkt ihrer Jugendzeit beschrieben wird.

Heute jedoch ist dieses Ideal in Sumbawanga eine Illusion. In der Realität ist die Dauerhaftigkeit von Freundschaften der Unsicherheit von leistungs- und vermögensorientierten Zeitfreundschaften gewichen, die zu einer materiellen wie auch sozio-emotionalen Verunsicherung der Schwächeren führen. Die tansanische Gesellschaft ist in ihrem leistungsorientierten Individualisierungs- und Modernisierungsprozess so weit fortgeschritten, daß nur noch derjenige, der zumindest einen Sekundarschulabschluß vorweisen kann, eine Hoffnung auf einen gesellschaftlich anerkannten Aufstieg hegt. Der Zugang zu der Sekundarschulausbildung stellt jedoch das Nadelöhr im gesellschaftlichen Modernisierungsprozess dar. Mit als Konsequenz der IMF-Einsparungen erhalten weniger als 10% der Primarschulabgänger einen Platz an den staatlichen Sekundarschulen. Es verwundert so nicht, daß dieser strukturelle Engpaß das Bewußtsein der jungen Menschen und damit auch ihr freundschaftliches Miteinander tiefgreifend beeinflußt.

Die Analyse der Krisensituation in der Rukwa Region zeigt, daß die Krise nicht etwa auf eine Extremsituation wie jahrelang ausbleibende Niederschläge oder Bürgerkrieg zurückzuführen ist, sondern vielmehr das Resultat gesellschaftlich auf den ersten Blick wenig spektakulärer Umformungs- und Modernisierungsprozesse ist. Indem die deutschen Jugendlichen die Auswirkungen dieser Veränderungen auf das Leben ihrer Altersgenossen in Sumbawanga betrachten, können sie auch ihre eigene Situation, die durch ähnliche gesellschaftliche Prozesse beeinflußt wird, besser verstehen lernen. Es geht in diesem Fall nicht um eine kontrastive Gegenüberstellung kultureller Verschiedenheit, sondern vielmehr gerade um die Feststellung von Ähnlichkeiten in dem alle – die deutschen wie auch die tansanischen Jugendlichen – umfassenden marktwirtschaftlichen System.

Das Verständnis für die gesellschaftlichen Prozesse, das schließlich die Betrachtung der Jugendlichen in Sumbawanga zu einem „Hineinblicken in die eigene Kultur" (s.o.) werden läßt, ist dabei nicht ohne tiefgreifende fachlich-geographische Erkenntnisse denkbar. In dem Unterricht der vorgestellten Konzeption werden fachliche Inhalte nicht ausgeklammert, sondern sie werden zu einem integralen Bestandteil des Perspektivenwechsels vom Nahraum zum Fernraum und wieder zurück zum Nahraum.

Die Erkenntnis der gesellschaftlichen Bedingtheit der eigenen wie der fremden Lebenssituation kann in einem nächsten Schritt dann den Weg für Handlungsmöglichkeiten eröffnen – nämlich Handlungsmöglichkeiten zur aktiven Bewältigung zunächst der eigenen Angstsituation und damit längerfristig auch zur Lösung des gesellschaftlichen Problems der Ausländerfeindlichkeit. Die Jugendlichen lernen, mit ihrem ganz natürlichen Bedürfnis nach Kollektivität bewußt umzugehen und Mittel und Wege zur Verwirklichung dieses Bedürfnisses zu finden. Das Versprechen einer Gruppenzusammengehörigkeit wird so nicht mehr den rechtsextremen Jugendgruppen überlassen.

Betrachten wir abschließend die Unterrichtseinheit in ihren einzelnen Materialkomponenten (TRÖGER 1994a): In der bisherigen Argumentation wurde deutlich, daß der Unterricht einen gleichgewichtigen Schwerpunkt auf die Auseinandersetzung der deutschen Schülerinnen und Schüler mit ihrer eigenen Situation und der Erkenntnis der Situation der Jugendlichen in der tansanischen Gesellschaft legen muß. In der Abbildung kommen diese Schwerpunktsetzungen als Dreigliederung der Betrachtungsperspektiven vom Nahraum zum Fernraum und wieder zurück zum Nahraum zum Ausdruck. Die gleichberechtigte Gewichtung der beiden Perspektiven muß im Unterrichtsprozeß unbedingt beibehalten werden.

Die Unterrichtseinheit beginnt mit einer idealtypischen Schilderung der Lebens- und Freundschaftssituation eines ca. vierzehnjährigen Jungen – TOBIAS – in Deutschland. Die Schilderung faßt Ergebnisse von Jugendstudien zusammen und bietet Anlaß zu vielfältigen Diskussionen über Ursachen von Ausländerfeindlichkeit.

Der Mittelteil der Unterrichtseinheit umfaßt zum einen drei authentische Berichte: die beiden Berichte der Jugendlichen PLACID und CHARITY, die aus verschiedener Perspektive ihre Lebens- und Freundschaftssituation schildern. PLACID steht am Ende seiner Primarschulausbildung und hofft auf die Möglichkeit, seine Schulausbildung fortsetzen zu können. CHARITY ist ein sg. „drop-out". Sie mußte ihre Schulausbildung abbrechen, da ihre Eltern die Schulgebühr, die faktisch in Tansania auch für die Primarschule erhoben wird, nicht bezahlen konnten. Der dritte Bericht ist die Schilderung des fünfundsiebzigjährigen LUKAS KANJELE. Er beschreibt das Netzwerk der sozialen Sicherungen der traditionellen FIPA-Gesellschaft (Ethnie in der Rukwa Region). Es erscheint sinnvoll, im Kontext der drei Berichte Rückbezüge zu den deutschen Jugendlichen - etwa in eigenen Berichten zur Frage der Freundschaft oder durch Gespräche mit den eigenen Großeltern zum Thema „Freundschaft, Familie und Nachbarschaft früher" - herzustellen.

Die drei Berichte werden durch Bildmaterial, eine Karte zur topographischen Einordnung und Informationsmaterial zu den Aspekten „monatliche Ausgaben einer Familie", „Maßnahmen der Ujamaa-Politik", „Informationen zu Weltbank-Auflagen" und „Informationen zur Schulsituation in Tansania" ergänzt. Während die Berichte vorrangig die Emotionen der Lernenden ansprechen, dient das Ergänzungsmaterial zusammen mit den Berichten der fachlichen Erarbeitung des Problemzusammenhangs der „alltäglichen Krise" (s.o.) in der Rukwa Region.

Der abschließende nochmalige Perspektivenwechsel zurück zum Nahraum der Schülerinnen und Schüler eröffnet die Möglichkeit, über Veränderungen der eigenen Lebenssituation nachzudenken und erste Schritte in dieser Richtung zu unternehmen. Dieser Unterrichtsabschnitt ist von besonderer Bedeutung, da nun die gewonnenen Erkenntnisse zum Handeln und zu einer aktiven Problembewältigung genutzt werden können. Ein Nachdenken über Lösungsmöglichkeiten für die tansanischen Jugendlichen sollte dabei den Aspekt der Migration in die reichen Länder mit einschließen und zur Diskussion stellen.

Literatur:

ALBERT, M.-T. (1991): Kulturspezifische Ethnozentrismen und interkulturelles Lernen. In: Nestvogel, R.: Interkulturelles Lernen oder verdeckte Dominanz? Hinterfragung „unseres" Verhältnisses zur „Dritten Welt". Frankfurt a.M., S. 113–126.

BLENCK, J. (1991): Krise und ländliche Entwicklung: Das Fallbeispiel Zimbabwe. In: v. Freyhold K. u. R. Tetzlaff: Die „afrikanische Krise" und die Krise der Entwicklungspolitik (=Schriften des VAD 11) Münster, Hamburg, S. 242–244.

CLAUSSEN, B. (1991): Risikogesellschaft und politische Bildung. In: Heitmeyer W. und J. Jacobi (Hrsg.): Politische Sozialisation und Individualisierung: Perspektiven und Chancen politischer Bildung. Weinheim, München, S. 229–248.

KALPAKA, A. und N. RÄTHZEL (Hrsg.) (1990): Die Schwierigkeit, nicht rassistisch zu sein. Leer.

KROSS, E. (1992): Von der Inwertsetzung zur Bewahrung der Erde. Die curriculare Neuorientierung der Geographiedidaktik. Geographie heute 13, 100, S. 57–62.

NESTVOGEL, R. (1992): Vielfalt der Kulturen als Reichtum für alle bewahren. Essener Universitätsberichte 6, 1, S. 4–12.

MEYNS, P. und F. NUSCHELER (1993): Struktur- und Entwicklungsprobleme von Subsahara-Afrika. In: Nohlen, D. und F. Nuscheler: Handbuch der Dritten Welt, Band 4: Westafrika und Zentralafrika, Hamburg, S. 13–101.

TRÖGER, S. (1993): Das Afrikabild bei deutschen Schülerinnen und Schülern. (=Sozialwissenschaftliche Studien zu internationalen Problemen 186) Saarbrücken.

TRÖGER, S. (1994): Tansanische Gesellschaft im Wandel – Das Eigene in der Maske des Fremden erkennen. Eine Unterrichtseinheit für die Sek I. Praxis Geographie, im Druck, Februar (a).

TRÖGER, S. (1994): Lernen in der „Einen Welt" – Leben in der „Un-Einen Welt". Praxis Geographie, im Druck, April (b).

WEICHHART, P. (1992): Heimatbindung und Weltverantwortung. Widersprüche oder komplementäre Motivkonstellationen menschlichen Handelns? Geographie Heute 13, 100, S. 30–44.

ZIEHE, T. (1985): Vorwärts in die 50er Jahre - Lebensentwürfe Jugendlicher im Spannungsfeld von Postmoderne und Neokonservatismus. In: Baake, D. und W. Heitmeyer (Hrsg.): Neue Widersprüche – Jugendliche in den 80er Jahren. Weinheim und München, S. 199–216.

EINE WELT FÜR ALLE.
ERFAHRUNGEN MIT EINEM FERNSEHPROJEKT

Rolf Seelmann-Eggebert, Hamburg

1. Vorgeschichte

Das Thema dieses Aufsatzes hat für mich in letzter Zeit große Bedeutung gehabt. Vertreter zahlreicher Fersehanstalten, die in einer „One World"-Gruppe verbunden sind, haben sich gerade in New York getroffen, um im Gebäude der Vereinten Nationen die Programmgestaltung der nächsten Spielzeiten zu verabreden. Der Weg dorthin war mühsam, aber letztlich doch sehr erfolgreich.

In den 70er Jahren lebte ich als Korrespondent in Nairobi und war für die politische Berichterstattung aus Afrika südlich der Sahara verantwortlich. Anders als viele andere hatte ich aber 1977 einen Schlußstrich unter Afrika gezogen, weil ich den Eindruck hatte, daß sich in der ständigen Wiederholung von Bürgerkrieg, Militärputsch und Demokratisierungsbewegung nicht viel Neues mehr ereignen würde. Anfang 1984 wurde ich jedoch von meiner afrikanischen Vergangenheit wieder eingeholt.

Bei einem Skiurlaub, in dem ich genug Muße hatte, um Zeitungen zu lesen, stieß ich in der Neuen Zürcher Zeitung auf einen Bericht der FAO. In ihm wurde darauf hingewiesen, daß sich in Afrika eine ähnliche Situation zuspitzen würde wie 1973/74, als die Dürreperiode im Sahel eine Katastrophe ausgelöst hatte. Ich war inzwischen Programmdirektor des NDR in Hamburg und weit weg von dem Geschehen, ungefähr 7.000 km. Die Frage stellte sich, ob Afrika auch für mich sozusagen der vergessene und aufgegebene Kontinent war?

Da ich mir nicht ganz sicher war, ob man den Zahlen der FAO trauen konnte, habe ich mich mit den deutschen Hilfswerken, die in dieser Region arbeiteten, in Verbindung gesetzt, insbesondere mit den kirchlichen Hilfswerken wie Misereor und Brot für die Welt. Zwei Fragen hatte ich an sie: 1. Stimmt die Situationsbeschreibung der FAO? 2. Können Sie helfen, wenn Sie in die Lage versetzt würden, zu helfen?

Die Hilfswerke konnten beides bejahen. Ostern stand unmittelbar vor der Tür. Daraufhin haben wir Karfreitag 1984 in der ARD einen sogenannten Karfreitags-Aufruf gestartet. Es wurde eine 45-Minuten-Sendung mit folgender Aussage ausgestrahlt: Die Situation in Afrika spitzt sich zu. Es gibt Hilfswerke, die helfen können – spendet!

Das Ergebnis war nach heutigen Erfahrungen sensationell. Die Sendung, die nicht einmal zur besten Abendzeit lief, hat 60 Mio Mark eingespielt. Doch die Schelte, die wir im Anschluß daran bekamen, war enorm. Insbesondere von Organen des Springer-Konzerns wurde der Vorwurf erhoben, daß wir falsche Zahlen verwendet hätten, daß wir nur aus Sensationsgier auf eine Problematik hinweisen würden, die so gar nicht existiere usw.

Als Verantwortlicher bin ich damals nur mit heiler Haut davongekommen, weil im Herbst desselben Jahres ein Drei-Minuten-Film, den die BBC zufällig in einem Flüchtlingslager in Äthiopien aufgenommen hatte, buchstäblich Fernsehgeschichte gemacht hat. Dieser Film wurde von der BBC und innerhalb von 24 Stunden von allen großen Fernsehsystemen der Welt ausgestrahlt. Er hat unsere Wahrnehmung nachhaltig beeinflußt. Daraufhin haben die Nicht-Regierungsorganisationen ebenso wie die Vereinten Nationen ihr Programm geändert. Und ich war die Kritik los, weil man einsah, daß die Situation in Afrika offenbar tragischer war als viele wahrhaben wollten.

Wir haben die Berichterstattung zusammen mit den Nicht-Regierungsorganisationen anschließend noch einmal zu einem bestimmten Tag hin eskalieren lassen: zum 23. Januar 1985, dem „Tag für Afrika". Diesmal war für einen ganzen Tag ein entsprechendes Programm vorgesehen. Das hat damals 120 Mio Mark erbracht. Zusammen mit den Geldern, die zwischendurch einliefen, sind durch den Spendenappell rund 200 Mio Mark zusammengekommen. Es gab allerdings wieder eine mächtige Welle der Kritik, und zwar überwiegend unter zwei Aspekten:

Erstens wurde uns vorgehalten, daß das Geld bei den Bedürftigen nicht ankäme, obwohl es den Hilfswerken direkt zugeflossen war. Dagegen ließ sich vorbringen, daß das Geld sehr wohl angekommen ist, nur nicht so, wie sich der einzelne Spender das möglicherweise vorgestellt hatte. Nicht jede Mark ist sofort in ein Pfund Mais umgesetzt worden. Schließlich war bei dem Appell ausdrücklich betont worden, daß es nicht nur darum gehen könne, in einer Notsituation zu helfen. Wir hatten vorsorglich darauf hingewiesen, daß auch für die nächste und übernächste Ernte zu sorgen sei. Dieser Langzeitaspekt der Hilfeleistung mußte mit berücksichtigt werden. Wir haben entsprechend versucht, das zu erklären.

Zweitens quälte uns selbst ein Problem, das für unsere weitere Arbeit eigentlich ausschlaggebend geworden ist: Es ging nämlich um die Frage, was sich denn eigentlich im Bewußtsein der Fernsehzuschauer verändert. Wir selbst waren eher skeptisch und vertraten die Auffassung, daß es leicht ist, das Portemonnaie von Menschen zu öffnen, aber sehr schwer, den Kopf oder gar das Herz.

2. Die „One World"-Gruppe

In den Folgejahren hat es deshalb lange Gespräche mit den deutschen Hilfswerken gegeben. Daraus ist 1988 die „One World"-Gruppe entstanden. Wir verfolgen die Absicht, allein unter journalistischen Perspektiven ohne jeden Spendenaufruf das andere und schwerere zu versuchen, nämlich das Bewußtsein der Menschen zu verändern. Wenn das wichtig ist, so haben wir damals argumentiert, dann müssen wir bestimmte Themen von Entwicklung und Umwelt wieder auf die politische Tagesordnung bringen. Wir wollten aus der journalistischen Perspektive zunächst das Jahr 1990 anvisieren und dann die nächsten 10 Jahre bis zum Jahr 2000 nach der Devise „Der Countdown hat begonnen". Zugleich haben wir Partner innerhalb der europäischen Rundfunkunion gesucht, die ähnliche

Überlegungen hatten, und sie zu gemeinsamen Programmplanungen eingeladen. Am Ende saßen 11 europäische Anstalten im Boot plus NHK aus Japan.

Im Mittelpunkt der ersten Sendesaison 1990, die ich kurz skizzieren möchte, stand der „Marsch", ein 90-Minuten-Film, der den Massenexodus von Afrikanern Richtung Europa als Fiktion darstellt. Dieser Film ist damals heiß diskutiert worden, besonders kontrovers im Deutschen Städtetag. An die Intendanten der ARD wurde appelliert, die Ausstrahlung des Films zu verbieten. Interressanterweise wurde befürchtet, daß an dem Abend, an dem der Film gesendet würde, die Asylantenheime brennen könnten. Dazu ist es erst sehr viel später gekommen und aus ganz anderen Anlässen. Obwohl ich dieses Risiko damals auch gesehen habe, glaube ich, daß der Film alles in allem mehr Gutes als Schlechtes bewirkt hat. Er ist übrigens in entwicklungspolitischen Gruppen der seit 1990 meist diskutierte Fernsehfilm.

Um diesen Film herum gruppierten sich weitere Sendungen: „Die Zukunft gemeinsam meistern" war ein Versuch, drei Bereiche – Ost, West, Süd – in einem Dialog zusammenzuspannen. Partner waren damals Vaclaw Havel, Robert Mugawe und Richard von Weizsäcker in einer Life-Sendung, die zwischen ihren drei Hauptstädten stattgefunden hat. „Die Erde in unserer Hand" war eine Dokumentation, die in einem großen Überblick auf die Gefährdung der Erde und unsere Verantwortung für ihre Bewahrung hinwies. „One World – One Voice" ist der Versuch, sozusagen eine Melodie um die Welt gehen zu lassen. Wie in einem Stafettenlauf haben sich über 150 Musiker daran beteiligt, so daß permanent zwischen Schwarz und Weiß und Braun und Gelb gewechselt wurde. Diese Sendung ist ein Kultstück in der Szene geworden, auch wenn sie das große Publikum nie richtig erreicht hat. Außerdem haben wir vier Gesprächsrunden aus Bergen in Norwegen gesendet, was damit zusammenhing, daß dort die Weltkommission für Umwelt und Entwicklung unter Vorsitz der norwegischen Politikerin Brundlandt gerade ihre Europakonferenz abhielt. Eine ähnliche Gesprächsrunde wurde aus Potsdam gesendet. Darüber hinaus gab es in den beteiligten Ländern zusätzliche nationale Programmangebote.

1992 folgte eine zweite Saison, die im Zusammenhang mit der Vorbereitung auf den Erdgipfel in Rio de Janeiro stand. Wir haben als Dokumentation „Letzte Ausfahrt Rio" gebracht. Wir haben sechs sogenannte „Developing Stories" gemacht. Dabei handelt es sich, wie ich finde, um ein besonders interessantes Element unseres Programmschwerpunktes. Wir waren nämlich der Ansicht, daß es nicht mehr ausreicht, wenn der Norden über den Süden berichtet. Wir müssen vielmehr versuchen, den Süden selber zu integrieren. Deshalb wurden sechs Autoren und Regisseure aus der Dritten Welt eingeladen, um aus ihrer Perspektive Filme zu machen. Diese Filme waren überaus beeindruckend. Man kann sie als „Innenansichten" bezeichnen. Wir werden dieses Experiment fortsetzen, was übrigens insofern sehr demokratisch abläuft, als über 100 Autoren und Regisseure angeschrieben und um Vorschläge gebeten worden waren. Es war wichtig, daß nicht von vornherein wieder ein ohnehin privilegierter Kreis derselben Filmemacher bevorzugt wurde. Ferner haben wir fünf Familien in fünf verschiedenen Ländern aufgefordert, einen Monat lang nach unseren Kriterien umweltfreundlicher zu leben, und deren Erfahrungen dann im Film festgehalten. Wir haben in unserer „One World Art"-Reihe 12 Künstlerportraits gemacht, überwiegend von Künstlern in der Dritten Welt, die bereit waren, ihre Ängste und ihre Hoffnungen für die Zukunft des Planeten in Form eines Kunstobjekts darzustellen. Wir haben sie dabei beobachtet und gefilmt. Und schließlich haben wir den interessanten, aber schwierigen Versuch unternommen, an einem bestimmten Tage Nachrichtensendungen des Südens miteinander zu vergleichen. Dabei ließ sich feststellen, daß man auch dort nicht in einer Welt lebt, sondern eigentlich auf drei Planeten zu leben scheint. Wenn man nämlich afrikanische, lateinamerikanische und asiatische Nachrichten vergleicht, dann haben sie sehr wenig miteinander zu tun, ganz zu schweigen von den Nachrichten, die bei uns verbreitet werden.

1993 war eine Zwischensaison. Es schien wichtig zu sein, ein Jahr nach Rio Bilanz zu ziehen und zu fragen, was denn nun eigentlich passiert ist. Das Ergebnis war – in der Diskussion und in dem Film „Einmal Rio und zurück" – eher niederschmetternd.

Wenn man die bisherigen Erfahrungen zusammenfaßt, dann lassen sich auf der Habenseite gute Erfolge verbuchen: Das Projekt „Eine Welt für Alle" hat Verbündete im eigenen System gewonnen. Sie wissen, daß die ARD als föderales Rundfunksystem kompliziert gebaut ist. Während man bei einer zentralen Anstalt die Zustimmung des Programmdirektors braucht, braucht man bei der ARD die Zustimmung der einzelnen Koordinationsrunden, die für Fernsehspiele, Politik, Kultur oder das Nachmittagsprogramm verantwortlich sind. Dabei sind jeweils 11 Anstalten vertreten. Wir haben im Laufe der Jahre dort viel Unterstützung gefunden. Nicht anders wäre sonst zu erklären, daß sowohl 1990 als auch 1992 jeweils annähernd 50 Sendungen von der ARD im Rahmen des Programmschwerpunktes ausgestrahlt worden sind, abgesehen von denen, die ich als Kernprogramm des internationalen Angebots kurz vorgestellt hatte. Dazu zählt eine ganze Reihe von Programmen am Nachmittag und Abend, die von der ARD alleine auf die Beine gestellt worden sind. Wir haben diese ARD-typische Zusammenarbeit jetzt insofern institutionalisiert, als eine Arbeitsgruppe entstanden ist, in der alle Koordinationsbereiche und mehrere ARD-Anstalten vertreten sind. Auch mit unseren Hörfunkkollegen haben wir Verbündete im eigenen System. Hier versuchen wir parallel zum Programmschwerpunkt im Fernsehen den Hörfunk für unsere Thematik zu gewinnen. Mit annähernd 50 eigenen Programmen in der gesamten ARD hat er es natürlich leichter als das Fernsehen, entsprechende Sendungen zu plazieren.

Eine angenehme Erfahrung haben wir mit der Presse gemacht. Sie hat, obgleich durch Verlagsbeteiligungen an kommerziellen Sendern dem öffentlich-rechtlichen Fernsehen und Rundfunk in der Regel nicht mehr besonders gewogen, die „Eine Welt"-Angebote bemerkenswert freundlich begleitet. Ich ziehe daraus den Schluß, daß es doch so etwas wie ein journalistisches Ethos gibt, das sich über kommerzielle Interessen hinwegsetzt.

Besonders erfreulich ist von Anfang an die Zusammenarbeit mit den Nicht-Regierungsorganisationen gewesen, obwohl es prinzipielle Probleme gibt: Fernsehleute lassen sich von Hilfswerken ungern sagen, wie ihre Programme aussehen sollen, und das gleiche gilt umgekehrt. Es ist ausgesprochen schwer, ein Feld zu finden, auf dem beide Seiten gemeinsam agieren können. In Ansätzen ist es 1992 gelungen, als Fernsehen und Nicht-Regierungsorganisationen gemeinsam dazu aufgerufen hatten, Selbstverpflichtungserklärungen zu unterschreiben, die dann in Rio de Janeiro an einen „Tree of Life" gehängt wurden. Daß wir nur mit einigen 1000 Karten vertreten waren, ist wohl in erster Linie darauf zurückzuführen, daß Deutsche immer gleich fragen, wer denn eigentlich kontrolliert, ob ich mich auch an meine Verpflichtungen halte. In der angelsächsischen Welt ist man da viel gelassener.

Zu meiner großen Freude ist es 1992 auch gelungen, den Bildungsbereich mit ins Boot zu holen. Das Adolf-Grimme-Institut des Deutschen Volkshochschul-Verbandes hat von den wichtigsten Produktionen des Programmschwerpunktes Kassetten gemacht und zu einem Videopaket zusammengestellt. Zusammen mit einem Begleitbuch wurde es anderen Bildungseinrichtungen zum Selbstkostenpreis zur Verfügung gestellt, so daß bald nach der Fernsehsaison in Schulen, Volkshochschulen und Universitäten eine Nachsaison stattgefunden hat, der große Bedeutung zukommt. Als Fußnote sei angemerkt, daß sich bei dieser Zusammenarbeit auch ein kleines juristisches Wunder ereignet hat: Alle Partner der Gruppe sind sich nämlich einig, daß die Materialien der „One World"-Gruppe für Bildungszwecke rechtefrei zur Verfügung stehen.

Die Sollseite dieser Eine-Welt-Bilanz sieht so aus: Wir haben mit der Masse der Programme die Reichweiten erzielt, die auf den betreffenden Sendeplätzen auch sonst erzielt werden, d.h. am Nachmittag etwa 3 %, am Abend 9 %. Mit anderen Worten: „Eine Welt für Alle" ist kein ausgesprochener Publikumsrenner, es ist aber auch nicht als Abschreckungsprogramm wahrgenommen und deshalb abgeschaltet worden. Das ist in der heutigen Zeit schon von Bedeutung.

Gelegentlich ist uns vorgehalten worden, daß wir unsere Sendungen quasi an der Programmperipherie versteckt hätten, etwa am Sonntagvormittag oder spät abends um 23.00 Uhr. Aber selbst die Plazierung zur Hauptsendezeit ist in der gegenwärtigen Angebotssituation kein Allheilmittel mehr. Meine ganz persönliche Enttäuschung 1992 war der Einbruch, den der BBC-Film „Wo ist mein Land" am Freitagabend um 20.15 Uhr zur besten Sendezeit mit einer Einschaltquote von nur 4 % erlebt hat. Es war ein besonders einfühlsamer Film, ein auch für Deutschland wichtiger Beitrag zur Asylpolitik - doch wenn gleichzeitig im ZDF „Der Alte" läuft, ist der Untergang eines so wichtigen Beitrages unter Quotengesichtspunkten vorprogrammiert. Künftig werden wir deshalb versuchen, unsere Programme viel breiter zu streuen. Wir werden abgesehen vom ersten Programm auch die Dritten stärker mit einbeziehen, wir werden den deutsch-französischen Kulturkanal Arte nutzen sowie 3Sat. Was zu schlechter Zeit in der ARD gelaufen ist, sollte zu guter Zeit auf einem dieser anderen Kanäle zumindest wiederholt werden.

In Hinblick auf den internationalen Verbund haben wir erfreulicherweise nur Fortschritte zu vermelden. Zwar ist im Augenblick unklar, wie sich das öffentlich-rechtliche Fernsehen in Italien, in den Niederlanden und in Spanien weiterentwickeln wird, da in allen drei Ländern die Konkurrenz der kommerziellen

Anbieter auf das Niveau drückt mit dem Ergebnis, daß Geld in Sport und Unterhaltung fließt, aber nicht mehr in anspruchsvolle Angebote vom „One World"-Zuschnitt. Aber dieses Problem ist uns ja in Deutschland nicht unbekannt.

Im Grunde ist heute ganz Westeuropa am Tisch der „One World"-Gruppe versammelt, mit der bemerkenswerten Ausnahme von Frankreich, um das wir uns seit nunmehr fünf Jahren vergeblich bemühen. Das hat wohl einerseits etwas damit zu tun, daß das Umweltbewußtsein bei unseren französischen Nachbarn unterentwickelt ist und die Dritte Welt ohnehin nur unter der Perspektive der Frankophonie gesehen wird, andererseits habe ich den Eindruck, daß Frankreich nur schwer als Partner zu gewinnen ist, wenn Deutschland und Großbritannien in einem Projekt bereits eine wichtige Rolle spielen. Immerhin haben wir dank Arte zumindest eine Hintertür aufgestoßen, denn die Filme, die wir auf diesem Kanal aussenden, erreichen in Frankreich jeden Haushalt terrestrisch, während Arte bei uns ja nur über Kabel zu empfangen ist.

Sehr erfreulich ist auch, daß nunmehr fast ganz Osteuropa eingebunden ist. Und wer es sich aus Devisengründen nicht leisten kann, zu unseren Plenarsitzungen zu kommen, erhält doch wenigstens die Programme, die wir planen. Dank „Television for the Environment", einer britischen Stiftung, die z. T. mit UNO-Geld und z. T. mit Fernsehgeldern arbeitet, können wir unsere Filme den Ländern der Welt, die sich finanziell an den Koproduktionen nicht beteiligen können, in synchronisierter Form gratis zur Verfügung stellen. Insofern ist die Zahl der ausstrahlenden Anstalten viel größer als die Zahl der Anstalten, die direkt an den Beratungen der „One World"-Gruppe teilnehmen.

1992 sind die „One World"-Produktionen in annähernd 100 Ländern gezeigt worden. In einigen dieser Länder sind sie mangels anderer Materialien schon drei- oder viermal wiederholt worden. Neben dem Nord-Süd-Dialog leisten sie damit einen interessanten Beitrag zum Süd-Süd-Dialog. Die Filme, die wir in Afrika, Asien und Lateinamerika in Auftrag gegeben haben, werden von uns wieder im Süden weiterverteilt, so daß Afrika und Lateinamerika durch einen Film wie „Lucia" erfahren, daß die Land-Stadt-Wanderung in den Philippinen in ganz ähnlicher Weise verläuft wie in Nigeria oder Brasilien. Nur von Zeit zu Zeit haben wir Gelegenheit zu einem direkten Kontakt mit Fernsehanstalten in der Dritten Welt. Wir hoffen, das ändern zu können, wenn es uns gelingt, Vertreter der jeweiligen Rundfunkunion, die in Afrika, Asien und in der Karibik existieren, für die „One World"-Gruppe zu gewinnen.

3. Die aktuellen Planungen der „One World"-Gruppe

Es war zu Beginn kurz die Rede davon, daß die „One World"-Gruppe jüngst in New York eine Sitzung hatte, um die nächsten Spielzeiten zu verabreden. Damit soll abschließend ein Ausblick auf unsere Planungen gegeben werden.

Im September 1994 findet in Kairo die dritte Weltkonferenz zu Bevölkerung und Entwicklung statt, kurz Weltbevölkerungskonferenz genannt. Die erste und zweite hatte in Bukarest und Mexico City getagt. Wir haben uns entschlossen, diese Konferenz mit einem Schwerpunktprogramm zu begleiten. Im Mittelpunkt soll ein Fernsehspiel „Niemandsland" stehen, dessen Finanzierung allerdings noch nicht gesichert ist. Es wird wieder vier „Developing Stories" aus dem Süden geben. Eine wird aus Mocambique kommen und eine Familie zeigen, die in Sambia während des Bürgerkrieges Zuflucht gesucht hatte und nun in ihr Dorf zurückkehrt. Es wird ferner das interessante Projekt einer indischen Filmemacherin geben, die das Problem des Bevölkerungswachstums in ihrem Subkontinent mit der Situation in Schottland vor 100 Jahren vergleicht. Eine Geschichte wird die Situation im Gaza-Streifen vorstellen und die vierte vermutlich die Straßenkinder in Brasilien behandeln. Wir wollen ferner eine Dokumentation der Mega-Cities versuchen, weniger unter dem Aspekt der Problembeschreibung als der Problemlösung, denn mittlerweile gibt es Modelle, aus denen man lernen kann. Eine weitere Dokumentation wird sich – vermutlich sehr kritisch – mit der oft gepriesenen Ein-Kind-Politik der Chinesen auseinandersetzen.

Neuartig ist der Versuch, ein „Welcome to Europe"-Programm zu entwickeln, obwohl man sich kaum traut, so einen Titel zu nennen. Nicht-Regierungsorganisationen sollen in ihren Ländern die ausländerfreundlichste Stadt wählen. Die Fernsehleute dieser Länder portraitieren die Stadt dann in einem kleinen Film. Je ein Ländervertreter, der besondere Glaubwürdigkeit ausstrahlt – Leute wie der Schauspieler Müller-Stahl bei uns oder Vanessa Redgrave in Großbritannien – werden diese Kurzportraits ihrer Länder präsentieren. Juroren sollen Ausländer sein, die in Europa zu Hause sind, so daß hinter der deutschen Fahne ein Gastarbeiter aus der Türkei sitzt, hinter der französischen ein Gastarbeiter aus Algerien, hinter der britischen eine Frau aus der Karibik. Auf diese Art und Weise können die ausländischen Mitbürger uns sagen, wie wir uns ihnen gegenüber verhalten, was ihnen an uns gefällt und was nicht. Ob es gelingt und ankommt, weiß man nicht! Falls die Konzeption bekannt vorkommen und an den Songkontest von Udo Jürgens erinnern sollte, der in Europa immer wieder großen Erfolg hat - die Ähnlichkeit ist beabsichtigt!

1995 wird dann das Jahr sein, in dem die Vereinten Nationen ihr 50jähriges Bestehen feiern werden. „One World" feiert mit. Wir werden mit einem 24stündigen Life-Konzert nach dem Modell von „Life Aid" aus dem Jahr 1985 versuchen, daß die Botschaft vor lauter Unterhaltung nicht abhanden kommt. Als wir damals dieses Konzert in den dritten Programmen begleiteten und Informationen über die Probleme in Afrika brachten – das war ja der Anlaß von „Life Aid" –, brachen in der ARD die Telefonzentralen zusammen, weil die Zuschauer sich beschwerten und sagten, sie wollten nichts von der Musik verpassen. In Wirklichkeit hatten sie nichts verpaßt, weil nur die Umbaupausen zur Information genutzt worden waren, aber selbst das war offenbar schon zuviel. Insofern ist es immer problematisch, Unterhaltungssendungen mit Inhalten zu verbinden. Wenn sich dann Ende Oktober 1995 die Staats- und Regierungschefs in New York versammeln werden, ist neben vielem anderen auch eine sechsteilige Dokumentationsserie „Under the Blue Flag" geplant. Vereinte Nationen wohin? – das ist dabei die Frage.

Verbinden wollen wir die 94er Saison mit der 95er Saison durch eine Neuauflage der „One World Art"-Serie. Dabei hoffen wir auf die Mitwirkung von nicht weniger als 50 Künstlern weltweit, so daß unser Logo, der Baum, dessen Krone die Weltkugel symbolisiert, zwischen September 1994 und Oktober 1995 buchstäblich im Wochenabstand über die Bildschirme flimmern dürfte.

4. Zusammenfassung

Wollen wir die Ziele der „One World"-Gruppe zusammenfassen, dann gibt es fünf zentrale Anliegen :
- das Bewußtsein zu schaffen für die globalen Themen von Umwelt und Entwicklung und Menschenrechten,
- das Verständnis dafür zu fördern, daß wir alle Teil der einen Welt sind und deshalb Entscheidungen in einem Teil der Welt direkte Auswirkungen auf andere Teile haben,
- klarzumachen, daß Entwicklung und Umwelt zwei Seiten ein und derselben Medaille sind und daß nur eine unter Umweltperspektiven vertretbare Entwicklung das gemeinsame Überleben sichert,
- den Stimmen des Südens im Norden Gehör zu verschaffen und die Solidarität von reichen und armen Ländern zu fördern,
- den Einzelnen anzuregen, selbst einen Beitrag zur Lösung der globalen Probleme zu leisten.

Die „One World"-Gruppe hat eine Vision: Wenn es möglich ist, die Portemonnaies der Menschen beim Anblick von Hunger, Krieg und Ausbeutung leidender Kinder aus Äthiopien, Bangladesh und Nicaragua zu öffnen, dann sollte es auch möglich sein, ihre Herzen zu öffnen und ihnen die Ursachen dieses Leidens bewußt zu machen.

Solange 30 % der Weltbevölkerung auf Kosten der restlichen 70 % leben, so lange hat die „One World"-Gruppe eine Aufgabe. Solange Menschen glauben, sie könnten in einer „Festung" Europa, Nordamerika oder Japan überleben, wenn nur die Mauern hoch genung sind, um die Armen und Hungrigen auszuschließen, so lange hat die „One World"-Gruppe eine Aufgabe. Solange wir uns damit zufrieden geben, es unseren Kindern und Enkeln zu überlassen, die Probleme der Welt zu lösen, so lange hat die „One World"-Gruppe eine Aufgabe.

VERZEICHNIS DER AUTOREN

Dipl-Geogr. Christoph Beier,
Geogr. Inst. der Ruhr-Universität Bochum,
Universitätsstr. 150
44780 Bochum

Dr. Jürgen Blenck,
Geogr. Inst. der Ruhr-Universität Bochum,
Universitätsstr. 150
44780 Bochum

Prof. Dr. Hans-Georg Bohle,
Südasien-Inst., Abt. Geographie
Im Neuenheimer Feld 330
69120 Hiedelberg

Ministerialdirigent Prof. Dr. Michael Bohnet,
Bundesministerium für wissenschaftliche Zusammenarbeit und Entwicklung,
Friedrich-Ebert-Allee 114–116
53113 Bonn

Prof. Dr. Dirk Bronger,
Geogr. Inst. der Ruhr-Universität Bochum,
Universitätsstr. 150
44780 Bochum

Prof. Dr. Hartmut Elsenhans,
Inst. für Politikwissenschaften, Universität Leipzig,
Augustusplatz 9
04109 Leipzig

Prof. Dr. Hartwig Haubrich,
Päd. Hochschule Freiburg,
Kunzenweg 21
79117 Freiburg i.Br.

Dr. Wolfgang Hein,
Deutsches Übersee-Institut,
Neuer Jungfernstieg 21
20354 Hamburg

Dr. Jörg Janzen,
Inst. für Geogr. Wissenschaften der FU Berlin,
Zentrum f. Entwicklungsländer-Forschung
Grunewaldstr. 35
12165 Berlin

PD Dr. Thomas Krings,
Inst. für Kulturgeographie der Universität Freiburg,
Werderring 4
79098 Freiburg i.Br.

Prof. Dr. Eberhard Kross,
Geogr. Inst. der Ruhr-Universität Bochum,
Universitätsstr. 150
44780 Bochum

Beate Lohnert,
Inst. für Kulturgeographie der Universität Freiburg,
Werderring 4
79098 Freiburg i.Br.

Dr. Verena Meier,
Geogr. Inst. der Universität Basel,
Klingelbergstr. 16
CH-4056 Basel

Prof. Dr. Bernhard Müller,
Inst. für Geographie der TU Dresden,
Mommsenstr. 13
01062 Dresden

PD Dr. Ulrike Müller-Böker,
Geogr. Inst. der Justus-Liebig Universität Gießen,
Senckenbergstr. 1
35390 Gießen

Prof. Dr. Klaus Müller-Hohenstein,
Inst. für Biogeographie der Universität Bayreuth,
Universitätsstr. 30
95440 Bayreuth

Dr. Detlev Müller-Mahn,
Inst. f. Geographische Wissenschaften der FU Berlin,
Grunewaldstr. 35
12165 Berlin

Prof. Dr. Renate Nestvogel,
Fachbereich 2 der Universität Essen,
45141 Essen

Verzeichnis der Autoren

Prof. Dr. Helmut Nuhn,
Fachbereich Geographie der Universität Marburg,
Deutschhausstr. 10
35032 Marburg

Dr. Theo Rauch,
Hektorstr. 2
10711 Berlin

PD Dr. Thomas Reichart,
Lehrstuhl für Wirtschafts- und Sozialgeoraphie der Friedrich-Alexander-Universität Nürnberg,
Lange Gasse 20
90403 Nürnberg

Prof. Dr. Ludwig Schätzl,
Geogr. Inst. der Universität Hannover,
Schneiderberg 50
30167 Hannover

Prof. Dr. Eike W. Schamp,
Inst. für Wirtschafts- und Sozialgeographie der Universität Frankfurt,
Dantestr. 9
60325 Frankfurt

Einhard Schmidt-Kallert,
Agrar- und Hydrotechnik,
Huyssensllee 66–68,
45128 Essen

Rolf Seelmann-Eggebert,
Norddeutscher Rundfunk,
Gazellenkamp 57
22504 Hamburg

Prof. Dr. Udo E. Simonis,
Wissenschaftszentrum Berlin,
Reichpietschufer 50
10785 Berlin

Dr. Sabine Tröger,
Geogr. Inst. der Universität Bayreuth,
95440 Bayreuth

Prof. Dr. Dieter Uthoff,
Geogr. Inst. der Universität Mainz,
55099 Mainz